元代专门史六种

元大都

元上都研究

陈高华
史卫民 著

中国社会科学出版社

图书在版编目(CIP)数据

元大都元上都研究／陈高华，史卫民著．—北京：中国社会科学出版社，2020.10（2021.12 重印）

（元代专门史六种）

ISBN 978－7－5203－2154－9

Ⅰ.①元… Ⅱ.①陈…②史… Ⅲ.①中国历史—研究—元代
Ⅳ.①K247.07

中国版本图书馆 CIP 数据核字(2018)第 037715 号

出 版 人 赵剑英
责任编辑 耿晓明
责任校对 郝阳洋
责任印制 李寡寡

出　　版 中国社会科学出版社
社　　址 北京鼓楼西大街甲 158 号
邮　　编 100720
网　　址 http://www.csspw.cn
发 行 部 010－84083685
门 市 部 010－84029450
经　　销 新华书店及其他书店

印　　刷 北京明恒达印务有限公司
装　　订 廊坊市广阳区广增装订厂
版　　次 2020 年 10 月第 1 版
印　　次 2021 年 12 月第 2 次印刷

开　　本 710×1000　1/16
印　　张 19
插　　页 2
字　　数 331 千字
定　　价 89.00 元

读史治史六十年

（代序）

一

我出生在浙江温岭一个教师家庭，初中、高中是在上海复兴中学、新沪中学度过的。1955年9月，我考入北京大学历史系。当时反胡风斗争和“肃反”运动已经过去，学校教学秩序比较稳定，强调学生以学习为主。1956年中央提出“向科学进军”，更增加了学习的气氛。但是这种情况没有持续多久，1957年春天开始“大鸣大放”，接着便是“反右派斗争”，继之而来的是“双反”运动，拔白旗插红旗，批判资产阶级教育思想，基本上是停课进行的。1958年夏天，北大历史系三、四年级的学生和部分教师，分赴各地，参加国家民委主持的三种丛书（民族史、民族志、民族地方自治概况）编写工作，我被分配到新疆调查组，调查编写哈萨克族社会历史。一年左右的时间，跑遍了新疆北部广大地区。1959年夏天，回到学校。这时“大跃进”的热潮已经退去，学校重新安排课程，争取在我们毕业以前多补一些课，同时要求学生自行选择“专门化”。我选择的是中国古代史，以为可以定下心来读点书了。同学们都很努力，都希望在离校前多学一些知识。当时系里开设了不少课程，给我留下深刻印象的一门课是“中国古代史史料学”，由擅长各时期历史的教授分段讲授，如翦伯赞讲秦汉史史料，邓广铭讲宋史史料，邵循正讲元史史料等。80年代前期，我和陈智超同志邀集历史所部分研究人员编写《中国古代史史料学》，成为大学历史教材，即由于当年听课的启发，感觉这门课对于初学者具有特殊的重要性。

但是好景不长，1959年秋天，又开始了“反右倾”斗争，继之而来的是学习《列宁主义万岁》三篇文章，与苏修论战，其间还有批判马寅初人口论，学校里正常的教学秩序再一次被打乱，毕业论文的写作不再提起，取而代之的是集体编书，当时认为这是防止知识分子修正主义化的重要途径。开始是各专门化选择一个项目，后来觉得这样还不够革命，于是整个年级一百来人齐上阵，共编一部书，题目叫做《马克思主义史学在中国的发展》。大家热情很高，日夜奋战，数易其稿，但最后是不了了之，成了一堆废纸。

回顾一下大学五年的历程，留下了颇多的遗憾。五年的时间，大部分是在政治运动和民族调查中度过的，书读得很少，教学计划中的不少课程没有学过。名义上是大学毕业生，实际上是不合格的。当然，应该看到，这一段大学生活，也是有收获的。从学校设置的政治理论课程和政治运动中，我和同学们对于马克思主义的理论，有了初步的认识，这在以后工作中，一直发挥着重要的作用。而参加少数民族社会历史调查，更使我大开眼界，对于民族问题在现实生活和历史上的重要性，开始有所了解。从此以后，我对民族问题以及民族史研究，一直有浓厚的兴趣。此外，尽管运动频繁，与老师接触不多，但北大特有的学术气氛，仍可以从他们的课堂讲授和零星接触中有所感受。学术气氛的熏陶对于初学者是至关紧要的，往往能在不知不觉中影响他们以后的道路。从北大老师们的身上，我懵懂地领会到治学的艰辛和乐趣，从内心滋长了从事研究工作的强烈愿望。

毕业后，我分配到哲学社会科学学部历史研究所工作。哲学社会科学学部是中国科学院下属的几个学部之一，中国社会科学院的前身，在“文化大革命”中以简称“学部”闻名遐迩。我到历史所的时间是 1960 年 9 月，当时历史所同样大兴集体编书之风，新来者也立即被卷入这一热潮之中。历史所最重要的集体科研项目是郭沫若先生主编的《中国史稿》，动员了所内的主要力量，还有外单位的同志。力量不可谓不强，进展却相当缓慢。1961 年以后，国民经济遇到困难，进行调整，科研工作也采取了相应的措施，领导向年轻人提出了打基础的要求。对于我这样在大学期间没有认真受过训练的人来说，打基础当然特别重要。但是，如何才能打好基础，却是心中无数。可幸的是，历史所有一批学识渊博的前辈学者，又有不少奋发向上的青年伙伴，他们给了我种种教导、启发和帮助，使我能较快地走上独立从事研究的道路。

我初到历史所时，所领导曾向我征求个人意愿。我因大学四年级参加过民族调查，遂对民族历史产生兴趣，听说历史所设有民族史组，便报名参加。历史所为什么会设立民族史组呢？原来，1955 年前后，中、苏、蒙三国协议共同编写《蒙古通史》，中方出席会议的代表是翁独健、韩儒林、邵循正三位先生。会议决定，由中方组织力量，整理有关汉文资料。历史所设立民族史组便是为了承担这一任务，翁独健先生则被指定为民族史组的负责人。1959 年以后，中苏关系恶化，共同编书的计划作废，但民族史组却一直保存了下来。翁先生是我国著名蒙古史学者，早年毕业于燕京大学，后来到美国和法国留学，新中国成立后曾任北京市教育局局长，后任中央民族学院历史系主任，兼任历史研究所研究员。虽然社会工作繁忙，翁先生很重视年轻人的培养，他经常到组里来，有时还找我们这些年轻人到家里谈话，循循善诱，指导制订研究计划，讲述历史研究的方法。正是在翁先生的启迪下，我用了两三年时间，比较系统地阅读了元代的各种文献，对前人的研究成果有了一定的了解，同时开始了整理资料和专题研究的训练。

翁先生特别重视资料工作，他认为资料工作是研究工作的基础，只有学会资料的搜集、整理，才能做好研究工作。而资料的搜集应力求彻底、穷尽，即使不可能真正做到，也要以此为目标。对于资料，要认真加以整理，严格分辨原始资料和转手资料。对于研究工作，翁先生强调在了解前人研究基础上认真选题，立论必须言之有据，切忌空泛，论文写作应该交代以往研究情况及文献出处，等等。后来才知道，这些都是外国大学历史系一门课“史学方法”的基本内容，但是院系调整以后我国历史系都没有这门课。实际上，“史学方法”就是讲史学研究的一些基本训练，当时的年轻人缺乏的就是基本训练，翁先生为我们补上了这门课。他的指点，使我少走了许多弯路。

在翁先生的具体指导下，我和杨讷等同志一起编纂元代农民战争的资料，同时着手做一些专题研究。我们努力按照翁先生的意见全面系统搜集资料，多方扩大资料的范围，于是有许多新的发现。特别是地方志和金石志中大量有关农民战争的记载，是前人所未曾利用过的。这为我们研究农民战争打下了很好的基础。我写的几篇元末农民战争的论文，对地主阶级的动向、农民起义的口号加以讨论，提出了不同于前人的一些看法。在这些论文中，我力求用历史唯物主义理论对各种资料进行分析，比起以前的同一领域研究，有所进展，因而也得到了学术界的重视。翁先生又要求我们，在农民战争之外，另择一题目做研究。杨讷同志选择元代村社，我则选择元代盐政。杨讷同志的《元代村社研究》完成以后，发表在《历史研究》上，迄今仍是这一问题的权威之作。我选择盐政，是因在辑集元末农民战争资料时，发现淮东张士诚、浙东方国珍起事，均与盐政有关。只有弄清元代盐政，才能更深刻地认识元末农民起义发生的原因。在研究元代盐政时，我严格按照翁先生讲述的治学方法进行，首先查阅以往研究成果，其次全面系统搜集资料，然后对资料进行分析，拟出写作大纲，最后按科学规范写出论文。《元代盐政及其社会影响》一文，先后三易其稿，翁先生和组内同志提出过很多宝贵意见。这篇论文的完成，可以说使我得到一次严格的科学训练。

以上一些工作，是在1961—1963年进行的。从1964年起，我接连参加劳动锻炼（在山东龙口）和农村“四清”（在山东海阳，北京房山），一直到“文化大革命”爆发，才回到历史所。

二

“文化大革命”爆发后，研究工作完全停顿。“文化大革命”后期，逐渐有所松动，大家半公开或不公开地恢复了部分研究工作。揪出“四人帮”，十一届三中全会的召开，改革开放方针的确定，使整个社会面貌发生了巨大的改变，历史研究也呈现出前所未有的繁荣局面。

20世纪70年代中期到80年代前期，我参加《中国史稿》的编写工作，负责元代部分。在准备写作时发现，元代经济史的研究是我国学术界的薄弱环节，除了蒙思明先生关于元代社会阶级关系的研究之外，其他几乎可以说是一片空白。日本学术界在这方面有相当可观的成绩，但也有许多不能令人满意之处。过去的通史著作，述及元代社会经济时，不是一笔带过，就是引用一些史料，草草了事。经济是基础，如果对一个时代的经济状况不能正确地说明，便无法对该时代的政治、文化作出合理阐述。正是基于这样的认识，我便集中精力对元代经济史的一些重要问题作一些探索。

众所周知，《元史·食货志》和其他正史的《食货志》一样，是研究元代经济史的基本资料。历来涉及元代经济者，无不以《元史·食货志》为据。但是，试以《元史·食货志》和其他正史中的《食货志》相比较，便会发现其中颇有不同。其他正史的《食货志》大体都是“史官”将各种资料融会贯通以后执笔成文的，而《元史·食货志》则是将元朝官修政书《经世大典》《六条政类》中有关篇章加以删削而成的。一方面，应该看到，《元史·食货志》保存了元朝政书若干篇章的本来面目，从史源学的角度来说，有很高的价值。另一方面，这种编纂方式，也造成明显的弱点，具体来说是：（1）政书中没有的篇章，《元史·食货志》中也没有。例如一般正史《食货志》中放在首位的“版籍”（“户口”）、“田制”，《元史·食货志》就没有。赋役中的役法，是封建国家加在编户齐民身上的沉重负担，历代相承，元代亦不例外，但是《元史·食货志》却缺乏记载。（2）对政书的记载删削不当，以致无法理解或引起误解。例如，元朝在农村立社，《元史·食货志》记此事，说：“其合为社者，仍择数社之中，立社长官司长以教督农民为事。”到底是谁“教督农民”，是不清楚的。《经世大典》此篇原文已佚，幸好元代法律文书《通制条格》《元典章》中保存有关法令的原文，作：“选立社长，官司并不得将社长差占别管余事，专一照管教劝本社之人。”显然，《元史》编者在删削时，多留了“官司长”三个字，以致文意不通。

有鉴于以上情况，我的元代经济史研究，可以说分两个方面：一个方面是探索《元史·食货志》中缺乏记载的重大问题，例如户籍和役法，先后写出了元代户等、军户、站户以及役法研究等论文。另一方面是以《元史·食货志》中有关记载为基础，认真考辨、补充，这方面的作品有税粮制度、和雇和买、海外贸易等。我还对元代城市史做过一些研究，先后完成《元大都》和《元上都》（与史卫民合作）两书，城市经济的论述，在两书中占有很大的比重。《元大都》一书译成日文后在日本出版，国内还出版了蒙文译本，近年又出了英文译本。

参加《中国史稿》的编写，使我感到对有元一代史事的了解很不全面，需要补课，于是便在力所能及的范围内，对元史的各个领域，选择一些专题，作多方面的探索。其中一项是元代画家资料的辑录。本来，绘画史的研究，属于美术史范畴，是专门之学。我对绘画史完全是个外行，在阅读众多有关元代绘画史的研究作品之后，深感元代绘画在中国绘画史上占有承前启后的重要地位，也是元代文化中引人注目的组成部分。同时又感觉到，以往的研究者，由于专业的局限，在资料的利用上，往往是不全面的，有的还有错误。于是不揣冒昧，着手进行这方面的工作。力求穷尽，仍是我辑录元代画家资料的指导方针，同时努力区别原始资料和转手资料。最后完成的《元代画家史料》一书，引用的文献达 170 余种，其中有不少是前人所未利用过的。我以这些资料为依据，结合自己对元朝社会历史的了解，给每个画家写了简单的介绍，其中对元代绘画史研究中一些常见的观点，提出自己的看法。例如，以往研究中，不少人认为，生长于马上的蒙古君王不喜欢汉族传统绘画，废除了宋代的画院，影响了画家的出路。我则认为，在元代，有相当多的君主、贵族喜欢绘画，因而某些人便以此作为进入仕途的捷径。又如，有些研究者认为，元代不少名画家采取与元朝不合作的态度，寄情山水，作画表达自己这种感情。我则认为，元代著名画家中的多数人或是元朝的官员，或是元朝的臣民，真正反对元朝的只是少数，因此大多数以山水为题材的作品很难说蕴藏有什么政治倾向、不满情绪。我的这些看法基于我对元代士人动向的基本估计。在我看来，元朝统一以后，大多数士人已经接受了元朝统治的事实，不满者有之，反抗者很少。元朝中期以后，绝大多数士人已视元朝为合法的统治了。对于古代绘画的研究，我觉得应把它看成社会意识形态的一个组成部分，必然受各个时代政治、经济条件的制约，也就是说，不了解一个时代的政治、经济，就很难对该时代的意识形态（包括绘画在内）作出适当的实事求是的分析。

1976 年“文化大革命”结束新时代开始时，我已年近四十。1988 年是我“知天命”之年。在这十余年间我有不少社会工作，但仍争取时间努力著述。元史是我研究的重点，有如上述。1987 年我将此前自己所写的元史研究论文、札记辑成一书，名为《元史研究论稿》，由中华书局出版。除了元史研究以外，这一时期我还做了一些其他方面的研究工作。

一是海外交通史研究。20 世纪 70 年代泉州湾古代沉船的发现，激起了学术界研究中国古代海外交通的热潮。围绕这一主题，我作了一些探索，写出几篇论文。例如，印度马八儿人孛哈里的研究。日本学者桑原骘藏的《蒲寿庚考》，是论述中国海外交通的权威著作。书中根据韩国史籍《东国通鉴》，讲述了马八儿王子孛哈里的事迹。马八儿是当时印度南部的一个国家，马八儿王子孛哈里侨居中国泉州，元帝赐高丽女子蔡氏与他为妻，这起跨国婚姻把印度、中国、朝鲜半岛联系了起来，是饶有传奇色彩的故事。桑原以为孛哈里可能是波斯湾怯失（Kish）岛人，是波斯伊儿汗合赞的使者。我根据元人刘敏中《不阿里神道碑》（《中庵集》卷 4）、《元史》马八儿等国传等有关记载指出，孛哈里即不阿里，是马八儿国的宰相，因国内矛盾，投奔元朝，忽必烈将宫中高丽女子蔡氏许配与他，从此，在泉州定居。后来，他因蔡氏之故，曾派人向高丽国王献礼品。这样，孛哈里其人其事，都在中国文献中得到证实，并且纠正了桑原氏的错误。在中外关系史的研究中，文献资料的发掘，是至关紧要的。一定意义上可以说，没有新资料的发现，中外关系史的研究，就难以有大的进步。这是我在研究实践中深深体会到的。我还和其他同志一起写作了《宋元时期的海外贸易》（陈高华、吴泰）和《海上丝绸之路》（陈高华、吴泰、郭松义）两书。中国海外交通史一直是我关注的领域，我努力为这个学科的发展做出一点贡献。

二是继续画家史料的整理，先后编写出版了《宋辽金画家史料》（1984年出版）和《隋唐画家史料》（1987 年出版）两书。编纂的原则、体例和《元代画家史料》完全相同，力求穷尽原始文献，并将一个时代的绘画同该时代的政治、经济密切联系起来加以考察。这几种《史料》常为画史研究者征引。国家文物鉴定委员会主任委员傅熹年先生认为书画鉴定要重视题跋、题画诗等文献资料："陈高华先生撰《隋唐画家史料》《宋辽金画家史料》《元代画家史料》，搜集了大量的这方面的资料，对我们了解这方面材料有很大的帮助。"（《中国书画鉴定与研究·傅熹年卷》，故宫出版社 2014 年版，第 24 页）原来曾打算进一步扩大范围，编著明代的画家史料，但由于各种原因，这项工作只开了个头，没有进行下去。

三是中亚史的研究。我在大学学习期间曾到新疆参加民族调查一年，对中亚的历史产生了浓厚的兴趣，20 世纪 80 年代又曾参加联合国教科文组织主持的《中亚文明史》编委会，兴趣和工作需要促使我关注中亚史的研究。根据自己的条件，我先后编成《元代维吾尔哈剌鲁资料辑录》和《明代哈密吐鲁番资料辑录》两书。两书所辑录的资料，相当多是新的发现，很有价值。元、明两代西域史研究常苦于汉文资料的不足，这两本书可以说有填补空白的意义。在浩如烟海的元、明两代文献中寻觅西域史料，有大海捞针的感觉，每有所得，常为之狂喜。至今思之，仍觉欣然。在搜集整理元、明两代西域史料的基础上，我写了几篇有关的论文。

四是和陈智超同志一起，邀请历史所的一部分研究人员，共同撰写《中国古代史史料学》（1984）。此书被不少大学历史系列为参考教材，有一定的影响。

在古籍整理方面，我也做了一些工作，有《人海诗区》《滋溪文稿》等。

三

20 世纪 80 年代末期起，也就是在 50 岁以后，我的研究范围有所调整，仍以元史为研究重点，但对其他领域已很少涉及。十余年间，我致力于元代专门史的写作，和史卫民同志合作，先后撰写出版了《中国政治制度通史·

元代卷》(1996)、《中国经济通史·元代经济卷》(2000) 和《中国风俗通史·元代卷》(2001) 三部著作,还写了一些论文。

《中国政治制度通史》是中国社科院政治学所白钢同志主持的国家社科基金重点项目成果。"元代卷"的绪论和投下分封、监察、司法、人事管理等章由我执笔。元代政治制度,已往的研究成果颇多,我们必须在前人研究的基础上,有所进步。原来史卫民同志在这方面有较多的积累,而我对元代政治制度则没有多少研究,承担这一工作后内心颇为不安,只能努力探索,力求有所突破。1992 年,我应聘为日本京都大学人文科学研究所外国人研究员,根据所方的要求,我承担"中国近世(元明时代)政治与社会之研究",需要在应聘期间(半年)交出一篇论文。这个课题和元代政治制度史的写作任务是基本一致的。我利用这一机会认真读书,了解日本史学界的研究动态,写出了《元代的审判程序和审判机构》这篇近 5 万字的长文,发表在该所刊物《东方学报》上。这一段经历对《中国政治通史·元代卷》的完成起到了很好的作用。

20 世纪 80 年代后期,历史研究所和其他科研单位一起,承担了国家社科基金项目《中国古代经济史》,我负责元代卷。为了完成这一任务,我感到自己还要对经济史研究中的一些薄弱环节努力探索,为此先后写出元代商税、酒税、水利、土地登记等一系列论文。土地登记和土地籍册,是封建时代土地制度的重要组成部分。自汉迄唐,政府最看重的是户籍的编制,土地只是作为附带项目登记在户籍册中,当时的户籍具有地籍和税册的作用。宋代以后,私有土地日益发达,地籍逐渐取得了和户籍平行的地位。严格说来,宋、元是这种变化的过渡时期,元代的户籍登记,包括土地在内。但与此同时,开端于南宋的多种土地籍册,在江南一些地区普遍建立起来。历来研究中国土地制度史者,注意到了唐、宋之际的这一变化,但是对于元代的情况,却往往略而不谈。我的有关论文,回答了这一问题,同时也说明元代江南的土地制度,是前代的延续,并未因改朝换代有大的变化。此外,新发现的资料,促使我对南方的税粮制度重新进行论证,提出一些新的看法,如江南民田税粮数额的估计,便修正了我过去的论断。

20 世纪 80 年代中期起,社会生活史的研究,逐渐在我国学术界兴盛起来。人们的社会生活,诸如衣食住行、生老病死等,与一个时代的政治、经济、文化有着极其密切的关系,而在新中国成立以后很长一段时间内,社会生活史的研究遭到冷落,元代社会生活史的研究,更可以说是一片空白。我想在这方面作一些努力。最初引起我注意的是刘子健先生关于马球的论述。刘先生是美籍华人，长期从事宋史研究，卓有成就。马球是中国古代盛行的一种体育运动，在唐代曾风行一时。唐代以后的马球状况，历来不为人们所注意。刘先生论文的题目是《南宋中叶马球衰落和文化的变迁》，把马球的盛衰和文化变迁联系起来，企图“说明中国传统社会，怎样受君主制度的影响，忽略了体育”。我觉得刘先生的出发点是很好的，但他认为元代马球“反倒消失”则是不对的。元朝蒙古君主“以马上得天下”，他们怎会废除马球这种马上运动呢？而且，不少记载也可以证明元代马球仍是流行的，只是刘先生不曾注意罢了。不仅如此，至少在明代前期马球仍是存在的，甚至在宫廷中流行。在此以后，我用较多的精力注意元代饮食史，先后对元代的酒、茶、舍里别等有所论述。在探讨元代饮食时，一是注意饮食与当时中外、国内各民族文化交流的关系，例如蒸馏酒的出现、葡萄酒的流行和舍里别的传入等；二是确定元代饮食在中国古代饮食文化发展过程中的地位。徐海荣、徐吉军同志主编的多卷本《中国饮食史》中“元代的饮食”，便由我执笔（约10万字）。20世纪末，上海文艺出版社邀请我和徐吉军同志主编多卷本《中国风俗通史》，其中元代卷由我和史卫民同志撰写。除了原有的一些成果以外，我还对元代巫术、东岳崇拜、天妃崇拜、禳灾习俗、称谓习俗等诸多问题加以研究，陆续写成论文，这些问题大多前人未曾触及，从而使该书内容比较充实。（今辑为《元代风俗史话》）

除了以上三部元代专门史著作及有关论文的写作外，这十余年间我还和陈尚胜同志合作，撰写出版了《中国海外交通史》（1997）。此书延续了以往的研究，对中国古代海外交通的发生、发展和演变作了简要的系统的叙述。

进入21世纪，我已步入花甲之岁，新世纪开端这十几年的工作主要是集中于元代文化史、妇女史、佛教史、法律文献等的研究。新中国成立前的历史著作在谈到元代文化时，基本都持否定的态度，认为元代除杂剧、散曲外，没有什么可取的文化。直到20世纪50年代这种看法仍很流行。这种观点后来逐渐得到修正，但仍缺乏认真梳理元代文化的著作。我与张帆、刘晓两位年轻同志合作出版的《元代文化史》，可以说在一定程度上弥补了这方面的缺憾。妇女史研究近几十年方兴未艾，但还存在不少薄弱环节，也有不少问题的讨论有待深入。我与其他同志共同主编出版了《中国妇女通史》10卷，其中的“元代卷”由我本人执笔，涉及元代妇女的政治生活、日常生活、文化生活、宗教信仰、服饰等方方面面。元代是中国佛教史发展的一个重要阶段，我早年曾发表过一些这方面的文章，近年来因单位课题研究需要，我又开始关注这方面的研究，发表了一些论文。我对法律文献的关注，主要是《元典章》。我主持的《元典章》读书班从20世纪末开始，持续了十几年，参加者有历史所和北京大学的研究人员、教师和研究生，还有国外的研究生和进修教师。《元典章》是一部元代法律文书的汇编，内容涉及元代社会生活各个方面，对研究元史乃至中国古代社会，都具有很高的价值。但此书文字大多用当时的公文体，不易阅读；特别是，其中有不少所谓“硬译文体”（将蒙语直译成汉语）书写的公文，更难理解。我们用集体的力量，先对此书的“户部”加以整理，以后再扩展到其余部分。2011年出版了此书点校本，先后获得古籍优秀图书奖和中国出版政府奖。我希望通过《元典章》的整理，激发年轻学者的研究兴趣，同时对自己也有所促进。元代后期法典《至正条格》残卷在韩国庆州被发现后，很快也引起我的极大兴趣，发表了一些这方面的文章。

四

20世纪中国的元史研究，经过几代人的不懈努力，到现在已粗具规模。开创这门学科的是中国史学界的几位大师：王国维、陈垣、陈寅恪诸先生，继之而起的是翁独健、韩儒林、邵循正、蒙思明、吴晗诸先生，四五十年代有杨志玖、蔡美彪诸先生。60年代以后成长起来的中青年学者，大多是翁、韩、邵、蒙、杨、蔡诸先生的门下。20世纪上半期，元史被认为是冷僻的学问，研究者甚少，作品寥寥。到八九十年代，随着中青年学者的成长，我国的元史研究已面目一新，足以与其他断代史、专门史研究并驾齐驱了。前辈学者说过，元史是“不中不西之学”。从20世纪初以来，元史研究便是一门国际性的学问。过去我们的研究落后，不受重视，现在在国际学术活动中有自己的独立的声音，足以引起他人注意了。

我所做的一些元史研究工作，都是在师友们教导、关心、帮助、鞭策下进行的，由于原来基础较差，加上主观努力不够，成绩有限，常感惭愧。至于史学的其他领域，如中亚史、绘画史等，虽曾涉猎，成绩更少。回顾自己走过的道路，如果说有什么经验体会的话，那就是：（1）必须高度重视资料的搜集和整理。“史料即史学”是不对的，但是史学研究必须以史料为基础，离开史料就无所谓史学。对于史料，必须力求全面、系统地掌握，既要熟悉已知的史料，还要下大力气去发掘未知的新史料。很多老问题的解决和新问题的提出，都有赖于对已知史料的重新认识和新史料的发现。我的每一篇论文都力求有不同于前人的新史料，有些论文的写作，即得益于新史料的发现。在史料上要有所突破，始终是我在研究工作中的座右铭。（2）必须坚持以历史唯物主义为指导。马克思主义历史唯物主义关于经济基础与上层建筑、生产力与生产关系、阶级与阶级斗争的理论，对于历史研究，具有极其重要的意义。迄今为止，没有任何一种其他学说可以取代历史唯物主义理论。我自己的研究工作，从一开始关于农民战争的探讨，到近年的法制史研究，都力求用历史唯物主义来分析各种历史现象，以后仍将继续这样做。（3）必须努力学习其他相关学科的理论、方法。学科之间相互渗透，已成为当前科学发展的趋势。历史学以人类社会历史为研究对象，从经济基础到上层建筑，无所不包，更需要了解其他学科的理论、方法以及研究成果，才能把自身的研究，推向前进。我在研究工作过程中，经常遇到一些问题，迫使自己进行各种学科理论、方法的补课，深深感到这种补课的重要性。由于种种原因，我的补课缺乏系统性，起的作用也不够理想。衷心希望年轻的研究者重视这一问题，不断开阔眼界，不断改正思维方式，只有这样，研究工作才能出现新的飞跃。

研究历史虽然辛苦，但乐趣无穷。搜集资料、写文章的乐趣在于获得新的发现、新的体会，这也是我今天依然坚持研究的动力。现在客观条件比过去好多了，年轻人只要努力肯定会一代比一代强。六十年的学术经历使我相信，我国的元史和整个中国史研究，在 21 世纪一定会取得更为辉煌的成就。

陈高华
2011 年首发于中国社会科学网
2016 年春修订

目　　录

上篇　元大都

引　言…………………………………………………………………………（5）

第一章　大都建成以前的北京……………………………………………（6）
　第一节　辽代以前的北京……………………………………………（6）
　第二节　辽代的燕京…………………………………………………（7）
　第三节　金代的中都 ……………………………………………（12）

第二章　大都城的建造过程 ……………………………………………（21）
　第一节　在断事官们统治下的燕京 ……………………………（21）
　第二节　燕京—中都—大都 ……………………………………（23）
　第三节　大都城是劳动人民的伟大创造 ………………………（26）
　第四节　大都的人口 ……………………………………………（35）

第三章　大都的布局 ……………………………………………………（36）
　第一节　城墙和城门 ……………………………………………（36）
　第二节　皇城和宫城 ……………………………………………（39）
　第三节　城内的布局 ……………………………………………（44）
　第四节　南城和城郊 ……………………………………………（50）
　第五节　西湖和西山 ……………………………………………（53）

第四章 大都的政治生活 …………………………………………………… (57)
第一节 元代的政治中心 ………………………………………………… (57)
第二节 元朝政府对大都的严密控制 …………………………………… (60)
第三节 发生在大都的一些重要政治事件 ……………………………… (63)
第四节 大都的阶级关系 ………………………………………………… (65)

第五章 大都的经济生活 …………………………………………………… (71)
第一节 农业 ……………………………………………………………… (71)
第二节 手工业 …………………………………………………………… (72)
第三节 商业 ……………………………………………………………… (74)
第四节 河运和海运 ……………………………………………………… (76)
第五节 大都地区发生的自然灾害 ……………………………………… (77)

第六章 大都的文化生活 …………………………………………………… (79)
第一节 北方的理学中心 ………………………………………………… (79)
第二节 宗教 ……………………………………………………………… (80)
第三节 绘画、建筑和雕塑 ………………………………………………… (83)
第四节 诗歌、小说和杂剧 ………………………………………………… (86)
第五节 民间技艺 ………………………………………………………… (88)
第六节 科学技术的成就和中外科技交流 ……………………………… (89)

第七章 元末农民战争中的大都 …………………………………………… (93)

附录一 元大都大事年表 …………………………………………………… (97)

附录二 元代大都的饮食生活 ……………………………………………… (101)

下篇 元上都

引 言 ……………………………………………………………………… (129)

第一章 草原都城历史溯源 ………………………………………………… (131)
第一节 瓯脱地的变迁 …………………………………………………… (131)

第二节　辽、金皇帝的“春水秋山，冬夏捺钵” …………………… (133)
第三节　大蒙古国的草原营地 …………………………………… (137)
第四节　金莲川幕府 ……………………………………………… (140)
第五节　开平城的兴建 …………………………………………… (142)

第二章　两都巡幸与交通 ………………………………………… (144)
第一节　两都制的确立 …………………………………………… (144)
第二节　两都交通线一——驿路 ………………………………… (147)
第三节　两都交通线二——东道 ………………………………… (152)
第四节　两都交通线三——西道 ………………………………… (155)
第五节　两都间交通的维护 ……………………………………… (158)
第六节　两都巡幸制度 …………………………………………… (163)

第三章　上都的行政管理 ………………………………………… (173)
第一节　上都路的建置与人口 …………………………………… (173)
第二节　上都留守司及其下属机构 ……………………………… (176)
第三节　上都驻防的军队 ………………………………………… (180)
第四节　上都留守司官员的任用 ………………………………… (181)

第四章　上都的布局和宫廷生活 ………………………………… (186)
第一节　宫城 ……………………………………………………… (186)
第二节　皇城、外城和关厢 ……………………………………… (195)
第三节　西内与昔剌斡耳朵 ……………………………………… (203)
第四节　宫廷生活 ………………………………………………… (207)

第五章　上都的政治生活 ………………………………………… (214)
第一节　忽里台与朝觐制度 ……………………………………… (214)
第二节　上都理政 ………………………………………………… (216)
第三节　发生在上都的重大政治事件 …………………………… (218)

第六章　上都的经济生活 ………………………………………… (226)
第一节　粮食来源和农业 ………………………………………… (226)
第二节　商业和手工业 …………………………………………… (231)

第三节 畜牧业和牧民的游牧生涯……………………………………………（235）

第七章 上都的宗教……………………………………………………………（238）
第一节 发生在开平的佛道辩论…………………………………………………（238）
第二节 随从巡幸的宗教人士……………………………………………………（241）
第三节 上都的寺院道观…………………………………………………………（247）

第八章 上都的没落……………………………………………………………（255）

附录一 元代皇帝世系表………………………………………………………（261）

附录二 元上都大事件表………………………………………………………（262）

附录三 元中都简述……………………………………………………………（274）

征引文献…………………………………………………………………………（282）

后 记……………………………………………………………………………（287）

上　篇

元大都

忽必烈像

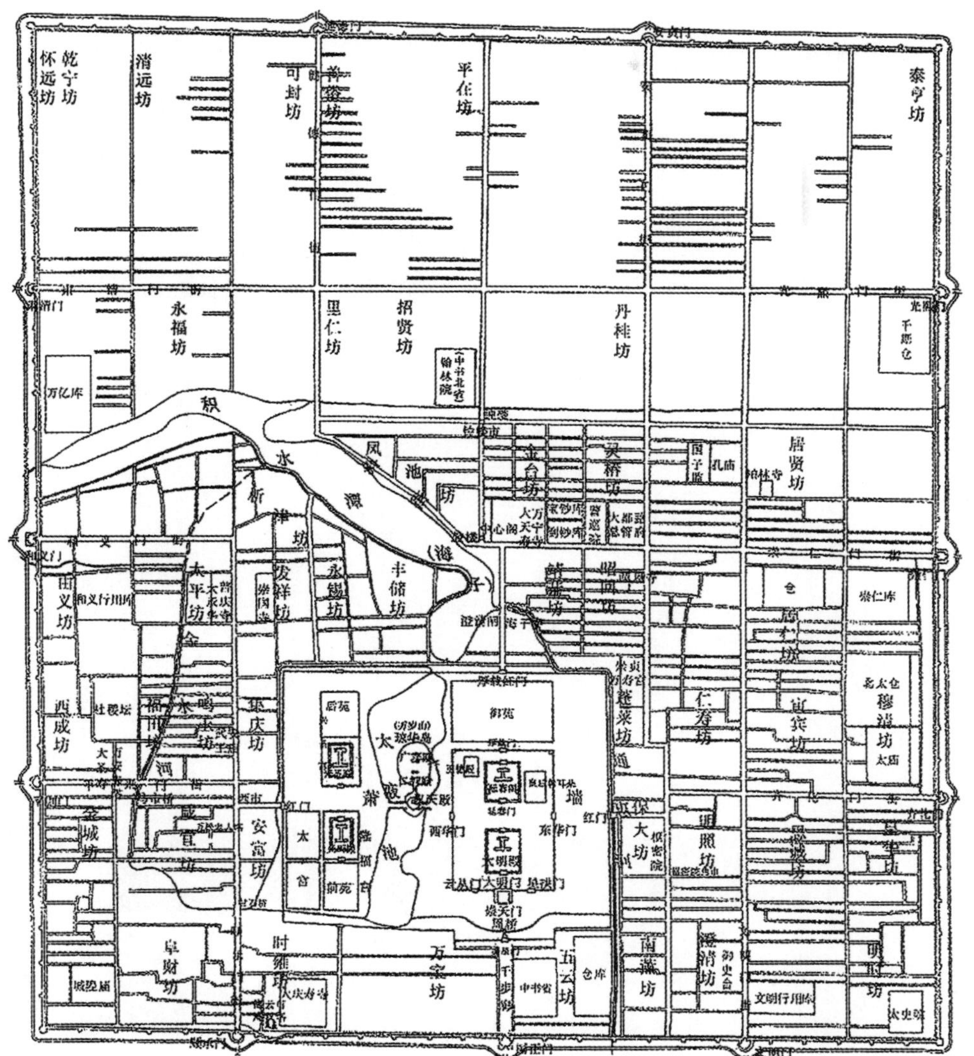

元大都平面图

引　言

13 世纪下半期，在我国华北平原上，出现了一座规模巨大的城市。它的宏伟壮丽，在当时世界上可以说首屈一指，许多诗人为它写下了动人的诗篇。不少前来访问游历的外国友人对它感到惊异，欢喜赞叹。这座城市，就是当时元朝的首都——大都。一些兄弟民族人民和外国友人，则常常称之为“汗八里”①。今天的北京，就是在大都城的基础之上改造、扩建和发展起来的。大都城在北京的历史发展过程中，起了承前启后的作用，占有特殊重要的地位。

本篇拟对元大都的历史和城市面貌，做一些简略、初步的叙述。

① “汗八里”是突厥语汉语音译，“汗”是统治者、皇帝之意，“八里”是城，“汗八里”即皇帝之城。

第一章　大都建成以前的北京

北京的历史，可以追溯到遥远的古代。在元大都建立以前，已经经历了很长的历史发展过程。在叙述元大都之前，有必要对过去的历史先做一番介绍。

第一节　辽代以前的北京

北京城市的起源，离现在有三千多年。早在殷商时期，北京地区已经出现了居民聚落。周代，这里是诸侯国燕国的都城蓟的所在地。[①] 在春秋战国时期，蓟城有众多的居民、发达的手工业和商业，还有丰富多彩的文化艺术，被称为当时的“天下名都”之一。

秦灭六国以后，为了加强中央集权，实行了郡县制，其中广阳郡的治所，就在蓟城。汉代起，设置幽州，以蓟城为幽州刺史治所。历经魏、晋、南北朝、隋、唐，都是如此。因而，在习惯上，也常把蓟城叫作幽州城。唐代的幽州城，南北九里，东西七里，开十门，是当时的一座名城。[②] 城内的悯忠寺，是唐太宗李世民所建，规模壮丽，一直存在了好几百年。[③]

唐代前期，东北的奚族、契丹族等相继崛起，不断向南扩展势力。唐朝政府为了抵御它们的进攻，在幽州（渔阳）一带屯驻重兵。唐玄宗时，出身少数民族的安禄山一身兼三镇节度使，管辖相当于今天山西、河北和辽宁大部地区在内的广大地面。他利用掌握的权力，不断积聚力量，在天

---

① 蓟的得名，据说是由于这里到处生长着开紫红花的蓟草的缘故，参见沈括《梦溪笔谈》卷二五，《杂志二》。隋代改幽州为涿郡。唐代又称幽州。唐玄宗时一度改称渔阳，但不久又改回。

② 参见《太平寰宇记》卷六九，《幽州》引《元和郡国志》。

③ 悯忠寺，明正统中改称崇福寺，清雍正时改为法源寺，至今仍存。

宝十四年（755）发动了叛乱，一直打到唐朝的首都长安。“渔阳鼙鼓动地来，惊破霓裳羽衣曲。”① 唐王朝从此由盛转衰。后来，在内部争权夺利的斗争中，安禄山父子相继死去，史思明父子继起。唐朝政府借助于北方回纥族的骑兵，才把叛乱平定了下去。但是，河北地区仍为安、史的余党盘踞，唐朝政府无力进讨，只好承认他们封建割据的既成事实，这便是历史上所说的河朔三镇（卢龙、魏博、成德）。三镇之一卢龙节度使控制了幽州地区。这些藩镇的统治是很不稳固的，兵变不断，头目经常更迭。从广德元年（763）李怀仙任卢龙节度使起，到后梁乾化三年（913）李存勖攻占幽州止，在一个半世纪左右的时间内，幽州地区先后更换了二十几个头目。这些藩镇的头目，毫无例外都是残暴专横的土皇帝，他们任意生杀予夺，横征暴敛，对人民无所不用其极。为了加强对人民的控制，他们还千方百计阻碍幽州地区和全国其他地区的经济、文化联系。这些倒行逆施，对这一地区的经济、文化造成了很大的破坏，给当地的各族人民带来了无穷的苦难。

李存勖攻占幽州后不久，消灭后梁王朝，建立后唐王朝。后唐的统治很不稳固。10 世纪 30 年代，后唐的河东节度使石敬瑭为了借助契丹的力量夺取政权，不惜向契丹统治者称儿称臣。936 年，石敬瑭在契丹军队帮助下，攻占汴梁（今河南开封），灭后唐，建立后晋政权。他为了表示忠诚，把今山西、河北沿长城一带的燕云十六州割让给契丹，幽州也在其内。自此，幽州归于契丹政权统治之下。

第二节　辽代的燕京

辽朝是契丹族建立的。契丹原来统治的地区主要在东北，居民大多从事游牧生活。以汉族为主、人口稠密的农业区燕云十六州并入以后，契丹政权在政治、经济、文化各方面都发生了很大的变化。太宗会同元年（938），紧接着合并燕云十六州以后，契丹统治者对统治机构做了调整，进一步健全了南北两院制度，北院管理契丹和北方其他少数民族居住地区，南院管理今河北、山西一带汉族居住地区，并设置了三个都城，即上京临潢府（今内蒙古巴林左旗南）、南京幽都府（后改析津府，今北京）和东京辽阳府（今辽宁

---

① 白居易：《长恨歌》。

辽阳），用来适应统治这个多民族国家政权内不同经济类型地区的需要。后来，又添设了中京和西京，成为五京。辽圣宗开泰元年（1012），南京改称燕京。[①] 在五京之中，上京是首都，其他四个是陪都。但从规模来说，燕京最大，人口也最多。正是在辽代，燕京在政治生活中的重要性大大提高，开始由地区性的行政首府向全国性的政治中心过渡。

燕京城大体上就是原来的幽州城，当然也有一些变动。城周长二十七里[②]，城墙“崇三丈，衡广一丈五尺。敌楼、战橹具”[③]。东、西、南、北各有两门。城墙外有“地堑三重”[④]，城门上有吊桥。[⑤] 城址在今北京西南广安门一带，其东城墙应在今法源寺与琉璃厂之间。[⑥]

上面已经说过，安史之乱后，幽州长期为藩镇割据。这些独霸一方的土皇帝，不把唐朝的天子放在眼里，自己就在幽州城里造起了宫殿。辽太宗会同三年（940），太宗耶律德光第一次来到南京，在元和殿举行典礼，在昭庆殿举行宴会，这些显然都是前代藩镇留下来的建筑。[⑦] 辽代前期，没有在南京另行修建宫殿。直到取得南京一个世纪以后，辽兴宗重熙五年（1036），才正式决定“修南京宫阙府署”[⑧]。宫阙大概是在原有宫殿基础之上扩展的。扩展以后的皇城宫阙，在城市的西南隅，“皇城内有景宗、圣宗御容殿二，东曰宣和，南曰大内。内门曰宣教，改元和；外三门曰南端、左掖、右掖。……门有楼阁，球场在其南，东为永平馆。皇城西门曰显西，设而不

---

① 《辽史》没有记载改称燕京的具体时间，此处据《金史》卷二四，《地理志四》。

② 参见《三朝北盟会编》卷二〇，许亢宗：《乙巳奉使行程录》。按，许亢宗是宋徽宗宣和七年（即金天会三年，1125）出使金朝路过燕京的，这时辽刚灭亡不久，北宋军据守燕京，城市尚保持辽时面貌。在此以前，宋真宗大中祥符元年（1008）出使辽朝的宋使路振，也曾记燕京城“幅员二十五里”（路振：《乘轺录》。此书有不同版本，文字出入颇大，以《皇朝类苑》本较佳），和许亢宗所记相近。《辽史》卷四〇《地理志四》说燕京“城方三十六里”，疑有误。扩展后的金中都亦不过三十五里左右。过去有人认为许亢宗所记二十七里“系三十七里之笔误”，恐不可信。又陈乐素先生考证，《乙巳奉使行程录》作者应为钟邦直。

③ 《辽史》卷四〇，《地理志四》。

④ 《三朝北盟会编》卷二〇，许亢宗：《乙巳奉使行程录》。

⑤ 参见《三朝北盟会编》卷一一。

⑥ 清乾隆时，在今琉璃厂发现辽代官僚李内贞的墓志铭，称其地为燕京东门外之海王村（参见钱大昕《潜研堂文集》卷一八，《记琉璃厂李公墓志》）。又，辽末，北宋军攻打燕京，“夺迎春门……阵于悯忠寺前，辽军与之巷战”（《三朝北盟会编》卷二〇），宋军大败。可知东门应在海王村与悯忠寺（后改称法源寺）之间。参见光绪《顺天府志》卷一，《城池·辽故城考》。

⑦ 参见《辽史》卷四，《太宗纪下》。

⑧ 《辽史》卷一八，《兴宗纪一》。

开；北曰子北。西城巅有凉殿，东北隅有燕角楼”[①]。整个皇城“幅员五里”[②]。辽亡后，北宋朝使臣经过这里，看到皇城，为其壮丽而惊叹。[③]

燕京的子城即皇城，“就罗郭西、南为之”[④]，罗城即外城。也就是说，皇城的南墙和西墙，就是燕京城南墙和西墙的一部分。因此，在皇城之南的球场，定在燕京城外。球场是打马球的地方。这种始自唐朝的体育活动，在辽代仍然非常流行，连宫廷中也专门设有球场。后来，金人第二次攻陷燕京，金军将领就在球场与北宋官员相会。[⑤] 永平馆在球场之东，亦在南城门外，这是接待北宋使臣和官僚贵族宴会的场所，“旧名碣石馆”[⑥]。皇城东、西、南、北都有门，东门叫宣和门，南门叫南端门（左掖、右掖应是南端门两旁的小门），西门叫显西门，北门叫子北门。平时“三门不开，止从宣和门出入”[⑦]。辽朝末年，北宋军自东门突入燕京城内，占据了燕京城八门。辽军固守皇城，城外的辽军则“自南暗门入内，诸门皆启，铁骑突出”[⑧]，北宋军不及提防，结果大败溃退。南暗门应即皇城南门，平时不用，故称暗门。“诸门皆启”之“诸门”，应指皇城各门。城外辽军自皇城南门入内，由皇城东、北诸门突入市内，使北宋军措手不及。皇城与外城的关系，由此事可见一斑。

也正是在这一次战斗中，北宋军与入援的辽军先“战于三市”，北宋军少却，“遂至双门楼”，且战且行，“至悯忠寺前”[⑨]，最后退到东门。别的记载也提到“城北有三市”[⑩]。“三市”，也就是燕京的商业区，在城市的北部。

燕京城内共分二十六坊，每坊都有门楼，上书坊名，“有罽宾、肃慎、卢龙等坊，并唐时旧坊名也”[⑪]。可见坊的制度，沿袭前代，没有什么变化。城内大小街道整齐端直，“大康广陌，皆有条理”[⑫]。唐代后期起，幽州城设

---

① 《辽史》卷四〇，《地理志四》。

② 路振：《乘轺录》。

③ 参见《三朝北盟会编》卷二〇，许亢宗：《乙巳奉使行程录》。

④ 王曾：《行程录》。参见《辽史》卷四〇，《地理志四》。

⑤ 参见《三朝北盟会编》卷二四。

⑥ 王曾：《行程录》。按：《乘轺录》作永和馆，“馆在城南”。

⑦ 路振：《乘轺录》。

⑧ 《三朝北盟会编》卷一一。

⑨ 同上。

⑩ 《三朝北盟会编》卷二〇，许亢宗：《乙巳奉使行程录》。

⑪ 路振：《乘轺录》。

⑫ 《三朝北盟会编》卷二〇，许亢宗：《乙巳奉使行程录》。

两县分治，东为蓟县，西为幽都县。辽代也沿袭这一制度，东西两县，东为析津，西为宛平。析津民户两万，宛平民户两万二千。[①] 有的记载说，燕京人口三十万，可能有些夸大。[②] 城中居民主要是汉人，“中有胡服者，盖杂契丹、渤海妇女耳”[③]。契丹统治者有意识地把契丹、奚等族人民移到燕京一带居住，与汉人杂处，其目的显然是加强对这一地区的控制。[④]

辽朝的历代统治者，崇尚佛教，“侯王贵宗，倾赀竭产，范金镂玉，以寓朝夕之敬，惟恐其后”。燕京城内及近郊，佛教寺院特别兴盛，“其魁杰伟丽之观，为天下甲”。其中有前代建造的悯忠寺、驻跸寺（唐代建，原名宝刹寺，辽代曾为统治者巡游驻跸之所，故改名驻跸寺）等，又有其时修建的昊天寺、开泰寺等。昊天寺是以“雕华弘冠，甲于都会”的贵族府第改建的。元代杂剧《昊天塔孟良盗骨》，以北宋将杨景、孟良到辽幽州昊天寺盗杨业骨殖为题材，可见昊天寺是很有名的。开泰寺原来也是贵族的宅第，“殿宇楼观雄壮，冠于全燕”。这两所寺院都在城内。在燕京郊区，还修葺了著名的潭柘寺。[⑤]

燕京归入辽朝统治以后，实际上成了辽朝的经济中心。这是因为它有几个有利条件。首先，燕京是辽统治下的农业地区中最大的城市，它的周围地区有比较发达的农业，“膏腴蔬蓏、果实、稻粱之类，靡不毕出，而桑、柘、麻、麦、羊、豕、雉、兔，不问可知”。燕京很自然地成为农产品最大的集散地。同时，这里的手工业也有相当的规模，“锦绣组绮，精绝天下”[⑥]，因而又是手工业品的一个很大的市场。其次，燕京地处南北交通的枢纽，来自北宋统治区的各种货物先运到这里，而北方草原牧区的各种产品，也都往这里集中，进行交换。由于以上原因，燕京北部的三市，成了辽朝统治地区内最大的商品市场。

辽朝政权对燕京地区的人民进行残酷的剥削与压迫，“服田之家，十夫并耨，而老者之食，不得精凿。力蚕之妇，十手并织，而老者之衣，不得增

---

① 参见《辽史》卷四〇，《地理志四》。

② 参见《契丹国志》卷二二，《州县载记·南京》。

③ 路振：《乘轺录》。

④ 参见晁补之《鸡肋集》卷二四，《上皇帝论北事书》。

⑤ 参见《元一统志》卷一，《中书省·大都路·古迹》。潭柘寺一直保存到现在。

⑥ 《三朝北盟会编》卷二〇，许亢宗：《乙巳奉使行程录》。《契丹国志》卷二二《州县载记·南京》。

絜。征敛调发，急于剽掠”[①]。燕京地区的汉族地主，是辽政权在这一地区统治的社会基础。这一地区的韩、赵、刘、马等家族，占有大量土地和财富，在辽政权中也占有重要的位置。例如，赵延寿，曾任燕京首任留守，封拜王爵；韩延徽，则被认为是辽的开国佐命功臣。北宋的使臣苏辙，查访燕京地区的情况，得出结论说：“北朝之政，宽契丹，虐燕人，盖已旧矣。然……止是小民争斗杀伤之狱，则有此弊；至于燕人强家富族，似不至如此。”[②] 另一个北宋使臣说，燕京地区，“耶律、萧、韩三姓恣横”[③]。耶律、萧是契丹贵族，韩则是汉族豪强。可见，燕京地区的阶级关系，从根本上说，就是契丹、汉等族的地主阶级联合起来，剥削和压迫各族劳动人民。

12 世纪初，东北的女真族崛起，反抗辽朝的统治，后建立金朝。辽朝屡战屡败。北宋政权以为有机可乘，便与女真联络，订立盟约，从南北两面共同攻辽，约定女真攻中京（今辽宁宁城县境），北宋攻燕京，灭辽后北宋将献给辽的岁币，转献与女真。1122 年，金军攻占中京，辽天祚帝西奔。北宋以宦官童贯为统帅，以新招降的辽军将领郭药师为先锋，发军十万，攻打燕京。北宋军前锋一度突入燕京城内，但增援的辽军迅速赶到，双方展开激烈的巷战，北宋军失利，被迫退出城外。其余北宋军自行烧营逃跑。童贯为了逃避罪责，暗中请求金人发兵。这一年冬天，金军攻下燕京。北宋要求交还燕京及其邻近地区，金人责备北宋军没有配合。经过一番激烈的讨价还价，金人答应将燕京等地交给北宋，但要北宋在“岁币”之外，另交“燕京代租钱”一百万贯。北宋完全接受了这个屈辱的条件。金军于第二年四月撤出燕京及邻近地区，临走时将燕京的财富、人口抢劫一空。北宋得到的几乎是一座空城。腐朽透顶的北宋王朝，居然自吹是“不世之功”，大肆庆贺，加官晋爵，立《复燕云碑》，并把燕京改名为燕山府。

北宋接收燕京及其邻近地区后，横征暴敛，比起辽的统治来，有过之而无不及。以盐税而论，辽代一贯四百文买盐一百二十斤，约十二文钱一斤。北宋接管后，每斤涨到二百五十文至二百八十文，增加了二十余倍。经手的官吏“致此丰富，有至巨万者”。北宋还派降将郭药师驻守燕京，郭药师的军队称为“常胜军”，横行霸道，“所至豪横，四邻不能安居”。北宋朝廷却

① 路振：《乘轺录》。

② 苏辙：《栾城集》卷四二，《北使还论北边事札子》。

③ 路振：《乘轺录》。

对之纵容包庇，无所不至，“内则屋业，外则土田，悉给常胜军，而燕山土著洎平州遁还之人，悉无居止无生业”[①]。宣和七年（1125），“燕山大饥，父母食其子，至有病死尸插纸标于市，人售之以为食”。对于这样严重的灾荒，北宋朝廷却上下相蒙，置之不理，镇守燕山府的官员“方献羡余四十万缗为自安计”[②]。这样一个完全不顾人民死活的政权，自然也就得不到人民的任何支持。

正是在“燕山大饥”的同一年，金朝俘虏了辽天祚帝，消灭了辽朝的残余力量。紧接着，便把矛头指向北宋。十月间，发兵两路南下，东路迅速攻取了燕山府。郭药师又一次投降，成为金灭北宋的前锋。从此，燕京归于金朝统治之下。

第三节　金代的中都

12世纪上半期，燕京屡经战乱，辽、北宋、金政权相继交替。尽管“屡经迁变”，但城市所遭破坏并不很大。[③] 在金朝统治期间，这个城市的重要性有了进一步提高。

金朝在第一次攻取燕京及其邻近的大片农业区后，开始仿效辽代南北院制度，一面是“朝廷宰相，自用女真官号”；另一面是设置中书省、枢密院，搜罗燕京及其邻近地区汉族地主的代表人物，任以官职，管理“汉地”各种事务。“朝廷”也就是中央政权，设在上京会宁府（今黑龙江阿城区白城）。中书省、枢密院原来设在广宁府（今辽宁北镇），在将燕京交给北宋以后，金朝就将中书省、枢密院迁到邻近燕京的平州（今河北卢龙），显然是为再次进取燕京和对北宋作战做准备。第二次从北宋手里夺得燕京后，就将中书省、枢密院“移置燕京，凡汉地选授调发租税皆承制行之”[④]。相继充当宰相的刘彦宗、时立爱、韩企先等，都出身于燕京及其邻近地区著名的豪族。后来，金朝改革官制，在上京建立尚书省、枢密院，燕京改设行台尚书省和元帅府，管理“汉地”军政事宜。“诸州郡军旅之事，决于帅府。民讼钱

① 《三朝北盟会编》卷二四。
② 《三朝北盟会编》卷二〇，许亢宗：《乙巳奉使行程录》。
③ 金世宗说，燕京“屡经迁变，未尝残破”（《金史》卷八，《世宗纪下》）。
④ 《金史》卷七八，《韩企先传》。

谷，行台尚书省治之”[1]。行台尚书省和元帅府的主要负责者都由女真人充任，下面参用汉人豪族。金朝还任用女真贵族如宗弼（兀术）等人领行台尚书省、都元帅，“兼总其事”，总揽大权。此外，又设有燕京留守，处理燕京事务，留守照例由女真贵族充任，副留守常由汉族官僚充任。可见，和辽代一样，金朝政权就其阶级实质而言，是女真、汉等族剥削阶级的联合统治。

1141 年，南宋、金订立和约，金朝在北方的统治得到相对的稳定。1149 年，女真贵族完颜亮发动宫廷政变，夺得皇位，改元天德。天德三年（1151）三月，完颜亮下令“广燕城，建宫室”。四月，正式决定迁都燕京。他派遣张浩、卢彦伦等负责这一工作。[2] 营建燕京的工作，先后进行了三年左右时间。贞元元年（1153）三月，正式迁都，并将燕京改为中都，改析津府为大兴府。从前代的陪都到金代成为首都，北京在全国政治生活中的地位又大大提高了一步。

金朝将首都由上京南迁，并不是完颜亮的一时冲动，其中有政治原因，也有经济原因。从政治上说，金朝与南宋以淮河和大散关为界，北方广大农业区都归于金朝的统治之下。比起辽朝来，金朝的疆域要大得多。金朝的首都上京会宁府，远在东北，对北方农业地区进行统治有很多不便之处。为了进一步加强对淮河以北广大地区的控制，完全有必要将政治中心往南迁移。从经济上说，上京处于松花江流域，气候酷寒。为了供应统治者和官僚机构的消费，必须每年从北方农业区征调大批物资。要由北方把大批物资转运到东北松花江流域，是很困难的，所以“是时上封事者，多陈言以会宁僻在一隅，官难于转输，民艰于赴诉”[3]。完颜亮在迁都的诏书中说：“人拘道路之遥，事有岁时之滞。凡申款而待报，乃欲速而愈迟……又以京师居在一隅，而方疆广于万里，以北则民清而事简，以南则地远而事繁。深虑州府申陈，或至半年而往复；闾阎疾苦，何由期月而周知！供馈困于转输，使命苦于驿顿。”[4] 迁都一则因为“方疆广于万里”，只有南迁才能加强对“地远而事繁”的南部农业区的控制；二则是为了解决“供馈困于转输”的经济问题。确是符合事实的。所以，金朝政治中心的南移，可以说是一种历史发展的必

---

① 《金史》卷七七，《宗弼传》。

② 有的记载说修建燕京的主要负责者是孔彦舟，不确，孔彦舟并未参与此事。参见《金史》卷八三，《张浩传》；卷七五，《卢彦伦传》；卷七九，《孔彦舟传》。

③ 《三朝北盟会编》卷二四二，张棣：《正隆事迹记》。

④ 李心传：《建炎以来系年要录》卷一六二。

然趋势。南移最合适的建都地点，自然非燕京莫属。金代有人说得好，“燕都地处雄要，北倚山险，南压区夏，若坐堂隍，俯视庭宇”，可以控制南北，“盖京都之选首也”[①]。优越的地理位置，再加上长期以来在政治上的重要地位，使它成了金朝的新首都。

为了营建中都，金朝几乎动员了全国的人力物力。从役的民夫、工匠和士兵，有的记载说达一百万人，[②] 有的记载说是一百二十万人。[③] 仅以筑城而言，“筑城用涿州土，人置一筐，左右手排立定，自涿至燕传递，空筐出，实筐入，人止土一畚，不日成之”[④]。史书记叙可能有夸大，但反映了当时工程的浩大和对劳动力的滥用。营建时间紧迫，官吏暴虐，“既而暑月，工役多疾疫”[⑤]，“死者不可胜计”[⑥]。修治燕京大内（宫殿）所需的“颜色、胶漆、金翠、珠玉、布麻、铜铁”以至“鹞子、鹌鹑之类，皆出民间”[⑦]，“营造累年，殚竭民财，不可胜计”[⑧]。新的中都城，是无数劳动人民用血汗建造起来的。

中都城是以原来的燕京城为基础扩展而成的。“西南广斥千步”[⑨]，其他几个方面也都有所扩展，只有北面没有变化。扩展后的中都城，据明代测量，“周围凡五千三百二十八丈”[⑩]。据新中国成立后勘测，约合五千六百丈。两个数字是基本一致的，可知中都城周长应在三十五里至三十七里之间。[⑪] 其东北城角在今宣武门内翠花街，东南城角在今永定门火车站西南，西南城角在今凤凰嘴村，西北城角在今军事博物馆南。[⑫] 至今凤凰嘴村附近尚留有一段近十丈长的金代土城遗址。全城有十二门，每面三门，“正东曰宣曜、阳春、施仁，正西曰灏华、丽泽、彰义，正南曰丰宜、景风、端礼，

---

① 《金史》卷九六，《梁襄传》。

② 参见《正隆事迹记》。

③ 参见范成大《揽辔录》。

④ 《日下旧闻考》卷三七，《京城总纪》引《析津志》。

⑤ 《金史》卷八三，《张浩传》。

⑥ 范成大：《揽辔录》。

⑦ 《三朝北盟会编》卷二三〇。

⑧ 《三朝北盟会编》卷二三三。

⑨ 《元一统志》卷一，《大都路·十方万佛兴化院》。

⑩ 《洪武实录》卷三〇。明代测量元大都南城，“南城，故金时旧基也”。

⑪ 参见阎文儒《金中都》，《文物》1959年第9期。按，《大金国志》卷三三《燕京制度》说“都城四围凡七十五里”。不可信，疑有误。

⑫ 同上。

正北曰通元（玄）、会城、崇智”[①]。全城基本上是一个正方形，但南北较东西略长。南墙正中的丰宜门和北墙正中的通元（玄）门遥遥相对，是纵贯南北的全城中轴线的两端。现在北京西南有一个地方，叫会城门村，就是会城门旧址。民间还习惯把广安门叫作彰义门，这也是沿袭金代的旧称（实际上彰义门旧址在广安门外西南）。

中都城内规则整齐，共分六十二坊。城的东半边即东南、东北，共二十坊；城的西半边即西南、西北，共四十二坊。每坊有坊门。中都城仍设两县分治，东为大兴，西为宛平。中都建成后，金朝政府曾下令征调“四方之民”“实京师”，因此中都人口比以前增加了很多。具体数字虽不可知，但整个大兴府（包括十县一镇）共有户二十二万五千余，比起辽代来，增加了一倍以上[②]，从这一事实也可以想见金代中都人口增长的情况了。

皇城在中都的中央而偏南。在兴修以前，完颜亮“遣画工写京师（指原北宋首都汴梁）宫室制度，至于阔狭修短曲画其数，授之左相张浩辈，按图以修之”[③]。可见，金的中都皇城宫室是模仿汴梁的宫室制度的，但是，其中也保留了辽代的一些原有的宫殿，例如仁政殿，并非完全从头来起。皇城周长九里三十步，有四门，正南是宣阳门，正东是宣华门，正西是玉华门，正北是拱宸门。宣阳门正对着丰宜门。在宣阳门内，有驰道和东西千步廊，再往北就是宫城，宫城的南门叫作应天门。在宣阳门与应天门之间，有太庙、尚书省、会同馆（接待其他政权使臣的场所）和一些官署，宣阳门、应天门和皇城北面的拱宸门，都在全城的中轴线上，说明皇城的建造和全城密切结合，有完整、周密的布局。

宫城内最主要的建筑是大安殿。它是金朝统治者举行重大仪式的地方。现在白纸坊西街城外段与滨河南路交叉处以北较大的一处遗址，可能就是金大安殿所在地。从大安殿往北，就是辽代的旧宫殿仁政殿，这是金朝皇帝平时上朝接见臣属的地方。宫殿内共有“殿三十六，楼阁倍之”。出宫城西边玉华门，是金朝统治者游览玩乐的园池，称为同乐园，里面有瑶池、蓬瀛、

---

① 《大金国志》卷三三，《燕京制度》。按，《金史》卷二四《地理志上》说“城门十三”，北面有四门，多一光泰门；历来研究者大都以为不可信，或以为光泰门即崇智门。但元好问记东平贾洵，“既而改内监，督燕都十三门之役”（《遗山文集》卷三四，《东平贾氏千秋录后记》），和《金史》可以相印证。这个问题还可以进一步研究。

② 金朝大兴府所属的十县一镇，在辽代人口总计不到十万户，见《辽史》卷四〇，《地理志四》。

③ 《三朝北盟会编》卷二四四，张棣：《金虏图经》。

柳庄、杏村等名胜。

中都的宫殿“金碧翚飞，规模壮丽”[①]，极尽奢侈华靡之能事。南宋的使臣也说它“穷奢极侈”[②]。在建成后，有一次为了“改造殿庭诸陈设物”，即须“日用绣工一千二百人，二年毕事”[③]，仅此一项，可以想见，封建统治者的穷奢极欲到了何等地步。

中都建成后，金朝又在中都城郊建立若干处离宫。大定十九年（1179），金朝统治者在中都东北建造离宫，名大宁宫，经过几次改名，最后定名万宁宫。在这一离宫中，建有楼台亭阁和湖泊，“曲江两岸尽楼台”[④]，写出了当时的富丽景象。湖中有一座小岛，名叫琼华岛。琼华岛上的小山，传说是金朝灭北宋后将汴梁艮岳的假山石运来堆成的，小山上面便是著名的广寒殿。[⑤]金章宗时（1190—1208），皇帝常常于三、四月间到万宁宫，八月间再回到城内，每年差不多有半年时间住在那里。除万宁宫外，城南也有行宫，叫作建春宫；城西的香山、玉泉山也有行宫。但以万宁宫的地位最为重要。

在中都建成后，金朝政府还曾开凿运河，想以此保证中都的物资供应。当时山东、河南、河北的税粮和其他征调的物资，都由水道运到通州（今北京通州区）。通州到中都，原来有漕渠可通，但因“通州而上，地峻而水不留，其势易浅，舟胶不行”，所以常从事陆运，“人颇艰之”。金世宗大定五年（1165），曾发“宫籍监户、东宫亲王人从及五百里内军夫，浚治”漕渠，但没有能解决问题。大定十年（1170），“议决卢沟以通京师漕运”，即从中都西边卢沟河（今永定河）开口（称为“金口”）引水东下，经今八宝山北麓，入中都城北的护城河，直到通州以北，入潞水（今白河）。开凿这条运河，原想从此“诸路之物可径达京师”，结果渠成之后，“以地势高峻，水性浑浊。峻则奔流漩洄，啮岸善崩；浊则泥淖淤塞，积滓成浅，不能胜舟”，实际上没有起多少作用。后来，因为害怕上游河水暴涨，泛滥成灾，

---

① 《大金国志》卷三三，《燕京制度》。

② 范成大：《揽辔录》。

③ 《金史》卷八三，《张汝霖传》。

④ 赵秉文：《滏水集》卷七，《扈跸万宁宫》。

⑤ 参见高士奇《金鳌退食笔记》。据明宣宗所作《御制广寒殿记》（《纪录汇编》卷七），明朝永乐帝说过，广寒殿所在小山“宋之艮岳也”。按，元代传说，蒙古族兴起北方时，“塞上有一山，形势雄伟，金人望气者，谓此山有王气，非我之利。金人谋欲厌胜之……乃大发卒，凿掘辇运至幽州城北，积累成山，因开挑海子，栽植花木，营构宫殿，以为游幸之所”。这就是琼华岛的由来（参见陶宗仪《辍耕录》卷一，《万岁山》）。这两种说法都不一定可信。

干脆发工“塞之”①。这一工程完全失败。通州到中都仍靠陆路运输。图1—1描绘的是元初营建大都时，运输木料的情景。

图1—1　卢沟运筏图

中都建成后，金朝统治者还就加强中都与南北各地的交通采取了一些措施。其中之一，便是卢沟桥的建造。卢沟桥渡口，自古以来便是燕蓟地区通往南方的要津，原来在这里设有浮桥和木梁桥。随着中都的建成，卢沟桥渡口的交通日益频繁，浮桥或木梁桥已不能适应需要。金章宗大定二十九年（1189），金朝统治者下令建造石桥，明昌三年（1192）三月建成。新建的

① 《金史》卷二七，《河渠志》。

卢沟桥全长二百六十米五，宽七米五，桥下有十一个拱券，是当时我国北方最大的石桥。桥的石栏杆柱头，雕刻有千姿百态、神情生动的石狮子，是我国古代雕刻艺术的杰出成就。[①] 这座宏伟瑰丽的石桥，是我国劳动人民聪明智慧的结晶。13 世纪下半叶，意大利旅行家马可·波罗游历中国，看到这座石桥，对它做了详细的描写，表示了由衷的钦佩。

和辽代一样，金朝的历代统治者也是狂热的佛教崇拜者。由于统治者的提倡，佛教极盛，中都内外，除了原有的寺庙之外，又出现了不少新的庙宇，因此，“都城之内，招提兰若如棋布星列，无虑数百，其大者三十有六焉”[②]。金初，盛行的是佛教中的律宗，后来，禅宗取而代之，风靡一时。金朝后期，禅宗的万松和尚受到统治者的尊奉，声势显赫，在政治上很有影响。此外，金朝统治者对道教也很重视，著名的道观白云观，原建于唐开元时，金章宗时改建，当时叫太极宫，金章宗曾多次到这里。太极宫的历任提点，都受到统治者的宠遇。这所道观，屡经修治，至今犹存。金朝末期，全真道开始盛行。全真道提倡禁欲与苦行，有利于麻痹劳动人民的反抗意志，因此也得到统治者的保护和提倡。中都内外，全真道道观相继兴建。

在中都郊区及京畿各县，女真族和汉族的官僚、贵族、豪强、地主占有大量土地。女真贵族利用政治权势，圈占很多土地，有的人占地达八百顷之多。[③] 汉族的地主如京畿永清张氏，“家饶财，畜牧满野，上腴居邑之半”[④]。至于马、萧、刘、韩等世代豪门，更可想而知。金朝统治者还把原在东北的女真族人，按猛安（千户）、谋克（百户）的编制，迁到河北各地，其中有不少分布在中都郊区及京畿各县。金朝统治者这样做的目的，是制造民族矛盾，加强自己的统治。为此，还从当地原有的土地中一再“拘刷”良田来分配给他们，结果，受害的主要是汉族劳动人民。但是，真正从中得到好处的是猛安、谋克中的上层人物，他们得到大量良田，再出租给汉族劳动人民耕作，收取地租，自己则“惟酒是务”，过着不劳而食的腐朽生活。而猛安、谋克中的下层群众，只能分到一点甚至根本分不到土地，“砍芦为席，或斩刍以自给”[⑤]，过着十分困苦的生活。很清楚，中都地区广大农村中的基本矛

① 现在卢沟桥上共有各种大小狮子四百八十五个，多数是后代增补的。

② 《元一统志》卷一，《中书省·大都路·奉福寺》。

③ 参见《金史》卷四七，《食货志三》。

④ 陆文圭：《墙东类稿》卷一三，《慈悟居士墓志铭》。

⑤ 《金史》卷四七，《食货志二》。

盾，是以女真、汉等族地主为一方，女真、汉等族劳动人民为另一方的两大对抗阶级之间的矛盾。

13 世纪初，北方草原蒙古族兴起。1206 年，铁木真统一蒙古各部，号成吉思汗。1210 年，成吉思汗发动了对金朝的战争。1211 年 9 月，大败金军，从间道夺取了中都西北的居庸关。对于中都来说，“居庸最为要害”，居庸一失，中都立刻受到威胁，因此金朝统治者十分恐慌，急忙下令戒严，但是，蒙古军没有集中力量进攻中都，而是分兵掠取河北、山西的一些州县，还袭取金朝的群牧监的马匹，“几百万匹，分属诸军”，壮大了自己的力量，遂即退去。[①] 蒙古军的进攻引起了金朝统治集团内部矛盾的激化，1213 年 8 月，金军将领胡沙虎发动政变，带领军队从北面突入中都的通玄门和西边的彰义门，杀死金帝完颜永济，另立完颜珣为帝，这就是金宣宗。十月，金军其他将领又杀死胡沙虎。这时蒙古军再次发动进攻，“河北郡县尽拔”，从河北到山东，只有中都等十一城尚为金朝保有。贞祐二年（1214），金朝遣使求和，蒙古军勒索大批金帛、童男女和马匹，于四月间由居庸关退出。五月，金宣宗迁都南京（今河南开封），以皇太子留守中都。这次迁都实际上是十分狼狈的逃窜，随着统治者的出走，中都的许多居民也仓皇逃散，流离失所。“卷地狂风吹塞沙”，元初大剧作家关汉卿的作品《闺怨佳人拜月亭》，便是以这次迁都为背景，描述了广大人民流离失所的悲惨情况。成吉思汗听到了金朝南迁的消息，十分恼怒，认为金朝并不是真正想要议和，只是一种缓兵之计。于是又发动了对金的战争。

蒙古军这次的出征路线分两路。一路以木华黎为统帅，征辽东；一路以三合拔都和契丹人石抹明安等为统帅，引兵南进。在金朝政府南迁途中，主要由契丹族组成的乣军叛变，投降了南进的蒙古军。乣军熟悉河北地理，就为蒙古军做先锋，夺取了河北许多地方。金皇太子闻讯，连忙南逃，留下丞相完颜承晖、尚书左丞抹撚尽忠等守卫中都。贞祐三年（1215）正月，蒙古军取通州，逼近中都。中都金军将领右副元帅蒲察七斤出降。“七斤既降，城中无有固志”，而且城中粮食来源完全断绝，“人相食”[②]，处于绝境。金朝两次派兵来援，都在中途被击溃。四月，蒙古军“攻万宁宫，克之”。兵临中都城下。五月初，完颜承晖自杀，抹撚尽忠开通玄门逃跑，“城中官属

① 参见《元史》卷一，《太祖纪》；卷一二二，《槊直腯鲁华传》。

② 《元史》卷一五三，《王檝传》。《金史》卷一〇一，《承晖传》《抹撚尽忠传》。

父老缁素，开门请降”[①]。中都自此归于大蒙古国统治之下，开始了一个新的发展时期。

大安三年（1211），就在蒙古军大举进攻前夕，中都曾发生大火，“延烧万余家，火五日不绝”，城市受到很大破坏。在蒙古军攻取中都过程中，城市进一步遭到破坏，“雄丽为古今之冠”[②] 的中都宫殿，有不少在围城中因缺乏柴薪，陆续被拆除，但还保留下了一部分。总的来说，中都城已相当残破了。

大蒙古国的著名政治家耶律楚材，原来是完颜承晖属下的一名官员。他当时也在被围的中都城中，亲身经历了这一历史事件。后来，他在一首诗中简要地叙述了中都城陷落的经过：

天子潜巡狩，宗臣严守陴。
山西尽荆枳，河朔半豺狸。
食尽谋安出，兵羸力不支。
长围重数匝，久困再周期。
太液生秋草，姑苏游野麋。
忠臣全节死，余众入降麾。[③]

① 《元史》卷一五〇，《石抹明安传》。
② 《大金国志》卷二三，《东海郡侯纪下》。
③ 耶律楚材：《湛然居士集》卷一二，《怀古一百韵寄张敏之》。

第二章　大都城的建造过程

蒙古族建立的元朝政权统一全国，这在我国历史上是规模空前的。为了适应统治范围广袤的统一多民族国家的需要，元朝政府在原燕京城旁边，建立了一座崭新的大都城。

第一节　在断事官们统治下的燕京

蒙古军进入中都以后，取消了中都这一名称，重新改名为燕京，同时设置了燕京路总管大兴府，管理京畿地区。[①] 起初，燕京的形势是很不稳定的，河北的许多地方，都为封建军阀所把持，山头林立。这些割据一方的土皇帝，反复无常，动摇于金朝和大蒙古国之间。燕京南面的信安（今属河北霸州），当时为军阀张甫所占有，他一度投降蒙古，不久又倒向金朝，并出兵掠取燕京周围各县，使燕京城受到很大威胁。守城的官员甚至被吓得引水环城，阻绝内外交通，用来防止张甫的进攻。[②] 因为害怕城内有人做内应，大蒙古国还大肆搜捕，杀了不少人。[③] 元太宗窝阔台攻陷汴梁，金朝灭亡（1234）以后，张甫也跟着投降，局势才逐渐稳定下来。

大蒙古国创建之初，官制很简单，除了万户、千户、百户、牌子头（十户长）这一套十进制的军政合一组织之外，还设有札鲁忽赤，即断事官，管

---

① 参见《元史》卷五八，《地理志一》。

② 参见《元史》卷一五三，《王檝传》。

③ 当时耶律楚材坚决主张用重刑，他的理由是："信安咫尺未下，若不惩戒，恐致大乱。"（《国朝文类》卷五七，宋子贞《中书令耶律公神道碑》）可见大蒙古国对信安张甫是视为腹心之患的。

理“奸盗、诈伪、婚姻、驱良等事”①。当占领以汉族为主的广大农业地区以后，原有的简单官制已不能适应需要，于是就沿袭金朝的制度，在燕京建立行尚书省，也叫行台，代表大蒙古国，管理“汉地”的有关事宜。行省的长官，由蒙古国派出札鲁忽赤即断事官充任，经常同时有数人。此外，还仿效金朝制度，设置了燕京留守长官（或称留后长官），专门管理燕京的事务。燕京留守长官均兼任行省长官。从占领中都到忽必烈即位以前，先后受命为断事官前来充当燕京行省长官的有契丹人石抹明安、石抹咸得不父子和耶律阿海，色目人牙剌瓦赤、赛典赤，蒙古人不只儿以及汉人刘敏等。

断事官有很大权力。他们是大蒙古国统治者的代表，“得专生杀，多倚势作威”②。断事官、燕京留守石抹咸得不“尤贪暴，杀人盈市”，他的亲属及“势家子”，光天化日之下就在燕京城内拉着车子抢东西，“不与，则杀之”③。断事官不只儿“视事一日，杀二十八人”；其中有一人已“杖而释之”，正好有人献环刀，不只儿就“追还所杖者，手试刀斩之”④。色目人牙剌瓦赤出身商人，专门替大蒙古国统治者做买卖，搜刮财物。他原在中亚做官，元太宗十三年（1241）向窝阔台汗请求“治汉民”，被委派为燕京行省长官，来到燕京。他“惟事货赂”，事无大小，都伸手要钱，在他属下的各级官吏，也都“竞以掊克入媚”⑤。这些权贵们的横行霸道，给燕京人民带来了很大苦难。

远在漠北的大蒙古国统治者，最关心的是从燕京地区榨取各种财物。中都一攻下，成吉思汗立即派人来“籍中都帑藏”⑥，刮走了大批金银和缎匹。后来，继续“不时自草地差官出汉地定差发（赋役）”。元太宗窝阔台差贵族忽都虎到燕京定差发，“下至教学行及乞儿行，亦出银作差发”。连乞丐都不得免税，其他人更可想而知。那些教学行的文人们为此写下了一首打油诗：“教学行中要纳银，生徒寥落太清贫。……相将共告胡丞相（忽都虎），免了之时捺杀因（蒙古语很好之意）。”除了征取丝和银之外，“使臣经从，调遣军马，粮食器械，及一切公上之用，又逐时计其合用之数，科率民户”。

① 《元典章》卷四九，《刑部一一·强窃盗》。
② 《元史》卷一二五，《布鲁海牙传》。
③ 《元史》卷一四六，《耶律楚材传》。
④ 《元史》卷四，《世祖纪一》。
⑤ 《国朝名臣事略》卷八，《姚文献公》。
⑥ 《元史》卷一，《太祖纪》。

燕京地区的居民，“甚以为苦，怨愤彻天，然终无如之何也”①。

大蒙古国统治者还把燕京的许多土地和民户，分拨给贵族和功臣。成吉思汗赏赐功臣镇海地土，“命于城中环射四箭，凡箭所至园池邸舍之处，悉以赐之”②。对另一个功臣札八儿也采取同样的办法，“引弓射之，随箭所落”③ 都属札八儿所有。这种赐地方式，根本不考虑原住居民的死活，不知使多少人流离失所。大蒙古国在灭金后，调查登记“汉地”户籍，将其中很大一部分分封给贵族和功臣，在燕京得到封户的有耶律楚材、贾答剌罕、布八火儿赤、昔里吉万户、徐都官人等。这些受封者，即称为“投下”（皇族则称“位下”）。“投下”所属民户，按规定都要在完成国家赋税之外另向本投下缴纳五户丝，即每五户出丝一斤。实际上，投下户的负担远不止此。那些贵族、功臣经常巧立名目，任意勒索，甚至私设公堂，拷打追征。这些投下户的遭遇，比起一般民户来，是更加悲惨的。

燕京经历了长期的包围，城市遭到很大破坏。蒙古军入城之初，城内正发生饥荒，又死了不少人。在断事官们的残酷统治下，燕京城很长时间内没有能恢复过来，满目荒凉，有的水井中堆积着“枯骸”④，以致流行着闹鬼的传说。“可怜一片繁华地，空见春风长绿蒿。”⑤ 燕京城已残破不堪了。

第二节　燕京—中都—大都

大蒙古国统治燕京半个世纪以后，即 13 世纪 60 年代，燕京的地位起了新的变化。

大蒙古国统治集团内部，为了争权夺利，不断爆发激烈的斗争。在成吉思汗生前，为了汗位继承问题，他的几个儿子就发生过冲突。作为一种妥协，成吉思汗选中了第三个儿子窝阔台做继承人，这就是元太宗。但是，按照蒙古人的习惯，幼子才能继承父亲的产业，其他诸子应分立门户。成吉思汗的幼子拖雷，在分封时得到蒙古本土，在成吉思汗死后分得的军队也最多，势力强大。窝阔台对他心存猜忌，就以自己患病需要找替身为名，将拖

① 彭大雅、徐霆：《黑鞑事略》。

② 《元史》卷一二〇，《镇海传》。

③ 同上书，《札八儿火者传》。

④ 周密：《癸辛杂识》续集上，《李仲宾谈鬼》。

⑤ 《国朝文类》卷六，魏璠：《燕城书事》。

雷毒死。窝阔台死后，由其子贵由继位。贵由统治期间，“法度不一，内外离心”，不到三年即死去。死后，其妻海迷失暂理国事。这时拖雷诸子均已长成，暗中笼络一部分蒙古贵族，利用“忽里勒台”（蒙古贵族和军事首领的大聚会，新汗都要由这种聚会选出），推选拖雷的长子蒙哥为汗，把窝阔台一系的势力打压下去。

蒙哥当上汗以后，一方面派自己的亲信去燕京行省充当断事官，另一方面又以自己的兄弟忽必烈（拖雷的第四子）管理“漠南汉地军国庶事”①。这样，在“汉地”实际上形成了两个互相牵制的政权系统。忽必烈受命以后，把自己的营帐移到靠近“汉地”的桓州（今内蒙古正蓝旗西北）和抚州（今河北张北）之间的金莲川，很快就在那里建立城邑，取名开平（今内蒙古正蓝旗境内），并经营宫室，作为自己长期居留的地方。他在开平“招集天下英俊，访问治道”。所谓“英俊”，就是汉族地主中的一些代表人物，如姚枢、海云（佛教僧侣）、刘秉忠、张德辉、元好问等，以及一些汉族军阀；所谓“治道”，就是汉族地主阶级的统治经验。忽必烈接受这些人的意见，在“汉地”的部分地区（河南、关陕）进行了某些改革，“其法：选人以居职，颁俸以养廉，去污滥以清政，劝农桑以富民”②。这些措施取得了明显的效果。对燕京行省断事官们的胡作非为，忽必烈表示了不满。但是，断事官们都是蒙哥的亲信，忽必烈对燕京及其周围地区的事务，实际上完全不能过问。

忽必烈在“汉地”采取的一些措施，使他的声望大为提高，得到了汉族地主的拥护。这就引起了蒙哥及其亲信的猜忌，认为“是心异矣”，“大为钩考”，要追查忽必烈的所作所为。后来依靠汉族谋士的出谋划策，忽必烈才得以幸免于难，但是他所设置的一些机构和改革措施，也就因此废止了。③

1258 年，蒙哥大举进攻南宋。他自己率领军队由关中攻四川，命忽必烈进攻鄂州（今湖北武昌）。第二年七月，蒙哥在四川合州钓鱼山战死。围绕着汗位继承问题，大蒙古国统治集团内部又爆发了激烈的斗争。拖雷的幼子阿里不哥纠集部分蒙古贵族，在漠北和林称汗，同时派遣亲信脱里赤“为断事官，行尚书省，据燕都，按图籍，号令诸道”，企图把燕京作为他们控制

① 《元史》卷四，《世祖纪一》。

② 姚隧：《牧庵集》卷一五，《姚文献公神道碑》。

③ 同上。

"汉地"的据点。脱里赤还在燕京及周围地区大肆"括兵"（征调百姓充军），准备阻挡忽必烈回军。忽必烈得到消息，立即与南宋议和，乘脱里赤准备工作还没有完成之际，迅速北撤。在这一年的年底，全军赶到燕京，清除了亲阿里不哥的势力，控制了这个具有重要战略意义的城市，稳定了"汉地"的局势。[①] 忽必烈在燕京近郊住了两三个月，便于1260年3月，由燕京前往开平，召集一部分贵族、将领聚会，即位称汗。于是，在大漠南北，阿里不哥和忽必烈两兄弟之间，展开了大规模的战争。由于忽必烈既拥有部分蒙古贵族、将领的支持，又得到汉族地主的拥戴，有"汉地"丰富的物资做后盾，因而很快便打败了阿里不哥，取得了胜利。燕京在这场战争中，发挥了军事基地的作用，军用的粮食和许多其他物资都先集中到这里，再运往开平；不少军队也先在这里集中，再调往前方。

在登上汗位前后，不断有人向忽必烈提出建都燕京的问题。在即位以前，蒙古贵族霸突鲁对忽必烈说："幽燕之地，龙蟠虎踞，形势雄伟，南控江淮，北连朔漠。且天子必居中以受四方朝觐。大王果欲经营天下，驻跸之所，非燕不可。"[②] 即位以后，汉族谋士郝经等人也提出了"都燕"的建议，理由是："燕都东控辽碣，西连三晋，背负关岭，瞰临河朔，南面以往天下。"[③] 从这些话看，他们都强调燕京优越的地理位置，便于控制四方。忽必烈对他们的建议是重视的，他决定将政治中心南移，不再以漠北的和林作首都。但是为了照顾蒙古贵族们的习惯，避免引起更多的反对，他在即位之初，采取两都制，每年来往于燕京与开平之间，在燕京过冬，在开平度夏，而以位于草原上的开平为主要都城，以燕京为陪都。中央行政机构中书省就设在开平，而在燕京分立行中书省。中统四年（1263）五月，正式定名开平为上都。第二年（1264）八月，又将燕京改为中都。

忽必烈上台，意味着蒙汉地主阶级联合统治的进一步加强。他积极采用汉族封建地主阶级的各种统治经验，模仿前代封建王朝的样式，建立起一套完整的统治机构，颁布各种制度法令。用当时的话来说，这些就叫作采用"汉法"。采用"汉法"的结果，使一些蒙古贵族的势力有所削弱，中央集权得到了加强，北方原来混乱的情况有了一些改变，社会经济逐渐得到恢复

① 参见《元史》卷四，《世祖纪一》。

② 《元史》卷一一九，《木华黎附霸突鲁传》。

③ 郝经：《郝文忠公集》卷三二，《便宜新政》。

和发展。至元八年（1271），忽必烈正式将国号改为大元，“元也者，大也。大不足以尽之，而谓之元者，大之至也”[①]。忽必烈用“大元”来取代“大蒙古国”，表明他意识到自己是统一多民族国家的统治者，采用“大元”国号，正是他积极推行“汉法”的一个标志。

在积极推行“汉法”过程中，忽必烈大力经营都城，在中都附近建立起一座新城。采用“大元”国号的次年，即至元九年（1272）二月，忽必烈命名新城为大都，而原中都城则成了大都的一个组成部分。大都成为首都，上都的地位便相应起了变化，由主要都城改而成为陪都。“维昔之燕，城南废郛。维今之燕，天下大都。”[②] 旧城不过是新城南边的废郛，新城则是当今天下最大的都城。在历史上，北京从此开始成为全国的政治中心。

忽必烈采用“汉法”，建都大都，不是没有斗争的。少数保守的蒙古贵族对此坚决反对，他们派遣使者质问忽必烈道：“本朝旧俗与汉法异，今留汉地，建都邑城郭，仪文制度，遵用汉法，其故何如?”[③] 忽必烈不顾他们的反对，继续坚持原来的方针。这是因为，北方比较落后的游牧民族的统治者，进入中原以后，如果要适应当地原有的经济状况，就必须采用“汉法”；如果坚持本民族原有的生产方式，一味从事掠夺，就只能导致垮台。这是一条历史的规律。忽必烈刚上台不久，就有人向他指出：“北方奄有中夏，必行汉法，可以长久。……其他不能实用汉法，皆乱亡相继。”[④] 忽必烈为了巩固统治，不能不采用“汉法”，也不能不把政治中心南移，建都大都。他所采取的这些措施，对于历史的发展，起了积极的作用，是应该肯定的。

第三节　大都城是劳动人民的伟大创造

屡经战火、残破不堪的燕京，在大蒙古国统治了半个世纪之后，依旧是个破烂的城市。战争中残存下来的一部分宫殿，在大蒙古国接管中都的第三

① 《国朝文类》卷四〇，《经世大典序录·帝号》。

② 黄文仲：《天下同文》前甲集卷一六，《大都赋》。

③ 《元史》卷一二五，《高智耀传》。

④ 许衡：《鲁斋文集》卷二，《立国规模》。

年（1217）又发生一次火灾，剩下的大概已经没有什么了。[①] 忽必烈即位初期，每次来到燕京，总是住在“近郊”，大概是残存的某处金代离宫。过了几年以后，开始重建琼华岛。

琼华岛原是金朝离宫万宁宫的组成部分。蒙古军在占领中都以前，先攻占了万宁宫。蒙古军对这座离宫进行了焚掠，使它遭到很大破坏。只有琼华岛因为在湖泊之中，至少有部分建筑（如岛巅的广寒殿）得以保存下来。大蒙古国统治者占领华北广大地区之后，积极扶植中原地区的各种宗教，当时流行的全真道（道教的一个流派）也得到重视。全真道首领丘处机曾为成吉思汗所召见，长途跋涉，远赴中亚。由中亚归来后，丘处机住在燕京，燕京行省石抹咸得不、札八儿等“施琼华岛为［道］观”[②]，而且禁止在琼华岛周围“樵采”，因而“樵薪捕鱼者绝迹”[③]。不久，大蒙古国统治者又将琼华岛改名为万安宫。但在丘处机死后不久，全真道的道士们就拆毁了琼华岛上的广寒殿，“从教尽划琼华了，留在西山尽泪垂”[④]。琼华岛从此也和万宁宫的其他建筑一样，成为一片废墟。1253 年，郝经“由万宁故宫，登琼华岛”，颇有感慨地写道：“悲风射关（指居庸关），枯石荒残，琼花树死，太液池干。游子目之而兴叹，故老思之而泪潸。”[⑤] 1260 年，王恽游览琼华岛，也赋诗道：“蓬莱云气海中央，薰彻琼华露影香。一炬忽收天上去，谩从焦土说阿房。……玉云仙岛戴灵鳌，老尽琼华到野蒿。惆怅津阳门外去，春风飘乱酒旗高。”[⑥] 长满野蒿、满目荒残的琼华岛，已经成为诗人凭吊的古迹了。

忽必烈即位后不久，就仿效金代制度，在燕京成立了职责为修建宫殿的机构修内司和祗应司。中统四年（1263），色目人亦黑迭儿建议重修琼华岛，忽必烈没有同意。但是，很快他就改变了主意。至元元年（1264）二月，开始修

---

① 参见程钜夫《雪楼集》卷九，《旃檀佛记》。按，元代官私文献中都没有提到原中都城的宫殿，可见已经完全不存在了。繁华富丽的大安殿已变成一堆瓦砾，“野花迷辇路，落叶满宫沟”（迺贤：《金台集》卷二，《南城咏古十六首》），元代在它的基址上盖起了酒家寿安楼。

② 陈时可：《长春真人本行碑》，引自《日下旧闻考》卷九四，《郊坰》。

③ 李志常：《长春真人西游记》卷下。

④ 元好问：《元遗山诗集笺注》卷九，《出都》。作者在这首诗的注中说：“万宁宫有琼华岛，绝顶广寒殿，近为黄冠辈所撤。”元好问作这首诗的时间是蒙古乃马真后二年（1243），参见施国祁《元遗山全集年谱》。

⑤ 郝经：《郝文忠公陵川文集》卷一，《琼华岛赋》。

⑥ 王恽：《秋涧文集》卷二四，《游琼华岛》。

建琼华岛。[①] 在这两年间，修内司和祗应司的机构和人员都扩大了。修内司下面原来只有一个大木局，这时增加了小木局、泥厦局、车局、妆钉局、铜局、竹作局、绳局等。祗应司也由原来的三局（油漆、画、裱褙三局）增为五局（增销金、烧红二局）。此外，还成立了“凡精巧之艺，杂作匠户，无不隶焉”[②] 的御用器物局以及窑场、琉璃局和犀象牙局等。从这些机构的设置可以看出，忽必烈已经决定要大规模修建宫殿了。新的广寒殿很快便在原“广寒之废基”[③] 上建造了起来。中统五年，也就是至元元年（1264）十月，忽必烈在“万寿山殿”会见高丽国王，说明新殿此时已经落成。第二年（1265）十二月，忽必烈命工匠制作了“渎山大玉海”（酒缸，见图2—1），放置在广寒殿里。这个“渎山大玉海”，“玉有白章，随其形刻为鸟兽出没于波涛之状，其大可贮酒三十余石”，在元代一直安置在广寒殿。元朝灭亡以后，“渎山大玉海”也历经沧桑，后来落到皇城内一所道观中作腌菜坛子。清朝乾隆年间被重

图2—1　渎山大玉海

① 参见《元史》卷四，《世祖纪一》。按，有的记载说：“（中统）四年，修万寿山宫殿，命（鲜卑仲吉）董之。”《永乐大典》卷二八〇六，《卑》字门鲜卑仲吉条）据此，则中统四年（1263）已经开始修建了。又有记载说，琼花（华）岛“中统三年修缮之”（陶宗仪：《辍耕录》卷一，《万岁山》），这个时间有待进一步考证。

② 《元史》卷九〇，《百官志六》。

③ 《国朝文类》卷四七，徐世隆《广寒殿上梁文》。广寒殿直到明万历七年（1579）才全部倒塌，梁上发现金钱“至元通宝”一百二十文。见张居正《张太岳文集》卷一八，《杂著》。沈德符：《野获编》卷一，《广寒殿》。

新发现，移置到北海团城承光殿前亭子内，至今尚存。广寒殿落成以后，一直到至元三年（1266），修建琼华岛的其他工程还在继续进行。①

在重建琼华岛广寒殿的同时，忽必烈着手组织力量，准备在原燕京城的东北，从头建造一座新的都城。

燕京城旧址，历史悠久，其时已有千余年。忽必烈不在旧城基础上修葺补充，而是另觅新址，主要有两个原因：一是因为燕京城过于残破，特别是原来的宫殿已荡然无存，重新修葺还不如新建来得省事。二是燕京城的水源主要依靠城西莲花池水系，水量不足，"土泉疏恶"②，不能满足城市发展的需要。忽必烈决定在原燕京城东北建造新都，也是经过周密考虑的。这里有新修葺的琼华岛，可以作为新城宫殿的基础，同时，琼华岛周围的湖泊，上接高梁河，水源兴旺，较能满足新建城市的需要。③

大都新城的主要设计者是刘秉忠（见图2—2）。他是元初政治舞台上一个特殊的人物，原来是一个"刀笔吏"，后来出家当和尚，"博学多才艺"，经佛教临济宗领袖海云的推荐，成了忽必烈的幕僚，受到特殊的宠任。上都开平，是由他选择基址进行设计的。开平建成后，忽必烈"又命秉忠筑中都（即大都）城"④。大都城的整个建造，都是在他"经画指授"⑤ 下进行的。参与城址选择与设计的还有赵秉温，他奉忽必烈之命，"与太保刘公同相宅"，"图上山川形势城郭经纬与夫祖社朝市之位，经营制作之方。帝命有司稽图赴功"⑥。具体负责领导修建工程的有汉族将领张柔、张弘略父子⑦，行工部尚书段桢（段天祐）⑧，蒙古人野速不花⑨，女真人高觿⑩，还有色目人

---

① 参见《元史》卷九九，《兵志二·宿卫》；卷一五四，《洪君祥传》。

② 陆文圭：《墙东类稿》卷一二，《广东道宣慰使都元帅墓志铭》。这是见于文献的关于水源与放弃旧城之间关系的唯一记载。

③ 参见侯仁之《北京都市发展过程中的水源问题》，《北京大学学报》（人文科学版）1955年第1期。

④ 《元史》卷一五七，《刘秉忠传》。

⑤ 陆文圭：《墙东类稿》卷一二，《广东道宣慰使都元帅墓志铭》。

⑥ 苏天爵：《滋溪文稿》卷二二，《赵文昭公行状》。

⑦ 参见《元史》卷一四七，《张柔传附张弘略传》。

⑧ 参见《元史》卷六，《世祖纪三》。虞集：《道园学古录》卷二三，《大都城隍庙碑》。

⑨ 参见虞集《道园学古录》卷一七，《高鲁王神道碑》。按，陆文圭《墙东类稿》卷一二《广东道宣慰使都元帅墓志铭》中所说"命近臣伊苏布哈典其役（营大都）"，伊苏布哈即野速不花。既云"近臣"，恐系怯薛中人员。

⑩ 同上。

也黑迭儿[①]等。在这些人中，段桢所起作用比较大，他不仅自始至终参与了大都城的修建工作，而且后来长期担任大都留守，大都城建成后相当一长一段时间内城墙、宫殿、官署、河道的维修和增设，也是他负责经管的。

图2—2 刘秉忠像

“岁在丁卯，以正月丁未之吉，始城大都。”[②] 丁卯是至元四年（1267），正月丁未是个黄道吉日，就在这一天破土动工。至元十三年（1276）大都城墙建成。[③] 至元二十年（1283），城内的修建基本完成。这一年，元朝政府把旧城的商铺和政府衙门、税务机构等迁入新城。同年，还为大都城门设立负责警卫的门尉。至元二十一年（1284），建立了管理大都的机构留守司和大都路总管府。到了至元二十二年（1285），元朝政府又规定了“旧城居民”迁居新城的办法：“以赀高及居职者为先，仍定制以地八亩为一分；其

---

① 参见欧阳玄《圭斋文集》卷九，《马合马沙碑》。过去有人说也黑迭儿是大都城的主要设计建造者，这是不符合事实的。

② 虞集：《道园学古录》卷二三，《大都城隍庙碑》。

③ 参见《元史》卷一四七，《张弘略传》。

或地过八亩及力不能作室者，皆不得冒据，听民作室。”[①] 大都城的建造工作，历经十余年的时间，可以说至此告一段落。

大都皇城和宫城、宫殿的修造，比大都城要早一些，在至元三年（1266）就开始了。至元四年（1267）正月，又专门成立了管理皇城和宫城、宫殿施工的机构提点宫城所。“周回九里三十步”的宫城，是在“至元八年八月十七日申时动工，明年三月十五日即工”[②] 的。至元十年（1273），“初建正殿、寝殿、香阁、周庑两翼室”。这指的是最主要的大殿大明殿。至元十一年（1274）正月，“帝（忽必烈）始御正殿，受皇太子诸王百官朝贺”。同年“起阁南直大殿及东西殿”[③]。以后仍陆续有所添造。在完成宫城内的宫殿建筑的同时，至元十一年（1274）四月，“初建东宫”，或称皇太子宫，亦即隆福宫，这也是一组具有很大规模的建筑群，位于皇城西南。到了元代中叶，又修建了另一组建筑群，即兴圣宫，位在隆福宫之后，皇城西北。

除了大都城和皇城、宫城、宫殿、官署的建造外，为解决大都的供水问题，还进行了一系列的水利工程。主要包括三项：

第一项是至元三年（1266），配合大都城的修建，重开在金代已经堵塞的金口的工程。目的是“导卢沟水以漕西山木石”[④]，提供建筑材料。这项工程的倡议者是大科学家郭守敬。他鉴于前代开金口失败的教训，提出在“金口西预开减水口，西南还大河，令其深广，以防涨水之患”[⑤]。重开后，对大都的修建起了积极的作用。但是，金口上游浑河的河水泥沙很多，再加上水势特别湍急，时间一久，又发生问题。如至元九年（1272）五月二十五日至二十六日，下了两天大雨，立即“流潦弥漫”，旧城通玄门外“金口黄浪如屋，新建桥庑及各门旧桥五六座，一时摧败，如拉朽漂枯，长楣巨栋不知所之”。河水已经冲到新城的城脚。所以有人又提出“塞金口为便”[⑥]。但当时未实行。到了大德五年（1301），浑河水势浩大，郭守敬斟酌情况，“又

① 《元史》卷一三，《世祖纪一〇》。

② 陶宗仪：《辍耕录》卷二一，《宫阙制度》。按，《元史》卷六《世祖纪三》记，至元五年（1268）十月戊戌，“宫城成”。何者为是，有待进一步考证。

③ 《元史》卷八，《世祖纪五》。

④ 《元史》卷六，《世祖纪三》。

⑤ 《国朝文类》卷五〇，齐履谦：《知太史院事郭公行状》。

⑥ 魏初：《青崖集》卷四，《奏议》。

将金口已上河身，用砂石杂土尽行堵闭”[①]。后来，元朝末年，又曾重开金口，但再一次以失败告终。[②]

第二项是金水河工程。金水河是专供宫苑用的水流。它的源头是玉泉山诸泉之水，经过专辟的渠道，流入城内。但何时开辟，没有明确的记载。有一条材料说：“中统初，定鼎于燕，召公（宁玉）充河道官，疏浚玉泉河渠。”[③] 此事可能与金水河有关。

第三项是通惠河工程。由运河和海道漕运的物资，都以通州为终点。如何把通州积贮的物资运到大都，是个很大的问题。金朝做过努力，但失败了。元朝继续寻找解决问题的办法，这个任务也落到郭守敬的肩上。中统三年（1262），郭守敬建议重开前代旧漕渠，“东至通州，权以玉泉水引入行舟”[④]，但当时未能实行。至元二十八年（1291），郭守敬在深入考察地理条件的基础之上，提出更为完善的新建议。他主张引昌平白浮泉[⑤]水，“西折而南，经瓮山泊，自西水门入城，环汇于积水潭。复东而折南，出南水门，合入旧运粮河。每十里一置牐。比至通州，凡为牐七。距牐里许，上重置斗门，互为提阏，以过舟止水”[⑥]。他的建议得到忽必烈批准，并命他和段桢、范文虎等主持这一工程。至元二十九年（1292）秋天动工，第二年秋天完工[⑦]，共“浚通州至大都漕河十有四，役军匠二万人，又凿六渠灌昌平诸水”[⑧]，全长一百六十四里一百四十步。通惠河工程完成后，运粮船可由通州直达大都城内，积水潭中出现了“舳舻蔽水”的盛况。图2—3中的广源闸是元代通惠河上游的头闸。

① 《元史》卷六六，《河渠志三·金口河》。

② 参见《元史》卷六六，《河渠志三·金口河》；本书上篇第五章《大都的经济生活·手工业》。

③ 阎复：《静轩集》卷五，《宁公神道碑铭》。

④ 《国朝文类》卷五〇，齐履谦：《知太史院事郭公行状》。

⑤ 在大都城西北六十里外神山（今凤凰山）下。

⑥ 《国朝文类》卷五〇，齐履谦：《知太史院事郭公行状》。按，牐的用途是“以时蓄泄水行船”，因为大都的地势比通州要高，所以采用这种办法。初修通惠河时河牐用木，元武宗至大四年（1311），“诸牐皆腐”，易之以石。参见宋褧《燕石集》卷一三，《都水监改修庆丰石牐记》。

⑦ 《元史》卷一七，《世祖纪一四》系此事于至元二十九年（1292）八月丙午条下。王恽《秋涧文集》卷一一《贺雨诗序》亦言：“通惠河自壬辰秋开治。”但齐履谦《知太史院事郭公行状》以为“首事于二十九年之春”，恐不确。

⑧ 《元史》卷一七，《世祖纪一四》。

图 2—3　广源闸遗址

在封建社会中，“只有农民和手工业工人是创造财富和创造文化的基本的阶级”[①]。大都城就是各族劳动人民无数血汗的结晶。大都建造所需的木材、石料及其他建筑材料，有的来自大都郊区山中，有的是从东北“浮海”而来的，有的则是拆撤汴梁的建筑经由水道、陆路多方运来的。宫内御榻所需木材则是从高丽（今朝鲜）运来的。采伐和运输建筑材料，都需要大量劳动力。仅负责采石的役夫经常就有两千余户。[②] 至元四年（1267），为了“伐木作大都城门”[③] 即用了三千人。营建同样需要大量劳动力，单单至元八年（1271）修筑宫城就征发了“中都、真定、顺天、河间、平滦”[④] 等地两万八千余人。这一年有人估计，大都路“打造石材、搬运木植及一切营造等处”，就“不下一百五六十万工”[⑤]。如果按全部工程估算，所费劳动力一定是十分惊人的。正是成千上万劳动人民的辛勤劳动，才建成了雄伟壮丽、震惊世界的大都城。

但是，封建地主阶级既窃取了劳动人民辛勤劳动的成果，也抹杀了他们

① 《中国革命和中国共产党》，《毛泽东选集》第 2 卷，人民出版社 1991 年版，第 625 页。

② 参见《元史》卷九〇，《百官志六》。

③ 赵孟頫：《松雪斋文集》卷八，《蔚州杨氏先茔碑铭》。

④ 《元史》卷七，《世祖纪四》。

⑤ 魏初：《青崖集》卷四，《奏议》。

所做的贡献。只有极个别人的名字，因为偶然的机会，才得以流传下来，杨琼便是这样的一个。杨琼是曲阳（今河北曲阳）人，世代都当石工。杨琼从小就学习雕石工艺，能自出新意，人莫能及。营建大都时，他奉召来京，受到赏识，负责管理石匠，大都城郭宫殿的许多石雕，都出自他之手。灵星门内金水河上的三座白石桥（周桥），就是由他设计建造的。杨琼对大都城的建设，做出了杰出的贡献。可以想见，在其他方面，一定也有类似杨琼这样的人物，遗憾的是他们的名字和事迹都没有保留下来。

大都的修建，是由封建统治阶级组织进行的。他们出于本阶级的私利，在修建过程中，对劳动人民多方进行榨取和压迫。劳动人民除了出工之外，还要供应各种物资和车辆，如至元八年（1271）“和买秆草烧草又不下数十百万束，料粟不下数十万石，车具不下数千余辆，其余杂细不能缕数也”，表面上，元朝政府规定“供役人夫”，都支“盐粮工价”；征用车辆，也要出钱，叫作“和雇”；向民间要的其他物资，也都出价，叫作“和买”。实则，这些钱都经各级官吏多方克扣，“行移迁调，有数年不得足其价者”[①]。名为两相情愿的“和雇”“和买”，实际上都是强迫劳动人民承担的义务。

大都营建的前十余年，元朝政府正在紧张地进行对南宋的战争。起初，元朝政府集中了十万军队，围困汉水上游南宋的军事重镇襄、樊（襄阳、樊城）。襄、樊攻克后，元军顺流而下，大举进攻南宋，为此又佥发了十万人充军，总计出动军队在二十万人以上。当时元朝控制下的北方，总共不过一百四五十万户，抽调这样一大批劳动力从军，再加上为军事活动服务的劳动力（站户等），农村中实际从事生产的劳动力是非常紧张的。在这样的情况下，元朝政府还要大兴力役，修建大都，其结果必然严重影响农业生产和人民生活。不仅如此，在修建过程中，大都地区“连年蝗、旱，百姓饥乏者众”[②]。但除偶然的情况之外，修建并不停止，而且不分季节，“自春徂秋”。连当时的官员们都不得不承认，这种做法不顾人民死活，“实于农务有所妨夺”[③]。忽必烈是个封建统治者，尽管他比起以前的统治者来说，要高明一些，知道发展生产的重要，但是，他的利益与广大劳动人民的利益之间是根本冲突的。作为一个封建统治者，他首先和主要关心的是满足自己的欲望，

① 魏初：《青崖集》卷四，《奏议》。

② 王恽：《秋涧文集》卷八四，《为不宜先浚新城壕堑事状》。

③ 魏初：《青崖集》卷四，《奏议》。

在修建过程中，没有也绝不可能做合理的安排。大都的修建，使“民力不胜烦扰”，百姓往往“逃避隐匿”。封建统治者的暴政给劳动人民带来了很大的苦难。

第四节　大都的人口

根据至元七年（1270）的统计，中都路共有户十四万七千五百九十，口四十万一千三百五十。[①] 至于中都城（即燕京）有多少户口，没有记载可以说明。在大都新城落成后，旧城的大部分居民迁入新城，此外，从全国各地还徙来了不少人口。随着社会经济的恢复和发展，“京师民物日以阜繁”[②]，大都人口，肯定有更多的增加。但是，在至元七年以后，元朝政府再没有对北方人口进行过统计，大都到底有多少居民，是不清楚的。

按照当时一般说法，大都城居民有十万户左右。至元三十年（1293），元朝统治者说：“大都民有十万。”[③] 元代前期的文人王恽在他的一首诗中说到“波及都城十万家”[④]，在另一处提到“都城十万家”[⑤]。元代中期，宋褧在一首描写大都景物的诗中也说“寂寞东风十万家”[⑥]。可见，这是元代一般公认的一个数字。直到明初还有人说“燕城居人十万家”[⑦]。

元代户和口的比例，通常一户有四五口。按此推算，大都居民应有四五十万人。

元顺帝后至元六年（1340），丞相脱脱等说“大都人烟百万”[⑧]。这个数字说明大都人口到元代后期又有不少增加，当然，也可能有一些夸大。

---

① 参见《元史》卷五八，《地理志一》。

② 虞集：《道园学古录》卷五，《游长春宫诗序》。

③ 《大元仓库记》。

④ 王恽：《秋涧文集》卷二八，《宫井七绝》。

⑤ 王恽：《秋涧文集》卷八，《日蚀诗》。

⑥ 宋褧：《燕石集》卷八，《三月一日杂诗四首》。

⑦ 童冀：《尚絅斋集》卷五，《追和东坡石炭诗韵奉简衍公》。

⑧ 权衡：《庚申外史》卷上。

第三章　大都的布局

元代的大都，是当时的一座新建城市。它经过周密的设计，充分利用了原有条件和地理特点，具有一套完整的布局。大都的建造，在我国城市建筑史上写下了光辉的一页，奠定了后代北京城发展的基础。

第一节　城墙和城门

大都“城方六十里，十一门”[①]，实际上全城是一个南北略长的长方形。经过新中国成立后实地测量，周围共约两万八千六百米。[②] 明初，缩减北城，因此大都城的北墙和东、西两面墙的北段，均被废弃，现在北京德胜门外还保存着当年大都城墙的遗迹。东、西两面城墙的南段，和明清两代北京城的东、西墙一致。南面城墙，在今东、西长安街的南侧。南墙西段，定基时“正直庆寿寺海云、可庵两师塔”，忽必烈特别下令“远三十步许环而筑之”[③]。因此，南墙在靠近大庆寿寺双塔的地方，向外弯曲，绕开双塔。[④] 这样，南墙西段中有一小段呈弧形，不再是直线。

城墙全部用夯土筑成。经实测，基部宽达二十四米。为了加固城墙，在夯土中使用了“永定柱”（竖柱）和“纴木”（横木）。城墙的基宽、高和顶宽的比例是3∶2∶1。[⑤] 这和当时修筑工程的技术标准是一致的。[⑥] 大都城墙所

---

① 《元史》卷五八，《地理志一》。

② 参见《元大都的勘查和发掘》，《考古》1972年第1期。

③ 《元一统志》卷一，《中书省·大都路》。关于海云，参见本书上篇第六章《大都的文化生活·宗教》。

④ 大庆寿寺双塔，一直到新中国成立后扩建长安街时，始被拆除。

⑤ 参见《元大都的勘查和发掘》，《考古》1972年第1期。

⑥ 参见赡思《河防通议》卷上，《筑城物料》。

使用的我国传统的版筑技术，曾经引起当时波斯历史学家拉施特的注意，将它写进了著名的通史著作《史集》里。[①] 意大利著名旅行家马可·波罗在他的游记中也描写了大都的城墙，他说："墙根厚十步，然愈高愈削，墙头仅厚三步。"[②] 这和现在实测的比例是很相近的。

北方雨水集中，土城的防雨排水是个很大的问题。如果听凭雨水冲刷，时间一久，城墙很易倒塌。因此，在兴建土城墙时，就引起过争论。"至元八年，城大都。板干方新，数为霖雨所堕。或议辇石运甓为固。公（王庆端，时为千户）言：'车驾巡幸两都，岁以为常。且圣人有金城，奚事劳民，重兴大役！'因献苇城之策。诏用公言，所省巨万计。"[③] 王庆端提出的"苇城"防水，就是"以苇排编，自下砌上"，将整个土墙用苇遮盖起来，以防雨水将土墙"摧塌"。为此，元朝政府专门在文明门（今崇文门内）设立了苇场，"收苇以蓑城，每岁收百万"[④]。后来，元朝政府还抽调部分军队成立武卫，"专掌缮理宫城"[⑤]，"砍苇被城上"[⑥] 便是他们的一项重要任务。

苇城实际上并不能真正解决土墙防雨问题，雨水渗过苇草，仍会对土墙产生侵蚀作用。所以大都城建成后不久，就出现了"雨坏都城"发兵民修治的事情。仅至元二十年到三十年（1283—1293）之间，见于《元史·世祖纪》的有关修治大都城的记载即有八次之多。修补时动辄万人，最多时达三万人。因此，不断有人提议要"甓都城"，即改以砖石砌城墙，但因为"民力凋敝"[⑦]，未能实现。以海运起家的新贵朱清、张瑄，家财巨富，曾表示愿"自备己资，以砖石包裹内外城墙"[⑧]，但遭到别人反对，没有实行。反对理由不详，估计是怕朱、张此举影响太大，有损皇家体面之故。波斯史家拉施特说，忽必烈晚年曾准备"以石头加固该墙"[⑨]，但因死去，未能实现。可见，此事在当时是议论很多而且引起广泛注意的，但其结果仍是不了了之。

---

① ［波斯］拉施特：《史集》第 2 卷，余大钧、周建奇译，商务印馆 1985 年版，第 324 页。

② 《马可波罗行纪》第 2 卷第 84 章，冯承钧译，上海书店出版社 2001 年版。

③ 阎复：《王公神道碑铭》，《常山贞石志》卷一七。程钜夫《雪楼集》卷一七《冀国王忠穆公墓碑》亦言及此事。但《元史》卷一五一《王善附王庆端传》未曾提及。

④ 《日下旧闻考》卷三八，《京城总纪》引《析津志》。

⑤ 苏天爵：《滋溪文稿》卷二二，《吴公行状》。

⑥ 《国朝文类》卷四一，《经世大典序录·政典》。

⑦ 赵孟頫：《松雪斋文集》卷九，《靳公墓志铭》。

⑧ 《日下旧闻考》卷三八，《京城总纪》引《析津志》。

⑨ ［波斯］拉施特：《史集》第 2 卷，第 324 页。

整个大都城，只是西城角上“略用砖而已”①。

土城蓑草的办法，到元代中期即告废止。废止的原因有两种不同的说法。一种说，“初，大都土城，岁必衣苇以御雨，日久土益坚，劳费益甚，［王］伯胜奏罢之”②。另一种说，“至文宗，有警，有谏者言，因废。此苇止供内厨之需。每岁役市民修补”③。“有警”是指元文宗即位之初，统治集团内讧，发生武装冲突，元朝政府中有人害怕另一方烧苇攻城，所以取消了苇城之法。④ 可以确定的是，元朝中期以后再不见以苇蓑城的记载。但是，所谓“土益坚”的说法是不可信的，因为在停止以苇蓑城之后，大都城墙还是经常出问题。最严重的一次是元顺帝至正七年（1347）五月，“大霖雨”，结果“京城崩”⑤，可见土城防雨问题在有元一代始终没有得到很好解决。

大都共有十一门。东、南、西三面均为三门，北面两门。东面的三座门是：光熙门（今和平里东，俗称广熙门，即光熙门之谐音）、崇仁门（今东直门）、齐化门（今朝阳门）。南面的三座门是文明门（今东单南，又称哈达门，“哈达大王府在门内，因名之”⑥。后代把崇文门也叫作哈达门，实则崇文门在文明门址之南）、丽正门（今天安门南）、顺承门（今西单南）。西面的三座门是平则门（今阜成门）、和义门（今西直门）、肃清门（今学院南路西端，俗称小西门）。北面的两座门是建德门（今德胜门小关）、安贞门（今安定门小关）。肃清门和建德门的瓮城土墙，还部分地残存于地面之上。“憧憧十一门，车马如云烟”⑦，每天都有大量的行人和车马从十一门出入。南面的丽正门有三门，正中一门只有当皇帝出巡时才打开，平时不开，西边一门亦不开，只有东门供行人往来。⑧

我国传统的建筑布局，讲究对称。像大都这样一个十分齐整的长方形城市，应该是八门、十二门或十门才对，为什么北边偏偏只开两门，这是很令人费解的。元代官方文献中没有对此事做过说明，倒是一些作家的诗文笔记中讲到了这个问题。元末明初长谷真逸的《农田余话》中说：“燕城系刘太

---

① 《日下旧闻考》卷三八，《京城总纪》引《析津志》。
② 《元史》卷一六九，《王伯胜传》。
③ 《日下旧闻考》卷三八，《京城总叙》引《析津志》。
④ 参见本书上篇第四章《大都的政治生活·发生在大都的一些重要政治事件》。
⑤ 《元史》卷四一，《顺帝纪四》。
⑥ 《日下旧闻考》卷四五，《城市》引《析津志》。
⑦ 迺贤：《金台集》卷一，《京城杂言六首》。
⑧ 参见《日下旧闻考》卷三八，《京城总纪》引《析津志》。

保定制，凡十一门，作哪吒神三头六臂两足。"[①] 曾在大都做官、熟知大都掌故的诗人张昱也写道："大都周遭十一门，草苫土筑哪吒城。谶言若以砖石裹，长似天王衣甲兵。"[②] 根据这两条材料，可以知道，大都之所以开十一门，是象征附会神话中哪吒传说的结果。哪吒三头六臂两足，南面三门象征三头，东西六门象征六臂，北面两门象征两足。[③] 刘太保就是大都城设计者刘秉忠，他曾经做过和尚，实际上道士气更重，对于"天文、地理、律历、三式六壬遁甲之属，无不精通"[④]。他善于玩弄鬼神这套把戏，用以换取迷信神鬼的统治者的信任。大都是他设计的，在设计中加上神秘迷信的色彩是完全合乎他的思想作风的。

大都城的四角都建有巨大的角楼。现在建国门南侧明清两代观象台旧址，原来就是元代大都城东南角楼的所在地。

大都城墙之外，有又宽又深的护城河。在兴建大都城过程中，曾"大兴力役"，"浚治新城壕堑"[⑤]。当城墙建成后，又"挑掘城濠"，用掘出来的泥土"添包城门一重"[⑥]。

第二节　皇城和宫城

大都的皇城在城市南部的中央地区，它的东墙在今南北河沿的西侧，西墙在今西皇城根，北墙在今地安门南，南墙在今东、西华门大街以南。皇城的城墙，称为萧墙，也叫阑马墙，周围约二十里[⑦]，"阑马墙临海子边，红葵高柳碧参天"[⑧]。阑马墙外密密种植着参天的树木，更增加了皇城威严的气氛。皇城城门都用红色，称为红门，"人间天上无多路，只隔红门别是春"[⑨]，红门内外，是两个截然不同的世界。

---

① 长谷真逸是外号，作者真名不详，此条见《农田余话》卷上。

② 张昱：《张光弼诗集》卷三，《辇下曲》。

③ 哪吒故事起于何时不可考，但据此可知元代甚至更早已很流行了。郑所南《心史》中也提到，"二月哪吒太子诞日"，大都举行盛大仪式庆祝。

④ 《元史》卷一五七，《刘秉忠传》。

⑤ 王恽：《秋涧文集》卷八四，《为不宜先浚新城壕堑事状》。

⑥ 《日下旧闻考》卷三八，《京城总纪》引《析津志》。

⑦ 参见萧洵《故宫遗录》。

⑧ 张昱：《张光弼诗集》卷三，《辇下曲》。按，皇城北部靠近海子（积水潭），"阑马墙临海子边"即指此。

⑨ 王冕：《竹斋诗集》卷四，《金水河春兴》。

皇城南墙正中的门叫作灵星门，其位置大致在今午门附近。它的南面，就是大都城的丽正门。在丽正门与灵星门之间，是宫廷广场，左右两侧，有长达七百步的千步廊。在元代以前，宫廷广场一直处于宫城正门的前方，大都城却把它安排在皇城正门的前方，这在建筑设计上是一个极大的变化。它加强了从大都城正门到皇城正门之间在建筑上的层次和序列，从而使宫阙的布置更加突出，门禁更加森严。[①]

皇城之内，以太液池为中心，围绕着三组大的建筑群，即宫城、隆福宫和兴圣宫，此外还有御苑。

宫城在皇城的东部，呈长方形，"周回九里三十步，东西四百八十步，南北六百十五步，高三十五尺"[②]。宫城的城墙是用砖砌的。宫城的南墙有三门，中央是崇天门，约当今故宫太和殿址，左右是星拱门和云从门。西墙有西华门，东墙有东华门，东、西墙和今故宫东、西墙相近。北墙有厚载门，在今景山公园少年宫前。宫城四角都有角楼，上下三层，用琉璃瓦覆盖。从灵星门进来数十步，就是金水河，河上有三座白石桥，称为周桥，桥身琢刻龙凤祥云，明莹如玉。围绕着周桥栽种着"郁郁万株"[③] 高高的杨、柳树。元代诗人有"禁柳青青白玉桥"之句，描写的就是这里的景色。过了周桥约二百步，便是崇天门。崇天门也叫午门，左右两观（观就是两端的凸出部分），平面呈凹形。门东西长一百八十七尺，深五十五尺，高八十三尺，门上有楼，两观上有角楼，下开五门，估计应和现在故宫午门的形制比较相近。崇天门内数十步，又有一重门，中央叫作大明门，左右有日精、月华两门。过了大明门，才是宫殿所在。大明门是专供皇帝出入的，文武百官上朝则由日精、月华两门出入。封建统治者用这种办法表示自己至高无上的权威。[④]

宫城内主要的建筑分成南北两部分。南面以大明殿为主体，北面以延春阁为主体。大明殿、延春阁以及紧靠着延春阁的清宁宫，在一直线，坐落在全城的中轴线上。大明殿最为重要，一切重大的仪式，如皇帝即位、元旦、

---

① 参见侯仁之《元大都城与明清北京城》，《故宫博物院院刊》1979 年第 3 期。

② 陶宗仪：《辍耕录》卷二一，《宫阙制度》。按，所记东西南北距离合为两千一百九十步，若以二百四十步为一里，则为九里三十步；若以三百六十步为一里，则为六里三十步。过去有人认为"九里三十步"之说不对，实是不明两种里制之故。

③ 陶宗仪：《辍耕录》卷二一，《宫阙制度》。萧洵：《故宫遗录》。

④ 参见《元史》卷六七，《礼乐志一》。

庆寿等，都在这里举行。大明殿又叫长朝殿，落成于至元十年（1273）。这座建筑东西长二百尺，深一百二十尺，高九十尺，规模雄伟。殿前的台基分为三级，都用雕刻龙凤的白石栏围绕着，白石栏的每根柱下都有伸出的鳌头，十分壮观。1966年出土的元代双凤麒麟石刻（图3—1）是皇家园林中的精品。可以想见，大明殿的三级台基和明清两代太和殿的三台在形状上一定是相去不远的。在台基上有一处地方，种植着从沙漠移来的莎草，这是元世祖忽必烈为了使子孙不忘创业之难而特意安排的。“黑河万里连沙漠，世祖深思创业难。数尺阑干护春草，丹墀留与子孙看。”① 在大明殿内，设有“七宝云龙御榻，白盖金缕褥，并设后位”②。皇帝和皇后并列座位，每遇重

图3—1　双凤麒麟石刻

① 柯九思：《草堂雅集》卷一，《宫词》。叶子奇：《草木子》卷四上，《谈薮篇》。

② 陶宗仪：《辍耕录》卷二一，《宫阙制度》。

大庆典，帝、后同登御榻，接受朝拜。在御榻前，陈列有能自动报时的七宝灯漏（计时器，参见本书上篇第六章）、酒瓮和乐器。除了大明殿以外，其他的宫殿也有陈列酒瓮的，如广寒殿，这也是蒙古族习俗的一种表现。大明殿后面的一座楼阁，下面叫作延春堂，延春堂东边有梯可上，上面叫作延春阁，它比大明殿还要高。元朝统治者常常在这座楼阁中举行佛事和道教的祠醮仪式，有时也在这里举行宴会。大明殿和延春阁的后面都有寝殿，中间用柱廊连接起来，平面如“工”字形。寝殿的东、西又各有小殿。在这两座“工”字形建筑的四周，都有一百余间周庑围绕，呈长方形，从而使大明殿和延春阁在宫城之内又分别形成两组封闭的小建筑群。在这两组小建筑群之间是横贯宫城的街道。元代中期以后，每年正月十五日，都要在这条街道上布置灯山，“结绮为山，树灯其上，盛陈百戏，以为娱乐”①。清宁宫在延春阁后面，规模较小。宫城后墙的厚载门上，也建有高阁，阁前有舞台，每当统治者登阁游赏时，就在舞台上表演歌舞。在宫城内，除了上述主要宫殿之外，还有其他一些宫殿及附属建筑，布局谨严。特别是在两组小建筑群之内，严格遵循轴线对称的原则，给人以庄严宏伟的感觉。

宫城以北是御苑，主要种植供统治者观赏之用的花草树木，“内有水碾，引水自玄武池（即太液池）灌溉花木”。在花木丛中有华丽精致的小殿。此外，还有“熟地八顷”，元朝统治者为了表示自己重视农业，有时要举行仪式，拿着农具做做样子，这些“熟地”就是为此设置的②。御苑是禁地，百姓如果闯入御苑的禁墙（即皇城阑马墙），就要以“大不敬”③论罪。

宫城之西，就是太液池，包括现在北海和中海（南海当时尚未开凿）。太液池中满栽芙蓉。元朝皇帝专门造了龙船，在太液池内往来游戏。④池中有两个小岛，南面的小岛，称为瀛洲，就是今天团城所在地，上有仪天殿（一名圆殿，后代改称承光殿）；北面的小岛，面积较大，就是著名的琼华岛，至元八年（1271）改称万寿山（又称万岁山）。万寿山高数十丈，都是用玲珑石堆叠而成，翠草纷纷，松桧隆郁，峰峦隐映，景色秀丽。山顶就是著名的广寒殿，殿中有十二根柱子，都刻有云龙，涂以黄金。全殿的左、右、后三面全用香木凿成彩云状，上涂黄金。这座坐落于大都城地势最高处

---

① 张养浩：《归田类稿》卷一，《谏灯山疏》。

② 光绪《顺天府志》卷三，《宫禁下》引《析津志》。

③ 《元典章》卷四一，《刑部三·大不敬》。

④ 参见萧洵《故宫遗录》。《元史》卷四三，《顺帝纪六》。

的宫殿，光辉灿烂，别具风格。在广寒殿上四望空阔，既可以远眺西山云气，也可以下瞰大都的街衢市井。广寒殿周围，都是杨柳树，当时的诗人写道："广寒宫殿近瑶池，千树长杨绿影齐。"① 意大利旅行家马可·波罗说，人们都称此山为绿山，"此名诚不虚也"②。万寿山和太液池，山水相映，更增添了光彩。在万寿山和瀛洲之间，有长达二百余尺的白玉石桥，将两者连接起来。瀛洲东、西两侧都有长桥，东边是木桥，西边是木吊桥，与陆地相通，"何处蓬莱通弱水，仪天殿在画桥东"③。诗中的画桥，指的就是西边的木吊桥。太液池的东边，有一处灵圃，就是皇家动物园，"奇兽珍禽在焉"④。

在太液池以西，有两组大建筑群，靠南的是隆福宫，靠北的是兴圣宫。隆福宫的主要建筑是光天殿（这个名称是著名文学家、艺术家赵孟頫起的），后有寝殿，用柱廊相连，寝殿两端各有小殿，外有一百余间周庑围绕。其结构与宫城中的大明殿、延春阁大体一致。在光天殿周庑之外，还有东、西鹿顶殿、香殿等建筑。整个隆福宫围有砖墙，呈长方形。隆福宫原是皇太子的住所，叫作东宫或皇太子宫，著名的王著杀阿合马事件，就是在宫前发生的。后来成为皇太后的居处，始改名为隆福宫。⑤ 兴圣宫是在元代中期元武宗当政（1308—1311）时建造的，主要建筑是兴圣殿，也有柱廊和寝殿连接，有砖垣二重，内垣相当于周庑。兴圣殿后有延华阁，还有东、西鹿顶殿、畏吾儿殿及其他附属建筑。专门收藏文物图书的奎章阁，就在兴圣宫内。奎章阁后改名宣文阁。元顺帝时，又改为端本堂，成为皇太子读书肄业之所。隆福宫西是西御苑，有石假山、流杯池，还有香殿、圆殿、荷叶殿等建筑。

元代宫殿的建筑形式和基本结构是以汉族传统为主的，但同时也吸收了我国各兄弟民族在建筑方面的一些特点，在技术、结构、材料以及建筑装饰方面都有一些创造。木结构建筑仍是主要的。普遍运用色彩绚丽的琉璃作为建筑的装饰（见图3—2）。宫殿平面一般均采取"工"字形，即在宫殿与宫

---

① 迺贤：《金台集》卷一，《宫词八首》。

② 《马可波罗行纪》第2卷第83章。

③ 柯九思：《草堂雅集》卷一，《宫词》。

④ 陶宗仪：《辍耕录》卷二一，《宫阙制度》。

⑤ 忽必烈的太子真金原居东宫（皇太子宫），但真金在忽必烈生前即已死去，其妻仍居东宫。至元三十一年（1294），忽必烈死，其孙（真金第三子）铁穆耳继位，尊奉真金妻为皇太后，"改皇太后所居旧太子府为隆福宫"（《元史》卷一八，《成宗纪一》）。

殿之间用柱廊连接。殿内布置往往带有明显的蒙古族特色，普遍使用壁衣和地毯，凡属木结构的部分一般都用织造物遮盖起来。畏吾儿殿、棕殿（棕毛殿）、温石浴室和“通用玻璃饰”的水晶圆殿等，都具有鲜明的特色，显然出于兄弟民族工匠和技师之手。总之，它体现了多民族的特色，在我国建筑史上有着重要的意义，对后代也产生了明显的影响。

在皇城之中，除了皇帝及其少数亲属之外，还有“后宫约千余人”[①]，宦官“不下千余”[②]。他们中的绝大多数都是为皇帝及其亲属服役的。为了封建统治者骄奢淫逸的生活，不知牺牲了多少人的幸福和青春。

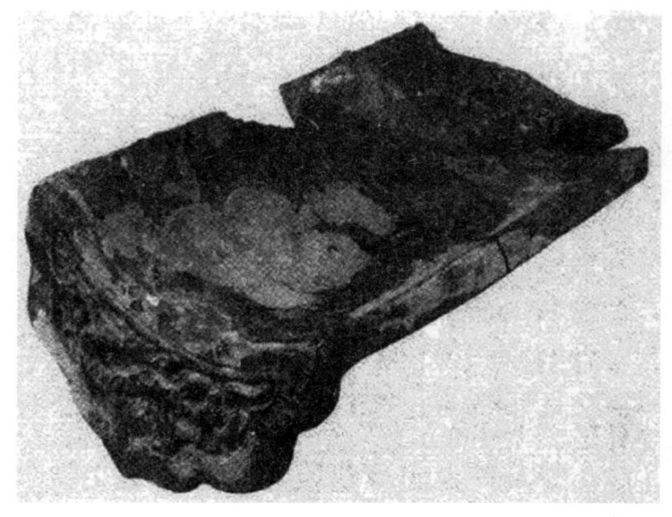

图3—2　琉璃滴水

第三节　城内的布局

大都城内的布局是经过比较周密的规划的。全城规则整齐，井井有条。它的中轴线，南起丽正门，穿过皇城的灵星门，宫城的崇天门和厚载门，经万宁桥（又称海子桥，桥下就是通惠河的澄清闸，即今地安门桥），直达城

① 萧洵：《故宫遗录》。
② 《元史》卷三八，《顺帝纪一》。

市中央的中心阁。[①] 中心阁西十五步，有一座“方幅一亩”的中心台，其“正南有石碑，刻曰‘中心之台’，实都中东南西北四方之中也”[②]。中心台是全城的真正中心。在城市设计和建造时，把实测的全城中心做出明确的标志，这在我国城市建设史上是没有先例的创举。但实际上大都南、北城墙与中心台的距离是相等的，而东城墙与中心台的距离比西城墙的要略近一些，这是由于遇到低洼地带，不宜修筑，不得已向内稍加收缩的缘故。[③]

中心阁在今北京城内鼓楼以北。中心阁上陈列着元成宗皇后指定的几尊铜铸佛像。[④] 中心阁和中心台之西，就是当时的鼓楼，也叫齐政楼，“上有壶漏、鼓、角”[⑤]。壶漏是计时的仪器，鼓、角是报时的工具。每年立春时，都要举行打春仪式，地点就在鼓楼的前面。[⑥] 鼓楼之北，是钟楼，“雄敞高明”，“阁四阿，檐三重，悬钟于上，声远愈闻之”[⑦]。钟楼与鼓楼，相对屹立，“层楼拱立夹通衢，鼓奏钟鸣壮帝畿”[⑧]。当时的钟楼、鼓楼，都不在城市的中轴线上，而是偏于中轴线稍西，这是和后代不同的地方。元代的中心阁和钟楼、鼓楼，构成了全城的中心区。大都城内的布局，是围绕着这个中心区展开的。

元朝沿袭前代的制度，实行宵禁，以钟声为信号，“一更三点，钟声绝，禁人行。五更三点，钟声动，听人行”[⑨]。钟楼、鼓楼设在城市中心，起报时的作用，使全城四方都能听得到。可见，用钟楼、鼓报时，目的还是控制人民生活。同时，钟楼、鼓楼又是全城的制高点，便于观察四方动静。因此，钟楼、鼓楼实际上也可以说是封建权力的象征。

大都的街道，纵横竖直，互相交错，相对的城门之间，都有宽广平直的

---

① 参见《元大都的勘查与发掘》，《考古》1972 年第 1 期。

② 《日下旧闻考》卷五四，《城市》引《析津志》。按，光绪《顺天府志》卷一三《坊巷》引《析津志》此条，文字与《日下旧闻考》略有出入，可互为补充。

③ 参见侯仁之《元大都城与明清北京城》，《故宫博物院院刊》1979 年第 2 期。

④ 参见《大元画塑记》。

⑤ 《日下旧闻考》卷五四，《城市》引《析津志》。按，元成宗大德元年（1297），“重建鼓楼，增置更鼓，并守漏卒”（《元史》卷一七二，《齐履谦传》）。据此，鼓楼建成后曾一度毁坏，大德元年又重建。

⑥ 打春是我国古代的一种传统风俗。每年立春，用土塑成春牛和勾芒神。等立春时辰一到，群起打牛，称为“打春”。元代大都每年都要举行打春仪式，参见《日下旧闻考》卷一四七，《风俗》引《析津志》；《朴通事》卷下。

⑦ 《日下旧闻考》卷五四，《城市》引《析津志》。

⑧ 张宪：《玉笥集》卷九，《登齐政楼》。

⑨ 《元典章》卷五七，《刑部一九・禁夜》。

大道，“天衢肆宽广，九轨可并驰”①。但是，由于城市南部中央有皇城，城的北墙只有两座门，再加上海子（今积水潭）在城市西部占了很大一块地方，有关的街道，不能不适应这些情况，作一些必要的变动。于是，在纵横之中，又有曲折，有些街作“丁”字形，在海子的东北岸，还出现了斜街。全城的街道，都有统一的标准，大街二十四步阔，小街十二步阔。除街道外，还有三百八十四火巷，二十九巷通。② 当时有人描绘大都的街道时写道：“论其市廛，则通衢交错，列巷纷纭。大可以并百蹄，小可以方八轮。街东之望街西，髣而见䰇而闻。城南之走城北，出而晨归而昏。”③ 意大利旅行家马可·波罗也对大都的街道十分赞赏：“街道甚直，此端可见彼端，盖其布置，使此门可由街道远望彼门也。……全城中划地为方形，划线整齐，建筑房舍。……方地周围皆是美丽道路，其行人由斯往来。全城地面规划有如棋盘，其美善之极，未可言宣。”全城主要街道是南北向的，小街和胡同则沿着南北大街的东西两侧平行排列口这样，城市居民的住宅，分布在小街和胡同的南北两侧，可以坐北朝南，无论是冬季防寒和利用日照取暖，或是夏季通风和采光，都较为便利。④

大都城建成后，“贵戚、功臣悉受分地以为第宅”，主要集中在西城。名义上，规定“以地八亩为一分”，实际上贵族、功臣并不受这一限制。在贵族、功臣、“赀高”（有钱的富户）、“居职”（官员）们把好地都占据定当以后，才允许普通百姓“作室”。封建社会严格的等级制度在这里得到了充分的表现。

大都封建统治阶级和劳动人民在居住方面形成鲜明的对比。封建统治阶级特别是其中的上层人物，占有华丽、讲究、宽敞的住宅，还有专供享乐消遣用的园林等建筑。新中国成立后发现的后英房遗址，就是一个例子。该宅的主院及两侧的旁院东西宽度已近七十米，主院北屋进深竟达十三点四七米。院落很大，整个建筑是很讲究的，还有精美的瓷器和漆器等生活用品和用水晶、玛瑙等制作的各种玩物摆设。据推断，应是中上层人物的住宅。至

① 胡助：《纯白斋类稿》卷二，《京华杂兴诗》。

② 参见《日下旧闻考》卷三八，《京城总貌》引《析津志》。按，衖通即胡同。汉语中原没有“胡同”一词，它可能是蒙古语 huddug（井）的音译。从元代出现这个词后，明清两代北京多数街道都改以胡同命名。

③ 《天下同文》前甲集卷一六，黄文仲：《大都赋》。

④ 参见侯仁之《元大都城与明清北京城》，《故宫博物院院刊》1979 年第 2 期。

于劳动人民的住宅，却是十分简陋的。在第一〇六中学发掘的一间低狭的房基，房内仅有一灶、一坑和一个石臼，墙壁用碎砖块砌成，地面潮湿不堪。两处住宅，正是大都尖锐阶级对立的缩影。[①]

“京师地贵”。不仅劳动人民住处十分简陋，就是一些下层官吏和文人，也常感到“毕竟京师不易居”。“豪家尽有厦连云，自是诗人嫌日短”。“嫌日短”是指当时大都流行的一句俗话：“到月终房钱嫌日短。”[②] 除了阶级差别之外，大都在居住方面还存在着明显的等级差别。

中国封建社会的都城设计，除了宫殿之外，特别重视庙（太庙，统治者祭祀祖先的地方）、社（社稷坛，统治者祭祀土地和五谷神的地方）的位置安排，因为这两种建筑，既是封建统治权力的体现，又为封建统治权力增加神圣的光彩，有利于巩固统治。大都一开始设计时，就明确了“祖（太庙）、社、朝、市之位”[③]。但从建造的具体情况来看，太庙在先，社稷坛在后，中间隔了十余年。当忽必烈登上帝位后不久，就“建太庙于燕京”，也就是后来的旧城。大都建造过程中，忽必烈于至元十四年（1277）下令“建太庙于大都”[④]。至元十七年（1280）基本建成，后来陆续有所添筑。新建的太庙位于皇城之东，“在都城齐化门之北”[⑤]。社稷坛则是至元三十年（1293）建造的，“于和义门内少南，得地四十亩，为壝垣。”[⑥] 庙东社西，这是中国都城的传统，元朝继承了这种安排。太庙和社稷坛的祭祀仪式，以汉族封建王朝的传统为本，但也糅合了蒙古族的一些特点，如太庙祭祖，“割牲、奠马湩（马奶子），以蒙古巫祝致辞。盖国俗（蒙古风俗）也”[⑦]。

元朝的中央统治机构最重要者有三个，即负责一切行政事务的中书省，管理军政的枢密院和负责监察的御史台。中书省最初在皇城的丽正门内，千步廊之东，地址是刘秉忠选择的。阿合马当政时，一度迁到钟楼之西，后来又迁回原址，而新址则成了翰林国史院所在地。旧址位置在南，

---

① 参见《元大都的勘查与发掘》，《考古》1972 年第 1 期。《北京后英房元代居住遗址》，《考古》1972 年第 6 期。

② 宋褧：《燕石集》卷八，《初至都书金城坊所僦屋壁》。

③ 苏天爵：《滋溪文稿》卷二二，《赵文昭公行状》。

④ 《元史》卷七四，《祭祀志三》。

⑤ 《元一统志》卷一，《中书省・大都路・古迹》。

⑥ 《元史》卷七六，《祭祀志五》。

⑦ 《元史》卷七四，《祭祀志三》。

当时习惯称为南省，新址则称为北省。[①] 枢密院则在皇城东侧。[②] “中书帝前，六官察焉。枢府帝旁，六师听焉。”[③] 这两个官署都紧靠宫廷，便于随时接受统治者的命令。负责监察的御史台，则在文明门内，皇城以东不远的地方。

大都的管理机构大都路总管府和负责大都城治安的警巡院，在全城中央，中心阁以东。这显然是为了便于控制四方。大都城内分五十坊，坊各有门，门上署有坊名。如万宝坊与五云坊，在左右千步廊侧，坊门正好东西对立。[④]

“市”，也就是商业区，按照传统的都城设计，应在皇城以北。大都的商业区稍有不同，主要有两个，一个设在皇城以北，钟楼、鼓楼周围地区。钟楼以西，紧靠海子的斜街，“率多歌台酒馆”[⑤]。另一个则在皇城以西，顺承门内的羊市角头（或简称羊角市）。同一个行业，一般集中在一起。

大都城内有两条水道。一条是由高梁河、海子、通惠河构成的漕运系统，另一条是由金水河、太液池构成的宫苑用水系统。高梁河在和义门以北入城，汇为海子。再经海子桥往南，沿皇城东墙，流出城外，折而往东，直达通州。当时的海子，稍大于今积水潭、什刹前后海的范围，在皇城东北角处的通惠河宽约二十七米半。皇城东面的城墙，原来与通惠河相距很近，中间的道路险窄，著名的诗人、画家赵孟頫骑马经过这里，曾经“跌坠于河”。此事发生后，元朝统治者决定“移筑御墙稍西二丈许”[⑥]。金水河则由和义门以南一百二十多米处水门入城，入城后一直向东流，转而向南，几经曲折，在今西城灵境胡同西口内分为两支。北支先向东北，继而沿皇城西墙向北流，在皇城西北角处折而向东，在今北海公园万佛楼以北、九龙壁西南处注入太液池。南支则一直向东流入皇城内，注入太液池。太液池水东流，出皇城与通惠河水汇合。[⑦] 元代人描写金水河道：“下引西山之沦漪，蟠御沟而

---

① 参见《元史》卷一四，《世祖纪一一》，卷二二，《武宗纪一》。王恽：《秋涧文集》卷三三，《院中即事》。

② 按，《元史》卷一三八《燕铁木儿传》云：“（燕铁木儿）入守内庭，分处腹心于枢密，自东华门夹道重列军士，使人传命往来其中，以防漏泄。”可知枢密院必在皇城东侧很近的地方。

③ 《天下同文》前甲集卷一六，黄文仲：《大都赋》。

④ 参见《元一统志》卷一，《大都路·坊郭乡镇》。

⑤ 《日下旧闻考》卷五四，《城市》引《析津志》。

⑥ 《元史》卷一七二，《赵孟頫传》。

⑦ 参见《元大都的勘查与发掘》，《考古》1972 年第 1 期。

溶瀹。经白玉之虹桥，出宫墙而南逝。”[1] 金水河是宫苑用水，受到特殊保护，“不许洗手饮马，留守司差人巡视，犯者有罪”[2]。金水河流经之处，遇有其他河水，不得相混，都要架槽引水，横过其上，称为“跨河跳槽”[3]。金水河两旁，栽满了柳树，这些柳树因为长在金水河边长堤上，所以也被打下皇家的印记，称为“御柳”。

上述两条水道，都有专门的用途。城内一般居民的生活用水，主要是井水。

大都城内有相当完整的排水系统。新中国成立后的考古发掘，发现了当时南北主干大街两旁的排水渠。这种排水渠是用石条砌成的明渠，宽一米，深一米六五，某些部分顶部覆盖了石条。干渠的排水方向，与大都城内自北而南的地形坡度完全一致。在城墙基部，有石砌的排水涵洞，用来将城中的废水排出城外。“绿水满沟生杜若”[4]，元代著名诗人虞集的这句诗，描写的正是排水渠的情况。大都的道路多数都是土路，少数是石路，而来往的行人和车马却很多，道路上经常弥漫着尘沙，“轮蹄纷往还，翳翳黄尘深”[5]，“长风一飘落，尘沙涨天飞”[6]。只有在“暖云将雨”或“雨住”之后，尘沙才会减少。[7] 也正因为是土路，所以只要雨水一大，道路交通就会出问题，有些地方会“泥淖入数尺”[8]。如果接连下雨，城中就会普遍出现“泥涂坎陷，车马不通，潢潦弥漫，浸贯川泽”[9] 的局面。“燕山积雨泥塞道”[10]，这是大都居民很感头痛的事情，排水渠并不能完全解决问题。

总的说来，大都城内南部和中部人烟比较稠密，特别是海子和钟楼、鼓楼一带。当时有人说“本朝富庶殷实，莫盛于此”，可见这一带是全城最繁

---

① 《天下同文》前甲集卷一六，黄文仲：《大都赋》。

② 杨瑀：《山居新语》。

③ 《元史》卷六四，《河渠志一》。参见侯仁之《北京都市发展过程中的水源问题》，《北京大学学报》（人文科学版）1955 年第 1 期。

④ 虞集：《道园学古录》卷三，《城东观杏花》。

⑤ 周权：《周此山先生文集》卷八，《都城署夕》。

⑥ 胡助：《纯白斋类稿》卷二，《京华杂兴诗》。

⑦ 参见虞集《道园学古录》卷三，《城东观杏花》。迺贤：《金台集》卷一，《春日次王元章韵》。

⑧ 袁桷：《清容居士集》卷一九，《亦乐斋记》。

⑨ 王恽：《秋涧文集》卷四三，《冯君祈晴诗序》。

⑩ 文天祥：《文山先生文集》卷一四，《移司即事》。

华的地区。城市的偏北部，居民则比较稀少。后来明朝政府废弃城市北部的原因之一，即由于此。

第四节 南城和城郊

大都新城建成后，原来的燕京城就被称为旧城。因为新城在北，旧城在南，所以无论官方或是民间，都把新城叫作北城，旧城叫作南城。南城也是大都的组成部分。

忽必烈建成新城后，曾经计划把旧城居民全部迁到新城。① 这一计划虽未完全实行，但多数居民都先后迁到新城，因而旧城趋于衰落，出现了“寂寞千门草棘荒”的局面。不少住宅被拆毁，只有“浮屠、老子之宫得不毁”②，保存得比较完整。“楼台唯见寺，井里半成尘”③，“颓垣废巷多委曲，高门大馆何寂寥”④，从这些诗句中，可以看到南城的萧条景象。“北城繁华拨不开，南城尽是废池台”，两者形成鲜明的对照。

但是，南城有许多名胜古迹，其中著名的有悯忠寺、昊天寺、长春宫等，“侈丽瑰伟”，是游览的好地方，所以，大都居民“岁时游观，尤以故城为盛”⑤。特别是在三月，“北城官员、士庶、妇人、女子多游南城，爱其风日清美而往之，名曰踏青斗草”⑥。游南城成了大都居民的一种风俗习惯。

燕京旧城在忽必烈即位之初，曾经重修，这是因为害怕阿里不哥军队进攻之故。在新城建成后，忽必烈又觉得旧城城墙的存在，容易为他人利用来威胁大都新城的安全，“炀城密迩不铲去，适足囊奸养狐甝”，于是在至元二十五年（1288）十月，命令禁军拆毁旧城的城墙，还填平了城外的壕沟，“郊遂坦夷无壅隔”⑦。拆毁后的城门所在地，仍当通道，称为关，如施仁门所在地称施仁关，阳春门所在地称为阳春关等。这是因为在这些城门设有征税的关卡之故。元文宗天历元年（1328），元朝统治集团为争夺皇位发生武装冲突，其中一派占据上都开平，向大都进攻。这一年冬天，迫近卢沟河，

① 参见程钜夫《雪楼集》卷五，《拂林忠献王神道碑》。
② 虞集：《道园学古录》卷五，《游长春宫诗序》。
③ 张翥：《蜕庵诗集》卷一，《九月八日游南城三学寺、万寿寺》。
④ 吴师道：《吴正传文集》卷五，《三月二十三日南城纪游》。
⑤ 虞集：《道园学古录》卷五，《游长春宫诗序》。
⑥ 《日下旧闻考》卷一四七，《风俗》引《析津志》。
⑦ 王恽：《秋涧文集》卷一〇，《革故谣》。

威胁大都。城墙已被拆毁、壕沟已被填平的南城，特别紧张，于是“南城民家”又“树栅决堑以自卫”。这次内战以元文宗图帖睦尔一派得胜告终，南城再次撤防，“今日街衢却依旧，栅门全毁堑填平”①。

南城之外，城郊其他部分各有特点。“若乃城闉之外，则文明为舳舻之津，丽正为衣冠之海，顺城（承）为南商之薮，平则为西贾之派”②。文明门外就是通惠河，是漕船必经之地。丽正门外是贵族、官僚居住的地区。顺城（承）门和平则门外，则是各地来京商人的落脚处。高丽中文教科书《老乞大》（见图3—3），就记述了来自高丽和我国东北的商人们，到顺承门客店投宿的事，因为这个地方“马市（在羊角市）里去却近些”③。此外，东郊齐化门外，“江南直沽海道来自通州者，多于城外居止，趋之者如归。又漕运岁储多所交易，居民殷实”④。这里有一座东岳行宫，内有石坛，周围种植杏花，“上东门外杏花开，千树红云绕石台”⑤。观赏杏花是大都居民的娱乐之一，不少诗人为此写下了诗篇。大都城的西郊，“佛宫、真馆、胜概盘郁其间”，也是大都居民“游观”之所，玉渊潭便是其中之一。北郊也有一些寺院（如大寿元忠国寺）和贵族的林园，但总的来说，比东、南、西三方面要荒凉得多。

值得指出的是，大都城郊的园林名胜和奇花异草，都为统治阶级所占有，只有他们才能享受。“京师之名园美池佳花胜卉，皆有力者之所能致，而花卉盛时车马日集，又皆富贵者之专赏也。”⑥广大劳动人民是完全没有份的。

元朝制度，“冬、春之交，天子或亲幸近郊，纵鹰隼搏击，以为游豫之度，谓之飞放”。大都东南百里的柳林，便是元朝统治者“飞放”的地方。这里是人烟稀少的沼泽区，“原隰平衍，浑流芳淀，映带左右”⑦。每年春天，元朝统治者都要到这里纵鹰猎捕天鹅。这种制度，按照辽、金以来的习

① 宋褧：《燕石集》卷八，《俚歌十首》。

② 《天下同文》前甲集卷一六，黄文仲：《大都赋》。

③ 《老乞大》卷上。按，《老乞大》和《朴通事》，是14世纪中期高丽流行的两种中文教科书，纯用元代口语，对于研究元代大都有重要的价值。这两本书后代做过一些修改，但基本上保持了原来的面貌。本篇在有关章节中将适当加以引用。又，《老乞大》原刻本近年在韩国发现。

④ 《日下旧闻考》卷八八，《郊坰》引《析津志》。

⑤ 迺贤：《金台集》卷二，《次韵赵祭酒城东宴集》。

⑥ 陈旅：《安雅堂文集》卷九，《秋亭记》。

⑦ 王恽：《秋涧文集》卷五七，《漷州隆禧观碑铭》。

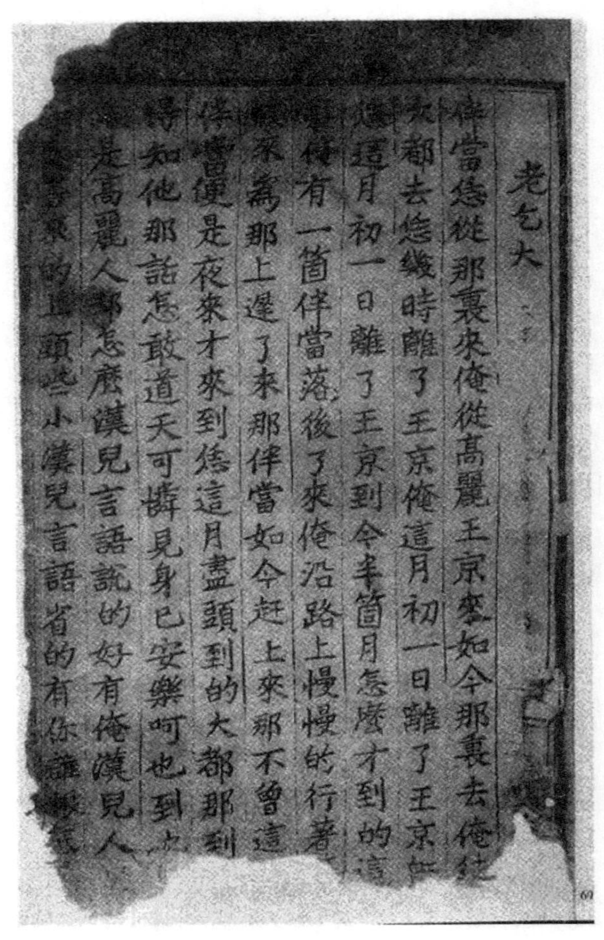
老乞大

伴當恁從那裏來俺從高麗王京來如今那裏去俺往
大都去恁幾時離了王京俺這月初一日離了王京旣
是這月初一日離了王京到今半箇月怎麼才到的這
裏俺有一箇伴當落後了來俺沿路上慢慢的行著
等候來爲那上遲了來那伴當如今趕上來那不曾這
箇伴當便是夜來才來到恁這月盡頭到的大都那到
不得知他那話怎敢道天可憐見身已安樂呵也到
恁是高麗人却怎麼漢兒言語說的好有俺漢兒人
上學文書來的上頭些小漢兒言語省的有你誰根底

图 3—3　《老乞大》原刻本书影

惯，也叫作“春水”。此外，大都正南不远的地方，元代有一处下马飞放泊，“广四十顷”①。后来明清两代增广其地，改称南苑，也叫南海子。还有北城店飞放泊、黄堠店飞放泊等，这些大概是昔宝赤（皇帝和贵族属下的鹰户）放鹰的场所。

在大都西北约一百二十里，就是著名的险隘居庸关。居庸关处于两山之

① 《圣朝混一方舆胜览》卷上，《腹里 · 大都路》。

间，关沟长达三十里，有南、北两口，分别立有大红门，“设扃镝，置斥堠”[①]。元朝政府设立的隆镇卫亲军都指挥使司，统率哈剌鲁族和来自中亚的钦察、阿速等族的士兵，主要就是负责居庸关一带的防务，“徼巡盗贼于居庸关南、北口”[②]。元朝统治者每年由大都去上都避暑，都要由此经过，“率以夜度关，跸止行人，列笼烛夹驰道而趋。……国言谓之纳钵关”[③]。元顺帝至正二年（1342），皇帝下令修建居庸关过街塔。至正五年（1345）建成。过街塔的基座是汉白玉砌成的石台，下有可供车马行人经过的券门。石台之上，矗立着三座石塔。元人描写居庸关景物时道：“当道朱扉司管钥，过街白塔耸穹窿。”前一句说的是南、北口的大红门，后一句说的是过街塔。统治者在居庸关这一交通要道上建立过街塔，目的是使来往经过塔下的百姓都“皈依佛乘，普受法施”[④]，即接受宗教的麻醉，巩固封建统治。在过街塔基座券门的石壁上，刻有四天王和其他神像，以及梵、藏、八思巴、畏兀儿、西夏、汉六种文字的《陀罗尼经咒》和五种文字（除梵文外）的《建塔功德记》，是极其宝贵的研究资料。石台之上的三塔早已毁坏，但石台基座一直保存到现在，民间称之为“云台”，已被列为全国重点保护文物。

除了居庸关过街塔之外，元朝统治者还在来往行人较多的卢沟桥和南城彰义门等处也都修建了过街塔，但均已毁坏无存了。

第五节　西湖和西山

大都西郊稍远的地方，便是著名的风景区西山。西山是这一带丛山的总称，其中以玉泉山、寿安山和香山最为有名。

“玉泉，附都有之名山也。”[⑤]早在金代，已成为统治者经常游幸的地方，在元朝继续成为浏览胜地。玉泉山前不远，有一个湖泊，名叫西湖，也叫瓮山泊，就是今天颐和园昆明湖的前身。[⑥]它的景色优美，所以当时民间有“西湖景”之称。元朝中期以后，统治者大力经营这一风景区。元文宗天

---

① 熊梦祥：《松云闻见录》，转引自《居庸关过街塔稿》，《文物》1964 年第 4 期。

② 《元史》卷八六，《百官志二》。

③ 《析津志》，转引自《居庸关过街塔稿》，《文物》1964 年第 4 期。按，纳钵是“营盘”之意，即指统治者行营所在。

④ 熊梦祥：《松云闻见录》，转引自《居庸关过街塔稿》，《文物》1964 年第 4 期。

⑤ 王恽：《秋涧文集》卷三六，《游玉泉山记》。

⑥ 有的著作说明代始有西湖一名，这是不确切的。至晚在元代，西湖一名已存在了。

历二年（1329），在玉泉山脚下、西湖岸畔兴修了大承天护圣寺，到至顺三年（1332），始告落成。大承天护圣寺规模宏大壮丽，为玉泉、西湖生色不少。在高丽的中文教科书《朴通事》中，对“西湖景”有很生动的描写：

> 西湖是从玉泉里流下来，深浅长短不可量。湖心中有圣旨里盖来的两座瑠（琉）璃阁，远望高接青霄，近看时远侵碧汉，四面盖的如铺翠，白日黑夜瑞云生。果是奇哉！
>
> 那殿一划是缠金龙木香停柱，泥椒红墙壁。盖的都是龙凤凹面花头筒瓦和仰瓦。两角兽头，都是青瑠（琉）璃。地基地饰都是花班（斑）石，玛瑙幔（墁）地。两阁中间有三叉石桥，栏干都是白玉石。桥上丁字街中间正面上，有官里坐的地白玉玲珑龙床，西壁厢有太子坐的地石床，东壁也有石床，前面放着一个玉石玲珑酒桌儿。
>
> 北岸上有一座大寺，内外大小佛殿、影堂、串廊，两壁钟楼、金堂、禅堂、斋堂、碑殿，诸般殿舍，且不索说，笔舌难穷。
>
> 殿前阁后，擎天耐寒傲雪苍松，也有带雾披烟翠竹，诸杂名花奇树不知其数。阁前水面上自在快活的是对对儿鸳鸯，湖心中浮上浮下的是双双儿鸭子，河边儿窥鱼的是无数目的水老鸭，撒网垂钩的是大小渔艇，弄水穿波的是觅死的鱼虾，无边无涯的是浮萍蒲棒，喷鼻眼花的是红白荷花。
>
> 官里上龙舡，官人们也上几只舡，做个筵席，动细乐、大乐，沿河快活。到寺里烧香随喜之后，却到湖心桥上玉石龙床上，坐的歇一会儿。又上瑠（琉）璃阁，远望满眼景致。真个是画也画不成，描也描不出。休夸天上瑶池，只此人间兜率。

元代诗人吴师道也有一首诗描写西湖的景致，其中道：

> 行行山近寺始见，半空碧瓦浮晶莹。
> 先朝营构天下冠，千门万户侔宫廷。
> 寺前对峙双飞阁，金铺射日开朱棂。
> 截流累石作平地，修梁雄跨相纬经。

平台当前白玉座，刻镂精巧多殊形。[①]

由上述两个记载可以看出，大承天护圣寺的建筑，坐落在玉泉山脚下，其中有部分建筑伸展到湖中，这就是双阁。双阁之间，有石桥相连，此桥应作“┳”形，一端通向岸边。“玉虹遥亘星河上，翠阁双悬日月前”[②]，这就使西湖更加壮丽。大承天护圣寺成了“西湖景”的一个重要组成部分，所以它在当时也被称为“西湖寺”[③]。“西湖景”在当时被誉为“壮观神州今第一”[④]，赢得了许多诗人的赞扬。

在西湖的另一方，瓮山脚下，有元代初期著名政治家耶律楚材的墓。墓前有耶律楚材的石像，“须分三缭，其长过膝”[⑤]，到了明代，耶律楚材的墓被盗掘。现在颐和园中的耶律楚材祠，则是清代乾隆年间建立的。

从玉泉、西湖有河道直通大都，流入积水潭，这就是通惠河。元朝统治者游赏西湖，总是“泛舟”[⑥]前往。“沿堤万柳着新绿”，在这条连接大都和西湖的水上通道两旁，有满栽杨柳的长堤。当时人有诗：“凤城西去玉泉头，杨柳长堤马上游。”[⑦]大都的贵族、官僚、文人，追随统治者之后，竞相游览西湖，成为一时风尚。他们中有的人“买舟载酒而往”[⑧]，有的则骑马沿堤西行。

从玉泉山再向西行，有寿安山，又名五华山，元英宗硕德八剌在寿安山修造大昭孝寺，经营多年。为造佛像，“冶铜五十万斤”，可以想见此寺规模之大。这座佛寺经后代修葺，部分至今尚存，就是著名的卧佛寺。“春风今在五华山”，当时已成为“都人四时游观”[⑨]之所了。

由五华山再往西去，便是香山。“山有大石，状如香炉”[⑩]，即以此得

① 吴师道：《吴正传文集》卷五，《游西山诗》。

② 周伯琦：《近光集》卷二，《仲秋休沐日同崇文僚佐泛舟游西山即事二首》。

③ 《元史》卷三九，《顺帝纪二》。按，大承天护圣寺在明代改称功德寺，明末废毁。旧址今为玉泉中学。新中国成立后，在玉泉中学前水田中发现有石条和木板，显然就是当年大承天护圣寺的遗物。

④ 周伯琦：《近光集》卷二，《仲秋休沐日同崇文僚佐泛舟游西山即事二首》。

⑤ 吴宽：《匏翁家藏集》卷一五，《谒耶律丞相墓》。

⑥ 《元史》卷一四三，《自当传》；卷一八五，《盖苗传》。

⑦ 马祖常：《石田集》卷三，《西山》。

⑧ 周权：《此山先生诗集》卷一，《览胜赋》。

⑨ 宋褧：《燕石集》卷六，《诚夫兄调选江浙，次留别诗韵送之》。

⑩ 《元一统志》卷一，《中书省·大都路·山川》。

名。山腰有金代修建的寺院大永安寺，“千楹林立，万瓦鳞次”。到了元代，又加以整修，“庄严殊胜于旧”①。

西山是元代统治阶级经常游览的地方。特别是每年九月，到西山看红叶，已经成为一时的风尚：“九月都城秋日亢……曾上西山观苍莽。川原广，千林红叶同春赏。”② 元代后期的几个统治者，都对西山特别感兴趣。元仁宗爱育黎拔力八达甚至表示，要“游观西山，以终天年”。和大都城郊的园林一样，这些风景优美的山林，都被封建统治阶级霸占了去，广大劳动人民完全被剥夺了享受的权利。

---

① 《元一统志》卷一，《中书省 · 大都路 · 古迹》。

② 欧阳玄：《圭斋文集》卷四，《渔家傲 · 南词》。

第四章　大都的政治生活

大都是元朝的首都，全国的政治中心，元朝政府对这个城市的控制十分严密，许多重大的政治事件都在这里发生。在大都，阶级对立是非常鲜明、尖锐的。

第一节　元代的政治中心

大都新城落成后，成为元朝的首都。原来的都城上都开平，则降为陪都。元代惯例，每年四月，皇帝及其家属都由大都前往上都，度夏避暑。八九月间，再由上都返回大都。历史上我国北方少数民族统治者建立的王朝，一般均采取两都或几个都城的巡回制度，这是和他们的游牧生活方式相适应的。辽、金都实行这种制度，元朝上都所在地金莲川，原来就是金朝皇帝避暑的场所。元朝的两都制，继续了前代的传统。

在蒙元政权统治下，官制十分混乱。忽必烈上台后，“始采取故老诸儒之言，考求前代之典，立朝廷而建官府”①。新建的官制，以中原原有制度为主，同时也保留了蒙古族的一些特点。在大都建成后，中央统治机构，都设置在大都。最高行政机构中书省，最高军政机构枢密院，最高监察机构御史台，都设置在宫廷附近。其他重要的机构，如管驿站的通政院，管工匠的将作院，管“劝课农桑”的大司农司，管佛教和吐蕃地区事务的宣政院等，分布在大都城内各处。大都城内的官僚机构十分庞杂，人员众多，据至元三十一年（1294）的统计，“在京食禄者万人”，后来还陆续有所增加。

---

① 《国朝文类》卷四〇，《经世大典序录·制官》。

军队是国家机器的重要组成部分。忽必烈上台以前，大蒙古国所属军队主要有两部分。一部分是由蒙古贵族统辖的军队。蒙古制度，兵民合一，成丁即要服兵役，各部首领在出征时即是将领。还有一部分，则是由汉族军阀统率的汉军。无论蒙古贵族或汉族军阀，都是割据一方的军事政治势力，有很大的独立性，大蒙古国统治者并不能完全控制。蒙哥一死，阿里不哥就在北方纠集一部分蒙古贵族，自行称帝，与忽必烈对抗。紧接着，山东的汉族军阀李璮也起来叛乱。忽必烈将阿里不哥和李璮的叛乱镇压下去以后，深感改革军队制度的必要。他听从汉族谋士的意见，采用前代封建王朝的“内重外轻”之策，从各军中抽调“精勇富强”，先成立了左、中、右三卫亲军，后来又添设了前、后卫亲军。[①] 忽必烈死后，相继继位的元朝统治者都采取了这个办法。在五卫亲军之外，又先后建立了二十一卫亲军。每卫亲军有数千人至万人不等。这些侍卫亲军，是由皇帝亲自指挥，归枢密院直接调遣的。其中以蒙古军、汉军为主，同时也包括其他少数民族军队。它们中的大多数，部署在大都的周围，“列置诸营，环拱京都，分立屯田。居者佃作以为养，出者扈卫以启行”[②]。军队集中在大都附近，既用以保卫首都和宫廷的安全，又可以在四方有事时，随时调遣优势兵力出征。

为了保证中央和地方的密切联系，使中央的政令能迅速传达到各地，元朝政府建立了以大都为中心的站赤制度。站赤就是古代的驿传。[③] 设立站赤，“盖以通达边情，布宣号令”[④]。元代全国共设站赤一千余处，远至今天中国的新疆、云南、西藏等地，都有站赤。站赤有陆站，“以马，以牛，或以驴，或以车”。也有水站，“则以舟”。北方还有狗站，“以犬曳小舆，载使者行冰上”[⑤]。随着站赤的建立，道路也得到一定的整修。以大都为中心的站道，主要分东、西、南三道。东道由大都至通州，再到蓟州（今蓟县），然后分四路，或往东，或往北。西道由大都到昌平，在榆林站分道，或趋上都，或向山西。南道由良乡、涿州南下。[⑥] 卢沟桥便在这条站道上，行人由此“饮

---

① 参见《国朝文类》卷六〇，姚燧：《姚文献公神道碑》。

② 苏天爵：《滋溪文稿》卷一，《前卫新建三皇庙记》。

③ 站是蒙古语Jam的音译，赤也是蒙古语，意为某项工作的从事者。现在汉语中的站字，即由此而来。

④ 《元史》卷一〇一，《兵志四·站赤》。

⑤ 《国朝文类》卷四一，《经世大典序录·驿传》。

⑥ 参见《永乐大典》卷一九四二六，《站》字门之《析津志·大都东西馆马步站》。

马向南去”[1]。使者从大都出发，通过站道，可以一直到达边远地区。急递铺则是专门传送官府文书的机构，每十里或十五里、二十五里设一铺，文书一昼夜行四百里。大都东、北、西三道，就立有一百铺，再与其他路、府相接。[2] 站赤制度和急递铺制度，对于保证大都的政治中心地位，起了重要的作用。马可·波罗在他的行纪中，也对从大都通达全国各地的站赤和急递铺做了相当详细和比较准确的介绍，说明这两项制度曾经引起他的注意。

作为一个规模空前的统一多民族国家的政治中心，大都的居民包括多种民族成分，汉族依旧是大都居民的主体，蒙古族也占有很大比例。大都路的回族居户（来自中亚各地的伊斯兰教徒）在忽必烈统治初期即近三千户，其中以大都居多。后来，相继建立的侍卫亲军中，也有不少回族人。来自今天新疆地区的畏兀儿人（维吾尔族的先民，居住在今新疆东部）、哈剌鲁人（居住在今新疆西北部）和于阗（今和田）人、哈密里（今哈密）人等，在大都均为数不少。他们中间有官僚、学者、僧侣、手工业者等。元末诗人欧阳玄在描写大都风俗的《渔家傲·南词》中写道“高昌家赛羊头福”。高昌指的就是畏兀儿人。后代把北京西郊的一个居民点称为畏吾村，应即元代畏兀儿人聚居之处。大都还有一批来自吐蕃地区的藏传佛教僧侣，以及跟随他们而来的藏族劳动人民。

大都经常接待来中国参观访问的外国使节、教士、旅行家和商人。13 世纪下半期，意大利旅行家马可·波罗到中国广泛游历，曾在大都长期居留。在他的闻名世界的游记中，对大都城市、宫殿以及各方面社会生活都做了相当详细而且生动的描述，为我们今天研究大都留下了珍贵的资料。意大利的另一个旅行家鄂多立克，也在 14 世纪 20 年代来过大都。14 世纪中叶，非洲摩洛哥的旅行家伊本·白图泰也曾来到中国，据他在游记中说，他先到中国南方，后来也到了大都。差不多同一时期，来自欧洲的教皇使节马黎诺里远涉重洋，来到中国，向元顺帝献马及其他礼物。他所进献的马匹形体魁伟，被誉为“天马”或称为“拂朗（当时对欧洲的一种称呼）马”，很多诗人为此事写下了诗篇。马黎诺里在大都居住达三四年之久。至于来自亚洲各邻邦的使节和各方面人士，为数更多。高丽的好几个国王都曾来过大都，官员、学者、僧侣来大都者可以说络绎不绝。元末，高丽名僧普愚还曾在大都南城

---

① 胡助：《纯白斋类稿》卷一四，《卢沟南道上三首》。

② 参见《国朝文类》卷四一，《经世大典序录·急递铺》。

的永宁寺说法。[1] 尼波罗（今尼泊尔）的杰出匠师阿尼哥、印度僧侣指空等都在大都生活过很久，他们对各国之间文化交流做出了贡献。[2]

第二节　元朝政府对大都的严密控制

大都是元朝的首都，全国的心脏。确保大都及其周围地区的安全和稳定，对于元朝的统治来说，具有特殊重要的意义。因此，元朝政府多方采取措施，对大都地区加以十分严密的控制。

当新城建成后，元朝政府就在原有基础上，调整和加强了大都地区的各级政权机构。至元二十一年（1284），元朝政府正式设置了大都路总管府，不久又改称大都路都总管府（简称都府），以示其地位特殊，与其他路总管府有所区别。大都路都总管府下辖“院二、县六、州十。州领十六县”[3]。比起金代的中都路（辖四十九县）来说，范围要小得多。

大都路都总管府的机构，比其他路都要庞大。一般上路（路分上下，以十万户为准）总管府达鲁花赤（镇守官，规定只能由蒙古、色目人充任）一员，总管一员；大都路则有达鲁花赤二员，都总管一员，副达鲁花赤三员。下属的其他官吏也比其他路要多出一倍。

在大都路都总管府下面，仍保留了大兴府。大兴府的管辖范围是六县（大兴、宛平、良乡、永清、宝坻、昌平）。实际上大兴府尹均由大都路都总管兼任，路、府是一个衙门，并没有单独的大兴府这样一个机构。因此，在一些记载中，大兴府有时就被忽略了。[4] 二院就是左、右警巡院，“分领京师城市民事”[5]。后来又添设了南城警巡院。警巡院设有达鲁花赤和院使，秩正六品，比上等县县尹（从六品）还要高。大都城内居民区共分五十坊，分别

---

① 参见《朴通事》卷上。李穑：《高丽太古寺圆证国师碑》，见《海东金石苑》卷八。普愚到中国学佛法，回国后得到高丽统治者尊奉，名重一时。

② 指空经吐蕃地区（今西藏以及青海等藏族居住地区的统称）、云南到上都开平，再到大都，中间一度去高丽，后回大都，受到元朝皇帝尊奉，至正十九年（1359）死。

③ 《圣朝混一方舆胜览》卷上，《腹里·大都路》。

④ 如《元一统志·大都路》和《元史·地理志一》都没有提到大兴府。

⑤ 《元一统志》卷一，《中书省·大都路》。按，《元史》卷二三《武宗纪二》“至大三年二月己未”条云：“增大都警巡院二，分治四隅。”则自此起，北城内有警巡院四。但据后来有关记载，都说北城只有左、右两院。（危素：《危太朴文集》卷一，《兴学颂》）可能增设是临时措施，不久即撤销。

属于左、右警巡院。南城有六十二坊，属南城警巡院。[①] 从大都城内坊的分布来看，很不均衡，南部和中部较多，北部较少，显然坊的划分并非按地区大小而是按居民的多少。各坊都设有坊正。坊下面有巷、里，设巷长、里长。坊正和巷长、里长是一种差役，也就是说，没有薪俸，是从居民中选充的。入选的首要条件是家道殷实，亦即有钱人家，元朝政府依靠他们作为自己的统治基础。路—府—院—坊—巷（里），这是元朝政府管理大都城内民事的行政系统。

除了民事的行政管理机构之外，还设有“掌京城盗贼奸伪鞫捕之事”的大都路兵马都指挥使司，秩正四品，分两处，一在北城，一在南城。两兵马司各有巡兵一千人[②]，名义上隶属于大都路，但实际上由一名刑部尚书直接提调。此外，还设有东关厢、南关厢、西北关厢三处巡检司，“掌巡捕盗贼奸宄之事”[③]。整个“畿内”即大都路所辖地区，共有巡检司五十二所，构成了一个严密的侦缉网。[④]

大都城郊，是由宛平、大兴两县分治的。两县以丽正门分界，大兴县管辖丽正门之东，宛平县管辖丽正门之西。两县各秩正六品。县以下是乡，如大兴县下辖燕台、招贤、崇让、崇礼等乡。宛平有香山乡等。乡下是里或庄、村，如燕台乡下有契丹里、海王庄、大市庄，香山乡下有七园里等。

元朝政府还在大都设立了大都留守司这样一个机构，规定它的职责是：“掌守卫宫阙都城，调度本路供亿诸务，兼理营缮内府诸邸、都宫原庙、尚方车服、殿庑供帐、内苑花木，及行幸汤沐宴游之所，门禁关钥启闭之事。”[⑤] 也就是说，它有两方面任务，一是负责宫廷和都城的安全，二是负责宫廷各项建筑、车服和花木之类的维护。[⑥] 本来，前代也往往在都城设置留守，但一般是因为统治者外出而临时设置的，“天子巡守亲征则命亲王或大臣总留守事”[⑦]，或则设置在陪都。金朝原在燕京设有留守，等到迁都以后，

---

① 《元一统志》卷一，《中书省·大都路》。

② 参见《国朝文类》卷四一，《经世大典序录·弓手》。

③ 《元史》卷九〇，《百官志六》。

④ 参见《国朝文类》卷四一，《经世大典序录·弓手》。

⑤ 《元史》卷九〇，《百官志六》。

⑥ 此外，留守司对大都的治安也负有一定责任，当皇帝出巡上都时，大都巡逻的军队每夜由鼓楼出发，到各街道巡逻，“察盗贼至晓”，便是由留守负责的（《国朝文类》卷四一，《经世大典序录·政典·宿卫》）。

⑦ 《宋史》卷一六七，《职官七》。

原来的留守也就相应撤销了。只是到金末南迁时，才在中都重设留守。元朝却把首都的留守司变成了一个常设机构，“在宫城西南角楼之南”，有固定的官署，不论统治者是否出巡，留守司始终存在。为什么有这样奇特的制度？至元二十年（1283），有人谈到此事说：“大都非如上都止备巡幸，不应立留守司，此皆阿合马以此位置私党。今宜易置总管府。”[①] 但是，元朝历代统治者对官制的重叠和混乱，从来不太在意，因此，尽管阿合马已死，这项制度并没有取消，仍然保存了下来。元代大都留守司设留守五人，品秩正二品，比起大都路的都总管（正三品）来要高一级，但不能过问民政，权力范围受到很大的限制。

大都城有十一门，每门都设有门尉和副尉，“掌门禁启闭管钥之事”。门尉秩正六品，与大兴、宛平两县县尹及警巡院使的地位相等。门尉和副尉是隶属于大都留守司的，他们都由“四怯薛八剌哈赤为之”[②]。四怯薛是皇帝的“宿卫之士”，绝大多数都是贵族、功臣的后代。“怯薛”是轮番当直之意，这些“宿卫之士”分四批轮番当直，故称四怯薛。四怯薛成员都分担一定职务，这种职务是世代相袭的。八剌哈赤是守门者之意，门尉就从四怯薛的八剌哈赤中间选充。可见，元朝政府对门尉和副尉的职务是特别重视的，要由自己的亲信来掌管。元朝政府规定，城门夜间封闭后，不准出入，“夜有急务须出入者，遣官以夜行象牙圆符及织成圣旨启门，门尉辨验明白，乃许启”[③]，违犯者就要处死。也就是说，夜间开启城门，必须经皇帝亲自批准。元朝皇帝亲自过问城门的开启，这件事看起来有些可笑，但却很突出地反映了封建统治者的精神状态。他们统治着面积广大、人口众多的国家，表面上威风凛凛，不可一世，实际上内心是虚弱的，老是害怕内部发生事件，人民起来造反，总是想筑起坚固的城池宫殿，保卫自己的安全，可以永远作威作福。对大都城门的控制，就是这种心理状态的表现。

元朝政府在大都周围屯驻了大批军队，这对于严密控制大都起着重要作用。元朝政府还从各卫不时抽调部分军队，到大都城内围宿（守卫宫廷）、看守（重要机构和仓库）、巡逻，用以确保大都和宫廷的安全。

元朝政府对大都的严密控制，从一些法律禁令中也得到了反映。和其他

① 《元史》卷一七三，《崔彧传》。

② 《元史》卷九〇，《百官志六》。

③ 《元史》卷一〇二，《刑法志一·卫禁》。

城市一样，大都城内实行宵禁，晚上一更三点以后禁人行；早上五更三点起，才许通行。[①] 违犯者要判刑。大都居民“夜聚晓散”[②] 者，在严禁之列，犯者有罪。除了禁止汉人“持兵器”之外，还特别规定：“诸都城小民，造弹弓及执者，杖七十七，没其家财之半。”[③] 而在外地其他州县是不在禁限的。仅此一事，可以看出元朝政府对大都民众的防范到了何等的地步。

第三节　发生在大都的一些重要政治事件

作为元朝的政治中心，有元一代的许多重大政治事件都在大都发生。

在大都新城建造过程中，元朝发动了大规模对南宋的战争。至元十三年（1276）正月，攻克南宋首都临安（今杭州）。南宋小皇帝赵㬎和太皇太后、皇太后投降。元军将南宋皇帝、太皇太后、皇太后以及一些官员、宫女、太学生等都用船经运河押解到大都。船到通州时，元朝“满朝宰相出通州”[④]，迎接南宋皇帝到来。到大都后，南宋皇帝等被安置在旧城的会同馆，元朝皇帝和皇后接连在宫廷中的广寒殿等处，举行十次规模盛大的筵席，名为招待南宋皇帝等，实为庆功。后来，封南宋皇帝为瀛国公。随行的南宋官员“高下受官随品从”，都成了元朝的新贵。一千多名宫女则被元朝政府发放出去，“分嫁幽州老斫轮（工匠）”。元灭南宋，是一个具有重大意义的历史事件，它标志着经过长期的南北对峙以后，我国出现了空前规模的统一，而大都也就成了统一的多民族国家的首都。

当临安被攻下后，南宋丞相文天祥辗转各地，继续坚持抵抗。至元十五年（1278）十二月，在广东海丰北五坡岭被俘。不久，也被押送到大都，关在兵马司监狱中。元朝政府多方劝降，威胁利诱，均被拒绝。文天祥在大都先后被关押三年多，写下了《正气歌》等很多慷慨激昂的诗篇。至元十九年（1282），忽必烈亲自出面劝降，许给他丞相的职位，但仍为文天祥拒绝。这时，中山（今河北石家庄一带）有人自称宋王，“有兵千人，欲取文丞相”。大都也有人写匿名信，扬言要烧蓑城苇草，解救文天祥出狱。元朝统治者既看到文天祥毫不动摇，又对他在群众中的影响感到害怕，就赶紧在大都戒

---

① 参见《元典章》卷五七，《刑部一九・禁夜》。

② 《元典章》卷五七，《刑部一九・禁聚众》

③ 《元史》卷一〇五，《刑法志四・禁令》。

④ 汪元量：《水云集・湖州歌九十八首》。

严，撤掉蓑城苇草，并把文天祥杀害。[1]“人生自古谁无死，留取丹心照汗青。”文天祥的慷慨就义，在当时产生了很大的影响。

也是在至元十九年（1282）大都发生了王著杀阿合马事件。阿合马是色目人，善于搜刮，得到忽必烈的宠任，被任为中书省平章政事（副丞相），实际上总揽大权。他的子侄也都当上大官，“一门悉处要津”。阿合马巧立名目，横征暴敛，“擅生杀”，引起了广大劳动人民的痛恨。一些蒙古族和汉族的贵族、官僚因为受到排挤，也反对他。但是，阿合马深得忽必烈信赖，统治集团中一部分人几次对他进行攻击，都没有动摇他的位置，阿合马因此气焰日盛，无恶不作。山东益都人王著，一贯“轻财好义”，有胆气，曾经当过小吏，后来从军，当上千户。他“因人心愤怒”，暗地铸造大铜锤，发誓要用它打死阿合马。至元十九年三月，忽必烈出巡上都，皇太子真金从行，阿合马留守大都。王著和高和尚等人合谋，诈称皇太子回到大都做佛事，在三月十七日联合八十多人，夜间进入健德门，一直来到皇太子宫前。阿合马闻讯前来迎接，王著当即用铜锤把他打死。这时其他官员发现情况不对，发军逐捕，高和尚等逃去，王著挺身就捕。过了几天，高和尚也被抓住，两人同被处死。王著死时大呼：“王著为天下除害，今死矣，异日必有为我书其事者。”当时他才二十九岁。[2]

王著的这一行动代表了当时人民群众的要求，得到了人民群众的同情。一部分汉族地主、官僚也对他表示钦佩，称之为“义侠”。据有人记载，阿合马死后，大都人人欢欣，“贫民亦莫不典衣歌饮相庆。燕市酒三日俱空”[3]。王著杀阿合马时，意大利旅行家马可·波罗正好在大都，他在行纪中对此事做了详细叙述，和我国有关的记载大体吻合。[4]

至元三十一年（1294）正月二十二日，忽必烈死于大都宫城中的紫檀殿。忽必烈之后，到元顺帝上台（1333）不过四十年时间，共换了九个皇帝，发生了好几次重大政变。围绕着皇位继承问题，蒙古贵族各支系之间，不时展开激烈的争夺。其中最激烈的一次发生在元泰定帝死时（1328）。一派贵族、官僚在上都拥立元泰定帝之子为帝，另一派贵族、官僚在大都拥立元文宗图帖睦尔。双方为争夺皇位展开大规模武装冲突，战火遍及黄河以北

---

① 参见《宋史》卷四一八，《文天祥传》。《文山先生全集》卷一七，《纪年录》。

② 参见《元史》卷二〇四，《阿合马传》。王恽：《秋涧文集》卷九，《义侠行》。

③ 郑思肖：《心史》。

④ 参见《马可波罗行纪》第2卷第84章。

广大地区。上都的军队曾先后突破迁民镇、古北口、居庸关和紫荆关等处重要关口，从东、北、西三个方面向大都进攻。东面曾攻陷通州，直迫大都；西边由紫荆关而来的上都军队，抵达良乡和卢沟桥，小股游兵进逼大都南城。大都城十分紧张，京城居民和士兵一起登城防守，“仍于诸门列瓮贮水以防火”。但是，大都无论人力、物力都较上都雄厚，其首都地位又可资号召，上都军队虽一度取胜，但很快形势便发生了变化。进攻大都的各支军队一一被击败，大都军队转而向上都发动攻势，不到一年时间就结束了这场战争。① 这是大都在建成后第一次遭遇战火，虽然时间不长，但已受到很大的损失。

元文宗上台后，元朝统治集团更加腐朽，对广大人民群众的剥削和压迫更加严重。当时有人估计，统治者的各种赏赐支出，“以至元三十年以前较之，动增数十倍”②，国家财政出现了巨额亏空。于是，便不断巧立名目，增加赋税。加之水、旱等各种灾荒不断发生，人民生活日益穷困。于是小规模的反抗斗争接连出现。没有多久，全国性的农民战争就爆发了。

第四节　大都的阶级关系

大都是元朝的首都，最高的封建统治者——皇帝就生活在这里，中央统治机构也设立在这里。皇帝及其亲族是最大的地主，常常把大量土地赏赐给臣属。在皇帝下面，大小贵族和官僚，数以千计。他们除了得到皇帝赏赐的田产之外，还凭借政治上的特权，巧取豪夺，霸占了大量土地。例如忽必烈的宠臣阿合马，横行霸道，权倾朝野，“民有附郭（大都城郊）美田，辄取为己有”③。其他贵族、官僚也都差不多。因此，大都周围，“豪宗巨室，田畴连阡”④，土地特别集中。元朝政府屡次下令“禁诸王、驸马并权豪，毋夺民田”⑤，说明这种情况是很严重的，但这些禁令实际上都不过是一纸空文。

皇帝和贵族、官僚，还垄断了其他土地和山林的使用权。元朝政府规

---

① 参见《元史》卷三二，《文宗纪一》；卷一三八，《燕铁木儿传》。

② 《元史》卷一八四，《陈思谦传》。

③ 《元史》卷二〇五，《阿合马传》。

④ 姚燧：《牧庵集》卷二，《游公神道碑》。

⑤ 《元史》卷一九，《成宗纪二》。

定，大都周围五百里以内，除打捕人户（为皇室服役的猎户）之外，“不以是何人等不得飞放打捕鸡兔”[①]。这个禁令一度还扩展到八百里以内。[②] 在这样广大的地面上，老百姓没有打猎的自由，违反禁令就要“籍其家（抄家）”[③]。也就是说，这方圆几百里土地，都成了统治者专用的猎场。皇帝是这样，贵族、官僚也是这样。例如，“都城种苜蓿地，分给居民，权势因取为己有”[④]。又如，大都周围许多山林都被“官人每（们）”所占有，“不教百姓每（们）采打柴薪”[⑤]，以致柴薪涨价，百姓做饭都成了问题。

贵族、官僚占有大量土地，却“有恃不输”，把自己应负担的赋役，都转嫁到劳动人民头上。至元二十年（1283），元朝政府要对大都路的土地进行登记，准备按亩征税。这件事遭到了大小权贵们的纷纷反对，他们用各种方法加以抵制，“那着的人每（们）道：俺是怯薛歹（皇帝的近侍）有，更勾当里差出去了也，么道。推事故说的多有”。结果使这次登记根本无法进行下去，只好不了了之。他们的势力之大，由此可见。元朝政府也承认，“应当差发（赋役），多系贫民，其官豪富强，往往侥幸苟避”[⑥]。

元朝统治集团崇尚佛教和道教。佛教和道教的寺观通过各种途径，占有大量土地和其他生产资料，有的还经营商业和高利贷。寺院里的上层僧侣掌握着财产的支配权，属于地主阶级，他们中不少人还由元朝政府授予各种官爵和称号，是贵族、官僚的组成部分。大都的大庆寿寺，“园有树栗，野有来牟（麦），环布近郊”[⑦]，还有煤矿和水碾。大护国仁王寺，“凡径隶本院若大都等处者，得水地二万八千六百六十三顷五十一亩有奇，陆地三万四千四百一十四顷二十三亩有奇”[⑧]，以及山林、湖泊、矿藏等。大圣寿万安寺建成后，忽必烈一次就赏赐“京畿良田亩万五千，耕夫指千，牛百，什器备”[⑨]。大都郊区的土地很大一部分都成了寺观的财产。这些寺观里的上层僧侣无论在政治上或是经济上都有很大的势力。

---

① 《通制条格》卷二八，《杂令》。
② 参见《元典章》卷三八，《兵部五·违例》。
③ 《元史》卷一七〇，《王利用传》。
④ 《元史》卷一七三，《马绍传》。
⑤ 《通制条格》卷二七，《杂令》。
⑥ 《通制条格》卷一七，《赋役·地税》。
⑦ 邓文原：《巴西文集·庆寿寺碑》。
⑧ 程钜夫：《雪楼集》卷九，《大护国仁王寺恒产之碑》。
⑨ 程钜夫：《雪楼集》卷七，《凉国敏慧公神道碑》。

在大都的封建统治阶级行列中，还有为数不少的富商大贾。他们一般均与宫廷或贵族、官僚有密切的联系，有的为宫廷、贵族、官僚经营发放高利贷，有的买卖珠宝和其他高级商品，满足统治集团成员奢侈生活的需要。他们中间有色目人，也有汉人。元朝政府在大都设有“耆老”数十名。“耆老”是一种荣誉职务，可以出入宫廷，参与重大典礼，享有免役等特权。充当“耆老”的，“皆富商”①。这些“货殖之家”，在政治上、经济上都有很大势力，“其视钟鼎（指贵族、官僚）岂不若土芥也哉！”②

皇帝、贵族、官僚、寺观地主、民间地主和富商，构成了大都的封建统治阶级。他们不劳而获，却过着架鹰放犬，花天酒地，“一笑金千，一食钱万”③ 的寄生生活，与广大劳动人民的悲惨遭遇，形成了强烈的对照。

比起其他地区来，大都农民所受的剥削与压迫，是特别深重的。首先，这是因为，大都是宫廷与中央统治机构所在地，宫廷与中央统治机构所需的巨额物资和劳动力中很大一部分，要从大都周围农村中征取。元朝统治者在诏令中也曾多次提到，大都的“一切供给，皆出民力，比之外路州郡，实为偏重”。其次，大都是权贵和富豪最集中的地方，他们占有大量土地和其他众多的财富，与官府互相勾结，“不拣甚么差发不教着，却教穷百姓每（们）生受来”④。大都农民的负担原来已是“偏重”，这样一来就更重了。元代前期有人做过统计，除了额定的赋税外，各种额外负担是正额的二十倍，逃户和军户（可以部分免除赋役）留下的赋役又要这些人户负担，正是：“割剥民肌，未见如此之甚！”⑤ 其实大都农民包纳的不仅是“军户、逃户闪下差税”，更多更重的是权豪富户转嫁给他们的赋税。至于元代后期，这种情况就更严重了。再次，大都农民还要负担许多其他义务，如他们要替国家饲养马匹和骆驼，最多时，大都一路养马即近十万匹，加上骆驼，平均两三户即需饲养一匹。饲养马、骆驼需要大量饲料，名义上有补助，实际上是义务，万一死亡，便要勒令赔偿。这对于农民来说是个十分沉重的负担，“日午炊烟起，人家半是农；卖田当保马，无褐过三冬”⑥。最后，大都的封

---

① 朱德润：《存复斋文集》卷一，《买公世德之碑》。
② 《天下同文》前甲集卷一六，黄文仲《大都赋》。
③ 同上。
④ 《通制条格》卷四，《户令》。
⑤ 王恽：《秋涧文集》卷九〇，《便民三十五事·议恤民》。
⑥ 马祖常：《石田文集》卷四，《马户》。

建统治阶级及其爪牙们任意破坏农业生产，掠夺土地。如皇室和权贵们属下的昔宝赤（放鹰人）和侍卫军们，依仗权势，经常“骑坐马匹，间有携带家小，随处住坐旬日，又复他往，须索酒饭鹰食等物”。他们所到之处，任意“纵放头匹，踏践田禾，咽咬树木，事非一端”，“少不应付，恃赖众力，辄发恶言，恐吓侵凌，无所不至”。农民们稍表不满，“便吊缚打拷，重者伤残肢体性命，无所申诉”。有时还拆毁农民的房屋，迫使他们“全家流移逃避，冤愁苦楚，去住两难”①。屯田的侍卫军们还常常“依赖形势”，强将“开耕作熟桑枣地土”② 侵为己有。这些权贵及其奴才们的胡作非为，给大都农民的生活和生产都带来很大的困难。

大都农民所受剥削压迫很深，因此，生活十分困苦，常年挣扎在饥饿线上。他们中有不少被迫到大都城中当雇工，觅取糊口的钱粮。当时大都城内有多处穷汉市，“一在钟楼后为最，一在文明门外市桥，一在顺承门城南街边，一在丽正门西，一在顺承门里草塔儿”③，就是贫苦农民出卖劳动力的地方。《朴通事》也提到，有人“去角头叫几个打墙的和坌工来筑墙”。这条材料具体说明当时市集上经常有等待雇用从事各种劳动的“穷汉”。

农民因为生活过于艰难，或因交不出国家的赋税，常常被迫借高利贷。大都的高利贷十分盛行。色目商人经营的高利贷，“周岁辄出倍息”，叫作羊羔利，几年下来，借贷者“鬻妻卖子，不能尽偿”④。元朝政府不止一次下令限制高利贷的利率，但高利贷经营者与宫廷、权贵都有密切关系，政府的法令实际不起什么作用。高利贷经营者吮吸劳动人民的血汗十分残忍，他们“倒换文契，累算利钱”，“有壹石还数倍不得已者，致使无告贫民准折田宅，典雇儿女”⑤。这种情况是如此的普遍，以致《朴通事》卷中，也专门登载了大都乡村农民的一份卖子文契：

> 大都某村住人钱小马，今将亲生孩儿小名唤做神奴，年五岁，无病。少人钱债，阙少口粮，不能养活，深为未便。随问到本都在城某坊

① 宋褧：《燕石集》卷一三，《建言救荒》。王恽：《秋涧文集》卷八八，《弹中翼军搔扰百姓事状》。

② 王恽：《秋涧文集》卷八九，《弹阿海万户屯田军人侵占民田事状》。

③ 《日下旧闻考》卷三八，《京城总纪》引《析津志》。

④ 《国朝文类》卷五八，王磐《史公神道碑》。

⑤ 《通制条格》卷二八，《杂令》。

住某官人处卖与，两言议定，恩养财礼银五两，永远为主，养成驱使。如卖已后，神奴来历不明，远近亲戚闲杂人等往来争竞，卖主一面承当不词，并不干买主之事。恐后无凭，故立此文字为用。

某年　　月　日　　　卖儿人　　　　钱小马
　　　　　　　　　　同卖人　　　　妻何氏
　　　　　　　　　　见人　　　　　某
　　　　　　　　　　引进人　　　　某

文契中的钱小马的遭遇，实际上就是大都农村中成千上万农民悲惨生活的写照。

大都的农民，对于封建统治阶级的剥削和压迫，采取多种方式进行反抗斗争。例如，他们常常自行团结起来，把前来敲诈勒索的昔宝赤们，打得落花流水。这种现象是如此普遍，以致元朝政府专门发布命令“汉儿人休聚众打者”，只许向“合属官司陈告，申覆上司究治”①。元朝政府的阶级本质在这一命令中赤裸裸地表现了出来。

大都还有很多工匠，估计不下四五万户，他们要定期到官府的手工业机构中工作，领取很微薄的口粮和衣物，官吏还要从中克扣，因此常常弄得“衣食不给，致有庸力将男女质典者”②。质典就是将子女典给别人做奴婢，元代把奴婢叫作驱口③，大都驱口的数量是很惊人的，贵族、官僚、寺观和商人都占有不少驱口，如忽必烈的宠臣阿合马，就占有驱口七千。驱口被认为是贱民，处于社会的最底层，遭遇比农民和工匠更为悲惨。使长（驱口占有者）对驱口有完全的人身占有权利，可以任意转卖、赠送或当作陪嫁品。法律规定，驱口“与钱、物同”，都是使长财产的一部分。大都的商业区羊角市就设有人市，和羊市、马市等并列，公开买卖驱口。④ 这说明在统治阶级心目中，驱口不过是会说话的工具。在人市中，驱口“数层等级其坐”，就像货物一样陈列着，“贸易甚盛”⑤。大都的人市，延续了相当长的时间，

① 《通制条格》卷二八，《杂令》。

② 王恽：《秋涧文集》卷八九，《论肃山住等局人匠偏负事状》。

③ 驱口的意思是“被俘获驱使之人”（徐元瑞：《习吏幼学指南》），即战争中的俘虏，抑逼为奴，后来变成所有奴婢的通称。

④ 参见《日下旧闻考》卷三八，《京城总纪》引《析津志》。

⑤ 郑思肖：《心史》。

后来因为遭到越来越多的人反对，元朝政府才下令将它取消。但是驱口的买卖一直存在而且是法律允许的。驱口用于家内服役，也有不少用于农牧业和手工业生产。使长可以任意对他们施加各种刑罚，据记载，有的“富势之家”，每逢奴脾触犯了他们，便用“铁枷钉顶”[①]，有的甚至在奴婢面上刺字。元朝法律还规定，使长杀死无罪驱口杖八十七，如果驱口有“罪”，使长加以杀害就可免予处分。事实上，驱口的任何不满和反抗都会被认为有罪，所以，他们的生命是完全在使长掌握之中的。驱口所受压迫最深，因此，他们的反抗斗争层出不穷，有的消极怠工，有的逃亡，有的则用暴力杀死他们的使长。

---

① 《通制条格》卷二八，《杂令》。

第五章　大都的经济生活

第一节　农业

大都地区有较好的自然条件，“水深土良厚，物产宜硕丰”[①]。粮食作物主要有麦、黍、豆和水稻等。每到春天，大都周围的农村，到处是“穰穰黍麦青”[②] 的美丽景象。大都的黍类有糯黍、小黍、秫黍。[③] 麦类有小麦、大麦、荞麦；豆的种类更多，有黑豆、小豆、绿豆、白豆、赤豆、红小豆、豌豆等。[④] 由于大都有一定的水利灌溉条件，所以水稻种植也有相当的规模。早在金代，就有人引太宁宫（即后来的万宁宫）旁的泉水溉田，“岁获稻万斛”[⑤]。稻田收获量较高，当时已成为权贵豪民争夺的对象。到了元代，随着通惠河的修治，稻田更有所发展。元文宗天历三年（1330），元朝政府因“各枝（即各投下）及诸寺观权势，私决（通惠河上源）堤堰，浇灌稻田、水碾、园圃，致河浅妨漕事”[⑥]，下令严禁。这件事说明，当时大都西郊（通惠河上源流经之地，即今海淀一带）已有不少稻田。《朴通事》卷下有一处说，“我家里一个汉子，城外种稻子来”。另一处说，老安在城外刘村种田，“到秋他种来的稻子、蜀秫、黍子、大麦、小麦、荞麦、黄豆、小豆、绿豆、豌豆、黑豆、芝麻、苏子诸般的都纳了租税”。这两条记载都说明在大都的粮食作物中，水稻占有很重要的地位，而后一条记载更把当时大都粮

---

① 胡助：《纯白斋类稿》卷二，《京华杂兴诗》。

② 迺贤：《金台集》卷二，《南城咏古十六首》。

③ 参见《日下旧闻考》卷一四九，《物产》引《析津志》。

④ 同上。

⑤ 《金史》卷一三三，《张觉附张仅言传》。

⑥ 《元史》卷六四，《河渠志一·通惠河》。

食作物的一些种类都罗列出来了。

元末农民战争爆发后，为了解决北方的粮食问题，元朝政府曾在南起保定、河间，北到檀（北京密云）、顺（北京顺义）的广大地区内，大规模推广水稻，并从江南招募农民前来指导。这样做虽然也取得了一定效果，但由于全国范围内农民战争迅猛开展，元朝政府极端反动腐朽，很快便停止了。

由于大都城内居民需要大量蔬菜，“治蔬千畦，可当万户之禄”[①]，因此，大都郊区园艺业比较发达。主要的蔬菜品种有白菜、萝卜、蔓菁、赤根菜和葱、韭、蒜等。果树经营也比较发达，“瓜果饶夏实，枣梨绚秋红”[②]。

农业生产的其他情况很不清楚。可以肯定的是，粮食的产量是不高的，远远满足不了大都城消费的需要。元朝政府每年都要由江南运来大批粮食，最多时达三百多万石，这固然由于大都人口的急剧增长以及宫廷、官僚机构奢侈无度所致，但也反映出大都周围甚至整个北方农业生产的落后。元代有人讲当时北方农业生产粗放的情况时说：“土不加粪，耕不以时，耙不破块，种每后期，谷麦种子不精粹成熟，不锄不耘。”[③] 产量高的每亩一石，低的只有三五斗。大都郊区的农业，总的来说，大概比上面所说的情况好不了多少。

第二节　手工业

大都是元代北方最大的手工业中心。手工业的种类很多，较重要的有丝织、毡罽、采矿、冶炼、军器制造、修建、酿造等。马可·波罗曾说大都每日有丝千车入城，供制作金锦绸绢等物之用。由此可以想见大都丝织业规模之大。其他一些行业也都差不多。在官府手工业中，分工较细，专业化程度较高，如军器制造业中，制甲、弓、箭甚至弓弦都有专门的机构。但是，由于官府手工业中工匠受到种种压榨，各级官吏又以贪污舞弊为能事，分工和专业化只起了保证某些统治者需要的贵重精致产品生产的作用，并没有带来生产效率的提高。总的来说，官府手工业的生产效率是很低的，劳动力和工时、原料的浪费都是很严重的。

① 《天下同文》前甲集卷一六，黄文仲：《大都赋》。
② 胡助：《纯白斋类稿》卷二，《京华杂兴诗》。
③ 胡祇遹：《紫山大全集》卷二二，《论农桑水利》。

元代大都手工业中出现了不少新技术和新产品。例如，丝织业中有纳失失（原来是波斯出产的一种织金绸缎）、撒答剌欺（原来是中亚出产的一种丝织品）等，冶炼业中出现了镔铁（特种钢），酿造业中生产阿剌吉酒（蒸馏酒，就是烧酒）[①] 等。这些新产品、新技术的采用，主要是迁移到大都的兄弟民族工匠带来的。例如，制造纳失失的别失八里局，是由“别失八里田地人匠”[②] 组成的。别失八里就是今天新疆吉木萨地区。同时，这也是与中外经济文化交流的加强分不开的。阿剌吉酒原是波斯、阿拉伯的产物，这一时期传入了我国，大都已大规模进行生产。这是我国酿造史上的一大革命，影响较大。在大都活动过的诗人如朱德润、许有壬等对阿剌吉酒的酿造，都有详细的描写。镔铁生产始于波斯、中亚等地，后传入我国新疆地区。元代大都官府手工业中设有镔铁局，从事镔铁器具的生产。《朴通事》中也提到“着镔铁打”“五件儿刀子”。镔铁刀“价贵于金，实为犀利，王公贵人皆佩之”[③]。

大都地区的采矿业以煤矿最为发达。宛平县属下的大谷山有黑煤三十余洞，桃花沟有白煤十余洞。煤窑有官办的，也有寺观经营的。煤是大都城内居民燃料的重要来源之一，专设有煤市，《朴通事》中也有“煤场里推煤去”的记载。大都居民使用煤炉和煤火坑相当普遍，“地穴玲珑石炭红，土床芦簟觉春融”[④]，以及“暖炕煤炉香豆熟”[⑤] 等诗句，都说明了这一点。宫廷中也用煤。[⑥] 在考古发掘中，也发现了元代铁制煤炉遗物。元代来中国的外国旅行家马可·波罗、伊本·白图泰等，都对中国人用煤感到惊奇，说明当时世界上绝大多数国家和地区都不知道用煤。煤的发现和使用，是我国人民在科学技术上一大成就。大都用煤比较普遍，比起前代来有所进步。

由于大都人口不断增多，燃料供应问题日益突出。元朝末年，政府曾经计划重开金口引卢沟水东流，使“西山之煤，可坐致于城中”，以解决燃料问题。至正二年（1342）动工修建。这次修治的金口河深五十尺，广一百五

---

① 阿剌吉是阿拉伯语，原意为出汗，蒸馏酒类似汗珠，故有此名。

② 《永乐大典》卷一九七八一，《局》字。按，此条原注出自《元史·百官志》中有关别失八里局记载未提及“别失八里田地人匠”事，疑应出自《经世大典》。

③ 叶子奇：《草木子》卷三下，《杂制篇》。

④ 尹廷高：《玉井樵唱》卷上，《燕山寒》。

⑤ 欧阳玄：《圭斋集》卷四，《渔家傲·南词》。

⑥ 《草堂雅集》卷一柯九思《宫词》云：“夜深回步玉阑东，香烬龙煤火尚红。”

十尺，役夫数万。但新河修成后，“流湍势急，沙泥壅塞，船不可行”[1]，元朝政府大规模开采煤矿的计划，结果以失败告终。

第三节 商业

大都是元代北方最大的商业中心，全国各地以及外国的许多商品货物都集中到这里，“东至于海，西逾于昆仑，南极交广，北抵穷发，舟车所通，货宝毕来”[2]。马可·波罗极力称赞大都为“商业繁盛之城”，“外国巨价异物及百物之输力此城者，世界诸城无能与比”。

大都城内有两个主要商业区，一个是城市中心的钟楼、鼓楼周围，另一个是城市西部顺承门内的羊角市。[3] 钟楼、鼓楼周围分布着缎子（绸缎）市、皮帽市、帽子市、鹅鸭市、珠子市、沙剌（珠宝）市、铁器市、米市、面市等。羊角市有羊市、马市、牛市、骆驼市、驴骡市等。《朴通事》和《老乞大》中也多次提到大都的羊角市，可见这在当时是很热闹的地方。除了这两个主要商业区之外，中书省前还有文籍市、纸札市等。在各门外和南城，也有不少集市。除了商业区的店铺之外，还有不少小商贩，穿街走巷，贩卖各种物品：“贩夫逐微末，泥巷穿幽深。负戴日呼叫，百种闻异音。”[4]

管理大都商业市场的机构叫作大都宣课提举司，秩从五品，比警巡院和大兴、宛平两县县尹的地位都要高。提举司之下，各市分设提领或大使。元代商税按规定是三十取一，但大都建成后，旧城市肆、院、务迁入都城者四十取一。元代中期，大都商税所入为十万三千余锭，除江浙（二十六万余锭）、河南（十四万余锭）二省外，其余各省全部所入，还不及大都一地。[5] 从这个数字，也完全可以看出大都商业的特别繁荣了。

大都的商铺，从其性质来说，可分两种。一种商铺主要经营生活日常用品，满足一般居民生活需要，“（大都）民物繁伙，若非商旅懋迁，无以为日用之资”[6]。例如居民食用的粮食，在大规模海运发展起来以前，“全借客

① 《元史》卷六六，《河渠志三》。

② 程钜夫：《雪楼集》卷七，《姚长者传》。

③ 角头系“东南西北往来人烟凑集之处”，通常即指市集所在之地（《朴通事谚解》卷上注），元代杂剧中也有此词。

④ 胡助：《纯白斋类稿》卷二，《京华杂兴诗》。

⑤ 参见《元史》卷九四，《食货志二·商税》。

⑥ 《元典章》卷二〇，《户部六·钞法》。

旅兴贩供给"，"来的多呵贱，来的少呵贵有"[①]。这一种商铺占多数。另一种商铺主要经营满足权贵们奢侈生活需要的高级商品，如珠宝、锦缎等。有的珠宝一颗就要钞数十万锭。由于大都是宫廷所在地，集中了大批权豪贵族，因此，后一类商铺特别发达，这是大都商业不同于全国其他城市的特点之一。

大都的商铺，有的是由封建政府经营的，如部分粮食和盐、酒的买卖。官营商业，弊端极多，以官卖盐而论，"当时置局设官，但为民食贵盐，殊不料官卖之弊，反不如商贩之贱"[②]。有的是由大寺观经营的。当时寺观经营商业十分普遍，规模巨大，凭借特权，不纳商税，严重影响商税收入，以致元朝政府不得不屡次发令，要寺观商铺交纳商税。[③] 此外，还有很多是权贵们经营的商铺。元顺帝的权臣马札儿台，就在"通州置塌房，开酒馆、糟房，日至万石。又使广贩长芦、淮南盐"[④]。"有势之家，占据行市，豪夺民利"，在大都是个很普遍的现象。至于一般私人经营的商业，除了少数大商人（他们一般均与官府、权贵有密切联系）之外，或为"权豪势要之家挟势强买"，或由官府以"和买"为名，"强行夺买"，受到种种非理骚扰。有的因此破产，有的吓得"不敢往来"。官府、权贵控制市场，阻碍正常的商业活动，其结果是"物价因而涌贵"，"民甚不便"[⑤]。这种情况，其他城市也有，但都没有大都这样突出。

大都周围的农村，有定期的集市贸易，进行农产品和手工业产品的相互交流。元代中期，封建政府因为害怕"起立集场"，"走透课程（偷税漏税）"，"滋长盗贼"，因而下令"住罢"，即取缔农村的集市。但是，经济交流的要求绝非法律所能禁止，过了不久，元朝政府不得不承认禁罢的失败："辇毂之下（首都附近），尚且奉行不至，何况外路！"[⑥] 农村中的集市贸易照旧进行着。

不少外国商人来大都进行贸易活动。来得较多的是波斯、阿拉伯和高丽的商人。特别是高丽商人，因为距离较近，来大都的最多。高丽的中文教科

---

① 《通制条格》卷二七，《杂令》。

② 《元史》卷九七，《食货志五·盐法》。

③ 参见《通制条格》卷二九，《僧道》。

④ 权衡：《庚申外史》卷上。

⑤ 《通制条格》卷一八，《关市》；卷二七，《杂令》。

⑥ 《元典章》卷五七，《刑部一九·诸禁》。

书《老乞大》，就是以高丽商人来中国，与辽阳的商人结伴，同至大都从事商业活动为主题的。从《老乞大》可以看出，高丽商人贩运到大都的货物，主要是马匹、人参和毛施布（高丽出产的一种麻布）；从大都贩运回高丽的货物则是各种日用品、纺织品和书籍等。《老乞大》这本书的出现，说明了当时高丽商人来到大都是很普遍的现象，同时也从一个侧面反映出当时大都国际贸易的繁荣。

第四节　河运和海运

“元都于燕，去江南极远，而百司庶府之繁，卫士编民之众，无不仰给于江南。”[①] 把江南丰富的物资，千里迢迢，运到大都，通过两种途径，一是河运，另一是海运。

元朝在前代基础上，大规模整修运河。平江南之初，北运粮食等物需要水陆兼运，“自浙西涉江入淮，由黄河逆水至中滦旱站，陆运至淇门，入御河，以达于京”[②]。元朝政府先后开凿和修治了通惠河（即大都运粮河，从大都到通州，长约一百六十里，前面已有叙述）、通州运粮河（从通州南下入大沽河，西接御河）、御河（从今天津南至山东临清，接会通河）、会通河（从临清至山东东平，长二百五十里）、济州河（山东东平至济宁，接泗水，入淮河），一直和南方原有的运河相连接。这样，海河、黄河、淮河、长江、钱塘江五大水系，互相贯通。在忽必烈统治时期，大都的粮食供应，主要依靠运河运输。据至元二十九年（1292）的一件官方文书说：“大都里每年百姓食用的粮食，多一半是客人从迤南御河里搬将这里来卖有。”[③]

在整修运河的同时，元朝政府又大力发展海运。经过相当长时间的探索，最后采取了从长江口的崇明附近出海，向东行，入黑水大洋，北趋成山（山东半岛东部），经渤海南部，至界河（海河）口的直沽，再转运大都的路线。顺风时十天左右即可到达。海道运粮，最初不过四万余石，后来逐年增加，元代中期，最多时达三百余万石。“晓日三叉口（直沽），连樯集万艘”[④]，直沽成了一个繁荣的港口。

---

① 《元史》卷九三，《食货志一·海运》。
② 同上。
③ 《通制条格》卷二七，《杂令》。
④ 张翥：《蜕庵诗集》卷一，《代祀天妃庙次直沽作》。

海运虽有一定风险，“粮船漂溺者无岁无之”，但总的来说，“视河漕之费，则其所得盖多矣”[①]。自从海运大规模开展以后，运河的重要性就大为降低了。到后来，大都的经济生活几乎完全依赖于海运。元末农民战争爆发，海运中断，运河也被切断，大都的经济生活立即陷于混乱，元朝很快也就灭亡了。

第五节　大都地区发生的自然灾害

有元一代，大都地区的自然灾害相当频繁。特别是进入 14 世纪以后，水、旱、雹、蝗和地震，接踵而来，几乎无年无之。

北京的气候，春旱秋涝。在元代表现得也很突出。水灾多数集中在六、七、八月，而且往往发生在春旱之后。大德五年（1301），“京畿大旱，自春至五月中旬。（五月）末，始雨，遂大作，连昼夜，殆二月稍霁。人罹垫溺之患，而京东平滦尤甚”[②]。元文宗天历二年（1329），大都所属东安、蓟州等地春、夏旱，“麦苗枯”[③]。到了六月，接连下了七天雨，于是又发生水灾。最大的一次水灾发生在元顺帝元统元年（1333）六月，“大霖雨，京畿水平地丈余，饥民四十余万”[④]。

由于自然灾害频繁，大都常有许多人处于饥荒之中。元朝统治者害怕饥民闹事，影响统治中心的稳定，常常采取发卖低价粮食的办法，来收买人心。但是这种低价粮常为权豪官吏中饱，元朝官方文书中就说：“多是官家势要并勾当里行的人每（们），使人籴买的上头，到不的贫民每（们）根底的一般。”[⑤]

13、14 世纪是地震活动频繁的一个时期。见于记载的大都地震共有十一次（参见附录一《大都大事年表》）。其中震级较高的是皇庆二年（1313）六月和后至元三年（1337）八月两次。关于前一次，有人写了一首诗，其中说：

---

① 《元史》卷九三，《食货志一・海运》。

② 刘敏中：《中庵集》卷二〇，《送平滦总管王仲明》。

③ 《元史》卷三三，《文宗纪二》。

④ 《元史》卷三八，《顺帝纪一》。

⑤ 《秘书监志》卷二，《禄秩》。

二年六月己未朔，京城五更大地作。
卧者颠衣起若吹，起者环庭眩相愕。
室宇无波上下摇，乾坤有位东西却。
自我南来睹再震，初震依微不今若。
昨朝展席坐堂上，耽玩图书静无觉。
堂下群儿又惊报，方馔饔人丧杯勺。
栉者仓皇下床榻，门屋铿锵振铃铎。
只今犹自腾妖讹，旦暮殊言共鄂郭。
大家夜卧张穹庐，小家露坐瞻星落。①

这首诗，写得相当具体、生动，从所描述的情况看，这次地震引起了一些混乱，但是没有造成很大的破坏。

元顺帝后至元三年（1337）八月发生的地震，将太庙的梁柱震裂，各室墙壁倒塌，压坏了不少东西。一般居民住宅更可想而知。这次地震持续了七天，影响远及怀来、宣德等地，“所损人民甚众”②。

① 范梈：《范德机诗集》卷五，《己未行》。

② 参见《元史》卷三九，《顺帝纪二》；卷五一，《五行志二》。

第六章　大都的文化生活

第一节　北方的理学中心

儒家思想在宋代发展演变为程朱理学。南宋后期，由于封建统治者的重视，理学在南方得到广泛的传播。但在金朝统治下的北方，儒生们讲究的是辞章歌赋，几乎很少有人知道理学。

金朝灭亡后，大蒙古国与南宋对峙。窝阔台汗七年（1235），由蒙古贵族阔出率领的一支军队，南下掠取汉水流域各地。当攻克德安时，由于当地居民曾进行抵抗，蒙古军便对全城居民大肆杀戮，但是被俘虏的儒生，均可免死。[①] 从刀下逃得性命的儒生中，有一人名叫赵复，他全家都遭杀害，只有本人因为精通程朱理学，虽为俘虏，但很快便受到重视，被请到燕京，开办太极书院。赵复在书院中讲授“程朱二氏性理之书”，“学徒从者百人”[②]。他还著述了《伊洛发挥》《希贤录》等书，阐述程朱理学的基本观点。[③] 后来，他被公认为元代北方理学的开山鼻祖，著名的理学家许衡、姚枢等人都受到赵复的影响。太极书院对于在北方传播理学起了重要的作用。

忽必烈建成大都后，在至元二十四年（1287）正式建立国子学，作为全国的最高学府。国子学在大都东城崇仁门内，东边是孔庙，西边与大都路总管府相去不远。国子学的负责人最初是许衡，后来相继由许衡的门徒充任，他们都以程朱理学作为基本教材。国子学的学生，学成后在大都充任中高级官僚，这就保证了理学得到更为广泛的传播。元代中期，元朝政府恢复科举

---

① 参见姚燧《牧庵集》卷四，《序江汉先生死生》。

② 姚燧：《牧庵集》卷一五，《姚文献公神道碑》。

③ 参见杨弘道《小亨集》卷六，《送赵仁甫序》。

制度，在许衡的儿子许师敬以及他的一些门徒主持下，规定专试经学，不用辞、赋，以程朱注解的“四书”“五经”为主。先由各地举行乡试，录取部分合格者，再到大都举行会试，每届中选者数十人，多者百人。由于教育和科举考试制度实行了这些改革，从而使理学在思想文化领域中占据了绝对的统治地位。

“儒者可尚，以能维持三纲五常之道也。”[①] 元仁宗这句话，确实道出了元朝统治者尊崇理学的目的所在。一句话，就是为了从思想上巩固封建统治。

第二节　宗教

元朝统治者对各种宗教原则上采取兼收并蓄的态度，因为他们懂得，不管哪一种宗教，都能起麻醉人民、巩固统治的作用。但在各种宗教中，他们最重视的是佛教，其次是道教，最后是伊斯兰教和基督教等。这完全是根据这些宗教的势力和影响的大小，从而采取不同态度的。

佛教内部有各种不同的派系。在金朝统治下的北方，佛教禅宗中的临济宗势力很大。蒙古贵族消灭金朝统治中原以后，极力拉拢临济宗的上层僧侣海云等人。海云长期居住在燕京大庆寿寺，从蒙古大汗到燕京的断事官们，都对海云尊崇备至，蒙元政权在中原采取的某些措施，事先都征求海云的意见。[②] 海云死后，葬在大庆寿寺的西南隅。元世祖忽必烈建大都城，海云及其弟子可庵的骨塔“适当城基，势必迁徙以遂其直”，忽必烈专门下令“勿迁，俾曲其城以避之”[③]。从这件事可以看出统治者对临济宗重视到了何等程度。从海云住持以后，大庆寿寺一直被认为是临济宗的中心，有“禅宗第一刹”之称。元朝中叶，统治者还专门赐予大庆寿寺住持以荣禄大夫、大司空的官爵，授予“临济正宗之印”[④]。除了临济宗之外，禅宗中的其他宗派以及佛教其他教派也都有一定势力，但影响较小。

随着全国的统一，吐蕃地区的藏传佛教开始传入大都。元朝统治者为了加强对吐蕃地区的控制，于是极力推崇藏传佛教，“百年之间，朝廷所以敬

---

① 《元史》卷二六，《仁宗纪三》。

② 参见释念常《佛祖历代通载》卷二一。

③ 《元一统志》卷一，《中书省·大都路·古迹》。

④ 赵孟頫：《松雪斋文集》卷九，《临济正宗之碑》。

礼而尊信之者，无所不用其至”。藏传佛教的首领被封为帝师、国师，“虽帝后妃主皆因受戒而为之膜拜”。在统治者大力提倡下，藏传佛教势力日盛，远远超过了包括临济宗在内的佛教其他宗派。藏传佛教某些僧侣“怙势恣睢，日新月盛，气焰熏灼”[①]，横行霸道，甚至任意杀人，给大都人民带来了深重的苦难。

大都南城的许多前代建造的佛寺，在元代依然香火繁盛。海云曾数次在昊天寺“建大会为国祈福”[②]。弘法寺以收藏经版、刊印藏经著名，在元代经版屡经补雕，“校正讹谬，鼎新严饰”[③]，“极校雠之善”[④]，继续得以刊行。大都新城落成后，元朝皇帝、皇后、贵族、官僚等不断建造新寺。每朝皇帝即位，立即营建新寺，成了一种惯例。因此，大都寺庙比起前代来，数量更多，规模更大。元代新建的寺庙中最有代表性的有大护国仁王寺（大都城西高梁河畔，忽必烈皇后所建）、大圣寿万安寺（平则门内，即今白塔寺，忽必烈时建）、大天寿万宁寺（大都城中心，元成宗所建）、大承天护圣寺（西郊玉泉山脚下，元文宗所建）等。这些寺院僧徒众多，占有大量劳动人手，在政治上、经济上都有很大的势力。

藏传佛教传入之后，带来了他们所尊奉的摩诃葛剌佛。这种神像状貌狰狞，祭祀仪式神秘，在宫廷和一些由藏传佛教僧侣掌握的寺院中都很风行。这是摩诃葛剌神历史上第一次进入北京。随着元朝的灭亡，藏传佛教势力的衰落，对摩诃葛剌神的尊奉也销声匿迹了。到了清代，才再次兴盛起来。

道教的势力和影响仅次于佛教。金朝末年，全真道在北方兴起，很快就成为道教中最有影响的一个宗派。成吉思汗西征时，曾把全真道首领丘处机召到中亚。丘处机从中亚返回华北，被安置在燕京的太极宫，不久，太极宫改名为长春宫，白云观在当时是长春宫的一个部分。长春宫自此成为全真道的中心。全真道依仗统治者的庇护，不断扩展势力，以致屡次和佛教发生冲突。两者之间常为争夺庙观和财产互相斗殴，有一次，“长春宫里先生每（道士们）”为了与“和尚每争夺观院”[⑤]，出动五百多人拿着棍棒打架。统治者为了解决佛道两教的矛盾，先后三次召集两教代表人物进行辩论，第一

① 《元史》卷二〇二，《释老传》。

② 释念常：《佛祖历代通载》卷二一。

③ 释念常：《佛祖历代通载》卷二二。

④ 程钜夫：《雪楼集》卷二一，《奉圣州法云寺柔和尚塔铭》。

⑤ 《通制条格》卷二九，《僧道》。

次在漠北和林，第二次在上都开平，第三次在大都。统治者权衡得失，决定偏袒佛教，于是有的道士被勒令削发为僧，个别闹事的道士还被处死，除《道德经》外的其他道教经典也被勒令烧毁。[①] 至元十八年（1281）十月，还专门在大都南城悯忠寺举行了焚烧道藏伪经杂书的仪式。但是，元朝统治者的意图，不过是稍稍压抑一下道教的势力，并不是想加以取缔。所以，在规定“佛在道前”之后，道教仍保持一定的地位。大都全真道道观见于记载的即达二十余所。[②] 其首领依旧“世奉玺书袭掌其教”[③]，并得到元朝政府赐予的种种封号。此外，北方原有的道教宗派真大道、太一道，在大都也都有自己的道观，和宫廷有一定的关系。元灭南宋以后，南方以江西龙虎山为中心的正一道传入大都。正一道在道教各宗派中历史最为悠久，在江南影响很大，所以元朝统治者也多方加以笼络，专门在大都为之建立道观，名为崇贞万寿宫。玄教是正一道的分支，其首领张留孙、吴全节等，都深得统治者宠任，在政治上也有相当大的影响。

除了佛教、道教之外，在大都流行的宗教还有基督教、伊斯兰教和蒙古人原来信奉的萨满教等。欧洲教会曾向大都派遣过教士，据这些教士记载，大都有基督教教堂，还有不少信徒。元朝政府专门设有管理基督教事务的崇福司，说明基督教在当时确实颇为流行。元代诗人张昱在描写大都风俗习惯的诗中讲道：“十字寺神呼韩王，身骑白马衣戎装。手弹箜篌仰天日，空中来仪百凤凰。”[④] 十字寺应该说的是基督教教堂。在房山，就发现有至正二十五年（1365）的景教（基督教的一支）十字寺碑。[⑤] 景教僧侣称为也里可温，还曾进入宫廷，举行宗教仪式。[⑥] 张昱还写道：“花门齐候（侯）月生眉，白日不食夜饱之。缠头向西礼圈户，出浴升高叫阿弥。”[⑦] 这首诗讲的则是伊斯兰教的宗教仪式，前两句讲的是斋月，后两句讲的是礼拜。它反映出元代大都确有清真寺存在。据北京牛街礼拜寺（见图6—1）保存的阿拉伯文石刻记载，有邛尔塔尼和阿礼两人元初来大都传教，前者卒于1280年，

---

① 参见释祥迈《至元辨伪录》。

② 参见《元一统志》卷一，《中书省·大都路·古迹》。

③ 《元史》卷二〇二，《释老传》。

④ 张昱：《张光弼诗集》卷三，《辇下曲》。

⑤ 参见明义士《马哥孛罗时代在中国的基督教》，《齐鲁大学季刊》1934年第3、5合期。

⑥ 参见《元史》卷三二，《文宗纪一》。

⑦ 张昱：《张光弼诗集》卷三，《辇下曲》。

后者卒于1283年。[①] 大都当时有不少回族居户，一定也有伊斯兰教教士和清真寺，这是很自然的。萨满教主要信奉者是蒙古人，“毡车毡俑挂宫灯”[②]。元朝统治者曾经“为蒙古巫觋立祠”[③]，就是为萨满教建立庙宇。

图6—1　牛街礼拜寺

第三节　绘画、建筑和雕塑

元代是我国绘画史上一个兴旺发达的时期。根据元末夏文彦《图绘宝鉴》一书的统计，元代知名画家将近二百人。其中有较高成就的，约有四五十人。在这四五十人中，有一部分是大都人，如高克恭、李衎、李士行、何澄等；还有不少人曾经在大都生活和创作，时间较长的有赵孟頫、商琦、王

① 参见《北京牛街礼拜寺两方阿拉伯文的石刻》，《文物》1961年第10期。

② 张昱：《张光弼诗集》卷三，《辇下曲》。

③ 《元史》卷三三，《文宗纪二》。

振鹏（王朋梅）、刘融（刘伯熙）、张彦辅、李肖岩、陈芝田等，时间较短的有柯九思、赵雍、朱德润、唐棣、王冕、方从义等。因为这些画家的活动，大都的画坛呈现出繁荣的局面。

元朝的多数统治者，都对绘画采取保护和提倡的态度。后期的几个皇帝（元仁宗爱育黎拔力八达、元文宗图帖睦尔、元顺帝妥懽帖睦尔等）在这方面特别热心。影响所及，一些高级贵族如鲁国大长公主之流，也附庸风雅，俨然以艺术保护人自居。不少画家因为作品博取统治者的赏识，就得到一官半职，或者得到破格提拔。大都画坛人才辈出，和统治者的提倡有很大的关系。

大都画坛的一个特点是几乎各种科目上都有在全国首屈一指的名家，如山水画方面有赵孟頫、高克恭、商琦等，鞍马画有赵孟頫、张彦辅等，界画有何澄、王振鹏等，竹木画有李衎、李士行、王冕等，人物肖像画有李肖岩、陈芝田等。他们的作品，代表了元代我国绘画的水平。

大都画坛的另一个特点是壁画的盛行。上至宫廷，下至贵族、官僚府第和寺观，都是这样。名画家如商琦、李衎、唐棣、张彦辅等，都从事壁画创作。壁画的内容，以山水、竹木为主。例如，李衎、唐棣、商琦都曾为宫廷嘉禧殿作壁画，张彦辅曾“奉敕写钦天殿壁”[①]。李衎、商琦还奉统治者之命，共同为寺观画壁，“一时京都传盛事”[②]。可惜，这些壁画作品，今天都不可复见了。[③]

在上述这些画家中，有的就以大都景色为题材进行创作，如王振鹏的界画《大都池馆图样》。[④] 刘融曾奉诏写畿县，“偏图形胜到岩壑，直干交柯每盈卷”[⑤]。但是，这些作品都没有流传下来。传世的元代作品《卢沟伐木图》（中国历史博物馆藏），描绘了大都西南卢沟桥一带景色，可惜作者已不可考了。

14世纪前期，高丽名作家、诗人李齐贤几次来到大都，与中国一些诗人、画家结下了深厚友谊。后来他曾在一首诗中写道：“昔与姑苏朱德润，每观屏障燕市东。”[⑥] 接着，诗中对一些画家做了评价。可以看出，大都画坛

---

① 危素：《危太朴文集》卷三，《云林图记》。

② 丁复：《桧亭集》卷二，《题息斋行为袁仲芳赋》。

③ 有一种流行的观点，认为元代壁画衰落，文人画家已不屑为之。这种看法其实是不正确的。

④ 参见张昱《张光弼诗集》卷二，《题王朋梅界画〈大都池馆图样〉》。

⑤ 虞集：《道园遗稿》卷二，《题游弘道所藏刘伯熙画》。

⑥ ［高丽］李齐贤：《益斋集》卷四，《和郑愚谷题张彦辅〈云山图〉》。

是很活跃的，经常互相观摩，进行讨论。李齐贤参加了这些活动，更是中朝两国文化交流史上的佳话。

绘画之外，建筑和雕塑也有很大的成就。整个大都城，就是一个完整的艺术品。由尼波罗匠师阿尼哥主持兴建的大圣寿万安寺的白塔（见图6—2），以及由无名工匠修建的居庸关过街塔等，别具风格，为大都增添了光彩。阿尼哥不仅是一个建筑师，而且是一个雕塑名手。他传入了“西天梵相”[①]，对我国的佛教艺术产生了很大的影响。大都宝坻人刘元，是另一个塑像名家。他原来是个道士，从青州把道录（下级道官）学艺，后来又跟阿尼哥学“西天梵相”，综合汉族传统工艺和尼波罗工艺之长，号称“绝艺”。

图6—2　白塔

① “西天梵相”指阿尼哥传入的尼泊尔佛像铸造样式，作风接近印度后期笈多时代，但又有自己特点（黄盛璋：《关于古代中国与尼泊尔的文化交流》，《历史研究》1962年第1期）。

凡是大都及上都著名寺庙"有塑土范金抟换为佛者，一出正奉（刘元官品正奉大夫）之手，天下无与比者"。元朝统治者甚至下令，"非有旨不许擅为人造它神像"①。这种规定，反映出当时对刘元技艺的重视，但也阻碍他的技艺的进一步发挥。令人可惜的是，这样一位杰出艺术家的作品，竟然没有一件流传下来。居庸关过街塔基座内部的大理石浮雕四天王等像，神态生动，线条细致，是我国雕塑史上的杰作。

第四节　诗歌、小说和杂剧

大都是全国的政治中心，许多文人为了寻求政治上的出路，常常到这里来活动。元代诗歌方面的一些代表人物，如前期的元好问、郝经等，中期的赵孟頫、虞集、马祖常、揭奚斯、杨载、范椁等，后期的朱德润、柯九思、萨都剌、王冕、张昱、欧阳玄、迺贤等，都曾在大都生活过。他们写下了不少描写大都的诗篇，如柯九思的《宫词》、张昱的《辇下曲》、欧阳玄的《渔家傲·南词》、胡助的《京华杂兴诗》等，对于我们了解大都各方面的社会生活，都有一定的价值。

在大都居留的诗人中，有不少属于兄弟民族，如哈剌鲁人迺贤、蒙古族汪古部人马祖常、畏兀儿人贯云石、回人萨都剌等，他们在使用汉语从事诗歌创作方面，都有较高的成就。各兄弟民族之间的文化交流，众多的兄弟民族诗人的涌现，丰富了大都文化的内容，从一个侧面反映出我国民族融合的情况。

高丽的中文教科书《老乞大》中讲到，在大都购买的书籍中有《三国志评话》。《朴通事》中也说："我两个部前买文书去来。买甚么文书去？买《赵太祖飞龙记》《唐三藏西游记》去。"下面接着介绍了《唐三藏西游记》中孙行者在车迟国和伯眼大仙斗法的故事，和明代吴承恩的《西游记》已很相近。可见，当时在大都评话小说是很盛行的。有的评话小说很可能就出于大都作家之手。这些评话小说为明代长篇小说的创作提供了很好的基础，在我国小说发展史上具有重要意义。

元代杂剧在我国文学史和戏剧史上占有重要地位。它的出现，标志着我国古代的戏剧艺术已趋于成熟。大都在杂剧的形成和发展过程中占有特殊重

① 虞集：《道园学古录》卷七，《刘正奉塑记》。

要的地位。在这里涌现过一批著名的杂剧作家，还有不少杰出的演员。在某种意义上，可以说，大都是杂剧的摇篮。

根据元朝后期作家钟嗣成《录鬼簿》一书的记载，“前辈才人有所编传奇行于世者”，元代前期的杂剧作家，共五十六人，其中籍贯大都的有十七人。通常所称“元曲四大家”中，大都人就占了三个，即关汉卿、马致远和王实甫。此外，如庾吉甫、杨显之等，也都有较高成就。还有不少杂剧作家，如白朴、高文秀等，虽然不是大都人，但都长期在大都生活和创作。大都剧坛，人才辈出，呈现出夺目的光彩。

在大都的杂剧作家中，关汉卿占有特殊重要的地位，“驱梨园领袖，总编修师首，捻杂剧班头”①。他一生创作的杂剧在六十种以上，但大多已经散失，传世的只有十余种。他的作品反映了元朝统治的黑暗，人民生活的困苦，塑造了多种多样令人难忘的人物形象。他的代表作《窦娥冤》，是对当时社会的血泪控诉，在我国文学史上占有重要的地位。另一个大都剧作家王实甫，也有很高的成就，“《西厢记》，天下夺魁”②，几百年来，一直受到人们的赞赏。

大都的著名女演员，有珠帘秀、顺时秀、天然秀、赛帘秀、燕山秀（均为艺名）等。珠帘秀本姓朱，她的“杂剧为当今独步”③，名震一时。赛帘秀、燕山秀等，都是她的门徒，后辈都尊称她为朱娘娘。顺时秀原名郭顺卿，元代中期也很有名，“教坊女乐顺时秀，岂独歌博天下名！意态由来看不足，揭帘半面已倾城”④。大都著名的男演员有魏、武、刘三人，“魏长于念诵，武长于筋斗，刘长于科泛（表演动作之意）”，后代乐人“皆宗之”⑤。可惜他们的名字都没有流传下来。演员大多属于教坊司管辖，称为乐人。他们的社会地位很低，受到统治阶级的轻视。元朝政府规定：“承应乐人呵，一般骨头休成亲，乐人匹配者。”⑥ 因此，乐人夫妻双方，往往都是演员，而且世代相袭。教坊司管辖的乐人，除为宫廷官府服役外，还常常应召为贵族、官僚以及民间演出。《朴通事》一开头就记载三十个人举行筵会，“着张三去，

---

① 《录鬼簿》卷上。

② 同上。

③ 夏伯和：《青楼集》。

④ 张昱：《张光弼诗集》卷三，《辇下曲》。《辍耕录》卷四《广寒秋》中也提到了她。

⑤ 陶宗仪：《辍耕录》卷二五，《院本名目》，按，有人说“长于科泛”的刘即《录鬼簿》中提到的刘要和，但也有不同意见。

⑥ 《元典章》卷一八。

叫教坊司十数个乐工和做院本诸般杂技的来”，“弹的们动乐器，叫将唱的根前来着他唱”。元代杂剧和戏文中提到演员怕官府“唤官身”①，就是因为他们隶属于教坊司，必须先为宫廷、官府服役，然后才能为他人演出。此外，还有一些不属于教坊司管辖的民间剧团，在城乡巡回演出。

杂剧作者在当时习惯称为才人，他们组织的团体称为书会。当时大都就有书会存在。剧本编成后，往往加以刊印，公开发行。流传下来的元代杂剧刊本常见“大都新编”字样，说明当时大都是刊印杂剧剧本的一个中心。这和大都剧作者的众多和演剧活动的兴盛是分不开的。在大都的演员中，也有人参加编剧工作，著名的有赵文殷、张国宾等。他们有时还和其他作者联合进行创作活动，例如“元贞书会李时中、马致远、花李郎、红字公（指红字李二），四高贤合捻《黄粱梦》”②。李时中和马致远都是小官僚，花李郎、红字李二是乐人。演员直接参加剧本的创作，对于杂剧的发展，无疑起了积极的作用。

第五节　民间技艺

休凭口舌慢矜夸，看取当场戏险家。
剑鞘高竿斜复正，喧声百万动京华。

险艺呈来已数回，弄人鼓笛莫相催。
当筵一博天颜喜，百尺竿头稳下来。③

这是元代诗人胡祗遹所咏《小儿爬竿》诗。爬竿是一种杂技项目，当时在大都十分流行，曾经进入宫廷表演，演出时有鼓、笛伴奏。除了爬竿之外，还有不少其他杂技项目，例如《朴通事》提到，去勾栏中看杂技，“也有丢棒的，一个高卓儿上，脱下衣裳，赤条条的仰白着卧，一托④来长短、停柱来粗细、油红画金棒子，放在他脚心上转，脚背上转，指头上转，吊下来踢上去，丢的只是眼花了”。可见，北京的杂技，有着悠久的传统，早在

① 杂剧《汉钟离度脱兰采和》，戏文《宦门子弟错立身》。
② 《录鬼簿》卷下。
③ 胡祗遹：《紫山大全集》卷七。
④ 一托指一人伸开左右手的长短。

元代就很兴盛了。

说唱技艺在大都也很盛行。当时把各种说唱技艺统称为“唱词”，见于元代官方文书的有琵琶词、货郎儿、词话等名目，都是由表演者说唱故事，但曲调和伴奏乐器有所不同。这些说唱技艺在城乡广泛演出，有很大吸引力，“聚集人众，充塞街市”。但却常常被封建官府无理禁止。

大都城内“人烟辏集处”，还常常有人表演“傀儡戏”。这种民间技艺一度也进入宫廷，但立即遭到了封建官僚的反对。

相扑（摔跤）是大都民间流行的一种体育活动，常常举行公开表演。也正是胡祗遹，写下了《相扑二首》：

满前丝竹厌繁浓，勾引眈眈角抵雄。
毒手老拳毋借让，助欢鼓勇兴无穷。

臂缠红锦绣裆襦，虎搏龙拿战两夫。
自古都人元尚气，摩肩累迹隘康衢。①

第六节　科学技术的成就和中外科技交流

大都在文学艺术方面聚集了许多人才，在科学技术方面也有不少杰出的专家。郭守敬就是其中的代表。他是邢台（今河北邢台）人，13 世纪 60 年代起一直在大都生活和工作，为科学事业辛劳了六十多年，元仁宗延祐三年（1316）逝世。郭守敬在水利、天文历算等方面都有很高的成就，代表了当时世界的先进水平。大都的通惠河工程就是他主持设计的。他在前代基础上，设计制造了简仪、仰仪和高表等天文仪器。简仪、仰仪等天文仪器一直保存到清初，康熙五十四年（1715）毁于西方传教士之手。② 高表是由前代圭表改制而成的，可以更准确地测定夏至、冬至等节气的时刻，推算一年的日数。“仪台铁表冠龙尺，上刻横文晷度真”③，可惜的是，这一天文仪器也

① 胡祗遹：《紫山大全集》卷七。

② 明代仿制的简仪，现存南京紫金山天文台，已残缺不全。

③ 张昱：《张光弼诗集》卷三，《辇下曲》。按，高表“以铜为表，高三十六尺，端挟以二龙，举一横梁，下至圭面，共四十尺”（《元史》卷五二，《历志一》）。“仪台铁表冠龙尺”即指二龙举一横梁而言。

早已毁坏了。在郭守敬设计的天文仪器中，有很多是由阿尼哥负责制造的。为了安置天文仪器，经忽必烈批准，郭守敬主持修造了司天台（灵台）。司天台位于大都城东南角，上述各种仪器大都安置在台上，高表则设在司天台的右边。后来，明清两代的观象台也都设置在这里。在大规模天文观测工作的基础之上，郭守敬主持修订新历法，定名为“授时历”。这种历法计算方法比较简易，准确程度较高，每年定为三百六十五点二四二五天，和地球绕太阳一周的实际时间只差二十六秒，其准确程度与现在通行的公历（格里高里历）相同，但公历的使用要比“授时历”晚三百年左右。“授时历”传到高丽，对高丽的历法产生了一定影响。

郭守敬还设计制造了七宝灯漏，这是一种大型的计时器，就陈列在大明殿里。七宝灯漏高一丈七尺，以金为架，共分四层，“饰以真珠，内为机械，以小木偶人十二捧十二相属。每辰初刻，偶人相代开小门出灯外板上，直御床立，捧辰所属以报时”①，“其机发隐于柜中，以水激之”②。七宝灯漏的制造，显然是继承和发展了北宋苏颂、韩公廉的“水运仪象台”，就工艺技术的水平来说，前者比后者有显著的提高；就性能来说，后者主要是一种天文仪器，前者则主要用于计时了。图6—3为设在汇通祠的郭守敬纪念馆。

在郭守敬之后，元朝末代皇帝元顺帝妥懽帖睦尔也曾设计制造过宫漏。据记载，他的宫漏“约高六七尺，广半之。造木为匮，阴藏诸壶其中，运水上下。匮上设西方三圣殿，匮腰立玉女捧时刻筹，时至，辄浮水而上。左右列二金甲神人，一悬钟，一悬钲，夜则神人自能按更而击，无分毫差。当钟钲之鸣，狮凤在侧者皆翔舞。匮之西东有日月宫，飞仙六人立宫前，遇子午时，飞仙自能耦进，度仙桥，达三圣殿，已而复退立如前”③。这个“鲁班天子”（当时人对元顺帝的称呼）制造的宫漏，被誉为“前代所鲜有”，其实，其基本工艺设计，与郭守敬的七宝灯漏差不多，只是有些地方更为精巧而已。元代大都先后出现过两种宫漏，说明机械时计的制造技术在当时已趋于成熟；而机械时计的出现，则正好标志着“在计时上和力学上”的“巨大进步”④。

① 柯九思：《草堂雅集》卷一，《宫词》。

② 《元史》卷四八，《天文志一》。

③ 《元史》卷四三，《顺帝纪六》。

④ 恩格斯：《自然辩证法》，见《马克思恩格斯全集》第20卷，人民出版社1971年版，第531页。

图 6—3　汇通祠（北京郭守敬纪念馆）

在农学方面，元朝政府的大司农司在前代农学著作基础之上，“删其繁重，摭其切要，纂成一书”，叫作《农桑辑要》。① 这本书最初在至元十年（1273）刊行于大都，后来多次再版，对于推广农业技术，促进农业生产，起了积极的作用。在我国的农学史上，《农桑辑要》有一定的地位。

元代我国在数学上有很大的成就。名数学家李冶在 13 世纪曾到燕京生活过一段时期，他的数学著作《测圆海镜》为解决一元高次方程式做出了贡献。在李冶之后，大都人朱世杰编写了《四元玉鉴》和《算学启蒙》。前一书继承和发展了李冶的研究工作，后一书则如它的名称所显示那样，是一本入门书，曾经传到日本、高丽，对于中外科学的交流起过一定的作用。此外，郭守敬、王恂等在制定“授时历”的过程中，用“招差法”推算日月运行的速度和方位，列出了三次差的内插公式，是数学上的一项重大成就。

元代，阿拉伯、波斯的天文历法、仪器和一些科学著作先后传入了大都。至元四年（1267），札马鲁丁向忽必烈献“万年历”，这显然是在波斯、阿拉伯等地通行的一种历法，忽必烈曾在一定范围内施用。札马鲁丁还制造了一系列天文仪器，共有“咱秃哈剌吉”（浑天仪）、“咱秃朔八台”（测验周天星曜之器）等七种。其中有一种名“苦来亦阿儿子”，“其制以木为圆

① 实际上，这本书除编纂前人的经验之外，还介绍了一些新的生产技术，如“栽木棉之法”。

球，七分为水，其色绿，三分为土地，其色白。画江河湖海，脉络贯串于其中。画作小方井，以计幅圆之广袤、道里之远近”[①]，实即一种早期的地球仪。这是我国输入地球仪的最早记载。在元朝的秘书监中，保存了不少“回回书籍”，其中多数是阿拉伯人关于天文历法、仪器制造、点金术、医学等方面的著作，其中有一部书叫作《兀忽烈的四劈算示段数十五部》，兀忽烈的很可能就是欧几里得，这部书可能就是《欧几里得几何原本十五卷》。[②]通过阿拉伯人的介绍，我国早在元代就知道了这位数学家的著作，这在中外文化交流中不能不说是很有意义的事情。“回回医学”在大都颇为流行，元朝政府专门在太医院下面设置广惠司掌管“回回药物”。秘书监收藏的“回回书籍”中就有医书。“回回医学”能治某些疑难病症，在当时引起了人们的注意。[③] 这些来自其他国家的各种科学知识，对于我国有关科学的发展，起了积极的作用。

① 《元史》卷四八，《天文志一》。按，“苦来”（Kure）义为“球体”，“阿儿子”（Arz）义为地球。

② 参见马坚《元秘书监志“回回书籍”释义》，《光明日报》1955年7月7日。

③ 参见陶宗仪《辍耕录》卷九，《奇疾》；卷二二，《西域奇术》。

第七章　元末农民战争中的大都

元代的阶级矛盾尖锐，以蒙古、汉等族地主阶级为一方，以各族劳动人民为另一方，一直存在着激烈的斗争。由于大都及其周围地区是元朝的腹心之地，控制特别严密，因此，各族人民的反抗斗争，主要集中在南方。13世纪30年代，元朝的最后一个皇帝元顺帝上台以后，土地兼并日益严重，封建国家的榨取更加厉害，天灾又接连发生。在这样的重重打击下，劳动人民生活十分困苦，连糠秕都吃不饱，简单的再生产都无法进行。而另一方面，各族剥削阶级却依然过着花天酒地、荒淫无耻的生活。“贫者愈贫，富者愈富”[①]，阶级矛盾进一步尖锐化，元朝腹心之地也开始不稳，不断爆发反抗斗争。

后至元三年（1337），大都周围地区“盗起”。至正二年（1342），“京城强贼四起”。至正六年（1346）大都周围地区再次“盗起”，有的县为此增设负责捕盗的县尉和巡警兵。但是，“盗贼”却越来越多，到了至正七年（1347），大都附近的通州已是“盗贼蜂起”了。至于离大都稍远的河北南部、山东、山西等地，人民反抗斗争更为频繁。至正元年（1341），山东、燕南（河北南部）“强盗纵横，至二百余处”[②]。至正四年（1344），山东益都盐贩郭火你赤起义，“拥旗鼓，入城邑，掠人民，篡囚徒，共益其党。火庐舍，劫府库，争取其材（财）”[③]。他们纵横山东、河北、山西等地，使得元朝中央政府也大为恐慌。整个“腹里”（元朝把河北、山东、山西之地称为“腹里”，归中书省直接管辖）人民的反抗斗争接连不断，其他地区更是

① 危素：《危太朴文续集》卷九，《书张承基传后》。

② 《元史》卷四〇，《顺帝纪三》。

③ 苏天爵：《滋溪文稿》卷三，《新升徐州路记》。

此起彼伏，风起云涌。这一切都说明，广大人民群众已不能再忍受元朝的黑暗统治，元朝政府也无法再照旧统治下去了。

至正十一年（1351）五月，全国规模的红巾军大起义爆发。短短几个月内，江淮南北广大地区，到处燃烧起农民起义的烈火。大都和南方的联系完全被切断。元朝统治者在大都策划了一系列阴谋，用剿抚两种方法，镇压农民起义。从至正十一年到至正十四年（1351—1354）之间，双方反复进行着多次的斗争。由于江南很多地区先后为起义军攻克，海运和漕运都被切断，大都的粮食和其他物资来源锐减，至正十四年（1354），大都发生了严重饥荒，“加以疫疠，民有父子相食者”。然而元顺帝依旧大兴土木，“荒于游宴”①，穷奢极欲，完全置人民死活于不顾。

至正十四年（1354）以后，农民战争进入新的高潮，起义军开始大规模向黄河以北发展。至正十五年（1355），北方起义军首领刘福通等立韩林儿为帝，号小明王，国号宋，改元龙凤。宋政权所领导的起义军，从至正十七年（1357）起，三路北伐。西路破潼关，攻入关陕。中路入山西，出塞北，在至正十八年（1358）十二月攻破上都开平，把那里的宫阙烧得干干净净。自此之后，元朝统治者不再出巡，整年留在大都。中路起义军的一部，在进攻上都以前，曾转入河北，在至正十八年（1358）九月进攻保定，没有攻下，转而攻占了完州（今河北顺平县），直接威胁大都。这支起义军的活动，显然是想和东路军配合。但由于东路军在此以前已经撤离河北，这支起义军孤立无援，很快也就退出。

东路军的领导人是毛贵。他率领队伍攻取了山东大部分地区，然后由山东北上。至正十八年（1358）三月，攻克蓟州（今天津蓟县），逼近大都。元朝政府十分恐慌，赶紧“征四方兵入卫”②，同时大力加强大都城的守御，在城内四隅都设立大都分府和警巡分院。③ 起义军由蓟州攻漷州（今属北京通州区），直抵元朝统治者每年春天飞放的柳林，离大都城不过百余里。在这里，起义军打死了元朝的枢密副使达国珍。这使元朝统治集团内部十分恐慌，议论纷纷，有的主张放弃大都北走，有的建议迁都关陕，只有少数几个人主张顽抗。④ 但是，东路军孤军深入，后援不继，正如元朝官员李士瞻分

① 《元史》卷四三，《顺帝纪六》。

② 《元史》卷四五，《顺帝纪八》。

③ 参见《元史》卷九二，《百官志八》。

④ 参见《元史》卷一八八，《刘哈剌不花传》。

析那样："虽能深入我境，然其心不能不怀疑惧。"也正是这个人，认为"已骄之'贼兵'，不虞我师之冲击"，主张"急发精骑攻之，少挫其锐，使'贼'无必向之志"①。李士瞻确实发现了起义军的弱点所在。果然，当元朝的一支精锐部队在刘哈剌不花率领下偷袭柳林，使起义军遭受一定损失之后，起义军立即放弃了进攻大都的打算，迅速撤回了山东。大都的局势，暂时又稳定了下来。但是，元朝统治者仍然心有余悸，赶紧修筑大都十一个城门的瓮城和吊桥，一年多时间全部完工。②

元末农民战争爆发后，浙东和浙西相继为方国珍、张士诚所占领，切断了海运。方、张两人都是混入农民起义队伍的投机分子，当元朝政府用高官厚禄进行招诱时，他们就先后投降了。投降以后，他们接受元朝的官爵，独霸一方，成为割据的土皇帝。元朝政府"虽縻以好爵，资为藩屏，而贡赋不供，剥民以自奉"，"海运之舟"仍然"不至京师"③。元朝政府虽然在大都周围开垦水田，但收效不大，大都的粮食供应得不到保证。再加上各地的地主纷纷逃来，不少原来镇守外地的王公贵族也逃回大都避难，人口日益增多，粮食问题更加紧张。至正十八年（1358），大都地区在经过战乱之后，又发生大规模的水灾和蝗灾，收成很坏。于是，在至正十八年（1358）和至正十九年（1359）上半年，发生了严重的饥荒。一锭（五十两）银子只能买八斗粮食。④ 饥荒之余，又发生瘟疫，"民殍死者几百万"⑤，十一门外都掘万人坑埋葬。"城南官掘穴，日见委尸盈"，"沟中人啖尸，道上母抛儿"⑥，大都城内外一片悲惨景象。元朝政府屡次遣使向张士诚、方国珍征粮。至正二十年（1360），由方国珍出舟，由张士诚出粮，运了十一万石粮食到大都，使元朝政府得以苟延残喘。两浙海运漕粮继续了四年，到至正二十四年（1364），张士诚又"托辞以拒命"⑦，不再运送了。

农民起义的不断高涨，经济危机的日益加深，使统治集团内部的矛盾也

---

① 《经济文集》卷一，《上中书总兵书》。

② 参见《元史》卷四五，《顺帝纪八》。按，和义门瓮城城门在1969年拆除西直门箭楼时发现，上有灭火设备，显然是为了抵御火攻。（《元大都的勘查与发掘》，《考古》1972年第1期）

③ 《元史》卷九七，《食货志五・海运》。

④ 参见《元史》卷五一，《五行志二》。

⑤ 权衡：《庚申外史》卷下。按，《元史》卷一一四《后妃传一・完者忽都皇后奇氏》说此次官方葬死者十余万，卷二〇四《朴不花传》说瘗埋尸首二十万。

⑥ 张翥《蜕庵诗集》卷四，《书所见（戊戌七月）》。

⑦ 《元史》卷九七，《食货志五・海运》。

日益尖锐化。至正十九年（1359）三月，大都北城兵马司指挥林哈剌歹与林智和“谋叛”，被发现后遭到了镇压。至正二十年（1360），蒙古贵族阳翟王阿鲁辉帖木儿在漠北起兵，“将犯京畿”，与元顺帝争夺王位。虽然这次事件也被镇压了下去，但对大都造成了很大的震动。元朝统治越是临近彻底崩溃的边缘，统治集团内部的矛盾越是尖锐。至正二十四年（1364），元军大将孛罗帖木儿以“清君侧”为名，带兵进入大都，皇太子爱猷识理达腊仓皇出走。孛罗帖木儿在大都总揽大权。皇太子则在山西与另一将领扩廓帖木儿相勾结，指挥军队向大都进攻。元顺帝利用兵临城下的形势，在宫廷中设下埋伏，当孛罗帖木儿来到延春阁前时，伏兵突出，将他杀死。此后，扩廓帖木儿跟随皇太子来到大都，权势盛极一时。很快，他又遭到元顺帝和皇太子的猜忌，被遣出外，遭元顺帝下诏讨伐。于是，在扩廓帖木儿与其他元军将领之间，又展开了反复的拉锯战。包括大都地区在内的整个北方，遭到了极大的破坏，“连岁不熟，民多为饥卒所食。胔骼遍野，腥秽塞天”①，元朝统治集团在行将灭亡之前，还对人民犯下了滔天的罪行。

正当统治集团内部混战之际，朱元璋的力量在南方不断得到发展。他先后消灭了陈友谅、张士诚、方国珍、陈友定等势力，统一了南方。至正二十八年（1368），朱元璋称帝，国号大明，定都南京，并派大将徐达率领大军北伐。七月，明军到通州。元顺帝闻讯，十分恐慌，立即委派他人留守大都，自己席卷“子女玉帛”，在七月二十八日夜由健德门北逃。八月二日，明军到齐化门外，“一鼓而克全城”。②

明朝取得大都后，改名北平。大都的宫殿，多数被拆毁。经手此事的明朝官员萧洵，将宫殿布局做了一份相当详细的记录，这便是《故宫遗录》。它是一份很珍贵的资料。

“行人千步廊前过，犹指宫墙说大都。”③ 明初诗人的这两句诗，表明大都已成为历史上的名词，北京的历史又开始了新的一页。

---

① 李继本：《一山文集》卷六，《刘义士传》。

② 参见《元史》卷四七，《顺帝纪一〇》。权衡：《庚申外史》卷下。

③ 宋讷：《西隐文稿》卷二，《客北平闻行人之语感而成诗四首》。

附录一　元大都大事年表

蒙古成吉思汗十年（金宣宗贞祐三年，乙亥，1215 年）

五月，蒙古军攻克中都。不久，将中都改名燕京。

蒙古蒙哥汗八年（南宋理宗宝祐六年，戊午，1258 年）

蒙古军大举攻宋。

蒙古蒙哥汗九年（南宋理宗开庆元年，己未，1259 年）

七月，蒙哥战死于四川合州钓鱼山。

十一月，忽必烈率军自鄂州北返，抵燕京，驻近郊。

元世祖中统元年（庚申，1260 年）

三月，忽必烈于开平称帝。

元世祖至元元年（甲子，1264 年）

二月，开始重建琼华岛。

八月，改燕京为中都。

十月，忽必烈于万寿山殿会见高丽国王。

元世祖至元二年（乙丑，1265 年）

十二月，“渎山大玉海”成，置于广寒殿。

元世祖至元三年（丙寅，1266 年）

十二月，开金口，修宫殿。

元世祖至元四年（丁卯，1267 年）

正月，开始修建新城。

元世祖至元八年（辛未，1271 年）

八月，修宫城。

元世祖至元九年（壬申，1272 年）

二月，改中都为大都。

三月，宫城成。

改琼华岛为万寿山（又名万岁山）。

元世祖至元十年（癸酉，1273年）

大明殿成。

元世祖至元十三年（丙子，1276年）

正月，南宋首都临安降。南宋皇帝、太皇太后、皇太后等被押送来大都。

元世祖至元十七年（庚辰，1280年）

太庙成。

元世祖至元十八年（辛巳，1281年）

十月，在南城悯忠寺焚道家伪经杂书。

元世祖至元十九年（壬午，1282年）

三月，王著杀阿合马。

十二月，文天祥就义于大都柴市。

元世祖至元二十年（癸未，1283年）

九月，大都基本建成，旧城市肆、局院、税务皆徙入大都。

十一月，大都城门设门尉。

元世祖至元二十一年（甲申，1284年）

四月，立大都路总管府（后改大都路都总管府）

九月，甲申，京师地震。

元世祖至元二十二年（乙酉，1285年）

二月，迁旧城居民入新城。

元世祖至元二十五年（戊子，1288年）

拆旧城城墙，填沟壕。

元世祖至元二十九年（壬辰，1292年）

七月，建社稷坛。

八月，修通惠河。

元世祖至元三十年（癸巳，1293年）

七月，通惠河成。

元成宗大德五年（辛丑，1301年）

塞金口。

元武宗至大三年（庚戌，1310年）

三月，建兴圣宫。

元仁宗皇庆二年（癸丑，1313 年）

六月己未，京师地震。丙辰，又震。

七月壬寅，京师地震。

元英宗至治二年（壬戌，1322 年）

九月癸亥，京师地震。

十一月癸卯，京师地震。

元文宗天历元年（戊辰，1328 年）

七月，元泰定帝死，统治集团内争。一派以上都为据点，向大都进攻。大都城郊发生战事。但不久即被击败。

元文宗至顺三年（壬申，1332 年）

正月，大承天护圣寺落成。

五月戊寅，京师地震有声。

九月辛巳，是夜地震有声来自北。

元顺帝元统元年（癸酉，1333 年）

六月，大霖雨，饥民四十余万。

元顺帝元统二年（甲戌，1334 年）

八月辛未，京师地震。

元顺帝后至元三年（丁丑，1337 年）

八月辛巳，京畿“盗”起。

壬午，京师地大震，太庙梁柱裂，各室墙壁皆坏。西湖寺神御殿壁仆。自是累震，至丁亥方止，所损人民甚众。

元顺帝后至元四年（戊寅，1338 年）

八月丙子，京师地震。凡两三日，至乙酉乃止。

元顺帝至正二年（壬午，1342 年）

正月，开金口河。不久又填塞。

九月，京城“强贼”四起。

十二月己酉，京师地震。

元顺帝至正五年（乙酉，1345 年）

居庸关过街塔建成。

元顺帝至正六年（丙戌，1346 年）

三月，京畿“盗”起。

元顺帝至正七年（丁亥，1347 年）

四月，通州“盗贼蜂起”。

元顺帝至正十一年（辛卯，1351 年）

五月，全国农民战争爆发。

元顺帝至正十二年（壬辰，1352 年）

十二月，议行京畿屯田，募南人耕种。

元顺帝至正十四年（甲午，1354 年）

京师大饥，加以疫疠，民有相食者。

元顺帝至正十八年（戊戌，1358 年）

三月，红巾军毛贵部自山东进河北，前锋抵柳林。大都震动，元朝统治集团人心惶惶。但毛贵部稍遇挫折，便退回山东。京师大饥。

元顺帝至正十九年（己亥，1359 年）

十月，大都十一门皆筑瓮城，造吊桥。

京师又大饥。先后死者不下二十万。

元顺帝至正二十一年（辛丑，1361 年）

京师又大饥。

元顺帝至正二十四年（甲辰，1364 年）

七月，元军将领孛罗帖木儿以“清君侧”为名，率领军队，由山西入据大都。

元顺帝至正二十五年（乙巳，1365 年）

七月，杀孛罗帖木儿。

元顺帝至正二十八年（戊申，1368 年）

七月，明军北伐，抵通州。二十八日夜，元顺帝由健德门北逃。

八月二日，明军攻克大都。

附录二　元代大都的饮食生活

饮食是人类生活方式的一个重要组成部分。人的饮食，首先是一种生理的需要，但是饮食的内容和方式，则要受到政治、经济、文化以及地域各种因素的制约。本文拟对元代大都的饮食生活做初步的探讨。大都是元朝的都城，今天北京的前身。研究大都的饮食，对于了解元代社会面貌以及北京饮食的历史变迁，都是很有意义的。

第一节　主食

大都居民食用的粮食，有米、粟、麦、高粱、黍、豆、栗等。

稻米在大都居民的粮食供应中占首要地位。一般来说，中国的粮食生产，在很早就形成了北麦南稻的局面，北方的居民以面食为主，南方的居民以米食为主。宋代有所谓南食和北食，主要就在于北食以麦面制品为主食，南食以稻米制品为主食。[①] 大都地处黄河以北，照理亦应以面食为主。但是，由于金元之际北方农业生产遭到极大破坏，有元一代大都的粮食供应主要依靠南粮经过海道北运，而南方的粮食主要是稻米，这就不能不使大都居民适应这种情况，以米为主要食粮。“漕渠越千古，海运连万艘。……都人仰陈腐，日籴太仓粟。”[②] 元代每年海运南粮之数，最初不过几万石，13 世纪末六七十万石，14 世纪前期激增为两三百万石，最多时达三百多万石。大都居民，“内自王宫戚里之卫士百执事，外至都邑之兵戍编户，上自公卿大夫士，

① 参见朱瑞熙《宋代的北食和南食》，《中国烹饪》1985 年第 11 期。

② 胡助：《纯白斋类稿》卷二，《京华杂事诗二十首》。

下至府史胥徒，岁以海漕之迟疾丰俭顺阻为忧喜休戚之分”[①]。宫廷、军队、官员、吏人，各色人等，都指望海运漕粮的到来。宫廷不用说，军队、官府工匠都由国家从漕粮中支给口粮，官吏则按品级发给俸米。对于大都城内（包括南、北两城）的一般居民，则由政府低价供应粮食。官方设米铺，“分遣官吏，发海运之粮，减其市直以赈粜焉”，“其每年所粜，多至四十余万石，少亦不下二十余万石”，后来甚至增到五十余万石。此外，为了照顾贫困户，又有“红帖粮”，即登记贫困户数，“置半印号簿文帖，各书其姓名口数，逐月对帖以给。大口三斗，小口半之。其价视赈粜之直，三分常减其一，与赈粜平行。每年拨米总二十万四千九百余石，闰月不与焉”[②]。赈粜粮与“红帖粮”两项合计，每年达七十余万石。大都城内居民约为十万户，五十万口。[③] 若以大、小口各一半计算，大口月三斗年三石六斗，小口月一斗半年一石八斗，每年居民共需口粮一百三十五万石，政府供应的赈粜粮与“红帖粮”已足以满足需要的一半以上。直接分配的粮食（宫廷、官吏、工匠、军队）和赈粜粮、“红帖粮”都是用南方运来的稻米，这就决定了大都居民以米为主的主食结构。除了江南运来的稻米之外，大都郊区一部分农村也种植水稻。元文宗天历三年（1330），元朝政府因“各枝及诸寺观权势，私决堤堰，浇灌稻田、水碾、园圃，致河浅妨漕事”[④]，下令严禁。这里所讲的“堤堰”指通惠河上游两岸的堤堰，其流经地区约当今北京西郊海淀一带。当时这一带地区便种植水稻，一直到近代，仍是如此。北方某些地区出产的稻米也运来大都，如苏门出产的糯米，被认为是酿酒的上等材料。[⑤] 金代有苏门县，元改为辉州，即今河南辉县。此处在当时出产好米，供宫廷之需。

由海道运来的稻米，主要分白粳米和香糯米（又称香莎糯米）两大类。[⑥] 此外还有一部分稻谷，是运到北方再进行加工的。香糯米直接送到大都醴源仓交纳。大都醴源仓是专门负责皇家饮食的宣徽院下属机构，其职能是“掌受香莎苏门等酒材糯米，乡贡麹药，以供上酝及岁赐诸王百官者”[⑦]。

---

① 《海道经》附，周伯琦：《供祀记》。

② 《元史》卷九六，《食货志四·赈恤》。

③ 参见本书上篇第二章。

④ 《元史》卷六四，《河渠志一·通惠河》。

⑤ 参见忽思慧《饮膳正要》卷三，《米谷品》。

⑥ 参见《永乐大典》卷一五九五〇，《经世大典·海运》“至大三年”“至大四年诸条”。

⑦ 《元史》卷八七，《百官志三》。

可知香糯米主要用于酿酒。元代大都酒的消耗量极大，下面将会论及。粳米则运到大都各粮库，供居民食用。值得提出的是，元朝政府还指定江南某些地区贡良种米，供宫廷食用。如婺州路贡香粳米三十三石。[①] “金华有嘉种，玉灿含芳香。土人昔启端，每岁赋其乡。颇闻播种初，行者避畎疆。敛收毕征纳，老稚不敢尝。……园好中式度，缄封谨缣囊。……及兹幸充数，扬帆上天仓。”[②] 这些精选的良种米，自然是专贡宫廷食用的。

元朝宫廷中食用的粳米有香粳米、匾子米、雪里白、香子米等品种。[③] 米铺中发售的米分为白粳米、白米、糙米三个等级。元贞元年（1295）白粳米每石中统钞一十五两，白米每石一十二两，糙米每石六两五钱。[④] 白粳米与糙米价钱相差一倍以上。米一般煮成饭或粥（水饭）吃用。宫廷中常以粳米和其他食品混合熬粥，如豕肾粥、山药粥、莲子粥等，作为营养食品。在民间，“都中经纪生活匠人等……早晚多便水饭”[⑤]。端午节前后，大都从宫廷到民间都有包粽子的习俗。正月卖米团。这些都是用米加工制成的。[⑥]

粟有“五谷之长”的称呼。“中原土地平旷，惟宜种粟。”[⑦] 元朝政府在北方农村征收税粮，以粟为准。政府将农村每五十户编成一社，社立义仓，各家按人口数每口留粟一斗。这些都反映出北方种粟之普遍。因此，粟很自然在大都居民的粮食结构中占有一定的地位。元朝宫廷中食用粟米，如荆芥粥、麻子粥等，都用白粟米。[⑧] 在民间的饮食中，粟常被用来煮饭或熬粥。

麦是北方农村普遍栽种的粮食作物，有大麦、小麦、荞麦数种。元代著名农学家王祯说：“夫大、小麦，北方所种极广。大麦可作粥饭，甚为出息。小麦磨面，可作饼饵，饱而有力；若用厨工造之，尤为珍味。”[⑨] 大麦可以熬粥、煮饭，还可以和羊肉一起熬汤，称为大麦汤，也可以磨成面粉再加工成其他食品。宫廷饮食中的大麦筭子粉即以大麦粉和豆粉混合，再加羊肉等物

---

① 参见万历《金华府志》卷七，《贡赋》。
② 吴师道：《吴礼部集》卷二，《送人贡粳米入京》。
③ 参见忽思慧《饮膳正要》卷三，《米谷品》。
④ 参见《元史》卷九六，《食货志四·赈恤》。
⑤ 《析津志辑佚·风俗》。
⑥ 参见《析津志辑佚·岁纪》。
⑦ 王祯：《农书·百谷谱·谷属》。
⑧ 参见忽思慧《饮膳正要》卷二，《食疗诸病》。
⑨ 王祯：《农书·百谷谱·谷属》。

制成。[①] 没有加工的小麦，可以“煮粥，或炊作饭”，而且被认为对“消渴、口干”[②] 有疗效。小麦磨成面粉，可以再加工成多种食品。宫廷食谱中有面条（春盘面、山药面、挂面等），秃秃麻食（手撇面），搠罗脱因（畏兀儿食品），馒头（仓馒头、鹿奶肪馒头、茄子馒头、煎花馒头等），角儿（撇列角儿、莳萝角儿），包子（天花包子、蟹黄包子等），奄子（酥皮奄子），烧饼（黑子儿烧饼、牛奶子烧饼），饦饼（经卷儿，实即蒸卷），等等。[③] 民间所见的面食种类有馒头、稍麦（即烧卖）、扁食（即饺子）、水精角儿、麻尼汁经卷儿、薄饼、水滑经带面、挂面、馃子、芝麻烧饼、黄烧饼、酥烧饼、硬面烧饼、面糕、蒸饼等。[④] 馄饨也是流行的用面粉制成的食品，为人们所喜爱。[⑤] 政府对于官员们的膳食供应通常采用米、面并重的办法，如驿站对往来使臣的供应标准是米一升、面一斤。又如大都每年二月八日要举行盛大的游皇城仪式，在此前后各衙门为准备要不断聚会，“每聚会则散茶饭、馒头、面食”[⑥]。

大、小麦之外，荞麦也是民间常见的一种粮食。大都郊区出产荞麦，明初人诗：“顺承门外斜阳里，荞麦花开似故乡。”[⑦] 顺承门即今宣武门，元代亦应相同。农学家王祯说，荞麦“治去皮壳，磨而为面，摊作煎饼，配蒜而食。或作汤饼，谓之‘河漏’。滑细如粉，亚于麦面，风俗所尚，供为常食”[⑧]。大都民间五月卖煎饼，应即用荞麦面制成。荞麦又称“糁子”：“糁子即荞麦，初观疑失真。脱麸圆似米，落磨细于尘。岁□川原熟，家家饼饵新。江南未知贵，塞北始为珍。”[⑨] 此诗作者程文（字以文）是江南人，曾长期在大都做官。另一位在大都做官的诗人许有壬也有《糁麹》诗，列为《上京十咏》之一。[⑩] 上京指上都开平，元朝皇帝的夏都，在今内蒙古正蓝旗境内。说明荞麦在北方是相当普遍的。“都中经纪生活人等，每至晌午，

---

① 参见忽思慧《饮膳正要》卷一，《聚珍异馔》。

② 忽思慧：《饮膳正要》卷二，《食疗诸病》。

③ 参见忽思慧《饮膳正要》卷一，《聚珍异馔》。

④ 参见《朴通事谚解》卷下，《奎章阁丛书》本。

⑤ 参见陶宗仪《辍耕录》卷二四，《馄饨方》。

⑥ 《析津志辑佚·岁纪》。

⑦ 刘嵩：《槎翁诗集》卷八，《送别叔铭佥宪出顺承门》。

⑧ 王祯：《农书·百谷谱·谷属》。

⑨ 《诗渊》第1册，第109页。

⑩ 参见许有壬《至正集》卷一三。

以蒸饼、烧饼、镟饼、软糁子饼之类为点心。”[①] 蒸饼、烧饼均系小麦面粉所制，镟饼不详待考。据上面提到的两首诗，可以断定软糁子饼应是荞麦面所制。王祯所说的“河漏”，又作“合落”“饸饹”，元代杂剧中有“糁子面合落儿带葱韭”[②] 之句，散曲中提到“荞麦面的饸饹”[③]。这是用木制工具将糅合后的荞麦面压成面条状的食品，上述许有壬诗中“银丝出漏长”之句，应即指其制作方法。一直到近代，“河漏”仍是北京一般市民喜爱的食品，现在逐渐消失了。宣徽院下辖有弘州种田提举司，“掌输纳麦面之事，以供内府”[④]。弘州治所在今河北阳原县境，这是专门生产宫廷所需麦面的。

米、粟、麦之外，大都居民食用的粮食还有黍、高粱和豆。大都郊区农村种植的黍有糯黍、小黍和秫黍之分。糯黍即“黄黍，米宜酿酒”，小黍“宜食”，秫黍“粒大而壳厚”[⑤]。每年正月，大都居民“以黄米为糍糕，馈遗亲戚，岁如常”[⑥]。民间商贩“有以黄米作枣糕者，多至二三斤米作一团，徐而切破，秤斤两而卖之”。有专门蒸造枣糕的作坊，“小经纪者以蒲盒就其家市之，上顶于头上，敲木鱼而市之”[⑦]。高粱在元代又称蜀黍，常用于熬粥和酿酒。宫廷食谱中有粱米淡粥，其他如乞马粥、汤粥，亦用粱米。[⑧] 宣徽院下辖有龙庆栽种提举司，其职责之一便是“管领缙山岁输粱米……以奉上供”[⑨]。豆类也是粮食，从江南北运的漕粮中，常常有一部分黑豆，可能是用来做牲口饲料的。大都郊区农村中出产黑豆、小豆、绿豆、白豆、豌豆、赤豆等多种豆类。[⑩] 在元代宫廷饮食中，豌豆（回回豆子[⑪]）最受重视，宫廷食谱中各种菜肴应用豌豆的达十余种之多。

大都居民还有几种代食品是值得提一下的。一种是栗。大都部分郊区产栗，有的野生，有的种植，为数相当可观。一些大寺院都有自己的栗园，大

---

① 《析津志辑佚·风俗》。
② 《元曲选外编》，第649页，杨景贤：《西游记》。
③ 《雍熙乐府》卷六，无名氏：《粉蝶儿·悭吝》。
④ 《元史》卷八七，《百官志三》。
⑤ 《析津志辑佚·物产》。
⑥ 《析津志辑佚·岁纪》。
⑦ 《析津志辑佚·风俗》
⑧ 忽思慧：《饮膳正要》卷一，《聚珍异馔》。
⑨ 同上。
⑩ 参见《析津志辑佚·物产》。
⑪ 参见《本草纲目》卷二四，《谷部·豌豆》，称“回回豆子”就是豌豆。

护国仁王寺“栗为株万九千六十一”[①]，大庆寿寺“有栗园二所，前代祖师以《法华经》字为数种栗树，岁收栗若干石，为常住供众”[②]。昌平居庸关附近有“万栗林”[③]。栗可充饥，特别在饥荒年代可替代粮食。二是稗子。这是稻田中常见的杂草，用作饲料。但大都发生灾荒时，郊区“老弱无依之民，扫拣稗谷以粥饮度日”[④]。明代北京的方志在“谷类”项下载“稗”，“洼下种之，潦可备荒”[⑤]。可见在很长一段时间内稗子都起代食品的作用。三是海藻。“庚子年京都人凿冰而取之，煮以充饥，救人数万计”[⑥]。庚子年是元顺帝至正二十年（1360），由于南方海运断绝，大都发生严重饥荒，这种代食品称为“海藻”，又是“凿冰”而得的，显然是生长在海子（积水潭）中的水藻，医学家早已指出它“可食”[⑦]，但像元末大都城中居民如此普遍用以救灾，则是罕见的例子。

加工粮食的主要工具是碾磨。碾是脱壳的工具，对粮食进行初步的加工，使米粒、麦粒等与外壳分离，磨则将分离后的麦粒、米粒加工成粉状的面。碾磨有的以牲畜为动力，有的以水力为动力，前者称为旱碾磨，后者称为水碾磨。以牲畜为动力的碾子，以“牛、马、驴、骡拽之，每碾必二三匹马旋磨，日可二十余石”。水磨“日夜可碾三十余石”[⑧]。通惠河上游两岸水碾林立，因而造成河水枯浅，已见前述。通惠河下游的水闸附近也有水磨。[⑨]大都民间有一种纺纱碾，“其制甚巧，有卧车立轮，大小侧轮，日可三五十斤”[⑩]。这应该就是王祯所说的水转连磨，以水激轮轴，大小轮互相推动，带动两个甚至更多的磨进行工作。[⑪]元代宫城厚载门附近，有熟地八顷，供皇帝举行籍田仪式用，“东有水碾一所，日可十五石碾之”[⑫]。宫廷中粮食加工用磨也有特点：“尚食局进御麦面，其磨在楼上，于楼下设机轴以旋之。驴

---

① 程钜夫：《雪楼集》卷九，《大护国仁王寺恒产之碑》。

② 《顺天府志》卷七，《寺》，北京大学出版社 1983 年版。

③ 吴师道：《吴礼部文集》卷三，《留昌平四诗》。

④ 宋褧：《燕石集》卷一三，《建言救荒》。

⑤ 万历《顺天府志》卷三，《物产》。

⑥ 《析津志辑佚·物产》。

⑦ 《本草纲目》卷一九，《草部·水藻》。

⑧ 《析津志辑佚·物产》。

⑨ 参见《析津志辑佚·河闸桥梁》。

⑩ 《析津志辑佚·物产》。

⑪ 参见王祯《农书·农器图谱十四·利用门》。

⑫ 《析津志辑佚·古迹》。

畜之蹂践，人役之往来，皆不能及，且无尘土臭秽所侵，乃巧工瞿氏造者。”① 这种设置将作为动力的牲畜与作为加工机械的磨上下分开，保证了面粉的清洁。但它并非什么创造，不过是将水碾（磨）的构造方法应用到旱磨上而已。一般大型的碾磨都归私人或寺观所有，其加工或供本身的需要，或出于营利的目的。民间还有一些小型的碾磨，是靠人力推动的。普通人家还用杵臼舂米，杵臼“多以车头为之，或以木蔸瘿挽之木为之，亦有就其石之大小为之”。这应该就是王祯所说的碓，是一种用木、石制成的简单机械，用人踩踏木板带动石杵或木杵来舂米谷。此外，“都中自己手杵者，甚广”②。诗人胡助写道：“近午不出门，舂米始朝饭。”③ 胡助在大都的翰林国史院当一名小官，生活清苦，只能自己家中舂米才能做饭，一般百姓可想而知。

第二节　副食

大都居民的副食可分肉食和菜蔬两大类。

肉食的范围颇广，羊肉最重要，这是多方面的原因造成的。蒙古族原来过游牧生活，饲养的牲畜以羊为主，羊肉和羊奶是他们的主要食品。大都有许多信奉伊斯兰教的居民，他们也习惯吃羊肉，而且习惯于按照自己的方法屠宰食用。北方中国的汉族居民，长期以来也以羊肉为肉食的主要品种，北宋宫廷中的御厨便“止用羊肉”④，民间羊肉盛行，⑤ 辽、金统治下的燕京并不例外。

元朝皇帝的“御膳”每日“例用五羊”，元朝末代皇帝顺帝“自即位以来，日减一羊”⑥，被视为贤明之举。记录宫廷饮食的《饮膳正要》卷一《聚珍异馔》中，有七十余种以羊肉作主料或辅料，占总数的五分之四左右。该书另有“食疗”方六十一种，其中十二种与羊肉有关。由以上这些数字不难看出羊肉在宫廷饮食中的重要地位。每逢元旦等重大节庆，举行宴会，均

---

① 陶宗仪：《辍耕录》卷五，《尚食面磨》。

② 《析津志辑佚·物产》。

③ 胡助：《纯白斋类稿》卷四，《客居冬怀十首》。

④ 李焘：《续资治通鉴长编》卷四八〇，“元祐八年正月丁亥”条。

⑤ 参见朱瑞熙《宋代的北食与南食》，《中国烹饪》1985 年第 11 期。

⑥ 杨瑀：《山居新话》。

以羊肉为主。官方的膳食供应，主食为米、面，副食以羊肉为主。南宋亡国后，小皇帝和太皇太后等一行来到大都，“每月支粮万石钧，日支羊肉六千斤”[①]。高丽贵族一行来到大都，“日支总计羊肉五斤，面一十六斤半，粳米一斗六升半，柴一十六束半，钞七钱”[②]。驿站来往的官员正使每日米一升，面一斤，羊肉一斤，另有酒一升供解渴用。[③]

在大都民间，食用羊肉是很普遍的。14 世纪风行高丽的中文教科书《朴通事》和《老乞大》，记述了当时大都社会生活各方面的情况。《老乞大》中说到“做汉儿茶饭”，有羊和鸡，还讲富家子弟生活，早上起来，“先吃些醒酒汤，或是些点心，然后打饼熬羊肉，或白煮着羊腰节胸子”。《朴通事》开端记花园中举行大型宴会，首先是买“二十只好肥羊，休买母的，都要羯的”，然后再买其他肉类和水果。送生日礼物是“到羊市里，买一个羊腔子”。用煮熟的“干羊脚子”“就饭”。“午门前好饭店”卖的饭，首先便是“羊肉馅馒头”，其次如“水精角儿”是用羊肉、羊脂等制成。“羊腔子”指的是经过加工去掉头和内脏的羊身子，“干羊”据记载还用作祭物，[④] 应是将羊屠宰后风干而成，“干羊脚子”就是风干的羊脚。

《朴通事》中提到的羊市，是大都商业区中专营活羊和羊肉买卖的一个市场。《元史》记载大都有猪羊市，[⑤] 元代末年编成的北京方志《析津志》中则只有羊市而无猪羊市，亦无猪市，所述其他市与《元史》亦有区别。猪肉在大都的肉食供应中处于次要地位。很可能，起初猪、羊合在一处市场之中，但由于猪肉销售有限，人们也就逐渐只称之为羊市了。据《析津志》记载，羊市等市“俱在羊角市一带”，又记“安富坊在顺承门羊角市”[⑥]。可知羊角市应在顺承门（今宣武门内）不远。羊角市无疑是包括羊市在内的市场的总称。羊角市应是羊市角头的简称，而角头就是市场之意。整个市场称之为羊市角头（羊角市），显然由于羊市在整个市场中最为重要之故。《朴通事》中记“我羊市里前头砖塔胡同赁一所房子来”，元代杂剧《沙门岛张生

---

① 汪元量：《增订湖山类稿》卷二，《湖州歌九十首》。
② 《永乐大典》卷一九四一八，《经世大典・站赤》。
③ 参见《永乐大典》卷一九四一六，《经世大典・站赤》。
④ 参见《老乞大谚解》《朴通事谚解》。
⑤ 参见《元史》卷八五，《百官志一》。
⑥ 《析津志辑佚・城池街市》。

煮海》中云："你去兀那羊市角头砖塔儿胡同总铺门前来寻找。"[①] 可知羊市或羊市角头（羊角市）都在今西四砖塔胡同一带。

羊市中买卖活羊和屠宰好的羊肉。元仁宗至大四年（1311）十一月，政府有令，为了表示对皇帝生日的庆贺，每年三月上半月"大都为头各城子里禁断宰杀半月，羊畜等肉休教入街市卖者，也休教买者"[②]。在禁杀的牲畜中特别提到羊，足见市场上的肉食以羊肉为主。元朝政府对于羊的屠宰还有一些规定。至元九年（1272）的命令："大都为头汉儿城子里"不许杀羊羔，违者重罚。至元二十八年（1291）的圣旨："休杀羊羔儿吃者，杀来的人根底打一十七下，更要了他的羊羔儿者。"至元三十年（1293）的圣旨："今后母羊休杀者。"[③] 这些规定，主要出于繁殖的考虑，但也说明为了市场供应宰杀羊的数目一定是很多的。关于羊的屠宰还有一项奇特的禁令。至元十六年（1279）十二月的圣旨："成吉思汗皇帝降生，日出至没，尽收诸国，各依风俗。这许多诸色民内，唯有回回人每言俺不吃蒙古之食上，为天护助，俺收抚了您也，您是俺奴仆，却不吃俺的茶饭，怎生中，么道。便教吃。若抹杀羊呵，有罪过者，么道。行条理来。……如今直北从八里灰田地里将海青来的回回每，别人宰杀来的俺不吃，么道，搔扰贫穷百姓每来的上头。从今已后，木速鲁蛮回回每、术忽回回每，不拣是何人杀来的肉交吃者，休抹杀羊者。"[④]"木速鲁蛮回回"指伊斯兰教徒，"术忽回回"指犹太教徒。他们的习惯是只吃本民族成员屠宰的牲畜，同时，在宰羊方式上用断喉之法，即"抹杀羊"，而蒙古人则破腹杀之。忽必烈颁布这项禁令，固然有祖宗札撒（法令）为依据（成吉思汗、窝阔台汗都有不许用断喉之法屠宰牲畜的规定[⑤]），但直接原因则是因为他赏赐给这些商人食物遭到对方拒绝引起的。违反命令者要处死并没收财产。这条禁令违反民族习惯，带有民族歧视性质，它的施行导致许多商人离去，甚至影响到政府的赋税收入。在一些官员活动下，几年之后忽必烈取消了这一禁令。[⑥]

牛肉、猪肉和驴肉在大都居民的肉食中也占有一定的地位，但重要性远不

① 《元曲选》，第 1706 页。
② 《通制条格》卷二八，《杂令》。
③ 《元典章》卷五七，《刑部一九·禁宰杀》。
④ 同上。
⑤ 同上。
⑥ 参见［伊朗］志费尼《世界征服者史》上册，内蒙古人民出版社 1980 年版，第 242 页。

及羊肉。《饮膳正要·聚珍异馔》中只有“猪头姜豉”“攒牛蹄”，同书“食疗”方中有“猪肾粥”“黑牛髓煎”“牛肉脯”“驴头羹”“驴肉汤”等，比起羊肉制成的肴馔来，数量相差极大。《朴通事》所述大都花园中的大型宴会，除了买羊之外，还买了“一只好肥牛”和“五十斤猪肉”，宴会上的菜有“川炒猪肉”“爊烂蹄蹄”“燗牛肉”“炮炒猪肚”。马肉是比较珍贵的食品，虽然是宫廷中的大型宴会，“马不过一”[①]。见于《饮膳正要·聚珍异馔》的，只有“马肚盘”一味，系用马肚肠制成。大都歌妓顺时秀有病，“思得马版肠充馔”，宠爱她的翰林学士王元鼎“杀所骑千金五花马，取肠以供，至今都下传为佳话”[②]。可见马肠是当时一种名贵的食品。元朝政府对牛、马屠宰都加以限制，中统二年（1261）圣旨中说：“凡耕佃备战，负重致远，军民所需，牛、马为本。往往公私宰杀，以充庖厨货之物，良可惜也。今后官府上下公私饮食宴会并屠肆之家，并不得宰杀牛、马，如有违犯者，决杖一百。”这一禁令后来作过修正，老的和有病不堪使用的牛、马，经过一定的检验手续，可以屠宰供“主人自吃”。但“不交街上卖去。若卖的人，俺的做贼捉拿”，“无病、年纪小的休杀吃者”[③]。元代中期“内外官员士庶之家，凡有婚姻庆贺一切筵会，往往宰杀马、牛食用”。元朝政府认为这样“非惟越分逾礼，诚为奢侈损物”[④]，于是再度下令禁止。元朝政府的禁令，是牛肉、马肉在大都肉食供应中比例不大的重要原因，而大都的牛市、马市（有的记载作马市、牛驴市）则显然与羊市不同，只买卖活的牛、马，而不出售屠宰的牛肉、马肉。当然，私自屠宰牛、马事实上是控制不住的，特别对于权贵人家。猪肉在肉食供应中不占重要地位，应与农家养猪不发达有关。原因之一是当时人们的观念认为羊肉具有滋补的功能，而猪肉“味苦，无毒。主闭血脉，弱筋骨，虚肥人，不可久食。动风，患金疮者尤甚”[⑤]。

上面说的是家畜。家禽在肉食中也有相当的比例，主要是鸡、鹅、鸭等。《饮膳正要·聚珍异馔》中有“攒鸡儿”“烧鸭”，同书“食疗”方中有“生地黄鸡”“乌鸡汤”“炙黄鸡”“黄雌鸡”“青鸭羹”等味。《朴通事》《老乞大》中提到的有“烧鹅”“白炸鸡”“鸡汤”等。鸡蛋煮食、做汤或与其他食

① 《元史》卷六七，《礼乐志一·元正受朝仪》。

② 陶宗仪：《辍耕录》卷一九，《妓聪敏》。

③ 《元典章》卷五七，《刑部一九·禁宰杀》。

④ 《元典章新集·刑部·头匹》。

⑤ 忽思慧：《饮膳正要》卷三，《兽品》。

材共炒煮。

家畜家禽之外，还有野味，即打猎得来的飞禽走兽。对习于游牧生活的蒙古人来说，狩猎活动，既是军事训练，又是补充食物的一种手段。元朝皇帝保留了这一传统，每年春、秋均要举行狩猎，称之为“春水”“秋山”。“春水”到大都东南的柳林（今北京通州区南）纵鹰捕捉天鹅（驾鹅），称为“飞放”。柳林一带多湖泊，“彼中县官每岁差役乡民，广于湖中多种茨菰，以诱之来游食。其湖面甚宽，所种延蔓，天鹅来千万为群。俟大驾放海东青、鸦鹘，所获甚厚，乃大张筵会以为庆也，必数宿而返”[①]。“秋山”则在上都开平（今内蒙古正蓝旗）或往返两都途中举行，规模巨大，猎获的“禽物”常以万计。元朝皇帝和上层贵族都有隶属于他们的打捕鹰房人户（昔宝赤），其义务是豢养鹰鹘，皇帝、贵族狩猎时随同出行，平时要打捕一定数量的野味进献。元世祖中统三年（1262）圣旨：“中都（后改大都）四面各五百里地内，除打捕人户依年例合纳皮货的野物打捕外，禁约不以是何人等，不得飞放打捕鸡兔。”[②] 这五百里周围地面实际上成为皇帝、贵族所属打捕鹰房人户的猎区，而一般百姓则被剥夺了狩猎的权利。后来又规定大都周围八百里以内不许百姓“打捕兔儿”，只许“打捕鹰房子每”“飞放”[③]。因此，野味实际上只有皇帝、贵族才能享受，一般百姓是很难问津的。

在食用的飞禽方面，“春水”所得的天鹅被视为珍品。大者三五十斤，小者二十余斤，有大金头鹅、小金头鹅、不能鸣鹅、花鹅数种。[④]“天鹅炙”被视为“八珍之一”[⑤]。其次还有雁、水札（一种水鸟）、鹚鸨、鹌鹑、山鸡、野鸡等。山鸡“辽东人养”，九、十月间捕获屠宰后“入京中货之”[⑥]。食用的野兽肉有鹿肉、熊肉、黄羊肉、驼肉、野猪肉、狐肉、兔肉、狼肉和塔剌不花肉等。见于《饮膳正要·聚珍异馔》和《食疗诸病》有“鹿头汤”“熊汤”“炒狼汤”“盘兔”“鹿奶肪馒头”“鹿肾羹”“鹿蹄汤”“鹿角酒”“狐肉汤”“狐肉羹”“熊肉羹”“野猪臛”等。鹿肉被认为是滋补品，因而在宫廷饮食中以鹿的各部分制成的肴馔很多。以狐肉、狼肉入菜肴，显然也

① 《析津志辑佚·物产》。

② 《通制条格》卷二八，《杂令》。

③ 《元典章》卷三八，《兵部五·违例》。

④ 参见忽思慧《饮膳正要》卷三，《禽品》。

⑤ 耶律铸：《双溪醉隐集》卷二，《行厨八珍》。

⑥ 《析津志辑佚·物产》。

是从事游牧的蒙古族的习俗。塔剌不花即土拨鼠，生长于草原之上，也是蒙古人的一种传统食品。“北陲异品是黄羊”[①]，“生育雪山侧……体荐供玉食”[②]，它也产于草原，常用来供“御膳”。在宗庙的祭典中，天鹅、塔剌不花、野鸡、黄羊等野味，都列于祭品之内。[③] 重大的宴会，也以野味制成的菜肴来表示隆重之意。当南宋灭亡、小皇帝一行被押到大都，忽必烈先后举行十次大规模的宴会，所上菜肴有“驼峰”“马”“烧羊”“天鹅肉”“胡羊肉”（即黄羊肉）“蒸麋”“烧麂”“烧熊肉”“鹌鹑”“野雉鸡”等，还曾赐给“天鹅”“野麋”（獐）“炕羊”“熊掌”等。“御厨请给葡萄酒，别赐天鹅与野麋”，“天家赐酒十银瓮，熊掌天鹅三玉盘”，“踏雪敲门双敕使，传言太子送天鹅”[④]。从这些诗句不难看出，天鹅是最受重视的贵重野味之一。

和肉食有关的是乳类食品。蒙古人常将牛奶、羊奶进行加工成奶酪、奶油等食品。“营盘风软净无沙，乳饼羊酥当啜茶”[⑤]。程文有《牛酥》诗：“牛酥真异品，牛乳细烹熬。坚滑黄凝蜡，冲融白泻膏。”又有《乳饼》诗：“煮酪以为饼，圆方白更坚。斋宜羞佛供，素可列宾宴。”[⑥] 另一位诗人贡师泰有诗咏羊酥：“三月五月尚清寒，新滴羊酥冻玉柈。”[⑦] 羊酥、牛酥应是用羊奶、牛奶熬成的酥油，而乳饼则似是经进一步熬炼呈坚硬形状的奶食品。它们不仅为蒙古人而且也为汉人及其他民族人所喜爱，程文就说：“老夫便豆乳，得此倍欣然。”[⑧]

水产品在大都居民的肉食中也占有一定的比重。大都居民食用的主要是淡水鱼，有鲤鱼、鲫鱼、团鱼、阿儿八忽鱼、乞里麻鱼等。《饮膳正要》中用鱼制成的菜肴有“团鱼汤”“鲤鱼汤”“鱼弹儿”“姜黄鱼”“鱼脍”（以上三者均用鲤鱼）、鲫鱼羹、鲤鱼汤等。见于《朴通事》《老乞大》的有“蒸鲜鱼”“鲜鱼汤”等。大都有专门的鱼蟹市，[⑨]“泼剌绘翻砧，郭索

① 杨允孚：《滦京杂咏》卷上。
② 《诗渊》第4册，第2797页，《黄羊》。
③ 参见《元史》卷七四，《祭祀志三》。
④ 汪元量：《增订湖山类稿》卷二，《湖州歌九十首》。
⑤ 杨允孚：《滦京杂咏》卷上。
⑥ 《诗渊》第1册，第109、117页。
⑦ 贡师泰：《玩斋集》卷五，《寄颜经略羊酥》。
⑧ 《诗渊》第1册，第116页，《豆乳》。
⑨ 参见《元史》卷八五，《百官志一》。

蟹就缚"[1]。大都东南的柳林一带多湖泊，可以招徕天鹅，当然也能产鱼。大都南城有些人家"宅有池可十数亩"，"池波多鱼鳖"[2]，类似的情况一定还有。离大都城不远的雄、霸、武清等处"俱系河泊斥卤地面"，当地百姓"止仰捕鱼为生"[3]。可以想见其中一部分产品会运来大都市场。鱼还是宝坻的贡品。[4] 但总的说来，大都水产品供应是不多的，价格是比较昂贵的。许有壬从大都到直沽（今天津）时，发现在当地买鱼"其赋十倍都城"[5]。阿儿八忽鱼"大者有一二丈"，乞里麻鱼"大者有五六尺长"[6]，产于辽阳行省，两者应都是鲜鱼。忽必烈时开始成为贡品，除供宫廷食用外，还是宗庙中的祭品。

大都居民的另一类副食是蔬菜。宫廷食谱《饮膳正要》卷三《菜品》著录四十余种。成书于元末的大都方志《析津志》收录"家园种莳之蔬"[7]二十余种，另有野菜、菌类若干种。两相比较，《析津志》的"家园种莳之蔬"几乎都见于《饮膳正要》的《菜品》，此外有些野菜、菌类亦被列入《菜品》之列。《朴通事》卷中也有种菜的记载，提到的许多品种与以上两书是相同的。而以上三种著作中记录的蔬菜名称，几乎都可以在王祯《农书》中找到。根据这三种著作，可以知道，元代大都居民食用的蔬菜有：葵菜、蔓菁、芫（园）荽、芥（沙芥、荆芥）、葱、蒜、韭、冬瓜、黄（王）瓜、萝卜、胡萝卜（葫芦服）、天净菜、瓠、菜瓜（稍瓜）、葫芦（插葫）、蘑菰、菌子（沙菌）、木耳、竹笋、蒲笋、藕、山药、芋、莴苣、白菜、蓬蒿（茼蒿）、茄子、苋、芸台、波稜（赤根、赤根菜）、莙荙、香菜、蓼子、马齿（马齿苋）、天花、"回回"葱、甘露（甘露子）、榆仁、沙吉木儿、出莙荙儿、山丹根、海菜、蕨菜、薇菜、苦买菜、水芹、塔儿葱、紫苏、甜菜、青瓜、山薤等。应该指出：第一，其中有相当一部分，严格来说，都不能算做蔬菜，如海菜出于海中，榆仁应即榆树的榆荚，以及属于菌类的蘑菇、菌子，长在树上的木耳、天花。第二，其中多数在大都地区出产，但有

---

① 马祖常：《石田文集》卷一，《都城一百韵》。
② 宋褧：《燕石集》卷九，《寒食拜扫》。
③ 王恽：《秋涧文集》卷八八，《为刘古乃打鱼事》。
④ 参见《元一统志》卷一，《大都路·土产》。
⑤ 许有壬：《至正集》卷一六。
⑥ 忽思慧：《饮膳正要》卷三，《鱼品》。
⑦ 《析津志辑佚·物产》。

一些则来自外地，如蘑菰产自上都附近的官山，“回回”葱“以荨麻林最多”[①]，荨麻林在今张家口西北，当地居民大多是从中亚撒马尔罕迁来的匠人，他们信奉伊斯兰教，称为“回回人匠”，“回回”葱显然是他们从中亚带来的品种，故以“回回”命名。

总之，大都居民一般食用的本地出产的蔬菜有二三十种，实际上这些也正是中国北方常见的蔬菜品种。《析津志·岁纪》记，六月“京师中多市”“煎茄、炒韭等物”。元末欧阳玄记大都风光，十二月“霜菘雪韭冰芦服”[②]。韭、茄、菘（白菜）、芦菔（萝卜）是大都最常见的蔬菜。诗人许有壬咏芦菔道：“熟登甘似芋，生荐脆如梨。老病消凝滞，奇功真品题。故园长尺许，青叶更堪齑”[③]。对于白菜他也大加赞美。韭“剪而复生，久而不乏，故谓之‘长生’”。春天新韭上市，“城府士庶之家，造为馔食，互相邀请，以为嘉味”[④]。蒙古人喜用辛辣的葱、蒜、韭佐食，皇家宴会上肉食之余，“又进雕盘嫩韭葱”[⑤]。大都的劳动者吃饭时“菜则生葱、韭、蒜、酱、干盐之属”[⑥]。据王祯记，元代北方居民还培育韭黄，冬天将韭“移根藏于地屋荫中，培以马粪，暖而即长，高可尺余，不见风日，其叶黄嫩，谓之韭黄，比常韭易利数倍”[⑦]。明初诗人刘崧的《北平十二咏》中专有一诗咏韭黄：“都人卖韭黄，腊月破春光。土室芳根暖，冰盘嫩叶香。十金酬好价，一筋惬初尝。何以江南种，青青雪里长。”[⑧] 刘崧来自江南，在北平（大都在明初改名）初尝韭黄，大为欣赏。由此可知，元代大都应已出产韭黄。还有一种薤，与韭、蒜类似，也有辛辣的气味，在元代大都也是常见的蔬菜品种。薤就是现在的藠头，以其根作酱菜，已不多见了。

其余蔬菜品种中的多数，迄今仍是北京地区居民的常见食品。但也有一些如葵菜、瓠、葫芦、蒲笋、紫苏、蓼子等，已很少见。而苦买菜、天净菜（野苦买）、蕨菜、马齿等，则都是野菜。此外，甜菜仅见于《析津志辑佚》记载，疑有误。原文“甜菜”紧接“莙荙”之后，莙荙又名菾菜，菾与甜

① ［法］伯希和：《荨麻林》，《西域南海史地考证译丛三编》，冯承钧译，商务印书馆1936年版。
② 欧阳玄：《圭斋文集》卷四，《渔家傲·南词》。
③ 许有壬：《至正集》卷一四。
④ 王祯：《农书·百谷谱·蔬属》。
⑤ 汪元量：《水云集·湖州歌九十八首》。
⑥ 《析津志辑佚·风俗》。
⑦ 王祯：《农书·百俗谱·蔬属》。
⑧ 《槎翁诗集》卷四。

通，莙菜即甜菜。[①] 很可能，“甜菜”是“莙荙”的注文，而不是另一种蔬菜。[②] 顺便应提及的是，“莙荙”是波斯语的音译，它至迟在 9 世纪后半期已为中国人所知。[③]

在这些蔬菜中有两种值得提出来讨论。一种是胡萝卜，它最早见于南宋时期的方志。[④] 明代李时珍说它“元时始自胡地来，气味微似萝卜，故名”，是不确切的。但是，在元代胡萝卜得到广泛传播，则是事实。《饮膳正要》《析津志》《朴通事》都提到它，足以说明它在大都食用的蔬菜中已占相当重要的地位。又一种“回回”葱在元代始见于记载，《析津志》说“回回”葱“其状如匾蒜，层叠若水精葱，甚雅，味如葱等，腌藏生食俱佳”。李时珍认为它就是前代的胡葱，美国学者劳费尔在《中国伊朗编》中持同样看法。《饮膳正要》绘有它的形状，显然就是现在的洋葱。

据明代北京地区的方志记载，“蔬菜”有“葱、蒜、韭、芥、芹、苋、匏、葫芦、蓼、藤蒿、莴苣、莙荙、白花、荇菜、蔓菁、芫荽、山药、茴香、甘露、苦卖、黄花、茄（有紫、白二色，水、旱二种）、菠菜（即赤根菜）、苏（子可作油）、白菜（有数种）、萝卜（有红、白、青、水、胡五种）、瓜（有东、南、西、北、王、菜、丝、甜、地、香等）”[⑤]。“匏”即“瓠”。“藤蒿”疑即“筒蒿”。“苏”即紫苏。白花、黄花、荇菜则不见于前面所举几种元代记载。茴香在《饮膳正要》中见于卷三“料物”之列，其他全都相同。说明自元至明，北京出产的蔬菜，并无多大变化。

大都居民主要是从菜市买得蔬菜的。见于方志记载的菜市至少有三处，分别在丽正门外三桥、哈达门（即文明门，后代的崇文门）丁字街与和义门外。[⑥] 蔬菜生产主要在城郊。大都富商姚仲实在“至元初，于城东艾村得沃壤千五百余亩，构堂树亭，缭以榆柳，环以清泉。药阑蔬畦，绮错棋布。嘉果珍木，区分井列”[⑦]。这样大面积的“沃壤”，其中“蔬畦”肯定不少。元

① 参见《本草纲目》卷二七，《菜部·莙菜》。

② 《日下旧闻考》卷一四九《物产》引《析津志·家园种莳之蔬》，有“莙荙”，无“甜菜”。其他品种的注文亦未录入（如“赤根”，《析津志辑佚》下注：“菠菜”，《日下旧闻考》无），可以作为“甜菜”应是“莙荙”注文的旁证。

③ 参见［美］劳费尔《中国伊朗编》，林筠因译，商务印书馆 1964 年版，第 223—227 页。

④ 参见《绍定澉水志·物产门·菜》。此条承闵宗殿先生告知，谨此志谢。

⑤ 万历《顺天府志》卷三，《物产》。

⑥ 参见《析津志辑佚·城池街市》。

⑦ 程钜夫：《雪楼集》卷七，《姚长者碑》。

代有人写道，大都郊原“治蔬千畦可当万户之禄”①。可见大规模经营蔬菜是不乏其人的，但更多的则应是个体的菜农。值得注意的是大都居民家中往往经营小规模的菜园，供自己食用。马祖常（他是汪古部人，是一个受汉文化教育的儒生，考中进士后长期在大都做官）说：“余环堵中治方一畛地，横纵为小畦者有二十一塍。昆仑奴颇善汲，昼日縆水十余石，井新浚，土厚泉美。……杂芦菔、蔓菁、葱、薤诸种，分布其间。栅以秸薪，限狗马越入蹂躏。……菜熟笔羹，以侑廪米之馈饷。”② 一般官员尚且如此，百姓可想而知。《朴通事》中就记“买些菜子儿，后园里种时好”，又在“西园里种些冬瓜、甜瓜、插葫、稍瓜、茅瓜”。元代大都留守司下有上林署，“掌宫苑栽植花卉，供进蔬果”③ 等事，宫廷蔬菜供应，显然有专门的生产基地。

食物加工，需要调味品，主要有盐、糖、醋、酱等。大都的盐是由长芦盐司（管理今河北沿海地区盐场）供应的。我国古代的糖是结晶体的冰糖，到了元代通过学习阿拉伯的技术才开始制造颗粒状的砂糖。元朝政府中专门设有砂糖局，“掌沙糖、蜂蜜煎造，及方贡果木”④。元代前期砂糖“最艰得”⑤，只有宫廷及权贵才能享用。后来逐渐普及。甜的调味品除了糖之外，还有蜜和饧。蜜是用蜂蜜加工的，饧则是用大麦芽和米加工而成的。醋有酒醋、桃醋、麦醋、葡萄醋、枣醋、米醋等，其中米醋最上。酱有豆酱、面酱。以上是普通的调料。其次还有胡椒、豆豉、姜、茴香等。宫廷膳馔中常常使用马思答吉、咱夫兰、哈昔呢等外来香料。⑥

食用油脂可分动物性油脂和植物性油脂两大部分。元代宫廷之中广泛食用酥油，“牛乳中取浮凝，熬而为酥”⑦，进一步加工就成为醍醐油和马思哥油（白酥油），这显然是蒙古人的传统习俗。属于动物性油脂的还应有猪油，可惜这方面缺乏记载。宫廷的“聚珍异馔”中常用“羊脂”，即羊的肥肉，高温化开就成了油。植物性油脂主要是胡麻（芝麻油），其次有豆油、苏子油（已见前述）、山桃油（山桃即核桃，“可取打油，香甘腴美”⑧）、杏油

---

① 《天下同文》前甲集卷一六，黄文仲：《大都赋》。
② 马祖常：《石田文集》卷八，《小圃记》。
③ 《元史》卷九〇，《百官志六》。
④ 《元史》卷八七，《百官志三》。
⑤ 《元史》卷一二六，《廉希宪传》。
⑥ 参见忽思慧《饮膳正要》卷三，《米谷品》《料物性味》。
⑦ 忽思慧：《饮膳正要》卷二，《诸般汤煎》。
⑧ 《析津志辑佚·物产》。

（又作杏子油）、松子油等。油除了食用之外，还供照明，大都城内有专门售油的油坊。[①] 宣徽院下有尚食局，“掌供御膳，及出纳油面酥蜜诸物”[②]。宫廷中所用油及调味品，大概都是尚食局负责的。

第三节　饮料

大都居民的饮料，主要是酒和茶，其次则有舍儿别、树奶子等。

关于大都的酒，笔者在《元大都的酒和社会生活探究》[③] 中已有较详细的探讨，此处只做概略的叙述，并对上文做一些补充。

元代大都流行的酒主要有马奶酒、葡萄酒、粮食酒以及阿剌吉酒等。蒙古人原来从事游牧生活，马奶以及用马奶发酵而成的酒（忽迷思）是他们最喜爱的饮料。在大都生活的蒙古人保留了这种习惯。皇帝和贵族都豢养有专门供取乳用的马群，有专门负责酿造马奶的人员，称为哈剌赤。马奶酒制成以后，装在皮囊（浑脱）之中送到宫廷之中，供皇帝、皇族饮用，还大量用于宴会和赏赐臣属。每当举行大宴会（只孙宴）时，马奶酒是必不可少的饮料。[④] 大都其他民族也逐渐感染上蒙古人的习惯，喜爱饮用马奶酒。

大蒙古国建立后，向中亚扩张。中亚的葡萄酒传入草原，很快便成为蒙古人喜爱之物，称为“孛儿塔剌酥”（brdarasun）。至迟13世纪30年代，已在蒙古宫廷中流行。逐渐，葡萄酒和马奶酒一样，都成为宴会中的必备饮料。“诸王舞蹈千官贺，高捧蒲萄寿两宫。”[⑤] 两者又都是宗庙中的祭祀用品。葡萄酒也为一般大都居民所喜爱，在民间公开销售，至迟13世纪50年代末，当时燕京已对公开发卖的葡萄酒征税，办法是十取其一。[⑥] 大都的葡萄酒，“有哈剌火者，有平阳、太原者”[⑦]。哈剌火者即今新疆吐鲁番，平阳地区出葡萄酒的是安邑县（今山西安邑），这两处出产的酒在元代都是贡品。

---

① 参见杨瑀《山居新话》。

② 《元史》卷八七，《百官志三》。

③ 陈高华：《元大都的酒和社会生活探究》，《中央民族学院学报》1990年第4期。

④ 关于只孙宴，参见韩儒林《元代诈马宴新探》，《穹庐集》，上海人民出版社1982年版，第247—254页。

⑤ 萨都剌：《雁门集》卷六，《上京杂咏》。

⑥ 参见《元典章》卷二二，《户部八·酒课》。

⑦ 忽思慧：《饮膳正要》卷三，《米谷品》。

大都本地也产葡萄，到过大都的诗人周权在一首诗中描绘了葡萄酒的制作过程。[①] 这显然是由于实地观察受到启发写成的。大都民间饮用的葡萄酒应是本地生产的。大都宫城中有葡萄酒室，专门贮藏葡萄酒。14 世纪中期，曾在宫廷任职的杨瑀说："尚酝葡萄酒，有至元、大德间所进者尚存。"[②] 至元、大德是元世祖、成宗的年号，相当于 13 世纪后半期到 14 世纪初。尚酝即大都尚酝局，"掌酝造诸王百官酒醴"。另有大都尚饮局，"掌酝造上用细酒"[③]，均是宣徽院的下属机构。由杨瑀所述，可知尚酝局中有不少贮存期达半个世纪甚至更长的各地进贡而来的葡萄酒。尚酝局如此，尚饮局当然也有同样的情况。

中原地区原来以酿造粮食酒为主，大都也不例外。平南宋后不久，天旱不雨，忽必烈征询意见，姚枢说造酒最费粮食，"市师列肆百数，日酿有多至三百石者，月已耗粮万石。百肆计之，不可胜算。……宜悉禁绝"，忽必烈"从之"[④]。至元十四年（1277）五月"申严大都酒禁，犯者籍其家赀，散之贫民"[⑤]，应即姚枢建议的结果。由此可见大都的粮食酒产量已达到惊人的地步。但禁酒是暂时的，很快就重新开放。大德八年（1304）大都酒课提举司管辖槽房（又作槽坊、酒坊，用粮食造酒的作坊）一百所，大德九年（1305）并为三十所，"每所一日所酝，不许过二十五石以上"。即以限量计，三十所槽房每日用粮即达七百五十石，一年耗粮二十七万余石。到元武宗至大三年（1310），增为五十四所。如按原限额计，则每年耗粮近五十万石，约等于当年海运漕粮总数的六分之一强，和元朝政府每年在大都所设米肆的粜米数大致相等。大都槽房生产的酒，主要是供应一般居民需要的，前面提到的大都尚酝局和大都尚饮局，除了酿造、储藏葡萄酒外，还大量酿造供宫廷和诸王百官饮用的粮食酒，本文第一部分已说过，大都醴源仓管理酒材糯米，便是为尚酝、尚饮两局提供的。以上三个机构均属于光禄寺，而光禄寺则是宣徽院的一个机构。元朝的诸王百官可以从光禄寺领取官酒。《朴通事》一开始便记载"官人们"举办宴会，商议时说："酒京城槽房虽然多，街市酒打将来怎么吃！"于是便派人到光禄寺去讨酒，光禄寺官开给勘

---

① 参见周权《此山先生诗集》卷九，《葡萄酒》。

② 《山居新话》。

③ 《元史》卷八七，《百官志三》。

④ 姚燧：《牧庵集》卷一五，《姚文献公神道碑》。

⑤ 《元史》卷九，《世祖纪六》；《元典章》卷二二，《户部八·酒课》。

合，凭勘合支到酒。这段记事是完全符合当时实际情况的。可见供应民间的槽房酒和供应诸王百官的光禄寺酒之间，在质量上有明显的差别。因此，诸王百官常常凭借权势，到光禄寺去索取，“宣徽所造酒，横索者众”①，诗人写道：“新样双鬟束御罗，叠骑骄马粉墙过。回头笑指银瓶内，官酒谁家索较多。”② 写的正是索取宣徽院光禄寺酒的情景。槽房酿酒再加上光禄寺造酒，大都每年为此消耗的粮食无疑是惊人的。粮食酒主要用糯米，其次用黄黍（黄小米）、高粱等酿成。

上面所说马奶酒、葡萄酒、粮食酒是大都三种最主要的酒。此外，还有用枣、椹子等植物果实制成的酒，主要来自大都以南的真定（今河北正定）等处。用药材酿酒或浸泡在粮食酒中而成药酒也是相当流行的，常见有虎骨酒、酝肭脐酒、枸杞酒、地黄酒、茯苓酒、五加皮酒、松节酒、松根酒等。将熟羊肉浸泡在粮食酒中制成的羊羔酒，在当时被认为具有滋补的功能而得到流行。元大都还盛行唆鲁麻（速儿麻、速鲁麻）酒，“又名拨糟，味微甘辣。主益气，止渴。多饮令人膨胀、生痰”③。唆鲁麻无疑是外来词，原意不详，但“拨糟”显然是汉语，糟即酒滓，很可能指的是江米酒。《朴通事》在叙述宴会时提到去光禄寺“支与竹叶清酒十五瓶，脑儿酒五桶”。竹叶清酒现在仍有，是一种药酒。脑儿酒大约就是江米酒，也可能是头脑酒，“凡冬月客到，以肉及杂味置大碗中，注热酒递客，名曰头脑酒，盖以避寒风也”④。

元代大都还有阿剌吉（哈剌吉、轧赖机）酒，也就是今天的白酒、烧酒。它是波斯语 araq 的音译，原意为汗珠，即液体经过蒸馏而成的形状。上面所说的各种酒或是发酵而成，或是用酒曲酿成。阿剌吉酒则是将粮食酒或果（如葡萄、枣等）酒加工蒸馏而成，因此酒精成分比其他酒要高得多。宫廷中“用好酒蒸熬，取露成阿剌吉”，“其法出西域，由尚方达贵家，今汗漫天下矣”⑤。关于阿剌吉酒制造技术在中国起源于何时尚有争论，但至迟在元代后期大都已相当流行，则是可以断言的。阿剌吉的出现和推广，是中国

---

① 《元史》卷一四〇，《别儿怯不花传》。
② 迺贤：《金台集》卷一，《京城春日二首》。
③ 忽思慧：《饮膳正要》卷三，《米谷品》。
④ 朱国桢：《涌幢小品》卷一二。
⑤ 许有壬：《至正集》卷一六，《咏酒露次解恕斋韵·序》。

造酒史上的一件大事。[①]

茶是汉族的传统饮料，流行已久。生活在草原上的蒙古人，原来与茶无缘。但进入中原以后，逐渐也对这种饮料产生了兴趣。在大都的宫廷中，茶是很受重视的饮料。"大官汤羊厌肥腻，玉瓯初进江南茶"[②]，元武宗前往大都东南的柳林飞放（放鹰捕鹅）途中"因渴思茶"，侍从便"煎茶以进"[③]。宫中有"主供茗饮"[④]的宫女，元顺帝的二皇后奇氏便曾任此职，并因此得与元顺帝接近，受到赏识。"自供东苑久司茶，览镜俄惊岁月加。"[⑤]这是诗人描写司茶宫女不幸遭遇的诗句。元朝宫廷中饮用的茶主要是从湖州（今浙江吴兴）一带和福建进贡来的。在宣徽院下设有常湖等处茶园提举司，下辖茶园户两万三千余，"采摘茶芽，以贡内府"。另设有建宁北苑武夷茶场提领所，"掌岁贡茶芽"[⑥]。湖州地区出产的顾渚茶，在唐代就已成为贡品。顾渚茶又名紫笋茶，顾渚是山名，紫笋是茶名，茶叶色近于紫而形似笋，故有此名。宋代，由于泉水涸竭，不再入贡。元初，泉水再出，紫笋重生，于是加工包装之后，"尽从天使去，供奉内人家"[⑦]。紫笋有多种，最好的是紫笋雀舌，这是片茶。湖州还有末茶，称为金字茶，也是贡品。"建茗"（福建建安出产的茶）在宋代就是贡品，元代依旧。但是《饮膳正要》中只提到紫笋而不及建茗，也许后者在宫廷中已不受重视。《饮膳正要》中还提到有范殿帅茶，"系江浙庆元路造进茶芽，味色绝胜诸茶"[⑧]。按，庆元路（路治今浙江宁波）在宋代出产有名的"日铸"茶，也是贡品。元文宗时文学侍从柯九思写道："旋拆黄封日铸茶，玉泉新汲味幽嘉。殿中今日无宣唤，闲卷珠帘看柳花。"[⑨]柯九思在宫中侍直，所以也能享用贡品。"范殿帅"可能指南宋降将范文虎，他向宫廷进献"日铸"茶，此茶竟因此得到了另一个名称。同书提到的还有"女须儿""西番茶""川茶""藤茶""夸茶""燕尾茶""孩儿茶""温桑茶"等。其中"孩儿茶"是从海外进口的香药，不是

① 参见黄时鉴《阿剌吉与中国烧酒的起始》，《文史》第31辑。
② 马祖常：《石田集》卷五，《和王左司竹枝词十首》。
③ 忽思慧：《饮膳正要》卷二，《诸水》。
④ 《元史》卷一一四，《后妃传一》。
⑤ 朱有燉：《元宫词一百首》，《辽金元宫词》，北京出版社1988年版。
⑥ 《元史》卷八七，《百官志三》。
⑦ 黄玠：《弁山小隐吟录》卷上，《吴兴杂咏・顾渚茶》。
⑧ 忽思慧：《饮膳正要》卷二，《诸般汤煎》。
⑨ 《草堂雅集》卷一，《春直奎章阁二首》。

茶，笔者有另文考述。其他几种茶都不重要。

从制作方法来区分，当时茶有片茶（茶芽）和末茶两大类。前者保持了茶叶的原来形状，后者则碾成碎末。茶既可用来单独饮用，也可与其他物料混合饮用，在宫廷中，单独饮用称为清茶，“先用水滚过滤净，下茶芽，少时煎成”。或称建汤，“玉磨末茶一匙，入碗内研匀，百沸汤点之”。混合饮用之法很多，如枸杞茶是以枸杞和雀舌茶混合制成的，玉磨茶是以同等数量的紫笋茶和“苏门炒米”“一同拌和匀入玉磨内磨之成茶”的。还有炒茶，则是“用铁锅烧赤，以马思哥油、牛奶子、茶芽同炒成”。马思哥油就是从牛奶中提取的白酥油。类似的还有兰膏和酥签。兰膏是以“玉磨末茶三匙头，面、酥油同搅成膏，沸汤点之”。酥签则以“金字末茶两匙头，入酥油同搅，沸汤点之”[①]。这几种都是以茶和酥油混合而成的饮料，显然是蒙古人在学会饮茶以后按本民族习惯加以改造的结果。

大都街市中有卖茶的茶坊、茶楼。“茶楼酒馆照晨光，京邑舟车会万方。”[②] 大都李总管到枢密院东算命，坐中有一千户，“邀李入茶坊”[③] 谈话。散曲作家李德载有小令《［中吕］阳春曲·赠茶肆》十首，第十首末句是：“君听取，声价彻皇都。”[④] 显然是题赠大都茶肆之作。《农书》的作者王祯说，饮茶在当时十分普及，“上而王公贵人之所尚，下而小夫贱隶之所不可缺”[⑤]。大都的茶肆、茶坊、茶楼为数肯定不少，有高低之分，分别满足不同阶层的需要。每遇重大节庆，大都皇城丽正门前大树（大都建成时定方位的标志，封为大树将军）旁便成为临时性的市场，“酒、肉、茶、汤无不精备”[⑥]。说明其中便有临时卖茶之所。元末，浙西诗人张宪到大都，写下了《大都即事六首》，中云：“袄色摇红段，罄香斗蜡茶。”[⑦] 蜡茶即片茶，加工以后表面光润如蜡，故有此称。宋代盛行斗茶的风俗，据此诗可知元代大都亦有此风。元代后期长时间在大都做官的许有壬说“世以酥入茶为兰膏”[⑧]，他为此写下了诗篇。可见饮用酥油茶之风并不限宫廷，而且已走入民间。

① 忽思慧：《饮膳正要》卷二，《诸般汤煎》。
② 马臻：《霞外诗集》卷四，《都下初春》。
③ 陶宗仪：《辍耕录》卷二二，《算命得子》。
④ 《全元散曲》下册，第1223—1225页。
⑤ 王祯：《农书·百谷谱·杂类》。
⑥ 《析津志辑佚·岁纪》。
⑦ 《玉笥集》卷八。
⑧ 许有壬：《至正集》卷一六，《咏酒兰膏次恕斋韵》。

酒、茶是大都居民最重要的两种饮料。此外还有汤饮、舍儿别、树奶子等。

汤饮是用药材、香料以及果品加工而成的饮料，在宋代非常流行。大都宫廷中的汤饮名目颇多，用香药制成的有人参汤、五味子汤、仙术汤等，用果品制成的有荔枝膏、枣姜汤、石榴浆等。汤饮具有生津解渴的功能，有的还有滋补的作用。宫廷之外，在贵族、官僚以及平民中间，也是颇受欢迎的。有的茶坊、茶铺也兼售汤饮，《朴通事》卷下便记茶房中卖“甜的金橘蜜煎、银杏煎”。舍儿别（舍里别）是波斯语、阿拉伯语 sherbet 的音译，有时也意译为渴水、解渴水，它用果品、香药和糖或蜜煎熬而成。元朝宫廷怯薛中专设有舍儿别赤，即负责此项饮料的制作和管理。笔者在《舍儿别与舍儿别赤的再探讨》[①] 中已有所论列，此处不再赘述。

元代大都还有一种奇特的饮料，那便是“树奶子”。“直北朔漠大山泽中，多以桦皮树高可七八尺者，匊而作斗柄梢。至次年正二月间，却以铜铁小管子插入皮中作瘿瘤处，其汁自下，以瓦桶收之。盖覆埋于土中，经久不坏，其味辛稠可爱。是中居人代酒，仍能饱人。此树取后多枯瘁”[②]。树奶子实际上就是白桦树汁，至今仍是俄罗斯人喜爱的饮料，其采取方法亦与上面资料所述相同。当时大都有不少俄罗斯（元代称为斡罗思、兀鲁思）人，白桦树汁无疑是满足他们需要而从俄罗斯本土运来的，大都本地并不出产。白桦树汁远在元代便出现于中国，这不能不说是中外文化交流中一件饶有趣味的事情。

上面我们对大都居民的主食、副食、饮料分别做了说明。可以看出，大都作为元朝的都城，其饮食生活是丰富多彩的。正如许有壬所说的那样，“京城食物之丰，北腊西酿，东腥西鲜，凡绝域异味，求无不获。”[③] 造成这种局面的主要原因是，元朝实现了空前规模的多民族国家的统一，大大促进了国内各民族、各地区之间的经济、文化联系，以及中国和外国的经济、文化交流。同时也可以看到，元代南北的经济差别以及大都的地理环境，对于饮食生活的内容，都有着明显的影响。

大都社会贫富悬殊，这在饮食生活中也充分反映出来。权贵豪富“张筵

---

① 陈高华：《舍儿别与舍儿别赤的再探讨》，《历史研究》1989 年第 2 期。

② 《析津志辑佚·物产》。

③ 许有壬：《至正集》卷一六，《如舟亭宴饮诗后序》。

列宴”，“一食钱万”，大都市场“屠千首以终朝，酿万石而一旬”①，主要便是满足他们挥霍浪费的。“富馔有臭肉”②，而许多居民（包括一部分低级官吏）却过着贫苦的生活。胡助描写自己处境时说，“江南文士官更寒，灶突无烟薪炭绝”，“及此米如珠，囊空无可籴，并日营一炊，微俸久未得”③，经常连吃饭都成了问题。下层劳动人民的状况更可想而知。这是我们在研究大都饮食生活时不应忘记的。

① 《天下同文》前甲集卷十六，黄文仲：《大都赋》。

② 胡助：《纯白斋类稿》卷二，《亭华杂事诗二十首》。

③ 胡助：《纯白斋类稿》卷六，《苦寒行》；卷三，《饥叹》。

下　篇

元上都

元上都全景

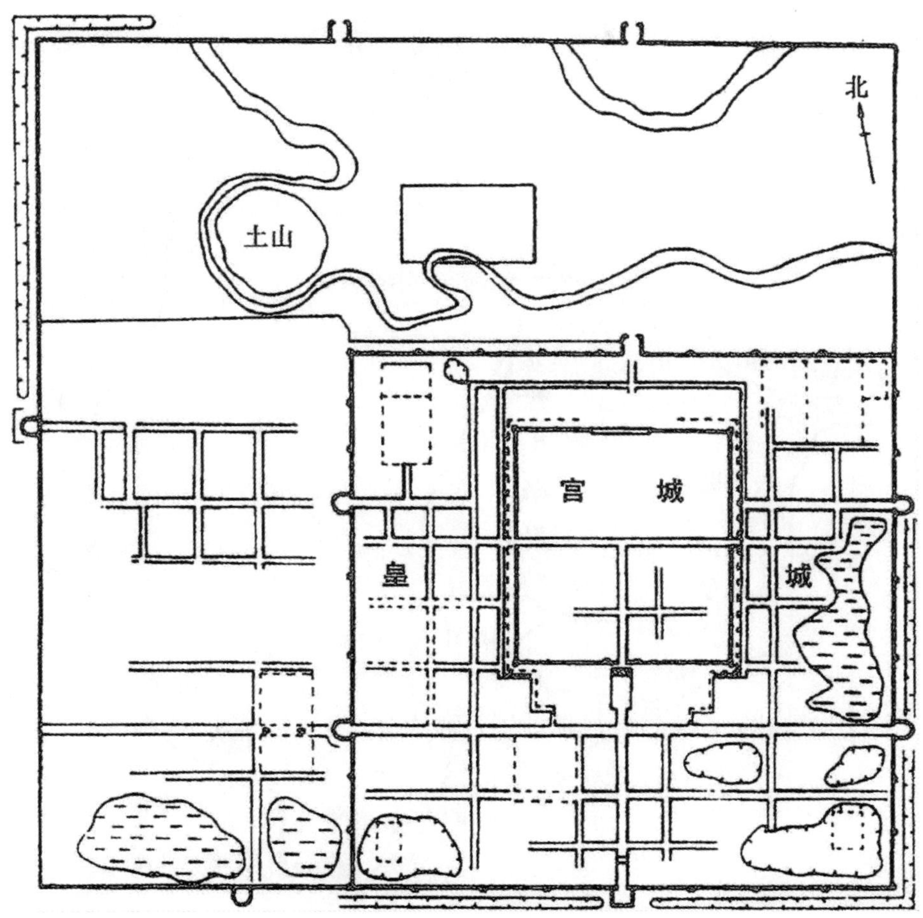

元上都平面图

上都
桓州
(六十里店)
望都铺
(南坡店)
东凉亭
李陵台(双庙儿)
察罕脑儿
明安驿(郑谷店)
西
盖里泊
狗泊
路
牛群头(失八儿秃)
驿
偏岭
沙岭
昂兀脑儿
中都
独石口
兴和路
野狐岭
得胜口
荨麻林
宣平
沙岭
宣德府
鸡鸣山
雷家店
洪赞
李老峪
桑乾岭
怀来
缙山
北口
八达岭
榆林
居庸关
南口
新店
(龙虎台)
昌平
皂角
黄堠店
大口
大都
顺州
檀州
潮河川
古北口
宜兴州
东
路
辇
路
云州
赤城
龙门
雕窝
龙门
程子头
色泽岭
黑谷
阻车
统墓店
狼居西山

元代两都交通示意图

引　言

在内蒙古正蓝旗旗政府所在地黄旗大营子东北约 20 公里处，有一座规模宏伟的古城遗址，城郭、街道和部分建筑的轮廓大体可辨。当地的蒙古族群众称之为“北奈曼苏默”①。遗址的北部，有连绵起伏的山冈，南边有滦河流过，东、西两边及滦河之外，是广阔的草原。每逢夏季，草原上盛开美丽的金莲花，远远望去，犹如金色的海洋。这里便是金、元历史上享有盛名的金莲川，而那座古城，便是 13、14 世纪约 100 年间以其显著地位而闻名于世的元代上都城。

元朝建立以后，实行两都制，皇帝每年往来于大都与上都之间。在我国历史上，不少皇朝都实行过两都制或多都制，有的出于政治需要，有的出于经济需要，有的则出于生活方式的需要。元代的两都制，既是出于生活方式的需要，也是出于政治上的需要。蒙古族主要从事畜牧业，习惯于逐水草而居、四时迁徙的生活方式，不耐暑热，以射猎为乐。元代的蒙古皇帝在统治包括广大农业区在内的国土之后，仍然在很大程度上保持着这种生活方式。上都所在地区正是理想的避暑场所。元代的记载说这里“六月似秋时”②、“六月亦冰霜”③。据科学实测，现代该地年平均气温为 1.2℃、7 月平均气温为 18.5℃。另外，上都的地理位置在政治上、军事上都具有特殊的重要性。上都所在地区是连接漠北蒙古兴起之地与“汉地”的交通枢纽，东、西又都是蒙古宗王贵族的分封地。从成吉思汗开始，蒙古实行分封制度，宗王贵族各有分封地、属民，在政治上具有很大的势力，他们的向背，直接关系到元

① “北奈曼苏默”，意为 108 个庙，指城中众多的建筑遗址而言。

② 《皇元风雅》卷一二，王士熙：《上京次李学士韵》。

③ 张养浩：《归田类稿》卷一八，《上都道中二首》。

代统治能否巩固。加强与宗王贵族的联系，使他们倾向于朝廷，是元代历代皇帝必须经常考虑的大事。皇帝到位于草原交通枢纽的上都，便于与周围特别是漠北宗王贵族联络。同时由于在这里可以按蒙古旧俗举行一系列活动（如宴会、狩猎、祭祀等等），因此更有助于加强宗王贵族的向心力。而从军事上来说，每逢漠北或辽东发生叛乱，大批军队和物资从“汉地”北调时，上都是最重要的集散地。皇帝也要坐镇上都，指挥战斗。而当“汉地”发生动乱时，草原的蒙古军队往往先集中在这里，然后南下镇压。

上都是一座草原城市，具有与农业区城市不同的许多特色。它是根据元代统治者的生活需要和政治需要建造起来的，并非地区经济发展的自然结果。正因为缺乏必要的经济基础，一旦元代崩溃，它也就趋于没落了。上都是由汉族士人根据统治者的意图设计建造的，它既具备汉族传统城市的风貌，又带有蒙古族游牧生活方式的特色。我国是一个统一的多民族国家，在历史上出现过许多草原城市，元代的上都可以说是最富有代表性的一座。

下面，我们将就上都的历史发展及城市生活的面貌，作概略的叙述。

第一章　草原都城历史溯源

元上都的建造，开始于大蒙古国时期。而这一地区的历史，可以追溯到遥远的古代。

第一节　瓯脱地的变迁

最早进入滦河上游的，是东胡和匈奴两个古老的北方游牧民族。东胡的活动以今天辽河上游的西拉木伦河和老哈河流域为中心，匈奴则以今天黄河河套和阴山山脉地区为中心。两族之间有一千余里的弃地无人居住，“各居其边为瓯脱”。“瓯脱”，意为“界上屯守处”，有人将它解释为“境上斥堠之室”或“土穴”①。元上都所在地区，应是当时东胡瓯脱的一个组成部分。

西汉初年，东胡王想用武力夺取其瓯脱之外的弃地，从而引起匈奴和东胡的战争。匈奴冒顿单于（音墨毒蝉余，单于为匈奴的最高首领）率军东出奔袭东胡，杀死东胡王，虏其人、畜，占据了包括瓯脱在内的东胡故地。

匈奴的统治机构分为单于庭、左贤王庭、右贤王庭三大部分。左贤王庭管辖原瓯脱界以东地区。西汉上谷郡（郡治沮阳，今河北怀来县东）正北的濡水（今滦河）上游地区，成为左贤王属部的驻牧地。匈奴人以左为上，单于之下，左贤王最为尊贵，大多由单于长子充任。左贤王以下，设有左谷蠡（音鹿黎）王、左大将、左大都尉、左大当户等官长。

西汉前期，左贤王属部经常在上谷、渔阳、右北平三郡塞外与西汉军队交战，濡水上游是双方争夺的地区之一。汉武帝元狩四年（前 119），骠骑

---

① 《史记》卷一一〇，《匈奴列传》。

将军霍去病率汉军出塞，大败左贤王，斩虏七万余级，左贤王及其属部遁走漠北，汉军夺取了上谷郡塞外地区。

东胡被匈奴击破之后，残部分为两部，一部号乌桓，居住在今内蒙古赤峰市阿鲁科尔沁旗附近的乌桓山；一部号鲜卑，居住在今兴安盟科尔沁左翼中旗西边的鲜卑山。西汉统治者虽然以武力驱走了匈奴左贤王，但也难以在草原长期立足，汉军很快就退回到边塞之内。接受汉朝管辖的乌桓被迁徙到上谷、渔阳、右北平、辽东、辽西五郡塞外居住，填充匈奴人与汉人的中间地带。汉代特别设置护乌桓校尉，监护和管辖乌桓各部，使他们“不得与匈奴交通”，“为汉侦察匈奴动静”①。从这时起到东汉中期乌桓内迁中原诸郡，上谷乌桓在濡水流域驻牧了二百余年。

乌桓南迁之后，鲜卑各部陆续南下。到东汉后期，鲜卑首领檀石槐曾短暂统一草原各部，“尽据匈奴故地”②。檀石槐的牙帐设在弹汗山（今内蒙古乌兰察布市商都县附近），下辖东、中、西三部大人，中部大人管辖右北平以西至上谷郡的区域。檀石槐死后，部众分裂成若干集团。被称为“小种鲜卑”③ 的轲比能拥有十余万骑，占据了代郡、上谷郡边塞内外地区。曹魏初年，轲比能统一了原来鲜卑的东部和中部。青龙三年（235），轲比能被魏明帝派刺客杀死，以濡水为中心活动区域统一起来的鲜卑部，只存在了不到十年。

轲比能之后，以濡水为界，东边是鲜卑化了的匈奴宇文部，东晋建元二年（344）被鲜卑慕容部建立的前燕所灭。西边是由大鲜卑山迁来的拓跋部。拓跋鲜卑后来以盛乐为中心，逐渐南推，建立了北魏王朝，在原来的聚居区设置了武川、沃野、抚冥、柔玄、怀荒、御夷六镇，濡河上游属御夷镇管辖。④

宇文鲜卑部“别种”库莫奚，北魏至唐朝时游牧于濡河上游。库莫奚人的东北是契丹族，居住地就是原来东胡活动的区域西拉木伦河和老哈河流域。唐贞观二十二年（648），库莫奚和契丹归附于唐，太宗李世民在库莫奚地设立饶乐都督府，以库莫奚人首领为都督，受营州都督府节制。饶乐府治即库莫奚族牙帐的所在，地处今内蒙古宁城县境。契丹建国前后，库莫奚族

① 《后汉书》卷九〇，《乌桓传》。

② 同上书，《鲜卑传》。

③ 《三国志》卷三〇，《乌丸鲜卑东夷传》。

④ 参见顾祖禹《读史方舆纪要》卷四。

被征服。[①]

经过一千余年的历史演变和民族迁徙，滦河上游地区迎来了辽、金的统治。在元人诗中，有“穹庐区脱云弥野”[②] 等句，说明欧脱的称呼，一直传到了元代。

第二节　辽、金皇帝的“春水秋山，冬夏捺钵”

由契丹族建立的辽朝（916—1125），先后设置了五个都城，即上京临潢府（今内蒙古巴林左旗南）、南京幽都府（后改称燕京析津府，今北京）、东京辽阳府（今辽宁辽阳）、西京大同府（今山西大同）和中京大定府（今辽宁宁城西大名城）。五京之中，上京为首都，其他四个是陪都。元朝上都路所辖区域，在辽朝时分属中京道和西京道管辖。

辽朝虽然建有都城，皇帝却不经常在城里居住，而是保持着契丹族游牧渔猎的风俗，“秋冬违寒，春夏避暑，随水草就畋渔，岁以为常。四时各有行在之所，谓之‘捺钵’”[③]。“捺钵”是契丹语的汉文音写，意为“行营”“行在”或“行帐”，专指辽朝皇帝出行时居住的帐幕，即所谓“皇帝牙帐”。金、元时，捺钵又译写作“纳拔”“纳钵”“纳宝”“剌钵”等，元人周伯琦、杨允孚更明确的解释是“车驾行幸宿顿之所”[④]，不管是迁移的帐幕还是固定的营所，都称为捺钵。

辽朝皇帝的四时捺钵，从辽圣宗耶律隆绪（982—1031）开始有了比较固定的地点和内容。春捺钵纵鹰捕鹅，凿冰钓鱼，地点在鱼儿泊（今称月亮泡，吉林扶余他虎城附近）、混同江（亦称鸭子河，今松花江）或鸳鸯泊（今河北张北县西北安固里淖）。夏捺钵避暑，无固定场所，驻帐永安山（今内蒙古赤峰市宁城西）和炭山的时间较多。秋捺钵在山中射鹿，地点在伏虎林（今西拉木伦河与老哈河汇流处西北）或临时选择合适的地点。冬捺钵避寒猎虎，设帐于广平淀（伏虎林东南）。当时人们把这种活动概括为

① 关于北方各族的历史情况，参见内蒙古自治区蒙古语言文学历史研究所历史研究室、内蒙古大学蒙古史研究室编《中国古代北方各族简史》，内蒙古人民出版社 1977 年版。

② 吴师道：《吴礼部集》卷八，《次韵张仲举助教上京即事》。另周伯琦在《扈从集·后序》中亦称鸳鸯泊“居者三百余家，区脱相比，诸部与汉人杂处”。

③ 《辽史》卷三二，《营卫志中》。

④ 周伯琦：《扈从集·前序》。杨允孚：《滦京杂咏》卷上。

"春水秋山，冬夏剌钵"。辽朝皇帝捺钵的区域，大多在契丹族的发祥地附近，或在五个都城附近择便地举行。皇帝捺钵，大小臣僚随行，在冬夏捺钵时要"会议国事"①，成为辽朝决定军政大事的重要方式。

由女真人建立的金朝，"循契丹故事，四时游猎，春水秋山，冬夏剌钵"②，金太祖、太宗、熙宗三朝，建都于会宁（今黑龙江阿城南白城子，后改为上京），捺钵于附近的山水。贞元元年（1153），金帝完颜亮迁都燕京（今北京）。在迁都后的几年里，完颜亮忙于对南宋战争，来不及选择适当的捺钵地点。后继者世宗完颜雍，则很快就选择了一个捺钵的理想之地——金莲川。

金莲川，原名曷里浒东川。辽道宗耶律洪基曾于清宁九年（1063）五月"清暑曷里狘"③，有人认为"曷里狘"就是"曷里浒"的异译，但还缺乏旁证。川中长满金莲花，花色"金黄，七瓣环绕其心，一茎数朵，若莲而小。六月盛开，一望遍地，金色烂然。至秋花干而不落，结子如粟米而黑。其叶绿色，瘦尖而长，或五尖，或七尖"，"味极凉，佐茗饮之，可疗火疾"④。金世宗大定八年（1168）五月，以"莲者连也，取其金枝玉叶相连之义"，将曷里浒东川命名为金莲川。⑤ 现在滦水南岸仍有一片草原，东西长近10里，南北宽1—3里，长满金莲花。当地人称为"沙拉塔拉"，意思是"黄色的平野"，就是"金莲川"。在金莲川的南边，是辽朝皇帝的夏捺钵地炭山，又称陉头、凉陉，契丹语为"王国崖"（亦作"旺国崖"），位置在今河北省沽源县境。金朝沿袭了"凉陉"的称呼，元初人王恽对此有明确记载："按地志，滦野盖金人驻夏金莲、凉陉一带，辽人曰王国崖者是也。"⑥ 大定八年（1168）五月，将旺国崖改名为静宁山。由于金太祖完颜阿骨打在攻北宋时曾驻帐旺国崖，后人特在此处建立了庙宇，并册封山神为镇安公，以示纪念。⑦

金朝也建有五京，除前述上京外，还有东京辽宁府、中都大定府、西京大同府和南京开封府。五京均为陪都，首都是中都（今北京市），金莲川及

① 傅乐焕：《辽代四时捺钵考五篇》，《辽史丛考》，中华书局1984年版。
② 《大金国志》卷一一，《熙宗纪》。
③ 《辽史》卷二二，《道宗纪二》。
④ 《口北三厅志》卷五，《风俗物产》。
⑤ 参见《金史》卷六，《世宗纪上》；卷二四，《地理志上》。
⑥ 王恽：《秋涧文集》卷八〇，《中堂事记上》。
⑦ 参见《金史》卷六，《世宗纪上》；卷二四，《地理志上》；卷三五，《礼志八》。

其附近地区，隶西京路管辖。在川西北约二十公里处（黄旗大营子正北五公里），建有桓州城，至今遗址仍存，是金西北路招讨司的所在地。金朝在沿边三十八州设兵屯守，桓州为其中之一，[①] 所以州中人以士兵为主，民户只有五百七十八户。桓州西南还有两个屯兵边州昌州（治狗泺，今内蒙古自治区锡林郭勒盟太仆寺旗白城子）和抚州（治柔远，今河北张北县）。这两个地方原来都是桓州的下属县镇，金章宗时才升为州城。[②] 桓州及其附近地区，是金朝的重要牧马地。金世宗时新设置七处群牧所，特满、忒满两所就建在抚州。[③]

金初已有贵族在凉陉居住。金太祖第二子宗望曾于天会五年（1127）由中原“西上凉陉”，并死于该地。天德四年（1152）夏，完颜亮曾从泰州前往凉陉，在附近狩猎。[④] 大定六年（1166）夏天，金世宗前往银山狩猎，八月初由银山抵凉陉，[⑤] 大概就在这时选定了金莲川作为夏捺钵避暑之地。当时人说“金莲川在重山之北，地积阴冷，五谷不殖，郡县难建，盖自古极边荒弃之壤也。气候殊异，中夏降霜，一日之间寒暑交至”[⑥]，确实是避暑的好地方。金世宗之所以选择金莲川，除了它气候宜于夏季避暑外，更重要的是这一地区地理位置重要。这时漠北的蒙古、塔塔儿等部族已有相当的力量，金人几次征伐未能殄灭，不得不改行羁縻政策，以宴赐招抚各部领袖人物，开榷场“以易北方牧畜”。在桓、抚、昌三州置有燕子城（燕赐城）、北羊城、狗泺三处榷场，使该地区成为金朝控制“北部”的重要前哨阵地。[⑦] 选择有利地点，利用皇帝北出捺钵的机会，巡边耀武，震慑、安抚北边各部族，巩固边塞，才是金世宗的真正意图，即所谓“远幸金莲，至于松漠，名为坐夏打围，实欲服劳讲武”[⑧]。金世宗特地在凉陉建了避暑宫殿景明宫，宫有数殿，有一殿就称为“扬武殿”[⑨]。为保卫行宫的安全，大臣移剌子敬、

---

① 参见《金史》卷四四，《兵志·兵制》。

② 参见《金史》卷二四，《地理志上》。

③ 参见《金史》卷四四，《兵志·诸群牧马政》。

④ 《金史》卷五，《海陵王纪》；卷七四，《宗望传》。

⑤ 参见《金史》卷六，《世宗纪上》。

⑥ 《金史》卷九六，《梁襄传》。

⑦ 参见贾敬颜《从金朝的北征、界壕、榷场和宴赐看蒙古的兴起》，《元史及北方民族史研究集刊》1985年第9期。

⑧ 《金史》卷九六，《梁襄传》。

⑨ 《金史》卷二四，《地理志上》。

粘割斡特剌、杨伯仁上奏："车驾至曷里浒，西北招讨司囿于行宫之内地矣。乞迁之于界上，以屏蔽环卫。"金世宗因此命令招讨使斜里虎迁徙招讨司于界上，治蕃部事，都监撒八则留在燕子城掌管猛安谋克事。[①]

景明宫的规模似乎并不大，设备也很简陋。反对金世宗每年北幸金莲川的梁襄曾指出，"今行宫之所，非有高殿广宇城池之固"，"公卿百官卫士，富者车帐仅容，贫者穴居露处，舆台皂隶不免困踣"，"挂甲常坐之马，日暴雨蚀"，"御侮待用之军，穴居野处，冷啖寒眠"，"卫宫周庐才容数人，一旦霖潦积旬，衣甲弓刀沾湿柔脆"，"所次之宫，草略尤甚，殿宇周垣唯用毡布"，而且"凡奉养之具无不远劳飞挽，越山逾险，其费数倍"[②]。他认为远在都城千里之外捺钵，于国情不符，于民不利，力劝金世宗在中都附近选择合适地点安排夏捺钵。金世宗没有采纳梁襄的建议，从大定十二年（1172）开始，每年或隔年赴金莲川，往返时间4—5个月，大多是四、五月由中都出发，八、九月还都，间或在六月间起程，也要在九月返回。[③]"当时事少游幸多，御马御衣尝得赐。年年春水复秋山，风毛雨血金莲川。归来宴贺满宫醉，山呼摇动东南天。"[④]在金莲川的主要活动是夏狩、秋猎和宴赐边部首领，大定二十五年（1185）进士赵秉文曾有诗赋金莲川狩猎：

一望金莲五色中，离宫风月满云龙。
向来菡萏香销尽，何许蔷薇露染浓。
秋水明边罗袜步，夕阳低处紫金容。
长阳猎罢回天仗，万烛煌煌下翠峰。[⑤]

除了以金莲川为夏秋捺钵的主要地点外，金世宗仍有"春水"之行，地点都离中都不远，有安州（今河北安新旧安州）、顺州（今北京顺义县北）、玉田（今河北玉田县）、滦州（今河北滦县）等地，内容也是纵鹰捕鹅。冬天时大多住在中都宫殿内，集中处理朝政大事。

金章宗（1190—1208）时，蒙古已勃兴于漠北。章宗"不禁暑热"，想

① 参见《金史》卷八九，《移剌子敬传》。
② 《金史》卷九六，《梁襄传》。
③ 参见《金史》卷七、八，《世宗纪》中、下。
④ 《国朝文类》卷四，杨果：《羽林行》。
⑤ 赵秉文：《滏水集》卷七，《金莲》。

要遵循世宗制度捺钵金莲川，遭到了众多大臣的坚决反对，理由是“边鄙不驯，反侧无定”，“财力大困，流移未复”①。金章宗虽然执意前往，也只在明昌五年（1194）成行。② 以后的捺钵就都在塞内举行了。“邻沙漠，隔关岭”③，远在千里之外的金莲川，又要换主人了。

第三节　大蒙古国的草原营地

金章宗泰和六年（1206），蒙古乞颜部首领铁木真统一了草原各部，号成吉思汗，建立大蒙古国，以怯绿连、斡难、土兀剌三河源头地（今蒙古人民共和国乌兰巴托周围）为统治中心，后人称为元太祖。元太祖五年（1210），蒙古与金朝的关系破裂，双方都准备以战争消灭对方。徒单镒曾向金朝皇帝建议改变分兵守边的办法，集中力量守卫边防大城，还特别指出“昌、桓、抚三州素号富实，人皆勇健，可以内徙，益我兵势。人畜货财，不至亡失”，但未被采纳。④ 次年（1211），蒙古军大举南下，在野狐岭、会河川大败金军，破居庸关，直抵中都城下，不久退回。当年冬季，蒙古军在契丹人耶律秃花等人的导引下突袭桓州附近的群牧监，“得其监马几百万匹，分属诸军，军势大振”，乘势夺占了桓、抚、昌三州。⑤ 此后，成吉思汗连年派军深入金朝腹地扫掠，金朝皇帝不得不将都城迁到南京（今河南开封），以避蒙古军锋。

习惯于游牧生活的蒙古人，不耐暑热，到夏季时大多罢战，返回草原避暑。成吉思汗南下攻金，夏季并不返回遥远的漠北，而是在原金朝边境选择避暑地屯驻。元太祖七、八两年（1212—1213），均在抚州驻夏；⑥ 九年（1214）六月，避暑于鱼儿泺（今内蒙古自治区赤峰市克什克腾旗达里诺尔）；十年（1215）夏季，“避暑桓州凉陉”⑦。当时金景明宫是否还存在，已无从可考。成吉思汗也只是临时在此地驻夏，与他以后西征时在也儿的石

① 《金史》卷九五，《董师中传》；卷一〇〇，《路铎传》；卷一〇六，《贾益谦侍》。

② 参见《金史》卷一〇，《章宗纪二》。

③ 《金史》卷九六，《许安仁传》。

④ 参见《金史》卷一三，《卫绍王纪》；卷九九，《徒单镒传》。

⑤ 参见《元史》卷一，《太祖纪》；卷一二二，《槊直腯鲁华传》；卷一四九，《耶律秃花传》。

⑥ 参见《圣武亲征录》，贾敬颜校注本，第166页；［波斯］拉施特：《史集》第1卷第2分册，第229—230页。

⑦ 《元史》卷一，《太祖纪》。

河、塔里寒寨、八鲁弯川驻夏，攻西夏时于浑垂山、六盘山避暑一样，都是临时性的措施。

成吉思汗在漠北三河源头附近建有四个“宫帐”（大斡耳朵，亦称行宫），分别供春夏秋冬四季移住。成吉思汗正妻孛儿帖生术赤、察合台、窝阔台、拖雷四个儿子。成吉思汗死后，窝阔台继承汗位（元太宗，1229—1241）。术赤早夭，其子拔都向西开拓，建立了横跨欧亚的钦察汗国。察合台在中亚立足，建立了察合台汗国。这两个汗国都是大蒙古国的宗藩国。太宗七年（1235），在鄂尔浑河岸建哈剌和林城，作为大蒙古国的首都，在城的周围选定了春夏秋冬四个营地，并建立了行宫，大致情况如下：

春营地揭揭察哈之泽（意为明亮白色的湖），建有扫邻城（意为座位）迎坚茶寒殿，距和林北七十余里，在现在鄂尔浑河支流吉尔马台河下流汇聚成的察罕泊南。蒙古大汗每年在这里观看放鹰，猎取水禽，饮宴欢乐四十天。

夏营地月儿灭怯土，建有昔剌斡耳朵，地处今吉尔马台河源头附近。有冷泉和良好的草场，是理想的避暑地。

秋营地阔克（颗颗）脑儿（意为青湖），距和林城一日路程，具体地点待考。

冬营地汪吉河（今翁金河）上游的讹铁钴胡兰山（亦译月帖古忽兰，意为老野马），建有行宫；在附近的野马川上，建有狩猎的围场，蒙古大汗冬季在这里围猎和避寒。①

窝阔台和以后的贵由（窝阔台子，元定宗，1246—1248）、蒙哥（拖雷子，元宪宗，1251—1260）三个蒙古大汗，不出征时大多数时间在上述四个营地游徙。蒙古大军远出征伐，则仍然按照成吉思汗的做法，择取方便地点避暑度夏。窝阔台在攻金前后，曾于九十九泉和官山避暑。② 这两处地方都靠近居庸关北口，官山在今延庆县永宁城西北十五里处，原名牧牛山，今名“独山”，山下有牧牛泉，可能就是九十九泉。③ 拖雷率军攻金，在三峰山大败金军，班师后则“回驻金莲川”④ 驻夏。出使蒙古的北宋人彭大雅了解到

① 参见陈得芝《元岭北行省建置考（上）》，《元史及北方民族史研究集刊》1984年第9期。

② 参见《元史》卷二，《太宗纪》；卷一一五，《睿宗传》。

③ 详见《圣武亲征录》，贾敬颜校注本，第227—229页。

④ 《元史》卷一二〇，《曷思麦里传》。

蒙古人避暑的特点，留下了“近而居庸关北如官山、金莲川等处，虽六月亦雪”[①] 的记载。这些地方虽然比较重要，但在大蒙古国统治重心远在漠北草原的时候，只能充当临时的避暑地点。

成吉思汗从金朝手里夺取中都以北地区后，分封给了札剌儿、忙兀、兀鲁兀、亦乞列思、弘吉剌五部领主作为封地（蒙古语“农土”，汉译“经界”“营盘”，即驻牧地），元朝时称这五部为“五投下”。元朝人记载桓、抚、昌三州之地，“元初为札剌儿部、兀鲁郡王营幕地”。元太宗十一年（1239），札剌儿部领主木华黎的孙子速浑察袭爵为国王，“即上京之西阿儿查秃置营”。[②]“阿儿查秃”，意为“有柏树”，地点应当在桓州界内。木华黎家族的基地，就在兴和（今河北张北县）。元宪宗蒙哥时调整封地，札剌儿部和兀鲁兀部封地东移到了辽阳西部地区。[③]

元太祖十五年（1220），中原全真道真人丘处机曾经路过桓州去参见成吉思汗，他的弟子李志常记下了这一段行程和感怀诗，生动地反映了这里的风貌：

> 北过抚州，十五日，东北过盖里泊，尽邱垤咸卤地，始见人烟二十余家，南有盐池，池迤逦东北去。自此无河，多凿沙井以汲，南北数千里，亦无大山。马行五日，出明昌界（即金章宗明昌年间所筑界堡）。以诗纪实云：
>
> 坡陀折叠路弯环，到处盐场死水湾。
> 尽日不逢人过往，经年惟有马回还。
> 地无木植惟荒草，天产邱陵没大山。
> 五谷不成资乳酪，皮裘毡帐亦开颜。[④]

元定宗二年（1247），冀宁交城人张德辉受忽必烈召北上和林，也记下了行程所见：“驿出得胜口，抵扼胡岭，下有驿曰‘孛落’。自是以北诸驿，皆蒙古部族所分主也，每驿各以主者名名之。由岭而上，则东北行，始见毳幕毡车，逐水草畜牧而已，非复中原之风土也。寻过抚州，惟荒城在焉。北

① 彭大雅、徐霆：《黑鞑事略》。
② 参见《元史》卷五八，《地理志一》；卷一一九，《木华黎传》。
③ 参见姚大力《元辽阳行省各族的分布》，《元史及北方民族史研究集刊》1984 年第 8 期。
④ 李志常：《长春真人西游记》卷上。

入昌州，居民仅百家，中有廨舍，乃国王所建也。亦有仓廪，隶州之盐司。州之东有盐池，周广可百里，土人谓之狗泊，以其形似故也。州之北行百余里，有故垒，隐然连亘山谷。垒南有小废城，问之居者，云此前朝所筑保障也。城有戍者之所居。"① 由此再往北行，经鱼儿泊直抵胪驹河。张德辉与丘处机北上的路线完全一样。桓、抚、昌三州虽然人口凋零，失去了金朝时的繁荣景象，但在整个大蒙古国时期是沟通中原与漠北最重要的交通孔道。正是这样的地理位置，决定了这一地区的重新兴旺已经为时不远了。

第四节 金莲川幕府

蒙古人盛行以幼子（斡惕赤斤）继承财产的制度。成吉思汗在位二十二年，临终前遗命窝阔台继承汗位，原来大汗的领地、宫帐以及十余万蒙古主力军，都交给幼子拖雷管辖。拖雷有子十一人，正妻唆鲁和帖尼生蒙哥、忽必烈、旭烈兀、阿里不哥四子。元太宗四年（1232），拖雷病死，唆鲁和帖尼掌管拖雷家族的领地、财产和属部。元太宗八年（1236），窝阔台汗将中原民户分封给蒙古宗王和功臣作"汤沐邑"（封地），唆鲁和帖尼得到真定八万民户。② 通过对真定封地的经营，拖雷家族与中原建立了密切的联系。

忽必烈是元朝的创始人，生于元太祖十年八月乙卯（1215 年 9 月 23 日）。他与许多蒙古王子有着明显不同的政治抱负，早已"思大有为于天下"，广泛延揽人才，为未来的统治大业作准备。忽必烈在元定宗即位前（1242），将中原佛教领袖海云请到漠北，"问佛法大意"。海云南还时，将徒弟刘秉忠（僧子聪）留在了忽必烈身边。刘秉忠是儒释道皆通的人物，他不但自己不倦地向忽必烈讲述治理天下的道理，还将张文谦、李德辉、马亨等中原儒者推荐至忽必烈帐下。真定封地的所谓"藩府旧臣"燕真、贾居贞、孟速思、董文炳、董文用等人，也先后受召投身于忽必烈帐下。金朝的状元王鹗，名士元好问、张德辉等，也陆续北上会见忽必烈。在上述种种人物的影响下，忽必烈对中原传统文化有了较深的认识。

忽必烈的哥哥蒙哥即大汗位的当年（1251），命令忽必烈总领"漠南汉地军国庶事"。忽必烈承命后由漠北南下，驻帐于桓州、抚州之间的金莲川，

---

① 王恽：《秋涧文集》卷一〇〇，张德辉：《纪行》。

② 参见《元史》卷九五，《食货志三·岁赐》。

“征天下名士而用之”，“得开府，专封拜”，建立了蒙元史上有名的“金莲川幕府”。

被召入金莲川幕府的各界人士，可以考见的有六十余名。除上述在漠北已延揽的人物外，有刘秉忠推荐的刘肃、李简、张耕、王恂、刘秉恕；正统儒学的代表赵复、许衡、姚枢、窦默、杨惟中；吐蕃佛教萨斯迦派领袖八思巴；原“汉地”世侯的幕僚杨果、郝经、杨奂、宋子贞、商挺、李昶、徐世隆；畏吾儿人廉希宪、阿里海牙、叶仙鼐，大食人也黑迭儿，“回回”人札马剌丁、阿合马，以及许国桢、赵炳、高觿、贾昔剌、谭澄、张惠、贺仁杰等。这些通过各种途径聚集在忽必烈周围的人物既有满腹经纶的学者，也有精通治道的谋士，有的人独具一技之长，有的人是战功卓著的勇将，已然成为一个文武兼备的政治集团。[①] 在他们的支持下，忽必烈对邢州、河南、关中等地进行综合治理，改变大蒙古国传统的统治方式，采用中原地区历代王朝沿承下来的封建政治、经济制度，即所谓“汉法”，取得了较好的效果。当时“汉地”的士人普遍对忽必烈寄予很大希望，把他看作“中国之主”，愿意为之效力。

忽必烈的所作所为，违背蒙古传统的统治方式，触犯了保守的蒙古贵族集团的利益，引起大汗蒙哥的猜忌。元宪宗六年（1256），有人告发忽必烈及其幕府人员偷用大汗国库钱财和擅收税赋。次年（1257），蒙哥解除了忽必烈的军权，派遣阿蓝答儿、刘太平等人到陕西、河南等地大规模钩考钱谷，罗织罪名，打击忽必烈幕府人员。忽必烈当时的地位和力量都不足以和大汗进行直接较量，不得不妥协让步。他先把妻女送到蒙哥处做人质，继而亲自觐见蒙哥解释，交出了河南、陕西、邢州全部权力，撤回幕府人员，蒙哥才宣布停止钩考。[②] 在这一事件中，金莲川幕府虽然受到沉重打击，但并未因此解体，后来的事实证明，他们反而更进一步地团结与发展起来了。忽必烈即位之后，左右大臣大多出自金莲川幕府，元朝建国的各项制度也多由他们谋划和制定。没有金莲川幕府数年的准备，忽必烈的统治不会很快稳固下来。正因为如此，原幕府人士以后被忽必烈称为“潜邸旧臣”，享受着特殊的待遇。

① 参见萧启庆《忽必烈潜邸旧臣考》，《元代史新探》，（台北）新文丰出版公司1983年版。

② 参见陈得芝、王颋《忽必烈与蒙哥的一场斗争》，《元史论丛》第1辑，中华书局1982年版。

除了自己的幕府外，忽必烈还利用治理中原的机会，联系了史天泽、严忠济、张柔、张荣、解诚等中原汉军万户和阿术、阿剌罕等一批镇守中原要地的蒙古探马赤军将领。忽必烈驻帐金莲川后，蒙哥将五投下的封地东移。元宪宗二年（1252），忽必烈受命远征大理，五投下部分军队从行。元宪宗八年（1258），蒙哥命令忽必烈代替塔察儿统率东路军征南宋，五投下和东道蒙古诸王的军队是组成东路军的主要部分。木华黎的后人乃燕、霸突鲁，忙兀部的忙哥等人也与忽必烈结成了密切的关系。中原庞大的汉军组织、探马赤军以及五投下的军队，不久后就构成了忽必烈政权的基本军事力量。

第五节　开平城的兴建

忽必烈由漠北南下总理“汉地”军务，不出征时夏季都驻帐于金莲川；冬天则临时寻找避寒的地方居住，或在旧桓州，蒙古语称为“合剌八剌合孙之地”① 即“黑城”，或在离燕京不远的奉圣州之北。蒙、金交战以来，桓州、抚州、昌州都已被破坏，只有昌州还居住着百余户人家。金莲川幕府的大多数人习惯于城居，难以适应“居穹庐，无城壁栋宇，迁就水草无常”的草原生活方式。为解决这一矛盾，忽必烈先于元宪宗四年（1254）八月“复立抚州”，以惠州滦阳人赵炳为抚州长官，“城邑规制，为之一新”②，充作幕府人员的暂时住所，随后即着手在驻帐处营建城舍，做长期经营的打算。

元宪宗六年（1256）三月，忽必烈命刘秉忠选择合适的地点兴筑新城。刘秉忠相中了桓州之东、滦水北岸的龙冈为建城地点。③ 龙冈北依南屏山，南临金莲川，东、西都是广阔的草原，地势比较平坦，宜于建城。新城被命名为开平府。

开平城的建造用了三年时间。第一年“始营宫室”，第二年“复修宫城”。主持工程的是真定藁城人董文炳、④ 真定获鹿人贾居贞⑤和丰州丰县人谢仲温。忽必烈特别授权谢仲温：“汝但执梃，虽百千人，宁不惧汝耶！”⑥

① 《元史》卷四，《世祖纪一》。

② 《元史》卷四，《世祖纪一》；卷一六三，《赵炳传》。

③ 《藏春集》附录，张文谦：《故光禄大夫太保刘公行状》。

④ 参见嘉靖《藁城县志》卷八，王磐《藁城令董文炳遗爱碑》。

⑤ 参见姚燧《牧庵集》卷一九，《参知政事贾公神道碑》。

⑥ 《元史》卷一六九，《谢仲温传》。

建城所用工匠来自何方，建筑材料如木料、砖瓦、石块等是就地解决，还是从中原运来，现在我们已无法详知。

开平城的兴建，是当时的一件大事，在民间留下了忽必烈向龙借地建城的传说："相传刘太保迁都时，因地有龙池，不能干涸，乃奏世祖当借地于龙，帝从之。是夜三更雷震，龙已飞上矣。明日以土筑成基。"① "圣祖初临建国城，风飞雷动蛰龙惊。月生沧海千山白，日出扶桑万国明"，就是以这一传说为题材做出的诗篇，诗人自注说："上京大山，旧传有龙居之。"② 龙的神话当然不足为信，但从传说中可以看出一个事实，开平城修建时，排干积水是一项较艰巨的工程。以后修建大安阁时，也是先要排掉湖水，堵塞水源。在设计者和工匠的共同努力下，克服了重重困难，一座新的草原城市终于出现在滦河边上。

① 孔齐：《至正直记》卷一，《上都避暑》。

② 杨允孚：《滦京杂咏》卷上。

第二章　两都巡幸与交通

“皇图基正统，朔易建神京”，“乘舆绳祖武，岁岁幸滦京。”[①] 历史名城燕京和草原新兴城市开平，在元朝因皇帝的活动而紧密地联系起来。

第一节　两都制的确立

元宪宗九年（1259）七月，蒙古大汗蒙哥死于四川钓鱼山，在鄂州前线指挥作战的忽必烈和留守漠北的阿里不哥闻讯后都开始了谋取汗位的活动。忽必烈于闰十一月下旬（1260 年 1 月初）从前线返回燕京，在燕京北郊流连了三个月，名义上是“驻冬”，实际上是等待北撤的大军和联络支持他的蒙古宗王。次年三月初一日（1260 年 4 月 12 日），忽必烈由燕京抵达开平，合丹、塔察儿等东西道蒙古宗王先后率众来会，忽必烈的妻子和留在漠北草原的部众也在燕真等人的护送下赶到开平。[②] 同月十七日（4 月 28 日），忽必烈在开平被推举为蒙古大汗，随即建元“中统”。阿里不哥也在漠北称汗。为夺取大蒙古国的都城，取消阿里不哥的汗位，忽必烈在开平集中了大量的军需粮草，调动蒙古军和汉军精锐，于七月亲自率领北上。入冬前，忽必烈占领了和林，夺得四大斡耳朵，随即在汪吉河冬营地驻冬，阿里不哥则西退至谦谦州（今叶尼塞河上游唐努山北麓）立营。

和林城的粮食供应，通常是用大车从“汉地”运来的。忽必烈在出征前对和林进行经济封锁，造成城内大饥荒，物价腾涨，至来年仍需“赈和林饥

① 周伯琦：《近光集》卷一，《上京杂诗十首》；《扈从集·纪行诗》。

② 参见《元史》卷一三〇，《不忽木传》。

民”①。忽必烈如果继续以和林作为都城，依靠长途运输粮食物资，难以保证庞大的中央机构和必将迅速增长的都市人口的生活需要。同时，面对阿里不哥等“叛王”的威胁，势必需要留下大量军队驻守和林，不但军需给养不能保证，而且合适的驻军也很难选择，因为蒙古军习惯于战后分散牧地，不善于聚众守城，擅长守塞保城的汉军又不能适应草原气候和远离“汉地”的长期镇戍。更为重要的是忽必烈经过数年治理“汉地”，深刻地认识到了中原地区的重要性，他的统治基础已经在中原奠定。如果继续在漠北建都，仍会被人们视为草原帝国，势必影响蒙汉统治阶级的进一步联合，对中原的控制和管理也难以走入正轨。显然，无论从地理位置、经济状况，还是从政治形势来说，和林都已不适合作为全国统治的中心。忽必烈早已下了迁都的决心，所以无意在和林逗留。中统元年（1260）十二月，忽必烈率众返驻燕京近郊。和林城从此失去了都城的地位，原来蒙古大汗的四季营地和行宫也一同被放弃了。

开平和燕京，一个是忽必烈“潜邸”的根据地，一个是当时治理“汉地”的中心，对忽必烈来说具有同等重要的地位。在燕京定都，符合汉人地主阶级帮助大蒙古国统治者建立正统王朝的愿望。一些蒙古贵族也早已认识到了这一点。札剌儿部人霸突鲁在忽必烈即位前曾进言：“幽燕之地，龙蟠虎踞，形势雄伟，南控江淮，北连朔漠。且天子必居中以受四方朝觐。大王果欲经营天下，驻跸之所，非燕不可。”② 而提高开平的地位，将它建成类似和林附近的行宫和四时营地，作为联系蒙古本部的中心，对大蒙古国统治者来说也是至关重要的。开平和燕京两都并立的思想，可能在忽必烈即位后不久就已经趋于成熟，它不仅可以使和林建都的三重困难迎刃而解，也照顾到了蒙古民族本身的利益和生活习惯。由于当时漠北阿里不哥问题还没有彻底解决，山东军阀李璮又掀起叛乱，两都制的正式实施耽搁了几年，忽必烈大部分的时间驻在开平，到燕京也是驻帐于城郊的潮河川或涿州等地。中书省等机构都在开平理事，中统元年（1260）七月建立的燕京行中书省，也被要求于次年（1261）二月“阖省北上”③ 开平，处理政务。忽必烈即位的最初几年，政权的重心显然是放在开平。

---

① 参见［波斯］拉施特《史集》第2卷，第296页。《元史》卷四，《世祖纪一》。

② 《元史》卷一一九，《霸突鲁传》。

③ 王恽：《秋涧文集》卷八〇，《中堂事记上》。

中统二年（1261）十二月，“初立宫殿府，秩正四品，专职营缮”[①]。中统三年（1262）二月，将兴州、松山县和望云县划归开平府。五月，自燕京至开平立牛驿。闰九月，从燕京的顺州（今北京市顺义区）向开平置驿站六处。十二月，在抚州（当时已升为隆兴府）建立行宫。中统四年（1263）四月，又从宣德州（今河北宣化）向开平方向置驿站。经过一系列准备工作之后，中统四年五月九日（1263 年6 月16 日），忽必烈下令将开平府升为都城，定名上都。次年（1264）八月十四日（1264 年9 月5 日），又将燕京改名为中都[②]，两都制度正式确定了下来。两都之中，中都为正都，上都为陪都。

定立两都之后，忽必烈着手对两个都城进行大规模的建设。至元四年（1267），在中都的东北新建都城。至元九年（1272）二月，改中都为大都。至元十三年（1276），大都城建成，到至元二十二年（1285），官衙和居民大多迁入了新城。上都的扩建和改造，也持续了五六年。

至元三年（1266）十二月，“建大安阁于上都”[③]，作为上都宫城的主体建筑。在此之前的至元元年（1264）四月，上都御苑官南家带请求修造驻跸凉楼（即东凉亭）和扩展牧地，忽必烈没有同意，下令待农闲时再行建造。[④] 大安阁原来是金代故都汴梁的熙春阁，拆迁到了上都。[⑤] 根据波斯史家拉施特的记载，大安阁的所在地原为开平城旁草地中的一个湖泊，建筑工匠们先将湖水排干，用石灰和碎砖填死湖的水源和湖坑，铺上石板，然后在上面建造宫殿。在宫殿的周围，还修筑了一道木墙。[⑥] 此后，皇帝到上都大部分时间都住在宫中，不再风餐露宿，驻帐草地。

除修建宫城外，在上都还增建了一些其他必要的设施，如至元四年（1267）五月，“敕上都重建孔子庙”[⑦]；至元五年（1268）正月，在上都建城隍庙；等等。至于官廨的补建、城墙的修理以及宫城内部的改造，则持续了很长的时间。

忽必烈大兴土木，建造都城，曾遭到来自蒙古族内部的非议。西北蒙古

① 《元史》卷四，《世祖纪一》。
② 参见《元史》卷五，《世祖纪二》。
③ 《元史》卷六，《世祖纪三》。
④ 参见《元史》卷五，《世祖纪二》。
⑤ 参见《析津志辑佚·岁纪》，第221 页。
⑥ 参见［波斯］拉施特《史集》第2 卷，第325 页。
⑦ 《元史》卷六，《世祖纪三》。

宗王特别遣使诘问："本朝旧俗与汉法异，今留汉地，建都邑城郭，仪文制度，遵用汉法，其故何如?"[①] 这些责问并没有动摇忽必烈实行两都制度的决心。将大都定为首都，不但可以加强对中原的统治，还为实现统一全国的政治愿望准备了条件。以上都作为陪都，保持蒙古族旧俗，联系蒙古宗王和贵族，则为蒙古族的发展提供了较好的条件。两都制的实施，对蒙古族是有好处的。

至元十五年（1278），龙冈失火，延烧民房，有人以此大做文章，要求迁移上都都邑，遭到枢密副使张易和中书左丞张文谦的坚决反对。忽必烈为此特别求问于术士田忠良，田忠良转达了畏吾儿人廉希宪的意见，认为上都是"圣上龙飞，国家根本"，失火乃为常事，"无令杂学小生，妄谈风水，惑动上意"[②]。忽必烈听信了廉、田的劝告，移都的议论很快就烟消云散了。

大德十一年（1307）六月，元武宗海山在隆兴路的旺兀察都建立行宫，"立宫阙为中都"[③]。次年（1308）七月，行宫落成，正式置中都留守司，兼开宁路都总管府，元朝都城由此增为三个。元武宗在位期间，为建设中都耗费了大量的人力和钱财。至大四年（1311）正月，元武宗病死，其弟爱育黎拔力八达秉政，很快下令停止建造中都。三月，爱育黎拔力八达即位；四月，废罢中都留守司，复置隆兴路总管府，"凡创置司存悉罢之"[④]。中都的建制，实际上只有两年零十个月。[⑤]

第二节　两都交通线一——驿路

从大都前往上都，按照波斯人拉施特的记载，有三条道路：一条是供打猎用的禁路，除持有诏书的急使外，任何人不得由此路通过；另一条路经过撒马尔罕人居住的荨麻林，沿上都河直行；第三条路需通过名为 sy – klynk 的高地进入草原。[⑥] 元人周伯琦则说有四条路可通上都："大抵两都相望，不满千里，往来者有四道焉，曰驿路，曰东路二，曰西路。东路二者，一由黑

① 《元史》卷一二五，《高智耀传》。
② 《国朝文类》卷六五，元明善：《平章政事廉文正王神道碑》。
③ 《元史》卷二二，《武宗纪一》。
④ 《元史》卷二四，《仁宗纪一》。
⑤ 关于元中都的情况，见本书下篇附录三。
⑥ 参见［波斯］拉施特《史集》第 2 卷，第 324—325 页。

谷，一由古北口。”拉施特的所谓“禁路”，应该就是周伯琦所称东路二，“古北口路东道，御史按行处也”；黑谷辇路，“每岁扈从，皆国族大臣及环卫有执事者，若文臣仕至白首或终身不能至其地也”[①]。荨麻林之路，正是周伯琦所谓的西路。那么第三条路就应指周伯琦所称驿路。元朝人一般赴上都多经由驿路，驿路实际上成为两都间最重要的交通干线，所以我们应该先介绍该路的情况。

由大都至上都的驿路，长八百余里[②]，主要经过以下地点：

（1）大都建德门。元大都有十一个城门，东、西、南各三门，北边只开两门，东为安贞门（今北京安定门小关），西为建德门（今德胜门小关）。由大都北行赴上都，大多从建德门出京城，当时人们都以该门作为驿路的起点。“北顾宫廷暑气清，神尧圣禹继升平。今朝建德门前马，千里滦京第一程。”[③]

（2）昌平县。昌平县距大都城七十里，至上都七百三十里。[④] 由大都北行者大多在县城留宿。[⑤]

（3）新店。新店亦作辛店，“距京师仅百里”，元朝初年常被行人视为休息场所。[⑥]

（4）南口、居庸关、北口。由南口过居庸关至北口，长四十余里，都在山峡中行走，穿越弹琴峡、八达岭。[⑦] 峻峭的山势和众多的古迹，往往给行人留下深刻的印象。元朝的文人，留下了大量歌咏居庸关及其附近名胜的诗篇。

（5）居庸关过街塔。元顺帝至正二年至五年（1342—1345），在居庸关建“过街三塔”，塔下设门以通往来，门洞壁面刻有梵文、藏文、八思巴文、畏兀儿文、西夏文、汉文六种文字经文咒语，塔门及刻文今存。在交通隘口设立塔门，是朝廷希图“普令往来皆得顶戴”佛祖，“下通人行，皈依佛乘，普受法施”[⑧]。

---

① 周伯琦：《扈从集·前序》。
② 参见《永乐大典》卷一九四二一，《经世大典·站赤》“天历元年四月十五日”条。
③ 杨允孚：《滦京杂咏》卷上。
④ 参见《元一统志》卷一。
⑤ 参见胡助《纯白斋类稿》卷二，《上京纪行诗·昌平》。杨允孚：《滦京杂咏》卷上。
⑥ 参见王恽《秋涧文集》卷八〇，《中堂事记上》。周伯琦：《扈从集·前序》。
⑦ 参见《元一统志》卷一。
⑧ 详见宿白《居庸关过街塔考稿》，载《文物》1964 年第 4 期。

（6）榆林驿。榆林驿距北口二十余里，地处今康庄附近，现仍称榆林堡。“其地大山北环”，即汉代的“榆谿旧塞”。在驿的附近建有一处御苑，供皇帝途经时游玩。[①]

（7）怀来县。怀来县距北口五十三里，在今怀来县东，现旧城已在修官厅水库时淹没。该地有一种名为“玉液”的泉水，造酒甚佳，“官为置务岁供御醪焉”[②]。

（8）统墓店。由怀来西行，过狼居西山（今狼山）至统墓店（今土木堡镇，亦译为统幕），因店北旧有“统军墓”而得名。驿路至此折向北行。

（9）洪赞。洪赞在统墓店北三十余里处。今杏林堡之南，有西洪站、东洪站两地名，当即元朝之洪赞。

（10）枪杆岭。枪杆岭在统墓店正北，亦称为桑乾岭，今称长安岭。山路“九折盘纡”，在驿路上“兹山称最高”[③]。因为俗传真龙天子不上枪杆，所以皇帝北赴上都时不走驿路经此岭，只走东、西道。[④]

（11）李老谷、尖帽山。枪杆岭北十余里处为李老谷，驿路由谷中穿过，过谷后可望见尖帽山，是元朝埋葬后妃的陵地。[⑤]

（12）龙门站、雕窝站。龙门、雕窝两站大致平行，在东西一条线上，相距四十余里，即今龙关和雕鹗堡。[⑥] 龙门站所在地龙门镇，于至元二十八年（1291）升成望云县，隶于上都路的云州。县北是横亘山崖、与枪杆岭相接的战国与唐代修建的古长城。[⑦] 元人北行，大多经由龙门站，南返则走雕窝（亦作雕窠）的为多。由望云北行，过合门岭（今大岭堡附近）。[⑧] 该岭距雕窝站二十五里。

（13）赤城站。赤城站在今赤城县所在地，因“山石似丹垩”而得名，沽河（今白河）由城边流过。经过此地的人说它“市廛集商贾，有驿通上

① 参见杨允孚《滦京杂咏》卷上。

② 王恽：《秋涧文集》卷八〇，《中堂事记上》。

③ 黄溍：《金华黄先生文集》卷四，《上京道中杂诗・枪杆岭》。胡助：《纯白斋类稿》卷一四，《上京纪行诗・枪杆岭二首》。

④ 参见杨允孚《滦京杂咏》卷上。

⑤ 同上。

⑥ 参见《永乐大典》卷一九四二二，《经世大典・站赤》。

⑦ 参见《元史》卷五八，《地理志一》。《元一统志》卷一。

⑧ 参见袁桷《清容居士集》卷一五，《开平第三集・龙门・合门岭》。柳贯：《柳待制文集》卷二，《乘海青车过赤城雕窝》。

京"[①]，可知这是驿路上一个重要的市镇。从赤城出发，始沿沽河北行。

（14）云州。云州为旧望云县址，中统四年（1263）五月升为云州，现在仍称为云州。

（15）独石口站。独石口站设于今独石口，距赤城站约百里。从龙门站起早赶路，一日内可达独石口。[②]

（16）偏岭、檐子洼。出独石口后，行四十余里至偏岭。"过人到偏岭之北，面不可洗，头不可梳，冷极故也。过此始有暖意"，"谁信片云三十里，寒暄只隔比重山"。过岭后进入草原，偏岭和檐子洼是驿路上草原和谷地的分界线，地点应当在今沽源县境长梁附近。"自从始出关，数日走崖谷。迢迢度偏岭，险尽得平陆。坡陀皆土山，高下纷起伏。连天暗丰草，不复见林木。"行人至此，始感语言不通，所见皆游牧生活。[③]

（17）牛群头驿。牛群头驿在今河北沽源县南十余里处。其地"有驿，有邮亭，有巡检司，阛阓甚盛，居者三千余家"[④]，是东道辇路与驿路的会合点。

（18）察罕脑儿。察罕脑儿为蒙古语，意为"白海子"，湖在今沽源县北数里处。元朝在此处设有行宫，称作亨嘉殿，"阙廷如上京而杀焉"[⑤]。居民有二百余家。西道在察罕脑儿与驿路会合。[⑥] 在行宫东面，建有明安驿（今沽源县北小红城），供行人宿顿。

（19）李陵台驿。李陵台遗址在今正蓝旗西南的黑城子。按元人的计算，该地距上都为一百余里。[⑦] "日暮官道边，土室容小憩。"[⑧] 李陵台驿站的规模大约不小，来往行人必在此处过夜。

（20）桓州。即前述金桓州，距上都五十里左右，元时仍有州的建置，详见后述。

（21）望都铺。望都铺在桓州东北，距上都三十余里，有胡助的诗篇为

① 胡助：《纯白斋类稿》卷二，《上京纪行诗·赤城》。
② 参见柳贯《柳待制文集》卷二，《晓发龙门次独石赋呈杨廷镇修撰》。
③ 参见杨允孚《滦京杂咏》卷上。黄溍：《上京道中杂诗·檐子洼》。
④ 周伯琦：《扈从集·前序》。
⑤ 同上。
⑥ 参见杨允孚《滦京杂咏》卷上。
⑦ 同上。
⑧ 黄溍：《上京道中杂诗·李陵台》。

证：“坡陀散漫草茸茸，地接乌桓古塞风。仰止神京三十里，楼台缥缈碧云中。”[1] 此地当即所谓的“南坡店”，“去上京止一舍耳”[2]。

（22）滦河。由望都铺过滦河即达上都，人们往往将滦河视为驿路的终点。干旱季节时滦河水甚浅，“行人驱车上滦河，滦河水浅人易过”[3]。一旦遇雨，不但道路泥泞，滦河水亦暴涨为奔腾急流，[4] 不易通行，到今天仍是如此。

忽必烈即位以前，经宣德、野狐岭至开平的道路（即后来的西道）为驿路。中统元年（1260）五月，忽必烈下诏立望云驿，在望云与榆林之间“酌中处”亦立一站，即洪赞站，由燕京至开平的望云道就此开通。[5] 次年（1261），赴开平的燕京行省官员就是由此路南返燕京，路程共计十天，[6] 中统三年（1262）四月，整顿“开平站路”，设置雕窝、枪杆岭、土墓（统墓）、北口、南口等站，将望云道正式定为驿路。[7] 此后，枪杆岭、北口、南口、土墓等站相继罢去，由大都至上都共设昌平、榆林、洪赞、雕窝、赤城、独石口、牛群头、明安（察罕脑儿，亦称昔宝赤驿）、李陵台、桓州十处驿站。至元二十九年（1292）六月，通政院官员上奏，“赤城站南至刁窝（雕窝），北至独石，各九十里，中间山路窄狭，河水数多，比之其余站赤地里远窎，委实生受，因而站户逃窜，倒断站赤”[8]，请求增立一站，忽必烈遂批准建龙门站，两都之间的驿站增为十一处。元仁宗延祐元年（1314）之前，在滦阳亦设置了驿站。元英宗至治元年（1321）时的公文称大都与上都之间为十三站，不知在何处又增设了一站。到元文宗即位后，大臣上报的驿站只有包括滦阳在内的十二站。[9] 元文宗时定制，罢去了滦阳站，两都间恢复为元世祖时的十一站。在现存元朝政书和地志书中，都记有这十一个站的名称，分记在大都路与上都路之下。[10]

---

① 胡助：《纯白斋类稿》卷一四，《上京纪行诗·题望都铺》。

② 周伯琦：《扈从集·前序》。

③ 胡助：《纯白斋类稿》卷五，《上京纪行诗·滦河曲》。

④ 参见袁桷《清容居士集》卷一五，《开平第三集·滦河》。

⑤ 参见《元史》卷四，《世祖纪一》。《永乐大典》卷一九四一六，《经世大典·站赤》。

⑥ 参见王恽《秋涧文集》卷八二，《中堂事记下》。

⑦ 参见《永乐大典》卷一九四一六。

⑧ 《永乐大典》卷一九四二三，《经世大典·站赤》“至元二十九年六月”条。

⑨ 参见《永乐大典》卷一九四二一，《经世大典·站赤》“延祐元年十月十九日”“至治元年六月十日”“天历元年十一月十日”诸条。

⑩ 参见《永乐大典》卷一九四二二，《经世大典·站赤》。《析津志辑佚》，第124页。

大都和上都间的这条驿路，又是由大都至和林的“兀鲁思两道”（即官道）的一段。和林虽然在忽必烈即位后失去了都城的地位，但仍然是北方的一大重镇。分布在岭北行省各地的诸王、贵戚，每年要到上都朝会，元朝派往漠北的使臣、官吏和军队，都要经过驿路转送，粮食和其他物资也要通过驿道运输。从上都北上，经鱼儿泊、克鲁伦河上游至和林，是大蒙古国时期燕京通和林的旧道，元代成为“兀鲁思两道”中的东道，称为“帖里干站道”；由李陵台西行，过兴和路、大同路北境，自丰州西北甸城谷出天山（今大青山），北历净州（今内蒙古乌兰察布市四子王旗乌兰花西北城卜子古城）、沙井（今内蒙古乌兰察布市四子王旗红格尔乡）入和林行省，为“兀鲁思两道”的西道，称为“木怜站道”[①]。从大都到和林，上都是重要的交通枢纽。帖里干站道和木怜站道在李陵台合为一，赴岭北的人大多要经由大都至上都的驿路。

第三节　两都交通线二——东道

东道两路，由古北口出行者行人较少，由黑谷上行者为皇帝赴上都所走路线，下面分别加以说明。

黑谷东道，俗称“辇路”。至正十二年（1352）随元顺帝由辇路赴上都的监察御史周伯琦称该路总长七百五十余里，设有以下十八处捺钵[②]：

（1）大口。大口距建德门二十里，“其地有三大垤，土人谓之三疙疸”。因为此处为出京第一捺钵，“车驾春秋往还，百官迎送于此”[③]。其地当在今海淀北境。王恽等人元初由燕京北上开平，第一站为海店，“距京城廿里”[④]，疑海店即后来的大口。

（2）黄堠店。黄堠店在京城西北六十里，与皂角捺钵相近。每岁大驾往还皆经于此。[⑤]

（3）皂角。皂角毗邻黄堠店，具体地望不详。大都正北数十里处的太平

① 参见陈得芝《元岭北行省诸驿道考》，《元史及北方民族史研究集刊》1977 年第 1 期。

② 参见周伯琦《扈从集・前序》。

③ 周伯琦：《扈从集・纪行诗・大口》。熊梦祥记大口在京城西北四十里，详见《析津志辑佚》，第 246 页。

④ 王恽：《秋涧文集》卷八〇，《中堂事记上》。

⑤ 参见《析津志辑佚》，第 246 页。

庄，“乃世祖经行之地，营盘所在，春秋往来，牧放卫士头匹”[①]。所谓皂角捺钵，可能就在太平庄。

（4）龙虎台。龙虎台在昌平县西北，距居庸关二十五里，即新店（辛店）捺钵，“距京师仅百里”。该地“高平宽敞，有踞虎蟠龙之势”[②]，故称龙虎台。当时人称居庸关“南龙虎台，北棒槌店，皆有次舍，国言谓之纳钵”[③]。

（5）棒槌店。周伯琦记由上都返回大都时，过榆林驿至妫头纳钵。元成宗时曾“驻跸阻妫之地，受诸王百官贺”，阻妫当即妫头异称，该地距怀来县城五十五里，距居庸关十里，即在北口附近。[④] 元代的北口，亦为上都路龙庆州（今北京延庆县）的东口。妫头与棒槌店应为同一捺钵，地点就在北口。

（6）官山。官山即今独山，蒙古皇帝曾选作过避暑地，已见前述。出棒槌店后，辇路在岔道口（今北京延庆县南二十里处）与驿路分途，折向东北，抵官山。“居庸东北路，草细一川平。夹岸山屏转，穿沙水带萦”[⑤]，辇路的大半路程，都在山中穿行。

（7）车坊。车坊在缙山县（今北京延庆县）东。由于元仁宗爱育黎拔力八达出生于缙山，特于延祐三年（1316）将该县升为龙庆州，隶于大都路。

（8）黑谷。黑谷在缙山县东北，今名黑峪口。

（9）色泽岭。色泽岭今名佛爷崮，海拔 1252 米。“其山高峻，曲折而上，凡十八盘而即平地”。周伯琦有诗咏十八盘岭云：“车坊尚平地，近岭昼生寒。拔地数千丈，凌空十八盘。飞泉鸣乱石，危磴护重关。俯视人寰隘，真疑长羽翰。”[⑥]

（10）程子头。过十八盘后，“历龙门（今名龙门所，在赤城东二十余里处）及黑石头，过黄土岭，至程子头”。程子头今地不详，似应为龙门所东北的东万口。

---

① 《元史》卷一〇〇，《兵志三·屯田》。

② 周伯琦：《扈从集·前序》。王恽：《秋涧文集》卷八〇，《中堂事记上》。《析津志辑佚》，第 261 页。

③ 《析津志辑佚》，第 252 页。

④ 参见周伯琦《扈从集·后序》。《元史》卷一九，《成宗纪二》。

⑤ 周伯琦：《扈从集·纪行诗》。

⑥ 同上。

（11）颉家营。由程子头过摩儿岭，至颉家营，具体地望亦不详。

（12）沙岭。领家营前行历白塔儿至沙岭，地点应当在今沽源县境丰元店附近。周伯琦说："自车坊、黑谷至此，凡三百一十里，皆山路崎岖……人烟并村邬僻处二三十家各成聚落，种蓺自养……近沙岭则土山连亘，堆阜连络，惟青草而已。地皆白沙，深没马足，故岭以是名。过此则朔漠，平川如掌，天气陡凉，风物大不同矣。"

（13）失八儿秃。蒙古语"失八儿秃"，意为"有泥淖"，即牛群头。东道辇路与驿路在牛群头汇合后，驿站与捺钵并不在一起，该地驿站名牛群头，捺钵名为失八儿秃。以下各站情况相同。

（14）郑谷店。察罕脑儿行宫捺钵。

（15）泥河儿。明安驿捺钵。

（16）双庙儿。李陵台驿捺钵。

（17）六十里店。六十里店因距上都六十里得名，桓州捺钵。

（18）南坡店。望都铺捺钵。

在辇路上，除了两端与驿路相合部分设有驿站外，官山至沙岭段只有捺钵，因为禁止寻常人行走，所以不需要设置驿站。

出古北口赴上都的"御史按行"东道，由大都出发，第一站为顺州（今北京顺义区），"西北至上都八百里，西南至大都七十里"[①]，所以全程应为八百七十余里。顺州东北行七十里至檀州（今北京密云县）。由檀州再东北行七十余里，即古北口。在古北口的南面，是重要的屯军地点潮河川。路出古北口后，北至宜兴州（今河北滦平县北兴州村小城子），随后沿滦河西北口行，至上都东凉亭（今内蒙古锡林郭勒盟多伦县北白城子），为最后一站，再行数十里达上郡。东凉亭与古北口之间的距离，按明人所记为四百一十六里，经由以下地点："开平南五十里曰东凉亭，又四十里曰沉河，五十里曰叭八，六十里曰黄崖，五十里曰滦河，又五十里曰灰岭，六十里曰古城，又五十里曰青松，又南五十六里即古北口矣。"[②] 这条朵颜三卫入京朝贡经行的道路，显然是沿承了元代两都交通的东道，唯所经地点已难确考。这条道路，在忽必烈即位初年也已经开通。中统二年（1261）八月，立檀州驿。十月，平章政事塔察儿率军队万人"由古北口西便道赴行在所（当时忽

① 《元一统志》卷一。

② 顾祖禹：《读史方舆纪要》卷一八。

必烈在开平附近)"①。十一月，忽必烈就是沿着这条路从开平返至潮河川驻帐。将该道确定为御史台（中央监察机构）官员专路的具体时间不详。从元初起，由大都向上都乃至岭北行省调动军队，大多也经由此路。东道二途之所以定为"禁路"，一条是皇帝专用，另一条似为监察官员和军队专用，所以都要避人耳目。

元代上都路的东边，是辖境包括今辽宁、吉林、黑龙江三省及黑龙江以北、乌苏里江以东地区的辽阳行省（治所在辽阳，今辽宁辽阳市）。上都与辽阳之间也有驿路相通，大抵由上都东出，过尖山寨、涌泉等驿站至松州（今赤峰市西南）出上都路境，历大宁（今内蒙古赤峰市宁城县)、广宁（今辽宁北镇市）等地至辽阳。大都和上都通往辽阳的驿路在大宁会合。②

第四节　两都交通线三——西道

元朝皇帝每年巡幸上都，大多"东出西还"③，即由东道辇路赴上都，经西道返回大都。我们亦按照当时的习俗，从上都开始，叙述西道所经过的重要地点。

根据周伯琦的记载，西道全长一千零九十五里，设有二十四处捺钵。④

（1）南坡店。此捺钵不在周伯琦二十四捺钵之内，加此处西道共计二十五捺钵，详见后述。

（2）六十里店。至正二十年（1360）元顺帝返大都时，一日即由上都行至六十里店，未在南坡留宿。但并非皇帝南返时均不在南坡停留。至治三年（1323）八月初四元英宗由上都南还大都，当日"驻跸南坡"⑤，即为很好的例证。

（3）双庙儿。

（4）泥河儿。

（5）郑谷店。西道至察罕脑儿始转向西行，与驿路和东道辇路分途。

---

① 《元史》卷四，《世祖纪一》。

② 参见《析津志辑佚》，第122—124页。《永乐大典》卷一九四一七；《经世大典·站赤》"至元十七年二月"条。

③ 周伯琦：《扈从集·后序》。

④ 参见周伯琦《扈从集·后序》。凡本节引文未注出处者，皆本于此。

⑤ 《元史》卷二八，《英宗纪二》。

（6）盖里泊。盖里泊又译为界里泊、盖利泊，即今内蒙古锡林郭勒盟太仆寺旗南境巴彦查干诺尔。泊西另有一个小海子，称为狗泊，今名九连城诺尔。大蒙古国时期进入草原的丘处机、徐霆和张德辉等都曾经行此处。[①] 狗泊旁的昌州，延祐六年（1319）改为宝昌州，隶兴和路。[②] 周伯琦称由察罕脑儿西行，“至怀秃脑儿，有大海在纳钵后。怀秃脑儿，犹汉言后海也”。怀秃脑儿即盖里泊。

（7）遮里哈剌。由盖里泊西南行抵鸳鸯泊（蒙古语作“昂兀脑儿”）。这里距察罕脑儿百余里，即今河北张北县西北之安固里淖。“其地南北皆水泊，势如湖海，水禽集育其中。以其两水（一名平陀儿，一名石顶河儿），故名曰鸳鸯，或云水禽惟鸳鸯最多。”遮里哈剌，意为“远望则黑”，这是鸳鸯泊捺钵的名称。

（8）苦水河儿。今地不详。

（9）“回回”柴。“回回”柴蒙古语名为“忽鲁秃”，意为“有水泊”。苦水河与“回回”柴两捺钵均在宝昌州辖境之内。

（10）忽察秃。忽察秃意为“有山羊处”，在兴和西二十里处。其地水草丰美，“野兔最多，鹰人善捕，岁资为食”。

（11）兴和路。兴和路即原抚州（今河北张北县），中统三年（1262）十一月升为隆兴府，十二月建行宫于此，后升为路。皇庆元年（1312）十月，隆兴路改为兴和路，辖宝昌州和高原、怀安、天成、威宁四县，全路人口近四万户。[③] 由于皇帝每年都要经过此地，“故置有司为供亿之所，城郭周完，阛阓丛多，可三千家”。其地距太原一千余里，太原人迁来定居的甚多。

（12）野狐岭。野狐岭亦称隘狐岭、额狐岭、扼胡岭，在兴和南三四十里处，今张家口市西北膳房堡北。[④] 其地高寒，七月初宿岭下，仍“早起极冷，手足俱冻”[⑤]。过岭后东南盘折而下至平地，气温骤高，行人均要减衣。皇帝的捺钵置于野狐岭上。

（13）得胜口。得胜口距野狐岭三十余里，旁为荨麻林，今称洗马林。

---

① 参见李志常《长春真人西游记》卷上。彭大雅、徐霆：《黑鞑事略》，第6页；王恽：《秋涧文集》卷一〇〇，张德辉《纪行》。

② 参见《元史》卷五八，《地理志一》。

③ 参见《元史》卷五，《世祖纪二》；卷五八，《地理志一》。

④ 参见《元一统志》卷一。

⑤ 彭大雅、徐霆：《黑鞑事略》，第3页。

拉施特称荨麻林居民多为中亚撒马尔罕人，按照他们的习惯，建了不少花园。[①] 马可·波罗说在荨麻林住的是阿儿浑人和“回回”人。[②] 阿儿浑人和“回回”人都来自中亚，也就是拉施特所说的撒马尔罕人。早在窝阔台汗时，就有“阿儿浑军并回回人匠三千户驻于荨麻林”。元成宗元贞元年（1295）六月，在荨麻林设置了侍卫亲军机构西域卫，统管阿儿浑军，亦称阿儿浑卫。[③] 在得胜口附近确实建有御花园，“杂植诸果，中置行宫”。有几种水果乃自西域传来，称作“回回果”。由得胜口南行十四里为宣平县（今张家口市东北宣平堡），是人口不多的一个小邑。

（14）沙岭。沙岭亦称沙岭子口，[④] 今名沙岭子，距宣平县三十里。

（15）宣德府。宣德府距沙岭五十里，今河北宣化县。后至元三年（1337）八月大都大地震后，改名为顺宁府。[⑤]

（16）鸡鸣山。由宣德过坳儿岭，向东南行四十里岭路，至鸡鸣山。山在今下花园南边。张德辉过此时，有一处邸店，称作“平舆”[⑥]。山南现存鸡鸣驿城一座，为明代所建。[⑦]

（17）丰乐。过鸡鸣山二十里至雷家店驿站，站在今新保安附近，驿站西北十里处为丰乐捺钵。

（18）阻车。阻车距丰乐二十里，在雷家店东南。

（19）统墓店。由阻车捺钵前行二十里至统墓店，西道在此处与驿路会合。

（20）怀来县。怀来县捺钵设在县南二里处。皇帝北返至此，“凡官署留京师者，皆盛具牲酒果核于此，候迎大驾，仍张大宴，庆北还也”。

（21）妫头。妫头即棒槌店，西道至此与东道辇路合途，以下捺钵与辇路捺钵完全相同。

（22）龙虎台。

（23）皂角。

---

① 参见［波斯］拉施特《史集》第2卷，第324页。

② 参见《马可波罗游记》，第181—185页，摩勒（A. C. Moule）、伯希和（P. Pelliot）译本。

③ 参见《元史》卷一二二，《哈散纳传》；卷一八，《成宗纪一》；卷四〇，《顺帝纪三》；卷九九，《兵志二·宿卫》。

④ 参见王恽《秋涧文集》，张德辉：《纪行》。

⑤ 参见《元史》卷四〇，《顺帝纪三》；卷五八，《地理志一》。

⑥ 参见王恽《秋涧文集》，张德辉：《纪行》。

⑦ 参见顾祖禹《读史方舆纪要》卷一八。

（24）黄堠店。

（26）大口。

蒙古国时期，这条道路为驿道正路，设有多处驿站。以野狐岭为界，以北“诸驿皆蒙古部族所分主也，每驿各以主者之名名之”。由于野狐岭下第一站名为“孛落”，此段驿道乃被称为“孛老（即孛落异译）站道”[①]。中统三年（1262）改望云道为驿路正道后，孛老道变成“专一搬运段匹、杂造、皮货等物”[②] 的运输道路，在该路上的驿站大大减少，从统墓到察罕脑儿，只在雷家店、宣德等几处地方保持了原来的驿站设置。[③]

第五节　两都间交通的维护

为保证大都与上都之间四条交通路线的畅通，元朝统治者一方面建立健全站赤制度，给来往过客提供交通工具和食宿；另一方面在交通要塞设立军卫，保护行人的安全。

元朝在两都交通线上设置驿站的情况已见前述。在站赤承当差役的人，称为站户。站户是从民户中按一定财产标准签发出来的。在蒙古各部中，选择畜产多者应役；在中原地区，一般是按户等从中户里签发。一旦被签发为站户登记入籍后，即世代相承，不得改易。两都间的站赤，绝大多数是马站。马站户的主要职责是饲养站马（亦称铺马，蒙古语称为“兀剌”），随时提供驿站使用。按规定四户共养正马一匹，贴马（备用马）一匹，还要出人丁作马夫（蒙古语为“兀剌赤”），迎送往来使臣和递换接送铺马。此外，马站户有义务为过往使臣提供饮食、灯油、柴炭等，按照当时的分例，每名使臣每日支肉一斤，面一斤，米一斤，酒一瓶或一升；从人只支米、面；冬天加供取暖柴炭。这种供应，蒙古语称为“首思”，原意为汤、汁，汉文意译为“祇应”[④]。

在两都交通线上的站户，总数一万户左右。[⑤] 各站配置的站户人数并不

① 王恽：《秋涧文集》，张德辉：《纪行》。

② 《永乐大典》卷一九四一六，《经世大典·站赤》。

③ 参见《元一统志》，第124页。

④ 参见陈高华《论元代的站户》，《元史论丛》第2辑，中华书局1983年版。

⑤ 参见《永乐大典》卷一九四一九，《经世大典·站赤》“至元二十九年二月”条。

一样，榆林、洪赞、雕窝、独石口等较大站赤站户一千三百五十户左右，[①]宣平等小站则只有两三百户[②]。驿路以偏岭为界，岭南至大都各站由汉人充站户，岭北至上都各站以蒙古人应役。西路以兴和为界，分置蒙古、汉人站户。[③] 蒙古站户来自附近的蒙古部落。汉人站户除了部分在邻近一些州县签发外，大多来自外地，如云州的站户“乃逸南州城远来之人”[④]；榆林站有来自山东夏津县的站户。[⑤] 增设龙门站时，站户是从保定至大名的驿路上调来的。[⑥] 正因为“大都、上都站户多系迤南路分签拨前来当役，相去窎远，供给频劳”，规定由官府量给首思。以后各路站赤纷纷要求效仿此种规定，元朝于至元二十年（1283）对此作了修改，“大都、上都站赤系天下之总”，其站户“一体自备经过使臣下马日首思”[⑦]，但和雇和买与一切杂泛差役则尽行免除。以后基本上照此执行。

各站的马匹和车辆，原则上由站户自备，有时由政府购买，分给站户保养和使用。由于“大都至上都站赤，每岁车驾行幸，诸王百官往复，给驿频繁”，车、马往往不敷供给，“递运系官及投下诸物”[⑧] 经常不能按期到达，政府不能不添加车辆和增备牲口。到元代中期以后，两都间十三站（驿路全部站赤加西路雷家店、宣德二站）的马匹、车辆等有了比较固定的配置：

昌平	马 127 匹，车 53 辆，驴 424 头
榆林	马 250 匹，车 40 辆，驴 400 头
洪赞	马 105 匹，车 40 辆，驴 420 头
雕窝	马 100 匹，车 40 辆，驴 400 头
龙门	马 96 匹，车 40 辆
赤城	马 100 匹，车 40 辆，驴 400 头

① 参见《永乐大典》卷一九四一七，《经世大典·站赤》“至元十六年九月”条。

② 参见《永乐大典》卷一九四一六，《经世大典·站赤》“中统四年四月”条。

③ 参见《永乐大典》卷一九四一六，《经世大典·站赤》“中统四年五月”条。

④ 《永乐大典》卷一九四一六，《经世大典·站赤》“至元二年正月”条。

⑤ 参见《永乐大典》卷一九四二〇，《经世大典·站赤》“至六四年五月”条。

⑥ 参见《永乐大典》卷一九四二三，《六条政类》“安置龙门站”条。

⑦ 《永乐大典》卷一九四一八、一九四一九，《经世大典·站赤》“至元二十年七月”“至元二十九年十一月”“大德五年十二月”条。和雇和买，是国家以合理价格雇佣百姓的车船或购买百姓的物品。

⑧ 《永乐大典》卷一九四一六、一九四二〇，《经世大典·站赤》“至元二年五月”“至大三年八月”条。

独石	马 100 匹，车 40 辆
牛群头	马 216 匹，车 80 辆，牛 320 头
明安	马 158 匹，车 80 辆，牛 320 头
李陵台	马 208 匹，车 80 辆，牛 320 头
桓州	马 158 匹，车 80 辆，牛 320 头
雷家店	马 70 匹，车 20 辆，驴 200 头
宣德	马 100 匹，车 20 辆，驴 200 头①

乘骑驿马和使用车辆，要有官府的证明或诸王的令旨。官府证明分铺马圣旨（亦称铺马札子、御宝圣旨）、金字圆符（铁制，亦称圆牌）、银字圆符三种。“诸朝廷军情大事，奉旨遣使者，佩以金字圆符给驿，其余小事，止用御宝圣旨。诸王公主驸马亦为军情急务遣使者，佩以银字圆符给驿，其余止用御宝圣旨。”② 站赤验符、旨给驿和供应首思，持圆符者有优先的权利。元朝政府原来规定给驿范围很严格，“除朝廷军情急速公事之外，毋得擅差铺马”③。但是无论贵族、高级僧侣或是官吏都千方百计觅取铺马圣旨和圆符，享受免费供应的站马和首思，利用当时最完善、最便利的交通体系，其结果是给驿路带来过重的负担，造成了“给驿泛滥”的困局。这种现象在两都交通线上尤其突出，“大都至上都沿途站户消乏”④ 情况十分严重，统治者虽然采取了一些诸如救济站户、限制给驿等补救方法，但始终未能彻底解决这一问题。

为减轻两都间交通的压力，至元二十八年（1291），有人建议“滦河自永平挽舟瑜山而上，可至开平”。至元三十年（1293）七月，司天监官员答木丁在上都向忽必烈又提出建议，用“匾船”通过滦河向上都运送粮食。由于所需人力较大，中书省臣认为“事涉繁重，不宜轻举，候回大都区处”⑤。后经过太史院官郭守敬等人的勘察，认为滦河难以通航，没有实行。

天历元年（1328），统治集团内部为争夺帝位在两都间爆发战争，上都军队将昌平、榆林、洪赞、雷家店、古北口等站站户轰散，“焚劫畜产房舍

---

① 参见《永乐大典》卷一九四二二，《经世大典·站赤》。

② 《元史》卷一〇三，《刑法志二·职制下》。

③ 《永乐大典》卷一九四一七，《经世大典·站赤》“至元十年九月”条。

④ 《永乐大典》卷一九四一九，《经世大典·站赤》“至元二十九年三月”条。

⑤ 《永乐大典》卷一九四一九，《经世大典·站赤》“至元三十年七月”条。

殆尽”①，两都交通设施受到严重破坏。局势稳定后，政府重新调拨马匹，招集站户，恢复站赤，两都之间的交通线勉强维持下来。元末，红巾军焚毁上都，两都驿站体系才完全解体。

由于居庸关是燕京通往北方的咽喉要道，大蒙古国统治者很早就在这里设兵守卫。成吉思汗时，命塔儿不台所统哈儿鲁军（亦作哈剌鲁，唐代葛逻禄人的后裔，原住巴儿喀什湖一带，蒙古西征时臣服）据守居庸关北口，此后该军就世代镇守于此。② 拖雷又在居庸关立南、北口屯军，各设千户所，负责“檄巡盗贼”③。忽必烈时增加了守隘汉军并将两个千户所升为上千户所。至大四年（1311）闰七月，枢密院官员上奏：“居庸关古道四十有三，军吏防守之处仅十有三，旧置千户，位轻责重，请置隆镇万户府，俾严守备。”④ 元朝政府决定从钦察、唐兀、贵赤、西域、左右阿速等色目卫军中抽调三千名军士，加上原来守隘的汉军六百九十三人，组成隆镇上万户府，分设十个千户。次年（1312），改为隆镇卫亲军都指挥使司，不久又将上述哈儿鲁军划入了隆镇卫。⑤ 隆镇卫不仅负责居庸关交通孔道的保卫，大都北面和西面的重要山口都由其掌管，它的下属千户分布在不同的地点，其职责都是徼巡盗贼，保护交通的畅通：

南口千户所	置司于昌平县居庸关
芦儿岭千户所	置司于昌平县北口
黄花镇千户所	置司于昌平县东口（即黄花口，在县东一百里）
白羊口千户所	置司于昌平县西北口（白羊口在昌平县西北三十里）
北口千户所	置司于龙庆州东口
隆镇千户所	置司于龙庆州北口
古北口千户所	置司于檀州面东口
迁民镇千户所	置司于大宁路东口

① 《永乐大典》卷一九四二一，《经世大典·站赤》“天历元年九月、十一月”条。
② 参见黄溍《金华黄先生文集》卷四三，《柏铁木儿家传》。
③ 参见《元史》卷九九，《兵志二·宿卫》；卷一一《世祖纪八》。
④ 《元史》卷二四，《仁宗纪一》。
⑤ 参见《元史》卷九九，《兵志二·宿卫》。

碑楼口千户所	置司于大同路应州金城县（今山西应县）东口
太和岭千户所	置司于大同路马邑县（今山西朔县东）太和岭隘（今山西雁门关北）
紫荆关千户所	置司于保定路易州易县紫荆关隘口[①]

为保证京师和“腹里”的安全，元朝设置了一个庞大的侍卫亲军组织。隆镇卫、西域卫、唐兀卫（1281 年设）、贵赤卫（1287 年设）、钦察卫（1286 年设，1321 年分为左、右两卫）、阿速卫（1309 年设，分为左、右两卫）、龙翊卫（1328 年设）、斡罗思卫（1330 年设）等，是由“诸国人之勇悍者聚为亲军宿卫”，当时称之为色目卫军。[②] 这些卫军大多屯戍在两都之间的交通干道附近。除了守卫关口的隆镇卫和在西道荨麻林的西域卫外，左、右阿速卫屯驻在古北口旁的潮河川，[③] 贵赤卫屯驻在檀州，[④] 斡罗思卫亦立营于大都北，[⑤] 钦察卫则常年在上都路及其附近屯驻[⑥]。在两都间设置的这些色目卫军，肩负着长期保护都城北大门、保障交通干线安全的任务。至于皇帝每年出巡时的人身安全保护，则由其他卫军专门负责，上都路本身亦设有卫军机构，详见后述。

两都之间的道路，大半为山路，崎岖难行，其危险地段需要经常派人修理与维护。由于站户负担已很沉重，因此修路的任务大多由驻军来承担。如至元十七年（1280）七月，发卫兵八百人治沙岭桥；[⑦] 至元十九年（1282）七月，发察罕脑儿军千人修缙山道。[⑧] 泰定二、三年（1324—1325），又调军修野狐岭、色泽岭、桑乾岭三岭道。[⑨] 至正十四年（1354）五月，“诏修砌北巡所经色泽岭、黑石头河西沿山道路，创建龙门等处石桥”[⑩]。

---

① 参见《元史》卷八六，《百官志二》。《元一统志》卷一。
② 参见《国朝文类》卷四一，《经世大典序录·军制》。《元史》卷九九，《兵志二·宿卫》。
③ 参见《元史》卷八六，《百官志二》。
④ 参见《元史》卷二二，《武宗纪一》。
⑤ 参见《元史》卷三四、三五，《文宗纪三、四》。
⑥ 参见《元史》卷三五，《文宗纪四》。
⑦ 参见《元史》卷一一，《世祖纪八》。
⑧ 参见《元史》卷一二，《世祖纪九》。
⑨ 参见《元史》卷二九，《泰定帝纪一》。
⑩ 《元史》卷四三，《顺帝纪六》。

元代的设站、立卫和修路等措施，为两都间的交通提供了保障。在至正十八年（1358）红巾军焚烧上都之前，两都交通线基本上畅通无阻。

第六节　两都巡幸制度

自从两都制度确立以后，元朝皇帝每年“北巡”上都，逐渐形成了一套巡幸制度，正如当时人所说：“皇朝建国之初，四征不庭，靡暇安处。世祖皇帝定两都以受朝贡，备万乘以息勤劳，次舍有恒处，车庐有恒治，春秋有恒时，游畋有度，燕享有节，有司以时供具，而法寓焉。此安不忘危，贻子孙万世之法者也。故列圣至于今，率修而行之。”① 上都巡幸，大致包括以下内容：

（1）行期。元朝民间士人对皇帝巡幸上都的时间，有一些零星的记载。如叶子奇说：“元世祖定大兴府为大都，开平府为上都。每年四月，迤北草青，则驾幸上都以避暑，颁赐于其宗戚，马亦就水草。八月草将枯，则驾回大都。自后官里岁以为常。车驾虽每岁往来于两都间，他无巡狩之事。”② 孔齐也说：“国朝每岁四月驾幸上都避暑，为故事，至重九还大都。”③ 这些记载大多来自道听途说，并非亲身所历，所以与事实颇有出入。元世祖忽必烈正式开始巡幸上都，是在中统四年（1263）。这年二月十三日由大都起程赴上都，八月二十五日返回大都。以后则大多在二月出发，偶尔在三月起行，从来没有推迟到四月。由上都返回大都的时间多在九月，有时提前到八月或推迟至十月。大都新城建成之后，忽必烈往往先在一月底或二月初“畋（打猎）于近郊”，地点在大都东南的柳林，返回大都宫殿后二至七天内即起程北上。元成宗铁穆耳基本遵循元世祖的巡幸时间，只有一次因为在二月份得病，才拖到四月成行。元武宗海山把巡幸时间确定在三月至九月。以后的皇帝，习惯于草地生活的如元英宗硕德八剌、元泰定帝也孙铁木儿等，都遵循三月至九月的巡幸时间，有时甚至有意延长在外时间，至上都气候已寒冷仍不还大都。如至治元年（1321）八月底，元英宗驻帐于兴和，“左右以寒甚，请还京师，帝曰：‘兵以牛、马为重，民以稼穑为本。朕迟留，盖欲马得刍

① 《国朝文类》卷四一，《经世大典序录·行幸》。

② 叶子奇：《草木子》卷三下，《杂制篇》。

③ 孔齐：《静斋至正直纪》卷一，《上都避暑》。

牧，民得刈获，一举两得，何计乎寒。'"① 习惯于汉地生活的如元仁宗爱育黎拔力八达、元文宗图帖睦尔及元顺帝妥懽帖睦尔等，由于对草原的寒冷气候不大适应，都尽量缩短在上都的时间，往往在四月甚至五月才从大都出发。上都地区"七月已似十月凉"②，入八月后更是"高处不胜寒"，随行的百官、侍卫、伎工等"多人南归之心，早已合矣"，所以多于七月即从上都起程南返，八月回到大都。元末人熊梦祥所记"九月车驾还都，初无定制，或在重九节前，或在节后，或在八月"③，这一记载是可信的。

（2）路程。从忽必烈起，皇帝的巡幸总是自东道辇路赴上都，西道返回大都。东道全长七百五十余里，十八处捺钵，元顺帝至正十二年（1352）巡幸用了二十四天，已见前述。忽必烈至元二十四年（1287）巡幸用了二十五天（闰二月二十九日至三月二十四日）。④ 元文宗至顺元年（1330）巡幸只用了十九天（五月十八日至六月六日）。⑤ 如该路每捺钵只住一宿恰需十九天，元文宗当即如此，而元世祖和元顺帝都是在某处停留了数日，所以要二十四五天，其他皇帝当大致相同。归程西道全长一千零九十五里，设二十四处捺钵，至正十二年（1275）巡幸仅用二十二天（七月二十二日至八月十三日），至顺元年（1330）巡幸用了二十三天（闰七月十八日至八月十一日），当有一至两处捺钵不停留。总的说来，来往里程虽然西路多于东道辇路，但所用时间相差不多，都在二十至二十五天之间。除此两道外，皇帝有时也经古北口道还大都，⑥ 所用时间则不得而知。

（3）随行人员。皇帝每年巡幸上都，除了后妃、太子和蒙古诸王外，"则宰执大臣下至百司庶府，各以其职分官扈从"，"文武百司，扈从惟谨"⑦。总全国政务的中书省，以皇太子兼中书令，下设右丞相、左丞相、平章政事、右丞、左丞、参政等职，每年只留平章政事、右丞（或左丞）数人居守大都，其余人都跟随皇帝出行上都。至大二年（1309）时，御史台官员建言："乘舆北幸，而京师工役正兴，加之岁旱乏食，民愚易惑，所关甚重，

① 《元史》卷二七，《英宗纪一》。
② 胡助：《纯白斋类稿》卷五，《秋夜长》。
③ 《析津志辑佚》，第204、221页。
④ 参见《元史》卷一四，《世祖纪一一》。
⑤ 参见《元史》卷三五，《文宗纪四》。
⑥ 如至元二十年（1283）纳钵，参见《元史》卷一二，《世祖纪九》。
⑦ 黄溍：《金华黄先生文集》卷八，《上都御史台殿中司题名记》《上都翰林国史院题名记》。

乞留一丞相镇京师，后为例。"[①] 这一建议得到了元武宗的同意。但这只是临时性措施，按照“国朝旧典”，中书右、左丞相必须从行。留守大都的中书省臣，往往每朝皇帝均专任一平章政事负责。以元泰定帝朝为例，泰定元年（1324）中书省留平章政事兀伯都剌、右丞善僧居守大都，泰定三年（1326）以平章政事兀伯都剌、察乃、善僧，右丞许师敬、左丞朵朵等留守大都，致和元年（1328）仍以兀伯都剌和平章伯颜察儿、左丞朵朵等人留守。[②] 负责全国军政的枢密院，除枢密使由皇太子兼任外，设有知院、同知、枢密副使、佥院等职，“车驾幸上都。旧制：枢府官从行，岁留一员司本院事，汉人不得与”[③]。留守的院官往往是副使或佥院，但其中实际上也有汉人，如至元十八年（1281），忽必烈出行上都，以佥院汉人董文忠“留居大都，凡宫御、城门、直舍、徼道、环卫、屯营、禁兵、太府、少府、军器、尚乘等监，皆领焉”[④]。原隶中书省的兵马司，亦隶其掌管。次年（1282）留守的枢密副使张易也是汉人。至元二十五年（1288）留守的院官则是汉人郑制宜。留守院官掌枢府符印，可以调动军队。至元十九年（1282）大都发生兵变，杀死留守的中书省臣阿合马、郝祯，就是由留守的张易发兵相助的。[⑤]

元泰定帝死后，留守大都的佥院燕铁木儿有权调动军队，所以能策动政变，逮捕留京的中书省臣。枢密院留守官确实有着举足轻重的作用。掌管监察的御史台，设有御史大夫、中丞、侍御史、治书侍御史等职，往往留中丞、侍御史数人在大都，其余人亦随行上都。除了这三个中央主要官府外，掌理皇族及蒙古各投下词讼等公事的大宗正府札鲁忽赤（断事官）、负责农田水利的大司农、统管释教僧徒及吐蕃地区的宣政使、掌供帝后饮食的宣徽使以及集贤院、翰林国史院、蒙古翰林院、太常仪礼院、典瑞院、太史院、太医院、将作院等机构的正职官员，都在随行之列。

皇帝离开大都后，往往指定一名蒙古宗王留在大都，代管中央各留守机构。这种制度大约始于元代中期。仍以元泰定帝朝为例，泰定元年（1324），

---

① 《元史》卷二三，《武宗纪二》。

② 参见《元史》卷二九，《泰定帝纪一》；卷三〇，《泰定帝纪二》；卷三二，《文宗纪一》。

③ 《元史》卷一五四，《郑制宜传》。

④ 姚燧：《牧庵集》卷一五，《佥书枢密院事董公神道碑》。

⑤ 参见虞集《道园学古录》卷一七，《徽政院使张忠献公神道碑》。《元史》卷一六九，《高觿传》。

留宗王宽彻普化、失剌居守大都；泰定三年（1326），命宗王也忒古不花居守；致和元年（1328），留在大都的是西安王阿剌忒纳失里。似乎留守大都的宗王是一年一换。

随从皇帝巡幸上都的，还有当时的宗教领袖和名士硕儒。宗教人士如藏传佛教帝师、道教的玄教大宗师等，每年随皇帝到上都后都要举行各种宗教仪式。忽必烈在中统四年（1263）首次巡幸上都，即召窦默和许衡“乘驿赴开平”①；次年（1264），又召王鹗、姚枢赴上都。这四个人都是在北方很有名气的汉族儒生，虽然所尊儒学派别不同（窦、许、姚三人崇尚程朱理学，王则修习苏洵、苏轼之学），但都受到忽必烈的礼遇。将他们召到上都，为的是“备顾问”，参议朝政，表示皇帝对儒学的尊崇。自忽必烈开此风气之后，累朝皇帝纷纷效仿，李谦、阎复、马祖常、黄溍等人，均享受过这种优礼。至于已在翰林国史院中供职的“儒林大老与一时名人魁士”，因为“天子出御经筵则劝讲进读，启沃圣心；退则细绎前闻，以待访问”②，当然在随行之列，每年都要扈从前往上都。

在京师国子监就学的生员，有一部分人是怯薛（皇帝宿卫，详见下述），每年都要“以幸上都”。大德八年（1304）四月，元成宗接受中书右丞相哈剌哈孙的意见，“分教国子生于上都”，命国子助教尚野主持，“仍铸印给之”③。上都分教国学学生，以后也成了一种制度。

（4）扈卫组织。大蒙古国时期为了有效地控制刚刚统一起来的蒙古各部和确保大斡耳朵的安全，特别组织了一支一万人的扈卫军，蒙古语称作“怯薛”，其成员是从蒙古各千户中征召来的精锐之士，贵族子弟居多。扈卫军分为宿卫一千人，箭筒士一千人，散班八千人，宿卫值夜班，箭筒士和散班值日班，各分为四队，轮番入值，每番三昼夜，总称之为“四怯薛”。四怯薛长官由成吉思汗时的四大功臣博尔忽、博尔术、木华黎、赤老温家族中择人充任，称之为“怯薛太官”。忽必烈即位后，保留了这种宿卫组织，将怯薛作为皇帝的贴身扈卫，在大都时，以它保卫宫城；出行上都时，则充任大帐的扈卫。四怯薛轮流值勤，在大都和上都都不间断。一万人的怯薛，并不每年都跟随皇帝前往上都，有一部分人留在大都，掌管宫廷的日常工作。还

① 《元史》卷五，《世祖纪二》。

② 黄溍：《金华黄先生文集》卷八，《上都翰林国史院题名记》。

③ 《元史》卷二一，《成宗纪四》；卷一六四，《尚野传》。

有相当一部分人就留在上都"驻冬"，等待下一年春季皇帝的到来。驻冬的宿卫士由朝廷发放冬衣和粮草，贫困的可以得到赈济。延祐七年（1320）五月，就曾赈济上都城门及驻冬卫士，八月，赐给上都驻冬卫士钞四百万贯。[①]至顺元年（1330）闰七月又作了规定，卫士在上都驻冬者所给粮，三分之二给钞，三分之一给粮。[②]元朝统治者将属下臣民分为蒙古、色目、汉人和南人四等，钦察、康里、阿速、畏吾儿、"回回"、唐兀等西域各族人统称为色目人，原来在金朝统治下的汉、契丹、女真等族统称为汉人；原来在南宋统治下的各族，统称为南人。规定四等人享有不同的政治地位和待遇。加入怯薛组织，是当时步入仕途的一条捷径。在怯薛组织中，不但有蒙古人和色目人，还有不少汉人和南人。统治者为了保护蒙古人和色目人的特殊地位，曾多次企图淘汰怯薛中的汉人和南人，但都未能如愿，只能作一些限制。皇庆二年（1313）十一月，"敕汉人、南人、高丽人宿卫，分司上都，勿给弓矢"[③]，就是一种限制措施。

除怯薛外，忽必烈还在京城设置了侍卫亲军，以适应统治中原的需要。中统元年（1260）开始编组武卫军，由中原汉军中抽取了精锐之士三万人。至元元年（1264）十月，武卫军改名为侍卫亲军，分成左、右两翼，增加兵员万余人。几年后，又扩编成左、右、中三卫。全国统一后，在侍卫亲军组织内按照不同的民族成分分别编制卫军机构，除前述色目卫军外，原来的三卫军于至元十六年（1279）扩充成前、后、左、右、中五卫，和以后陆续增设的武卫、忠翊卫、镇守海口卫等，以汉军和新附军（南宋降元的军队）为主体，称为汉人卫军。参加征南宋战争的部分蒙古军，于至元十七年（1280）被编成蒙古侍卫，大德七年（1303）分为左、右两翊。元英宗时，又将收容到的草原蒙古流民子女编为宗仁卫。在东宫和后宫下，还设有左、右都威卫和左、右卫率府等机构。各卫都设都指挥使司，置都指挥使和副都指挥使，有的卫还设有达鲁花赤。卫军和怯薛都是中央宿卫组织，在职能上则稍有不同。怯薛只负责皇帝的安全，处理宫廷事务和参决朝政，一般不外出作战；卫军则负责整个京城的安全和"腹里"的镇戍，又作为朝廷的常备精锐部队，随时可以派出去镇压地方的起义和抵御外来的侵扰。在皇帝每年

① 参见《元史》卷二七，《英宗纪一》。

② 参见《元史》卷三四，《文宗纪三》。

③ 《元史》卷二四，《仁宗纪一》。

出巡上都时，有一部分侍卫亲军充当扈卫军队。

从忽必烈时起，对扈从捺钵的卫军作了一系列组织和安排，在三卫军时，曾命右卫都指挥使博罗欢（蒙古忙兀部人）“大都则专右卫，上都则三卫兼总”①。全国统一之后，扈从皇帝北巡的主要是汉人卫军。五卫中的中卫，“混一以来，兵革偃息，每岁銮舆行幸上京，则分其大半，以备扈从”②；后卫“统选兵万人，车驾所至常从”③。为保证五卫军胜任扈从任务，特别在至元十八年（1281）十二月“议选侍卫军万人练习，以备扈从”④。至元二十年（1283）十月，“诏：‘五卫军，岁以冬十月听十之五还家备资装，正月番上代其半还，四月毕入役。’时各卫议先遣七人，而以三人自代”。从此形成了惯例，以十人为一组，分作七人和三人两班，十月份将七人班放还家中休息，来年正月返回军中服役；将三人班遣回家中休息，到四月份三人班返回军中服役。前往上都的各卫军指定专人负责，如至元三十年（1293）时，就是由中书平章政事李庭率诸军扈从上都。⑤ 卫军士兵扈从上都时资装用具都要预先准备。“各卫年例，上都等处驻夏军人，除各该鞍马上、中户另行置买外，下户相合置备车牛”。上、中户财力较充裕，车马均自行筹措。下户资产较少，只需准备“应搬本奕衣甲、胖袄、枪刀、弓箭、军需等物”⑥ 的车辆。以至元二十九年（1292）为例，将汉人卫军中的六千户“拨分为三：力足以备车马者二千五百户，每甲令备马十五匹、牛车二辆；力足以备车者五百户，每甲令备牛车三辆；其三千户，惟习战斗，不他役之”⑦。

除汉人卫军固定扈从外，蒙古卫军、色目卫军有时也选择一部分随行扈卫。侍卫亲军之外的地方军队，有时也调到上都附近驻夏或扈卫皇帝巡幸。如由钦察人伯帖木儿掌管的东路蒙古军上万户府，在元成宗时“车驾幸上京，征其兵千人从，岁以为常”⑧。元文宗时卫军不足，便从河南、山东两蒙古军都万户府征军千人以备扈从。

---

① 《国朝文类》卷五九，姚燧：《平章政事忙兀公神道碑》。

② 《析津志辑佚》，第35页。

③ 赵孟頫：《松雪斋文集》卷七，《明肃楼记》。

④ 《元史》卷一一，《世祖纪八》。

⑤ 参见《元史》卷一二、一三、一七，《世祖纪》九、一〇、一四。

⑥ 《元典章新集・兵部・军制》“军中不便事件”条。

⑦ 《元史》卷一七，《世祖纪一四》。

⑧ 《元史》卷一三一，《伯帖木儿传》。

随从皇帝北上的军队，除一部分始终不离左右担任警卫外，更多的人则充当驻防军和围宿军。在皇帝经行的道路上预先都要布置军队守卫，以防不测，“每岁大驾幸上都，发各卫军士千五百人扈从，又发诸卫汉军万五千人驻山后，蒙古军三千人驻官山，以守关梁”①。官山是蒙古卫军的驻夏地，有时驻军可达万人。在上都大朝会时，原来“皇城外皆无墙垣，故用军环绕，以备围宿”②，用军往往在万人以上。即使是建好城墙后，围宿军有时也要用到万人。卫军不足，则从地方军队征调。按照当时的制度，汉人官员不准计点围宿军士的数目，掌管围宿军的都是蒙古人和色目人。

（5）皇帝仪仗与供应。皇帝巡幸上都，由扈从军队、随从组成浩浩荡荡的皇帝仪仗，供捺钵所用的牛羊畜群在大队出发以前就已派出。“翠华慰民望，时暑将北巡。牛羊及骡马，日过千百群。庐岩周宿卫，万骑若屯云。毡房贮窈窕，玉食罗膻荤。珍缨饰驼象，铃韵遥相闻”③，是当时人笔下皇帝仪仗和供应的真实写照。

在巡幸队伍最前面的是皂纛、驼鼓和马鼓。皂纛即黑旗，蒙古语称为“如秃”，“凡行幸，则先驱建纛，夹以马鼓”。驼鼓用双峰骆驼，前峰绑树皂纛，后峰树小旗，“毛结缨络，周缀铜铎小镜，上施一面有底铜掆小鼓”，由一人乘驭。“凡行幸，先鸣鼓于驼，以威振远迩，亦以试桥梁伏水而次象焉”。马鼓则是在马背绑缚四足小架，上置皮鼓一面，马首、后勒和当胸“皆缀红缨拂铜铃”，由一人徒步牵引而行，“凡行幸，负鼓于马以先驰，与纛并行”④。

皇帝巡幸时乘“象辇”。驾辇的象最先来自云南，“皇帝马箠开云南，始得一象来中国”⑤。以后缅、占城、交趾、真腊及金齿、大小车里等处不断进贡驯象。⑥在京城的驯象都养育于“析津坊海子之阳”。当时的海子，在大都皇城北面，稍大于今天积水潭和什刹前后海的范围。“行幸则蕃官骑引，以导大驾，以驾巨辇。”⑦所谓“象辇”，实际上是架在四只大象背上的大木

① 《元史》卷三四，《文宗纪三》。

② 《元史》卷九九，《兵志二·宿卫》。

③ 胡助：《纯白斋类稿》卷二，《京华杂兴诗》。

④ 《元史》卷七九，《舆服志二·仪仗》。

⑤ 魏初：《青崖集》卷一，《观象诗》。王恽：《秋涧文集》卷八，《哀老殷辞》。

⑥ 参见《元史》卷七九，《世祖纪四》；卷二二，《武宗纪一》；卷二九，《泰定帝纪一》；卷三〇，《泰定帝纪二》。

⑦ 《元史》卷七九，《舆服志二·仪仗》。

轿子，轿上插有旌旗，里面衬着金丝坐垫，外包狮子皮，每象有一名驭者；在狭窄山路上行走或穿过隘口时，则独乘一象或坐在由两头象背搭成的象辂里。① 所以，象辇又称作“象轿”或“象舆”②。“当年大驾幸滦京，象背前驮幄殿行”③，“鸳鸯陂上是行宫，又喜临歧象驭通”④，象辇这种御用交通工具，给当时的人留下了深刻的印象。象辇虽然舒适，但安全性较差。至元十九年（1282），吏部尚书刘好礼向中书省进言说：“象力最巨，上往还两都，乘舆象驾，万一有变，从者虽多，力何能及。”⑤ 不久就发生了象惊几乎踩伤从者的事件。无独有偶，数年之后，在忽必烈围猎归途上，有“伶人”表演狮子舞迎驾，惊了舆象，“奔逸不可制”⑥，幸得参乘的贺胜及时投身向前挡住象的去路，后至者断靷纵象，才避免了一场灾祸。虽然如此，元代皇帝始终未放弃这种工具。泰定二年（1325）正月，仍在“造象辇”⑦，就是明证。

皇后、太子、诸王和随行大臣，大多乘马车和牛车，有时骑马。驾车马的需求量很大，到元英宗时，甚至要买马六百五十匹供行宫驾车。⑧ 各捺钵也备有相应的马、牛等，以备巡幸使用。

皇帝出巡时的仪仗队称为“外仗”，包括金鼓队、清游队、佽飞队、殳仗前队、诸卫马前队、二十八宿前队、左右领军黄麾仗前队、殳仗后队、左右牙门旗队、左右青龙白虎队、二十八宿后队、诸卫马后队、左右领军黄麾后队、左右卫仪刀班剑队、供奉宿卫步士队、亲卫步甲队、翊卫护尉队、左右卫甲骑队、左卫青甲队、前卫赤甲队、中卫黄甲队、右卫白甲队等二十二个步、骑队伍，分执旗、鼓、弩、弓、刀、叉等仪仗。左、前、中、右四卫甲队都由骑士组成，由各卫都指挥使亲自率领。元文宗时定制外仗用两千余人，骑士约占三分之一。⑨

（6）送迎仪式。皇帝每年巡幸上都，往来都有比较固定的送迎仪式，大致情况如下：

---

① 参见《马可波罗游记》，第192—193页。[波斯]拉施特：《史集》第2卷，第352页。
② 《元史》卷七八，《舆服志一·舆辂》；卷三〇，《泰定帝纪二》。
③ 张昱：《张光弼诗集》卷三，《辇下曲》。
④ 杨允孚：《滦京杂咏》卷上。
⑤ 《元史》卷一六七，《刘好礼传》。
⑥ 《元史》卷一七九，《贺胜传》。
⑦ 《元史》卷二九，《泰定帝纪一》。
⑧ 参见《元史》卷二八，《英宗纪二》。
⑨ 参见《元史》卷七九，《舆服志二·外仗》。

吉日起驾。每年皇帝北巡前，都要预先择定吉日为起驾时间。至元代末年，大多在四月中旬由“太史院涓吉日，大驾幸滦京”①。

大口导送。皇帝出行第一捺钵为大口，“大驾时巡，千官导送至此”②。

龙虎台奏行程记。龙虎台为出京第三捺钵，由此前行进入山路。“纳宝盘营象辇来，画帘毡暖九重开。大臣奏罢行程记，万岁声传龙虎台。”③ “纳宝”就是捺钵的异译，行程记就是巡幸的日程。

夜过居庸关。居庸关山道三十里，“每岁圣驾行幸上都，并由此涂，率以夜度关，跸止行人，列笼烛夹驰道而趋”④。目睹了夜过居庸关场面的杨允孚写下了这样一首诗：“宫车次第起昌平，烛炬千笼列火城。才入居庸三四里，珠帘高揭听啼莺。”⑤

沙岭迎驾。皇帝由东道行三百余里山路至沙岭进入草原，“上都守土官远迎至此”，在捺钵处“内廷小宴”⑥。

抵上都。巡幸队伍开抵上都后，“千官至御天门俱下马徒行，独至尊骑马直入，前有教坊舞女引导，且歌且舞，舞出天下太平字样，至玉阶乃止”。随即皇帝受百官诸王朝贺，举行酒宴。“又是宫车入御天，丽姝歌舞太平年。侍臣称贺天颜喜，寿酒诸王次第传。”

上都南返。从上都返回大都，亦先择吉日。至时开马奶子宴，始奏起程。“内宴重开马湩浇，严程有旨出丹霄。羽林卫士桓桓集，太仆龙车款款调。”

南坡导送。从上都出行第一捺钵为南坡，上都留守官导送至此，随行大臣奏行程记也在此处。“南坡暖翠接南屏，云散风轻弄午晴。寄语行人停去马，六龙飞上计归程。”

怀来远迎。皇帝返至怀来捺钵时，大都留守部分官员至此地备果酒远迎，开宴庆贺。

大口迎驾。巡幸队伍南还，仍然是夜过居庸关，至龙虎台捺钵，“高眺都城宫苑，若在眉睫”，部分官员至此迎接皇帝、三宫和太子。再行至大口，

① 《析津志辑佚·岁纪》，第217页。
② 《析津志辑佚·属县》，第250页。
③ 杨允孚：《滦京杂咏》卷上。
④ 《析津志辑佚·属县》，第251页。
⑤ 杨允孚：《滦京杂咏》。本节下引诸诗同出此书。
⑥ 周伯琦：《扈从集·纪行诗》。

"独守卫军指挥、留守怯薛、百辟于此拜驾，若翰苑泊僧道乡老，各从本教礼祝献，恭迎大驾入城"。

入城。皇帝在大口捺钵过夜，第二天清早与太子和正后由厚载门（今北京景山公园少年宫前）入宫城。其他皇后嫔妃等宫车次第入城，于凤池坊南从西面入西宫。因为车驾过多，后行者至晚方能还宫，"籞人俱以金龙红纱长柄朱漆龙杖，挑担大红灯笼罩烛而迎入矣"。皇帝入城这一天，"都城添大小衙门、官人、娘子以至于随从、诸色人等，数十万众"①。这个数字无疑是夸大的，但从中可见随行巡幸人员之众多。皇帝还宫后数日，宰相方才择吉日请视朝政。

① 《析津志辑佚·岁纪》，第222—223页。

第三章　上都的行政管理

上都是元代的夏都，每年皇帝有将近一半的时间在这里居住。加强行政管理，确保上都及其周围地区的安全和稳定，是皇帝巡幸顺利进行的最基本条件。

第一节　上都路的建置与人口

忽必烈初建开平城时，只是作为藩府在漠南的居留地，既没有官府设置，也不可能有明确的行政管辖范围。中统元年（1260）三月忽必烈即位后，正式设立开平府，辖境当为包括开平城在内的金桓州和抚州故境。中统三年（1262）二月，将望云县、兴州和松山县划归开平府，辖地便扩大了数倍。次年（1263）五月，忽必烈下令“升开平府为上都，其达鲁花赤兀良吉为上都路达鲁花赤，总管董铨为上都路总管兼开平府尹”，确定了上都路的建置。同月，“升上都路望云县为云州，松山县为松州”；八月，“升宣德州为宣德府，隶上都”①。在此之前，已将抚州升为隆兴府。这样在上都路初建的时候，实辖开平、隆兴、宣德三府，兴州、松州、云州、昌州四州，宣德、宣平、望云、松山、高原、怀安、天成、威宁八县。

至元二年（1265）二月至十二月，减省归并全国州县，废去开平府的建置，设置开平县和恢复桓州分辖其境，罢去云州属下的望云县和松州属下的松山县，在兴州管下增设兴安、宜兴两县，将蔚州及其下属五县划归宣德府。次年（1266）九月，又将德兴府降为奉圣州，亦划归宣德府。至此，上

① 《元史》卷五，《世祖纪二》。

都路共辖两府、六州、十六县。[①]

至元四年（1267）正月，"析上都隆兴府自为一路，行总管府事"[②]，上都路的建置自此基本固定了下来，辖有一府、六州、十五县：

上都警巡院。

开平县。

宣德府，府治宣德（今河北宣化），直辖宣德、宣平（张家口市东北）、顺圣（今河北阳泉）三县。

奉圣州，州治永兴（今河北涿鹿），隶宣德府管辖；州下置永兴、怀来（县治今已为官厅水库所淹）、缙山（今北京市延庆）三县。

蔚州，州治灵仙（今河北蔚县），隶宣德府管辖，州下辖灵仙、灵丘（今属山西）、飞狐（今河北涞源）、定安（今河北白乐）、广灵（今属山西）五县。

兴州，州治兴安（今承德市西），辖兴安、宜兴（今河北滦平北）两县。

松州。

桓州。

云州，州治旧望云县（今河北云州）。至元二十八年（1291）十一月，将宣德府龙门镇划归云州，设新望云县。[③]

延祐三年（1316）九月，将缙山和怀来两县划归大都路。[④] 从此起直到元末，上都路的辖域未再发生变化。元顺帝后至元三年（1337）八月，大都发生强烈地震，宣德府受灾亦很严重。次年（1338）八月，出于迷信上的考虑，为了所谓禳除震灾，元朝政府将宣德府改名为顺宁府，奉圣州改名为保安州。[⑤] 上都路的东边与辽阳行省毗邻；北面是属于弘吉剌部领主的应昌路和全宁路；西边是从上都路分出去的隆兴路（后改兴和路），两路以今太仆寺旗、张北一线分界；南边在延祐三年（1316）前以古北口、北口与大都路分界，其后则以古北口、黑谷口和枪杆岭分界。

按元文宗至顺元年（1330）户部钱粮户数统计，上都路有四万一千零六

---

① 参见《元史》卷六，《世祖纪三》；卷五八，《地理志一》。

② 《元史》卷六，《世祖纪三》。

③ 参见《元一统志》卷一。《元史》卷五八，《地理志一》；卷一六，《世祖纪一三》。

④ 参见《元史》卷二五，《仁宗纪二》。

⑤ 参见《元史》卷三九，《顺帝纪二》。

十二户，人口为十一万八千一百九十一。[①] 这个数字包括住在上都路内的军户、站户，不包括蒙古诸王属下的投下户。四万余户中，应该有大约一半或一多半住在宣德府所辖两州九县内，在金朝时这一地区的户数曾达十六万；东境的兴州，金朝时户数亦曾达一万五千。[②] 在战乱中人口虽然大量减损，但这些地区仍不失为重要的农业人口聚居区，其人口密度自然大大超过草原上的桓州和松州。在上都南边的牛群头，有居民三千余家，察罕脑儿则只有二百余家。[③] 上都城当时有多少居民，现在已无从知道。

上都路内除了大量的农业人口外，也集中了一批工匠、猎户和商人。中统三年（1262）八月，有人奏请以宣德州、德兴府等处银冶付其匠户[④]；至元七年（1270）六月，“徙谦州甲匠于松山”[⑤]；至元二十八年（1291），在望云县立银冶；至元三十年（1293），上都城内有工匠二千九百九十九户，每年要用粮一万五千二百石，官府难以供给，请求调出“不切于用者”至大都就食。[⑥] 元贞元年（1295）九月，“给桓州甲匠粮千石”[⑦]。上都路内大的州城内几乎都有工匠居住。在上都路内的“编民捕猎等户”，曾在至元十四年（1277）签发出部分人为军，成为军户。为促进上都的繁荣，元朝政府规定该地商税低于别处，“上都地寒，不敏于树艺，无土著之民；自谷粟布帛以至纤靡奇异之物，皆自远至。宫府需用万端，而吏得以取具无阙者，则商贾之资也”[⑧]。定居在上都或往来于两都间的商人显然是不少的。

在上都周围，设有历代斡耳朵，每斡耳朵都有自己的怯薛和怯怜口（私属人口）。在上都路内，还有不少蒙古宗王和贵族的投下户和怯怜口。这些人都不直接受国家控制，当然不属国家户籍。元中期以后才改为凡住州城的投下户都得供国家徭役。元贞二年（1296）二月，“命札剌而忽都虎所部户居于奉圣、云州者，与民均供徭役”；五月，“诏诸王、驸马及有分地功臣

① 参见《元史》卷五八，《地理志一》。
② 参见《金史》卷二四，《地理志上》。
③ 参见周伯琦《扈从集·前序》。
④ 参见《元史》卷五，《世祖纪二》。
⑤ 《元史》卷七，《世祖纪四》。
⑥ 参见《元史》卷一六、一七，《世祖纪》一三、一四。
⑦ 《元史》卷一八，《成宗纪一》。
⑧ 虞集：《道园学古录》卷一八，《贺丞相墓志铭》。

户，居上都、大都、隆兴者，与民均纳供需"[①]。札剌儿、忙兀、兀鲁兀、亦乞列思、弘吉剌五投下封地东移后，一部分投下属民留在原地。至元二年（1265），弘吉剌部纳陈驸马、亦乞列思部贴里干驸马、札剌儿部头辇哥国王、兀鲁兀部锻真郡王以及忙兀部的忽都虎五投下领主，曾为上都、北京、西京、隆兴、平滦五路户计纠纷请求朝廷调查处理。中书省派断事官帖木烈等前往北京、松州、兴州、平滦、西京、宣德等处核实户口，确定各投下所属民户。[②] 上都路内的驸马和"有分地功臣"属户，可能就是指五投下的属户。忽必烈即位以后，改变了蒙古宗王分封制度，将自己的后裔派到沿边要地"出镇"，统管军事，但不直接在镇区占有封地和民户。作为补偿，出镇宗王在两都之间大概留有一些牧地和民户，供其子女生活所用（大多数宗王出镇不带子女同行）。皇太子在上都路内也应有自己的营地和怯怜口。在草原上散居的各投下人户，应以牧业人口为多。可惜因为资料所限，对各斡耳朵和蒙古诸投下人户在上都路内分布的情况，已很难搞清。

两都交通线上的站户，估计有一万余户，其中的大部分人住在上都路境内，蒙古站户约占四分之一。每年在上都驻夏的军队虽然不少，但隶于上都路的军户却不很多，只有侍卫亲军虎贲司和一个统军下万户府属下的军人和家属，总数当不超过一万户。

总的说来，在上都路内的固定居民，显然超出国家钱粮户数的四万余户十一万余人。加上每年随皇帝来上都驻夏的官员、军队和各种随行人员，以及来往于两都之间的商人，上都的人口总数相当可观，政府负担之重是可以想见的。

第二节 上都留守司及其下属机构

中统元年（1260）设立的开平府，设达鲁花赤（镇守者，监治长官）和总管各一员。中统四年（1263）五月，设置上都路总管府，仍设路达鲁花赤和总管。至元三年（1266）七月，"诏上都路总管府，遇车驾巡幸，行留守司事"，"又给留守司印"。皇帝还大都后，总管府仍复旧掌。至元十八年（1281）二月，正式设置上都留守司，兼本路都总管府，改变了过去以总管

① 《元史》卷一九，《成宗纪二》。

② 参见《通制条格》卷二，《户令》。

府兼行留守司的做法。这种建置与大都路的管理机构有所不同，大都留守司和都总管府是分开的。上都留守司职能同大都留守司一样，“掌守卫宫阙都城，调度本路供亿诸务，兼理营缮内府诸邸、都宫原庙、尚方车服、殿庑供帐、内苑花木，及行幸汤沐宴游之所，门禁关钥启闭之事”，又要“兼治民事。车驾还大都，则领上都诸仓库之事”。①

上都留守司的下属机构，根据不同的职掌可以分为以下六类：

（1）民政机构

上都警巡院，领都城内民事及供需。

开平县。

宣德府及各州、县。②

（2）治安机构

上都兵马都指挥使司，掌都内盗贼奸伪鞫捕之事。

上都司狱司，掌囚系狱具之事，设于至正二年（1342）八月。③

察罕脑儿捕盗司，设于皇庆元年（1312）四月。④

（3）军事机构

虎贲亲军都指挥使司，设于大德元年（1297）。

（4）巡幸供给机构

上都仪鸾局，掌宫门管钥、供帐灯烛，⑤ 原为上都典设署，至大四年（1315）改置为局。

上都饩廪司，掌诸王、驸马、使客饮食，原为上都应办所（至元二年立），延祐五年（1318）改置为司。

尚供总管府，掌守护东凉亭行宫及游猎供需之事，延祐二年（1315）由只哈赤八剌哈孙达鲁花赤（至元十三年设）改立，泰定四年（1327）二月划隶上都留守司管辖。

云需总管府，掌守护察罕脑儿行宫及行营供办之事，置于延祐二年（1315），亦于泰定四年（1327）二月划归上都留守司管辖。⑥

---

① 参见《元史》卷五、六、一一，《世祖纪》二、三、八；卷九〇，《百官志六》；卷五八，《地理志一》。《地理志》所记建总管府的时间和《百官志》所记设留守司的时间均不确。

② 参见《元史》卷九〇，《百官志六》。

③ 参见《元史》卷四〇，《顺帝纪三》。

④ 参见《元史》卷二四，《仁宗纪一》。

⑤ 参见《元史》卷八，《世祖纪五》。

⑥ 参见《元史》卷三〇，《泰定帝纪二》。

（5）营造诸司

修内司，掌营修内府，设于至元八年（1271）。

祗应司，掌宫殿、王府、寺庙妆銮油染裱褙。

器物局，掌制造铁器及内府营造钉线。

八作司，掌都城造作，设于至元十七年（1280）。

（6）仓库及税课机构

上都税课提举司，原设宣课提领，至元十九年（1282）二月改为宣课提举司，元贞元年（1295）又改为税课提举司。

万盈库，建于中统初年。

广积仓，大德年间（1297—1307）由永盈仓（亦建于中统初年）改置。

万亿库，建于至元二十三年（1286）。

平盈库，建于至元三十年（1293）。

万盈仓，建于至元三十年（1293）。

永丰仓。

八儿思秃仓，大德元年（1297）七月隶于上都留守司。

永备仓。

察罕脑儿米储仓。

平准行用库。①

上都留守司的官员设置，从元世祖到元泰定帝朝迭经变化，至元文宗时才基本确定下来，各官衙主要官员的定员和职品如表3—1：

表3—1 **各官衙主要官员的定员和职品**

官府名称	主官	次官
上都留守司	留守六员，正二品	同知二员，正三品；副留守二员，正四品；判官二员，正五品
虎贲亲军都指挥使司	都指挥使三员，正三品	副都指挥使二员，从三品；佥事二员，正四品
尚供、云需，总管府	达鲁花赤、总管各一员，正三品	同知一员，副总管一员
上都兵马司	指挥使三员，正四品	副指挥使二员
宣德府	达鲁花赤、知府各一员，正四品	同知一员
上都仪鸾局	大使二员，正五品	副使三员

① 参见叶新民《元上都的官署》，《内蒙古大学学报》1983年第1期。

续表

官府名称	主官	次官
上都税课提举司	提举二员，正五品	
万亿等仓库	达鲁花赤、提举（或大使）各一员，正五品	同提举、副提举（或副使）各一员
诸州	达鲁花赤、知州各一员，从五品	同知一员
修内、祗应、器物等司、局	大使一员，从五品	副使一至三员不等
上都警巡院	达鲁花赤、警巡各一员，正六品	副使二员
开平县	达鲁花赤、县尹各一员，正六品	县丞一员
诸县	达鲁花赤、县尹各一员，从七品	县丞一员

元代重要的中央机构，在上都都设有分衙或下属官署。这些官署一部分是为了随行皇帝到上都驻夏大臣处理政务所设，如中书省、枢密院、御史台、大司农司、翰林国史院、集贤院、宣政院、宣徽院等分衙和官署。另一部分则长期分管上都路的课税、事产及在路内居住的各斡耳朵、各投下人户及站户、人匠等事务，大致可以分为四种：

掌管上都课税、事产的，有户部所属上都转运司、上都群牧都转运使司（设于至元二十一年）、上都事产提举司、上都银冶提举司（设于至大三年），工部所属上都毡局、云州、宣德、奉圣州织染司及将作院所属上都金银器盒局（设于至元十六年）等官署。

管理上都境内国家工匠的，除上述工部诸局人匠总管府属下局司外，还有翊正司所属管领上都等处诸色人匠提举司，随路诸色人匠都总管府所属上都诸色民匠提举司及各杂造局所，管领上都、大都诸色人匠纳绵户提举司所属上都人匠局，武备寺所属上都甲匠提举司、杂造局、奉圣州军器局和蔚州、宣德军器人匠提举司等官署。

管理上都路内蒙古站户的，是通政院分衙上都通政院，设于至大四年（1311）闰七月，原定为正二品，后降为从二品官署。汉人站户则由兵部分衙掌管。

管领诸斡耳朵、诸投下怯怜口人匠的，有管领怯怜口诸色民匠都总管府所属管领上都怯怜口诸色人匠提举司，管领诸路怯怜口民匠都总管府所属上都管民提领所、怯怜口毛子局，怯怜口诸色民匠达鲁花赤并管领上都纳绵提举司及其所属上都人匠提领所，长信寺怯怜口诸色人匠提举司所属上都铁局，等等。

上述官署既与上都留守司的下属机构并置，又大多自成系统。在上都路内设置如此复杂的官府体系，似乎是凡事必有所司，实际上权力分散，极不易进行全面管理。

第三节　上都驻防的军队

为保证上都及其周围地区的安全，除每年派大批军队在山前、山后及上都周围驻夏外，元朝政府还设置了专门的军事机构，管理在上都路内长期驻防的军队。

按照元朝的军事制度，“郡邑镇戍士卒，皆更相易置，故每岁以他郡兵戍上都”①。中统年间和至元初年，上都的驻防军大多来自在辽西的北京都元帅阿海所部军和中原诸汉军万户所部军。② 以后，则以隆兴路、西京路的军队与西川的军队易地而戍，“上都屯戍士卒，其奥鲁（原义老小营，即军人家属，管理军人家属的机构后来也称奥鲁）皆在西川，而戍西川者，多隆兴、西京军士，每岁转饷，不胜劳费”，“军士疲于转输”③。为了解决这一矛盾，至元十二年（1275）时在两都及平滦路猎户中新签军两千人。至元十四年（1276）正月，又发出诏旨，命令“上都、隆兴、西京、北京四路编民捕猎等户，签选丁壮军二千人，防守上都”，中书省遂做出具体规定，“从各路搭配，二十五户内取军一名，选善骑射者充，官给行资中统钞一锭，仍自备鞍马衣装器仗，编立牌甲，差官部领，前来赴役”④。这一支军队入役以后，第二年（1277）七月，即“复上都守城军二千人为民”⑤，所复（免役）军人大多应是长期贫乏难以继续应役的人。

至元十六年（1279）四月，又做出了新的规定，“定上都戍卒用本路元籍军士”，以上都民充军者四千人卫戍都城，“凡他所来戍者皆遣归”⑥。实

---

① 《元史》卷九九，《兵志二·镇戍》。

② 参见《元史》卷四、五，《世祖纪》一、二。

③ 《元史》卷九九，《兵志二·镇戍》。

④ 《元史》卷九，《世祖纪六》；卷九八，《兵志一·军制》。

⑤ 《元史》卷一〇，《世祖纪七》。

⑥ 《元史》卷一〇，《世祖纪七》；卷九九，《兵志二·镇戍》。

际直到至元十九年（1282）七月，才将西川在上都的戍军和隆兴、西京两路在西川的戍军对换过来，各守近地。

至元十六年（1279）确定上都镇戍军定名为虎贲军。次年（1280），置立都指挥使二员，副都指挥使二员，罢去了原来上都军队的奥鲁官，“以留守司兼管奥鲁事”。大德元年（1297）年初，正式设立虎贲亲军都指挥使司，“管领上都路元籍军人，兼奥鲁之事”①。在松州，还设置了虎贲分司。② 元朝规定，军队百户分为上、下两等，上百户统军七十人，下百户统军五十人。虎贲卫共设百户二百员，士兵总额大致在一万人至一万四千人之间。

虎贲军在上都驻防，家属就在路内，不需要长途转运军需装备，但要经营屯田以解决粮草问题。至元十七年（1280）二月，御史大夫玉昔帖木儿建议在上都路内原来建有驿站之处设立屯田。至元二十八年（1291）二月，“以上都虎贲士二千人屯田，官给牛具农器，用钞二万锭”。次年（1292）十一月，枢密院认为“上都屯田二年有成，拟增军千人”③，遂立三十四处屯田，役军士三千人，佃户七十九个，共计有田四千二百零二顷七十九亩。

至元二十二年（1285）二月，将镇戍长江、淮水沿岸及在江南的镇戍军队分编为三十七翼万户府，其中有上都新军下万户府的建置，④ 当是由上都军人南下镇戍者组成。这一统军机构并不设在上都。

在上都路内，还有一些蒙古军，分属于各斡耳朵、诸王和贵族，也应有朝廷直接控制的一部分蒙古千户，但其情况已难确知。

第四节　上都留守司官员的任用

掌管上都路行政管理的留守司，因关系到皇帝及朝廷中枢机构近半年的活动，责任重大，它的官员配置和选用，自然要引起朝廷的高度重视。

忽必烈最早任命的行政官，是开平府达鲁花赤兀良吉带（兀良合带），总管是忙古都、董铨，同知是阿合马。阿合马为“回回”人，以善于理财而

---

① 《元史》卷八六，《百官志二》；卷一一，《世祖纪八》。

② 参见《国朝文类》卷四一，《经世大典序录·屯田》。贡师泰曾在至正十一年（1274）七月巡按松州虎贲分司（《玩斋集》卷五），可知该司不是一个临时机构，但始设时间不详。

③ 《元史》卷一六、一七，《世祖纪》一三、一四；卷一〇〇，《兵志三·屯田》。

④ 参见《元史》卷一三，《世祖纪一〇》。

得到忽必烈的信任，他以同知兼太仓使。其他两人的情况不详。[①]

开平府升为上都路总管府后，兀良吉带仍担任了十多年的达鲁花赤。至元七年（1270）七月，“命达鲁花赤兀良吉带给上都扈从畋猎粮”[②]，至元十三年（1276）正月，设立通政院，以兀良吉带管领该署，负责往和林运粮和管理蒙古站户。至元十八年（1281）时兀良吉带仍在职。董铨为上都路总管兼开平府尹，阿合马仍为同知。至元元年（1264）十一月，擢升阿合马为中书平章政事，继任同知的是汉人张焕。[③]

正式设立上都留守司后，“大驾岁巡幸，中外百官咸从，而宗王藩戚之期会朝集，冠盖相望，供亿之计，一统之留守，故为职最要焉”[④]。元朝选用官员，一重民族，“台省要官皆北人为之，汉人、南人万中无一二”[⑤]；二重门第出身，即所谓“根脚”，皇帝的怯薛、先朝功臣，都被视为“好根脚”。上都留守的选用，当然更要彻底贯彻这两条原则。根据现有的资料，上都留守的任用情况可以排列出一个简表3—2（表中所列兼职均为长期职务，短期兼官从略）：

表3—2　**上都留守任用简表**

姓名	民族与根脚	任职时间	兼职	史证
忽剌忽耳（忽速忽尔）	蒙古札剌儿部人，阿里乞失之子	至元十八年—？	本路都总管，虎贲军都指挥使	《元史》卷一六九，《贺仁杰传》；卷一三九，《乃蛮台传》
贺仁杰	汉人，元世祖怯薛	至元十八年—大德九年	本路都总管，开平府尹，虎贲军（后改虎贲卫）都指挥使	《牧庵集》卷一七，《贺公神道碑》
木八剌沙		至元二十二年前—大德七年二月	虎贲军都指挥使	《元史》卷九六，《食货志四・市籴》；卷二一，《成宗纪四》

① 参见《元史》卷五，《世祖纪二》；卷二〇五，《阿合马传》。王恽：《秋涧文集》卷八一，《中堂事记中》。

② 《元史》卷七、九、一一，《世祖纪》四、六、八。

③ 参见《元史》卷五、八，《世祖纪》二、五。

④ 虞集：《道园学古录》卷一八，《贺丞相墓志铭》。

⑤ 叶子奇：《草木子》卷三上，《克谨篇》。

续表

姓名	民族与根脚	任职时间	兼职	史证
脱脱	蒙古札剌儿部人，忽剌忽耳从侄	元贞元年—大德三年	通政院使，虎贲卫都指挥使	《元史》卷一一九，《木华黎传》
贺胜（贺伯颜）	汉人，贺仁杰子	大德九年—延祐七年五月	本路都总管，开平府尹，虎贲卫都指挥使	《道园学古录》卷一八，《贺丞相墓志铭》；《元史》卷二七，《英宗纪一》
李璧		至大元年时在职		《元史》卷二〇二，《释老传》
哈剌帖木儿		延祐三年时在职		《雪楼集》卷九，《昌平县新治记》
憨剌合儿	蒙古人，原为和林等处宣慰使都元帅	元武宗、仁宗朝	知枢密院事，通政院使	《元史》卷二二、二三，《武宗纪》一、二；卷二五，《仁宗纪二》
阔阔出		延祐四年五月时在职		《元史》卷二六，《仁宗纪三》
庆童	康里人，勋臣后裔，元仁宗怯薛	元仁宗朝至元顺帝朝两次任职		《元史》卷一四二，《庆童传》
只儿哈郎	蒙古人，其兄只儿哈忽为元成宗朝知枢密院	至治元年		《元史》卷二七，《英宗纪一》；《史集》第2卷，第351页
铁木儿脱		至治元年八月—？天历二年四月—？		《元史》卷二七，《英宗纪一》；卷三一，《明宗纪》
乃蛮台（乃马台）	蒙古札剌儿部人，忽剌忽耳子	至顺元年—至顺二年二月	虎贲卫都指挥使	《元史》卷一三九，《乃蛮台传》；卷三五，《文宗纪四》
太平（贺惟一）	汉人，贺胜子		虎贲卫都指挥使	《元史》卷一四〇，《太平传》；《滋溪文稿》卷二，《上都孔子庙碑》
彻里帖木儿	阿儿浑人，出自怯薛	至顺元年—？		《元史》卷一四二，《彻里帖木儿传》

续表

姓名	民族与根脚	任职时间	兼职	史证
马札儿台	蒙古蔑儿乞部人，元武宗怯薛	天历二年八月—元统二年四月	虎贲卫都指挥使，高丽女直汉军万户府达鲁花赤	《元史》卷三三，《文宗纪二》；卷三八，《顺帝纪一》卷一三八，《马札台传》
马儿		？—至顺元年七月		《元史》卷三四，《文宗纪三》
忻都	哈剌鲁人，出自怯薛	至顺二年—元统三年九月	本路都总管府达鲁花赤	《金华黄先生文集》卷二四，《定国忠亮公神道碑》
太不花（泰不花）	蒙古弘吉剌部人，世为外戚	元文宗朝及元顺帝朝初年	通政使	《元史》卷一四一，《太不花传》
阿牙赤		至正五年十月时在职		《元史》卷四一，《顺帝纪四》
古纳剌	蒙古兀良合部人，成吉思汗时功臣速不台后裔	至正八年正月时在职	本路都总管府达鲁花赤	《金华黄先生文集》卷二四，《安庆武襄王神道碑》
也先忽都（贺钧）	汉人，太平之子	至正十九年		《元史》卷一四〇，《太平传》
达礼麻识理	蒙古克烈部人，世居开平	至正二十三年—至正二十六年	提调虎贲卫及东西手八剌哈赤	《元史》卷一四五，《达礼麻识理传》
塔失帖木儿（达世帖木而）	蒙古燕只吉斛部人，父别儿怯不花为元顺帝朝前期丞相	至正二十四年—至正二十五年		《元史》卷一四〇，《别儿怯不花传》；卷一四五，《达礼麻识理传》；卷一一三，《宰相年表二》
善安		至正二十四年时在职		《元史》卷一四五，《达礼麻识理传》
秃因不花		至正二十八年八月时在职	本路都总管府达鲁花赤	《北巡私记》
乃蛮台		？—至正二十八年八月		同上书
王信		至正二十九年三月—六月		同上书
忽都帖木儿		至正二十九年四月—六月		同上书

从表中所列情况不难看出，有两个官僚家族长期执掌着上都留守和虎贲司的主要职务。一个是蒙古开国元勋札剌儿部木华黎家族，另一个是蒙古化了的汉人功臣贺氏家族。

忽必烈建立的元王朝，虽曾“效行汉法”，任用了一批汉人官吏，可仍然是以蒙古统治阶级为主体，“仕途自木华黎王等四怯薛大根脚出身分任省台外，其余多是吏员”①。大蒙古国时期的蒙古功臣世家，入元后仍享有政治特权。作为五投下之首的木华黎家族，世袭国王爵位，世掌朝廷第三怯薛，可以说是当时能够左右朝政的蒙古显贵家族。该族的草原封地，就在上都路东邻的辽阳，管理上都的重任，理所当然要交给皇帝最信任的这个蒙古家族的成员。贺仁杰之父贺贲，在忽必烈率军征大理时，献金助军费，并荐贺仁杰进入怯薛。贺仁杰以勤劳侍奉得到了忽必烈的宠信，被委以留守要职。其子贺胜以后又有象辇前救驾的功劳，更为贺家世任留守要职奠定了基础。元中期以后，色目人在朝中的地位不断提高，色目人出任上都留守的逐渐多了起来，两家世掌要职的传统也受到了冲击。

① 叶子奇：《草木子》卷四下，《杂俎篇》。

第四章　上都的布局和宫廷生活

上都城是由刘秉忠设计建造的，它主要体现了汉族传统的城市布局观念，同时也考虑到了蒙古族游牧生活的特点。它是一座富有特色的草原城市。

上都城由宫城、皇城、外城组成，皇城在全城的东南角，宫城则在皇城的中部偏北。城外有关厢，离城不远有西内。下面分别加以说明，[①] 同时就宫廷生活略加叙述。

第一节　宫城

宫城在皇城的中部偏北，东西宽约五百七十米，南北长为六百二十米，略呈长方形。城墙用黄土版筑而成。城墙外层在地基上先铺一层五十厘米厚的石条，然后以青砖[②]横竖交替砌起。在青砖与土墙之间，夹一层厚一百四十厘米的残砖。城墙高约五米，下宽十米，上宽二点五米。宫城四角建有角楼。宫城遗址见图4—1。

宫城的东、南、西三墙正中各设城门一座。元代周伯琦的诗中说："东华西华南御天，三门相望凤池连。"[③] 他把三门的名称都讲清楚了，宫城的南门是御天门，东门是东华门，西门是西华门。当时大都宫城的南墙正中是崇天门，东墙是东华门，西墙是西华门，可以看出上都和大都宫城城门的名称是相对应的。三门之中，南边的御天门最为重要，它与皇城的南城门在一条

---

① 关于上都城遗址的勘测，主要依据贾洲杰《元上都调查报告》（《文物》1977年第5期），同时也参考了内蒙古文物工作队所编的《内蒙古文物资料选辑》（内蒙古人民出版社1964年版）。

② 青砖的体积为34厘米×19厘米×7厘米。

③ 周伯琦：《近光集》卷一，《扈从上京宫学纪事绝句二十首》。

图 4—1　宫城遗址

线上，是出入的主要通道。每年巡幸时，“千官至御天门俱下马步行，独至尊骑马直入。……内门曰：御天之门”①。皇帝在上都期间下达的诏旨，都要在御天门上发布，再送往大都，转发各地，“御天门前闻诏书，驿马如飞到大都。九州四海服训诰，万年天子固皇图”②。诏书发布时，举行隆重的仪式，“大乐出端门，金龙日正暾。千官齐跪听，百姓列行屯”③。诗人有“御天门下百官多”④之句，应即指百官集合听诏而言。19 世纪末，御天门保存比较完好，门上端拱形砖门洞尚在，今已不存。只有门洞遗址两侧仍各有一巨大台基，使人们想起当年这座宫城正门的雄伟面貌。关于东华和西华两门的记载极少，可以知道的是，每年举行游皇城仪式时，队伍要“从西华入，然后登城设宴”⑤。

宫城外二十五米处，有宽约一点五米的石砌“夹墙”，墙基仍在。沿“夹墙”外面有一条环城街道。宫城以南有一片平坦的广场。宫城内的街道

---

① 杨允孚：《滦京杂咏》卷上。

② 胡助：《纯白斋类稿》卷一四，《滦阳杂咏十首》。

③ 袁桷：《清容居士集》卷一六，《御天门听诏》。诗中的“端门”泛指宫殿南面的正门。

④ 《永乐大典》卷七七〇二，郑彦昭《上京行幸词》。按，郑潜字彦昭，元末明初人。其诗集名《樗庵类稿》，早已散佚。清代修《四库全书》时由《永乐大典》中辑出，编成两卷。

⑤ 杨允孚：《滦京杂咏》卷下。参见本书下篇第七章。

主要是一条通向三门的丁字大街。宫城内分布着一个个自成一组的建筑群，多有一周围墙，有的作一进二进院落，有的是东西相连的跨院。[①] 据估计，主要宫殿基址共三十余处。其中西北隅较多，有建筑台基十七处；东北隅较少，有八处；南部则比较分散，有各种台基十五处。[②]

宫城中最主要的建筑是大安阁。“大安阁，故宋汴熙春阁也，迁建上京”[③]。金代灭亡以后，汴梁（今开封）城内的宫殿毁坏殆尽，“惟熙春一阁岿然独存”[④]。忽必烈为了在上都营建宫殿，就于至元三年（1266）拆迁熙春阁，经由水道陆路，将材料运往上都。拆下的木材以“万计”，在黄河运输时，“整桴而下”的军士就有三百人，还动员许多民工“壅遏水势”[⑤]。在汴梁时的熙春阁“高二百二十尺，广四十六步有奇，从则如之”。有中阁，有耳房。中阁五间，每间二十四尺；左右耳房各二间，每间十八尺。“阁位与平座叠层为四”，“实为阁位者三”，也就是中阁三房。全阁“飞翔突起，干青霄而矗上”，令观者有“瑰伟特绝之称”，“神营鬼构、洞心骇目”[⑥] 之叹。就在拆迁熙春阁的同年十二月，大安阁便于上都开始营建。[⑦] 可见拆迁运输的速度是很快的。

元代的许多诗人提到这座雄伟瑰丽的建筑，都把它视作上都的象征。“大安御阁势岧亭，华阙中天壮上京”[⑧]；“曾甍复阁接青冥，金色浮图七宝楹”[⑨]；“大安阁是广寒宫，尺五青天八面风”[⑩]。这些诗句都着重描绘了大安阁高入云霄之雄伟气势。“大安阁是延春阁，峻宇雕墙古有之。四面珠帘烟树里，驾临长在夏初时。”[⑪] 所谓“古有之”，显然指它系将熙春阁改建而成。“峻宇雕墙”、“四面珠帘”，则又显示出它的庄严富丽。

国家的重大典礼，都在大安阁（见图4—2）举行。元代诸帝继位时，都要召集王公贵族，在上都举行传统的忽里台（蒙古语音译，意为大聚会）

---

① 参见贾洲杰《元上都调查报告》，《文物》1997年第5期。

② 参见内蒙古文物工作队《内蒙古文物资料选辑》。

③ 周伯琦：《近光集》卷一，《扈从上京宫学纪事绝句二十首》。

④ 王恽：《秋涧文集》卷三八，《熙春阁遗制记》。

⑤ 王恽：《秋涧文集》卷五三，《总管陈公去思碑铭》。

⑥ 王恽：《秋涧文集》卷三八，《熙春阁遗制记》。按，东西曰广，南北曰从。

⑦ 参见《元史》卷六，《世祖纪三》。

⑧ 周伯琦：《近光集》卷一，《次韵王师鲁待制史院题壁二首》。

⑨ 周伯琦：《近光集》卷一，《扈从上京宫学纪事绝句二十首》。“曾”疑应作“层”。

⑩ 许有壬：《至正集》卷二七，《竹枝十首和继学韵》。

⑪ 张昱：《张光弼诗集》卷三，《辇下曲》，“延”疑系“熙”之误。

图 4—2　大安阁遗址

讨论推举。这虽然只是一种形式，但却是登上帝位时必须履行的手续。皇帝推定后，就在大安阁举行即位仪式。例如，元成宗铁穆耳“即皇帝位，受诸王宗亲、文武百官朝于大安阁”①。又如，元武宗经过宫廷斗争，夺得帝位，在处死对手之后，“即位于上都，受诸王、文武百官朝于大安阁，大赦天下”②。除了即位仪式之外，元灭南宋后，南宋幼主被送到上都，“世祖御大安阁受朝”③，这是象征着统一全国的大事，所以也要在大安阁举行。至于一般的政务活动，都在宫城内其他宫殿或西内进行。大安阁的上层，设有释迦舍利像④，有时就在阁中做佛事⑤。

忽必烈信任康里人阿沙不花。“尝扈从上都，方入朝，而宫草多露，跣足而行，帝御大安阁，望而见之，指以为侍臣戒。一日，故命诸门卫勿纳阿沙不花。阿沙不花至，诸门卫皆不纳，乃从水窦中入”⑥。可知宫城中杂草丛生。忽必烈能看见阿沙不花跣足而行，想来应是当时在阁的上层，居高远眺之故。宫城除了城门之外，还有水窦（洞），应是从城外引进水源的通道。

---

① 《元史》卷一八，《成宗纪一》。

② 《元史》卷二二，《武宗纪一》。

③ 《元史》卷一二七，《伯颜传》。

④ 参见释祥迈《历代佛祖通载》卷三五。

⑤ 参见《元史》卷二八，《英宗纪一》“至治元年五月丁亥”条。

⑥ 《元史》卷一三六，《阿沙不花传》。康里是中亚的一个民族。

元武宗时，“尝奉皇太后燕大安阁，阁中有故箧，问（宦官李）邦宁曰：‘此何箧也？’对曰：‘此世祖贮裘带者。臣闻有圣训曰：藏此以遗子孙，使见吾朴俭，可为华侈之戒。’帝命发箧视之，叹曰：‘非卿言，朕安知之。’”[①] 可知大安阁有时也用来宴会。而忽必烈贮藏自己衣物为后代华侈之戒，又与在大都大明殿墀前移植草原上的莎草用意相同。[②] “玉衣高设皆神御，功德巍巍说祖宗”[③]，显然是指此而言。

元人虞集说：“世祖皇帝在藩，以开平为分地，即为城郭宫室。取故宋熙春阁材于汴，稍损益之，以为此阁，名曰大安。既登大宝，以开平为上都，宫城之内，不作正衙，此阁岿然遂为前殿矣。规制尊稳秀杰，后世诚无以加也。”[④] 虞集所说不完全正确，建大安阁不是忽必烈为藩王时所为，而是在称帝之后。但他指出大安阁系就熙春阁“稍损益之”而成，以及大安阁是上都宫城的正殿，则无疑是合乎事实的。他还说，元仁宗时，著名界画[⑤]作者王振鹏曾绘《大安阁图》，“当时甚称上意”。可惜的是，这幅画早已失传了。

根据考古调查，宫城中心丁字街北有一处宫殿遗址，台基长宽约六十米，高约三米。台北又建高二米、长宽为二十五米及三十米的殿基。整个台基剖面呈“凸”字形。大殿东、西、北三面有宽约八米的砖铺地面，南面两角有小型建筑遗迹。殿前有阶级上下。前面已说过，熙春阁广、从相同，呈正方形，大安阁应亦如之。这一处宫殿又处于宫城的中心点。因此，似可断定它即是大安阁的遗址。此外，见于记载的还有大安阁后寝殿、后廊，[⑥] 皇帝在这些地方接见臣僚，处理政务。前述凸字形遗址的北部凸出部分，也许就是后寝殿、后廊所在。

上都宫城内的宫殿建筑，主要有洪禧殿、水晶殿、香殿、宣文阁、睿思阁、仁春阁等。内蒙古博物院收藏的汉白玉螭首（见图 4—3）即为元上都宫殿建筑物上的装饰。其中以水晶殿比较重要。

---

① 《元史》卷二〇四，《宦者传·李邦宁》。

② 参见本书上篇第三章。

③ 周伯琦：《近光集》卷一，《扈从上京宫学纪事绝句二十首》。

④ 虞集：《道园学古录》卷一〇，《跋大安阁图》。

⑤ 指用界尺作工具，描绘宫殿楼阁的绘画。

⑥ 参见许有壬《至正集》卷一六。《大元官制杂记》。

图 4—3　汉白玉螭首

水晶殿大概是以奇特的构造命名的。大都宫城中“有水晶二圆殿，起于水中，通用玻璃饰，日光四彩，宛若水宫”[①]。上都的水晶殿料亦相似。诗人云，“谁道人间三伏节，水晶宫里十分秋”[②]，“冰华雪翼眩西东，玉座生寒八面风”[③]。“冰华雪翼”之喻，可能就指“用玻璃饰”而言。而殿中陈列玉座，更形凉爽。因此，元代皇帝常在殿中举行宴会，或处理政务。“一派箫韶起半空，水晶行殿玉屏风。诸王舞蹈千官贺，高捧蒲萄寿两宫。”[④] 至正十三年（1353），周伯琦奉命到平江（今苏州）祀海神天妃庙，便是在水晶殿接受元顺帝的委派的。[⑤]

洪禧殿内，“镂花香案错琳璆，金瓮蒲萄大白浮。群玉诸山环御榻，瑶池只在殿西头”。“彤庭两壁画燕山，绛阙金城晻霭间”。洪禧殿内有“金瓮蒲萄”，皇帝常在这里开设酒宴，故诗人又云：“颇黎瓶中白马酒，酌以碧玉莲花杯。帝觞余沥得沾丐，洪禧殿上因裴回。”[⑥] “睿思阁下琐窗幽，百宝明珠络翠裘”；“牓题仁寿睿思东，星列钩陈绣阁重”。睿思阁和仁寿阁，紧紧相连，大概是规模较小但构造精致的建筑。香殿可能亦是供佛的场所。宣文

① 萧洵：《故宫遗录》。

② 杨允孚：《滦京杂咏》卷上。

③ 周伯琦：《近光集》卷一，《扈从上京宫学纪事绝句二十首》。

④ 萨都剌：《雁门集》卷六，《上京杂咏》。

⑤ 参见周伯琦《海道经》附，《供祀记》。

⑥ 周伯琦：《近光集》卷一，《扈从上京宫学纪事绝句二十首》。“颇黎”即玻璃，“裴回”同徘徊。

阁则是皇帝阅览图书的地方，“延阁图书取次陈，讲帷日日集儒臣。墨池云合天光绚，东壁由来近北辰”[①]。元文宗时，在大都宫中建奎章阁，元顺帝时改名为宣文阁。上都也有过奎章阁。[②] 上都宣文阁亦应是奎章阁所改。以上这些殿阁在宫城内的准确地点，现在都无法可考了。

在宫城北部城墙中间，有一“阙式”建筑遗址。台基与城墙等高，外包青砖，东西长约七十五米，中间凹入部分宽二十五米。台基上发现各色琉璃瓦残片。[③] 这是宫城遗址中最高最大的一处。有人认为是“中央正殿”的遗址，有的认为即大安阁所在。这种看法似可商榷。试以大都宫城与上都宫城相比较，对此便可以有清楚的认识。大都宫城北门称厚载门，“上建高阁，环以飞桥，舞台于前，回阑引翼。每幸阁上，天魔歌舞于台，繁吹导之，自飞桥而升，市人闻之，如在霄汉”[④]。上都北城墙上的“阙式”建筑，应亦是一高阁，即穆清阁（见图4—4），“北阙岧峣号穆清，北山迢递绕金城。

图4—4　穆清阁遗址

---

① 周伯琦：《近光集》卷一，《扈从上京宫学纪事绝句二十首》。

② 元顺帝元统二年（1334）七月，“壬辰，帝幸大安阁。是日，宴侍臣于奎章阁。”见《元史》卷三八，《顺帝纪一》。

③ 参见贾洲杰《元上都调查报告》，《文物》1977年第5期。按，《内蒙古文物资料选辑》所记长宽不同。

④ 萧洵：《故宫遗录》。

四时物色图丹壁，翠辇时临喜太平”[①]。“北阙”明言穆清阁的位置和形状，“北山迢递”之句表示在阁上远眺的景色。阁内绘有“四时景色”。游皇城时，从西华门入，“然后登城设宴”，只有在穆清阁才有可能。有的记载说穆清阁“连延数百间”[②]，可见确实规模较大。

元英宗即位后不久，宫廷斗争激烈，部分权臣密谋废立，“帝密得其事，御穆清阁，召拜住谋之”，遂即命拜住“率卫士擒斩之”[③]。“上（元英宗）尝坐穆清阁，顾谓王（拜住）曰：‘今亦有如唐魏徵之敢谏者乎？’王对曰：‘槃圆则水圆，盂方则水方，有太宗纳谏之君，则有魏徵敢谏之臣。’上称善。”[④] 由这些记载可知，穆清阁是元英宗经常起居处理政务的场所，则其建成必在此以前。至正十三年（1353），正月“重建穆清阁”[⑤]，是在原有基础上重建，不是新建。

除了上面提到的殿阁之外，见于记载的还有：鹿顶殿。延祐七年（1320），元英宗“为皇后作鹿顶殿于上都”，至治元年（1321）八月，“上都鹿顶殿成”[⑥]。

歇山殿。元英宗至治二年（1322）二月，“罢上都歇山殿及帝师寺役”[⑦]。但泰定元年（1324）十一月，“作歇山鹿顶楼于上都”[⑧]，应即前一工程的恢复。

崇寿殿。元文宗至顺二年（1331）二月，“修上都洪禧、崇寿等殿”[⑨]。洪禧殿已见前述。

楠木亭。元顺帝元统二年（1334）七月，“帝幸楠木亭”[⑩]。

隆德殿。“（至元）六年五月六日，上都隆德殿前，枢密院奏……”[⑪]

万安阁。至元八年（1271）十一月，“上都万安阁成”[⑫]。至元二十二年

---

① 周伯琦：《近光集》卷一，《扈从上京宫学纪事绝句二十首》。
② 权衡：《庚申外史》卷上。
③ 《元史》卷一三六，《拜住传》。
④ 黄溍：《金华文集》卷二四，《郓王神道碑》。
⑤ 《元史》卷四三，《顺帝纪六》。权衡：《庚申外史》卷上。
⑥ 《元史》卷二七，《英宗纪一》。
⑦ 《元史》卷二八，《英宗纪二》。
⑧ 《元史》卷二九，《泰定帝纪一》。
⑨ 《元史》卷三五，《文宗纪四》。
⑩ 《元史》卷三八，《顺帝纪一》。
⑪ 《大元马政记》。
⑫ 《元史》卷七，《世祖纪四》。

（1285）六月二十九日，“上御万安阁”[1]，处理政务。

清宁殿。泰定三年（1326）十一月，徙上都清宁殿于伯亦儿行宫。[2] 元人王士点将清宁殿与水晶、洪禧、睿思、穆清并列于上都宫殿。[3] 伯亦儿行宫不可考。

统天阁。元代有的记载提到“大安、统天（二阁上都）”[4]，可知又有统天阁。

宫城中主要是宫殿楼阁，还有宫学和官署。宫学是元顺帝至正元年（1341）建立的，“以教世戚、勋臣之子孙，建学舍内苑，以严中外之别”。这些学生都是怯薛成员，“皆入侍帷幄，出备警跸”[5]。每年皇帝到上都，学生随之而来，教师（授经郎）亦在扈从行列，在上都宫城中继续授课。“黉舍重开大殿西，牙符给事籍金闺。吾伊日课缙青简，挥染还看写赫蹄。”[6] 诗中所说“大殿”应指大安阁，宫学可能在大安阁之西。本节开始时曾引用“三门相望凤池连”之句，“凤池”指中书省。由诗句可知中书省应在三门相望之处，即宫城南部，其他官署亦应有在宫城之内的，但已难考定了。

“绿阑青草玉花骢，驯鹿游眠殿阁东”[7]；“曲曲栏干兔鹿驯，雨肥绿草度青春”[8]；“数树青榆延阁东，云窗霞户绮玲珑。上林文鹿高于马，时引黄麛碧草中”[9]。宫城之内，殿阁之旁，丛草之中，时有骏马、驯鹿、驯兔自由往来，出没其间，这增添了宫城的闲逸气氛。“宫草葱茸拂槛青，苑中麀鹿自和鸣。云边仙子锵环佩，日暮君王幸穆清。”[10] 这首诗描绘出了一幅上都宫城行乐图，而青草丛中的麀鹿，则是图中不可缺少的构成部分，它体现了作为避暑行宫的特色。

---

① 《大元官制杂记·初立巡行劝农司条画》。

② 参见《元史》卷三〇，《泰定帝纪二》。

③ 王士点：《禁扁》。“二阁上都”系原书注。

④ 同上。

⑤ 王沂：《伊滨集》卷一八，《授经郎板屋记》。

⑥ 周伯琦：《近光集》卷一，《扈从上京宫学纪事绝句二十首》。“吾伊”，读书声；“金闺”泛指宫门，意谓学生隶籍宫禁；“赫蹄”，薄纸。

⑦ 胡助：《纯白斋类稿》卷一四，《滦阳杂咏十首》。

⑧ 杨允孚：《滦京杂咏》卷上。

⑨ 周伯琦：《近光集》卷一，《扈从上京宫学纪事绝句二十首》。麛，幼鹿。

⑩ 《永乐大典》卷七七〇二，郑彦昭《上京行幸词》。

第二节　皇城、外城和关厢

上都的外城大体上呈正方形，每边长约两千二百米。城墙（不包括皇城部分）全用黄土版筑，现存遗址高约五米，下宽十米，上宽二米。皇城在外城的东南角，亦呈正方形，每边长约一千四百米。皇城的东、南墙是外城东、南墙的一部分。但皇城城墙虽亦用黄土版筑，表层却用石块堆砌而成（见图4—5、图4—6）。墙身残高约六米，下宽十二米，上宽二点五米。皇城四角有高大的角楼台基。皇城南、北各有一门，东、西各有两门。外城东墙的门就是皇城的门，南墙除皇城的城门外另有一门，西面一门，北面两门。皇城和外城的所有城门门外都筑有瓮城，有的是方形，有的是马蹄形。[①]元代诗人常提到上都的石城，“山拥石城月上迟，大安阁前清暑时”[②]，“往来饮马滦河秋，滦河斜抱石城流”[③]，都是指皇城而言。

“偶因试马小盘桓，明德门前御道宽”[④]；“明德城南万骑过，御天门下百官多”[⑤]。在前一首诗的后面，作者杨允孚自注云：“明德门，午门也。”

图4—5　皇城北墙包石残迹

① 参见贾洲杰《元上都调查报告》，《文物》1997年第5期。

② 《皇元风雅》卷一二，王士熙：《上京次李学士韵》。

③ 陈旅：《安雅堂集》卷三，《苏伯修往上京王君实有诗伯修征和章》。

④ 杨允孚：《滦京杂咏》卷下。

⑤ 《永乐大典》卷七七〇二，郑彦昭：《上京行幸词》。

图4—6　修复后的皇城东墙

午门一般指宫城南门。元代大都宫城的南门叫崇天门，皇城的南门叫灵星门，外城的南门叫丽正门，没有午门之名。但民间有时称崇天门为午（五）门。[①] 前一节已说过，上都宫城的南门是御天门。在上都按照习惯可以称为午门的，应是御天门。同时，从上面所引诗句中可以看出，明德门（见图4—7、图4—8）前是万骑驰骋和试马之处，如明德门是宫城南门的话，试想在皇城之内岂容如此放肆。因此，明德门是午门之说，似是诗人的疏忽。它应是皇城南门，而非宫城南门。

图4—7　明德门遗址

---

①　参见萧询《故宫遗录》。

至元十三年（1276），元军南下。南宋朝廷派遣祈请使到北方，后来南宋灭亡后，南宋少帝、太皇太后等亦被押送北上。四月二十二日，祈请使一行到上都开平，“入昭德门，宿城内第三衙官房子”。过了几天，“太后、嗣君”一行来到，“至昭德门官舍安歇”[①]。“昭德门”应系“明德门”之误。“昭”与“明”两字字形相近，容易混淆。如果明德门是宫城南门，则南宋降人被安排在宫城之内住宿，这显然是讲不通的。这批降人来上都后，住在皇城之内官舍之中，则是比较合理的事。

图 4—8　明德门瓮城门遗址

见于记载的上都城门，除了前面所说之外，还有东门、小东门、西门、小西门和南门、北门、复仁门等。

东门。元顺帝时，伯颜设计杀权臣唐其势，因“其余党皆在上都东门之外”[②]，率部众前去除之。

小东门。“惹雪和烟复带霜，小东门外万条长”[③]。至正二十五年（1365），元代统治集团内部火并，一派军队来攻上都，守城者“引兵由小东

① 《钱塘遗事》卷九，严光大：《祈请使行程记》。

② 杨瑀：《山居新语》。

③ 《皇元风雅》卷一二，王士熙：《上都柳枝词》。

门出，与之大战卧龙冈，败之”[①]。

西门。至元十三年（1376）五月初一日，南宋小皇帝等出西门五里外，跪拜蒙古“家庙”[②]。

小西门。“窈窕仙姝出禁闱，小西门外绿杨堤。五陵公子多豪纵，缓勒骄骢不敢嘶。”[③]“小西门外草漫漫，白露垂珠午未干。沙漠峥嵘车马道，半空秋影铁幡竿。”[④]

南门。至元十三年（1276）五月初二日，南宋皇帝、太皇太后等“尽出南门十余里”[⑤]，到行宫向忽必烈行初见进贡礼仪。又，元代杨瑀记上都风俗，“每岁七月半，都人倾城出南门外祭奠”[⑥]。

北门。“阴山分脉自昆仑，朔漠绵延回北门。遥见马驼知牧地，时逢水草似渔村。”[⑦]

复仁门。泰定三年（1326）五月，“修上都复仁门”[⑧]。元人诗，“复仁门边人寂寂”[⑨]。

在上述各门中，东门和小东门无疑应是皇城东边的两门。按照一般的对称原则，皇城西边的两门应是西门和小西门。至于外城的西门叫什么，[⑩] 上引记载中的南门和北门是泛指其位置方位还是确定的名称，复仁门又是哪座门的名字，都有待进一步研究。

皇城内街道宽窄不等，主次分明，相互对称。在皇城内设有许多官署、寺观和手工业作坊，但是确切的位置已很难考定。大致可以知道的是龙光华严寺和乾元寺的所在。[⑪] 元世祖忽必烈于上都的“乾、艮二隅立二佛寺，曰乾元，曰龙光华严。复立老子宫于东、西”[⑫]。乾为西北，艮为东北。经考古

---

① 《元史》卷一四五，《达礼麻识理传》。

② 参见严光大《祈请使行程记》。

③ 杨允孚：《滦京杂咏》卷下。

④ 胡助：《纯白斋类稿》卷一四，《滦阳杂咏十首》。

⑤ 严光大：《祈请使行程记》。

⑥ 杨瑀：《山居新语》。

⑦ 《永乐大典》卷七七〇二，宋本《上京杂诗》。

⑧ 《元史》卷三〇，《泰定帝纪二》。

⑨ 《永乐大典》卷七七〇二，宋本《上京杂诗》。

⑩ 上都关厢有“大西关”一名（《元史》卷六四《河渠志一·滦河》），外城的西门有可能叫大西门。

⑪ 参见本书下篇第七章。

⑫ 袁桷：《上都华严寺碑》。

调查，在皇城的西北隅和东北隅确有两处较大的寺院建筑遗址。[①] 东、西的"老子宫"道观应亦在皇城以内。"玉堂近与琳宫接，清夜步虚声最闻。"[②]"玉堂"即翰林院，它的"视草屋三间"，与道观为邻，又与"宸居近"[③]，亦应在皇城之中。另一处方位大致清楚的建筑是孔子庙。早在中统二年（1261）八月，忽必烈就"命开平守臣释奠于宣圣庙"[④]。可知在此以前已建成。至元四年（1267）五月，"敕上都重建孔子庙"[⑤]。至元六年（1269）落成，位于"都城东南"。元仁宗皇庆二年（1313），重加修缮，"增廊庑斋厅"[⑥]，在庙西北增设学堂，供国子生读书。考古调查中发现皇城东南角有一座前后两殿的遗址，外有围墙，西北连一小院落，可能就是孔庙所在。[⑦]

外城实际上分为两个部分。自皇城北门瓮城西墙起，有一条东西走向的土墙，直抵外城土墙，宽约二米，把外城隔开，南北不能相通（见图 4—9）。

图 4—9　皇城马蹄形瓮城

① 参见贾洲杰《元上都调查报告》，《文物》1997 年第 5 期。

② 胡助：《纯白斋类稿》卷一四，《滦阳杂咏十首》。

③ 黄溍：《纯白斋类稿》卷六，《上京翰林开院喜雨》。

④ 《元史》卷四，《世祖纪一》。

⑤ 《元史》卷六，《世祖纪三》。

⑥ 许有壬：《至正集》卷四四，《上都孔子庙碑》。

⑦ 参见贾洲杰《元上都调查报告》，《文物》1997 年第 5 期。

北部主要是一片东西向的山冈，地势比较平坦，没有街道。山冈中部靠南有一座石砌大院遗址，院内未见建筑痕迹。南部有两条东西大街，一条南北大街，靠近街道有不少建筑遗址。

外城北部显然是皇家的园林。元代诗人所说的“北苑”，应即是这块地方。“古木阴阴覆苑墙，雁程霜早碧云长。”这里有“高榆矮柳”，“金莲紫菊”[①]，基本上保持了原来的自然风貌。显然，这是出于豢养禽兽和培植花木供统治者玩赏的需要。元代记载中，又有御苑、御花园、内园、瑞林苑等名称。御苑[②]或御花园[③]，显然是对皇家园林的流行称呼。瑞林苑[④]可能即北苑，一为正式名称，一则因方位而起的习惯称呼。当然也可能是北苑中的一部分（如上述遗址中的石砌大院）。内园“芍药迷望，亭亭直上数尺许，花大如斗”[⑤]，也应是北苑中的一处特定园林。

上都城的东、南、西都有关厢。据考古调查，东关长约八百米，西关向西延长约一千米，南关长约六百米。只有城北没有与城门相连的关厢。“西关轮舆多似雨，东关帐房乱如云。”[⑥] 西关车辆繁多，而且是“马市”[⑦] 所在，估计应是商业区。东关邻近皇城，前来觐见的王公贵族往往把他们带来的部众安排在这一带居住，因而帐房如云。前面已说过，元顺帝时，权臣唐其势的死党都在东门外，其手下大将剌剌就住在帐房之中。[⑧] 南关在明德门外，这是进入上都的主要通道，也就是“御道”所经，这一带的繁荣自不待言。

上都城的东、西各有一座规模巨大的粮仓。东边的叫万盈仓，西边的叫广积仓，每年可收贮粮食三四十万石。两仓的形制完全相同。[⑨] 考古调查表明，西关外有一处建筑遗址，东西宽一百五十米，南北长二百一十四米，有院墙，墙内南、北、东、西各有房屋遗址。东关外也有规模相同的一处遗

---

① 许有壬：《至正集》卷二七，《和友人北苑马上四首》。

② “丞相簪花御苑回”（杨允孚：《滦京杂咏》卷上）。

③ “御华（花）园路接柴场”（《永乐大典》卷七七〇二，宋本《上京杂诗》）。

④ 参见王士点《禁扁》卷乙。

⑤ 杨允孚：《滦京杂咏》卷下。

⑥ 《永乐大典》卷七七〇二，宋本《上京杂诗》。

⑦ 《元史》卷六四，《河渠志一・滦河》。

⑧ 参见杨瑀《山居新语》。

⑨ 参见本书下篇第六章《上都的经济生活》。

址。大致可以确定，东、西关外的这两处遗址应即是万盈、广积两仓所在。[1]

至元十三年（1276）南宋降人来到上都时，发现这里“屋宇矮小，多以地窟为屋。每掘地深丈余，上以木条铺为面，次以茨盖上，仍种麦、菜，留窍出火。有地屋，掘地三四尺，四周土墙”[2]。当然这主要是指一般居民的房屋。元人的记载也经常提到上都的“土房”“板屋”，从南宋降人所述来看，“土房”和“板屋”实际上是一回事。“土房通火为长炕”[3]，“土床长伏火，板屋颇通凉”[4]。“土房”和“板屋”中都有生火的土炕，供取暖和做饭之用。这种“土房”“板屋”，是不很牢固的，经过冬天冰冻，春天融化之后，往往会变形，东倒西歪：“腊冻彻泉地坟起，土膏春动消成洼。千条万条壁缝拆，十家九家屋山斜。”[5]

上都的道路是泥路，路面较狭，一遇下雨就难以通行，“市狭难驰马，泥深易没车”[6]；“天街暑雨没青泥”[7]。上都夏天气候变幻无常，常常是“雨声才断日光出”，但街道之上已是“黑淖如糜拨不开”，以致“羸马巡檐行踸踔”[8]。

滦河流经上都城的南面，距城不过三四百米。上都常被人称为滦京、滦阳，即由滦河而来。“滦水萦回草满川，皇都佳气郁满天。”[9]“滦河东出水萦回，叠坂层冈拥复开。”[10]上都城与滦河有着密切的关系。滦河水势变化无常，平时清浅可涉，但逢气候变化，有时也会奔流成川。“北风卷雨城南去，明日滦江水又多”[11]，就是写的这种情况。“行人驱车上滦河，滦河水浅人易过”[12]；“驱车直渡滦河水，千里青山半月程”[13]；说的则是河水平浅时的情景。“杂沓毡车百辆多，五更冲雪渡滦河。当辕老妪行程惯，倚岸敲冰饮橐

① 参见贾洲杰《元上都调查报告》，《文物》1997年第5期。
② 严光大：《祈请使行程记》。
③ 马祖常：《石田文集》卷三，《上京翰苑书怀》。
④ 周伯琦：《近光集》卷一，《上京杂诗十首》。
⑤ 《永乐大典》卷七七〇二，宋本《上京杂诗》。
⑥ 袁桷：《清容居士集》卷一五，《上京杂咏》。
⑦ 胡助：《纯白斋类稿》卷一四，《滦阳杂咏十首》。
⑧ 《永乐大典》卷七七〇二，宋本《上京杂诗》。
⑨ 吴师道：《吴礼部文集》卷八，《次韵张仲举助教上京即事》。
⑩ 张翥：《蜕庵诗集》卷三，《上京即事》。
⑪ 许有壬：《至正集》卷二七，《和友人北苑马上四首》。
⑫ 胡助：《纯白斋类稿》卷五，《滦河曲》。
⑬ 贡师泰：《玩斋集》卷四，《送上都吴学录师河东就试》。

驼。”[①] 诗人用生动的语言描绘了一幅滦河的风情画。滦河中从来没有船行驶，上都人不识船为何物。元顺帝时，有一位平江（今江苏苏州）漆匠王□□用皮制成一船，内外用漆涂饰，拆成数节运到上都。这艘皮船在滦河中往来游弋，船中可容二十人，使上都居民大开眼界，叹赏不止。[②] 但是他的这一创造似乎并没有得到推广应用。

传说上都所在地原是海，海中有龙。刘秉忠建城时作法驱龙，并立铁幡竿以镇之。“铁竿屹立海水竭，卧龙飞去空冥冥”[③]。铁幡竿“高数十丈”[④]。铁幡竿所在的山就叫铁幡竿山[⑤]。“铁幡竿下草如茵，淡淡东风六月春。高柳岂堪供过客，好花留待踏青人。”[⑥] 铁幡竿已成为上都的一处名胜。考古调查在今上都遗址西北哈灯台山发现一块长二点一米、宽一点一米、厚零点六米的白石条，石条一面正中并排凿两个长宽二十六厘米及三十厘米、深十六厘米的小洞，这是一种树竿座，可能就是铁幡竿的座基。[⑦]

铁幡竿山下有排水渠。元成宗大德二年（1298），“召公（郭守敬）至上都，议开铁幡竿渠。公奏：‘山水频年暴下，非大为渠堰，广五七十步不可。’执政吝于工费，以公言为过，缩其广三之一。明年大雨，山水注下，渠不能容，漂没人畜庐帐，几犯行殿。翌日，天子北狩，谓宰臣日：‘郭太史神人也，可惜不用其言。’”[⑧] 据此可知，修铁幡竿渠的目的是为了排泄山水，这一工程是在大德二年（1298）进行的。设计者是大科学家郭守敬，但是施工时却修改了他的方案，以致没有很好地发挥作用。大德五年（1301），王伯胜率军扈从上都，“天久雨，夜闻城西北有声如战鼙然，伯胜率卫卒百人出视之，乃大水暴至，立具备锸，集土石、毡罽以塞门，分决壕隍以泄其势，至旦始定，而民弗知”[⑨]。大水来自城西北，显然就是铁幡竿山一带，足证元代修渠的原因就在于保障城市的安全。而在大德三年（1299）大雨以后，排水渠并没有及时加工修理，以致过了两年又出问题。此后是否整修，

① 迺贤：《金台集》卷二，《塞上曲》。
② 参见杨瑀《山居新语》。
③ 《永乐大典》卷七七〇二，伍良臣《上京》。
④ 周伯琦：《近光集》卷二，《立秋日书事五首》。
⑤ 参见《元史》卷一四五，《达礼麻识理传》。
⑥ 杨允孚：《滦京杂咏》卷上。
⑦ 参见贾洲杰《元上都调查报告》，《文物》1997 年第 5 期。
⑧ 《国朝文类》卷五〇，齐守谦《知太史院事郭公行状》。
⑨ 《元史》卷一六九，《王伯胜传》。

已不可考。现在上都城西北二三公里处有一个宽约一公里的山口，有一道古拦洪坝的遗迹。坝西头留溢洪口，下接溢洪渠，南流入滦河。

第三节　西内与昔剌斡耳朵

元代的记载常常提到西内、昔（失）剌斡耳朵、棕殿（棕毛殿），这些名称所指的场所都在上都城外。

先说西内。“西内西城外，周围十里中。草阴迷辇路，山色护离宫。翠殿光凝雾，璇题影曳虹。鸣銮时一幸，草木尽祥风。”① “皇舆吉日如西内，马酒新馐白玉浆。”② “大驾留西内，兹辰祀典扬。”③ 此外，“淡墨轻黄浅画眉，小绒绦子翠罗衣。君王又幸西宫去，齐向花阴斗草归”④。此诗前两句描写上都宫城中宫女的打扮，后两句即表现君王出幸后她们的闲适生活，可见“西宫”必在宫城之外。“西宫”应即西内。“草阴迷辇路，山色护离宫”，西内应在草原之上，山麓或群山之中。

从上诗可知，西内被视为离宫。不少诗歌述及上都的离宫，如：“离宫金碧郁岧峣，只隔滦河一水遥。知是上林进果来，铃声隐隐转山腰。”⑤ “岧峣”，高峻之意。这座离宫金碧辉煌，形制高耸，要经过“山腰”才能到达，可与上引“山色”相印证。又如：“凤楼春暖翠重重，内禁门开晓日红。宝马香车金错节，太平公主幸离宫。”⑥

再说昔剌斡耳朵。在元代文献中，失剌也作昔剌，都是蒙古语黄色一词的音译。斡耳朵是营帐。昔剌斡耳朵就是黄色的营帐。元代北京的方志《析津志》说：“［昔］剌斡耳朵者，即世祖皇帝之行在也。”⑦ 可知在忽必烈时已经建立。昔剌斡耳朵是举行“大宴”即“诈马宴”的地方。元末王袆说，至正九年（1349）曾“大宴失剌斡耳朵”⑧。柳贯《观失剌斡耳朵御宴回》：

---

① 周伯琦：《近光集》卷一，《上京杂诗十首》。

② 同上书，《上幸西内，望北方诸陵酹新马酒，彝典也，枢密知院奉旨课驹以数上，因赋七言》。

③ 周伯琦：《近光集》卷二，《立秋日书事五首》。

④ 杨允孚：《滦京杂咏》卷上。

⑤ 王沂：《伊滨集》卷一二，《上京诗》。

⑥ 杨允孚：《滦京杂咏》卷下。

⑦ 《永乐大典》卷七七〇二。按，原缺“昔”字，今补。

⑧ 王袆：《王忠文公集》卷三，《上京大宴诗序》。

“毳幕承空拄绣楣，彩绳亘地掣文霓。辰旗忽动祀光下，甲帐徐开殿影齐。芍药名花围簇坐，葡萄法酒拆封泥。御前赐酺千官醉，恩觉中天雨露低。”诗后有注：“车驾驻跸，即赐近臣洒马奶子御筵，设毡殿失剌斡耳朵，深广可容数千人。”[①] 元末诗人迺贤有诗《失剌斡耳朵观诈马宴奉次贡泰甫授经先生韵》。[②] 显然，柳贯所说的“御宴”就是“诈马宴”。

值得注意的是“诈马宴”又与棕殿有关。“平沙班诈马，别殿燕棕毛。”[③] 诗人袁桷在描写诈马宴的诗篇中也提到，“沈沈棕殿云五色”[④]，“棕殿沈沈晓日清”[⑤]，“沈沈棕殿内门西，曲宴名王舞马低”[⑥]。这样，可以知道，诈马宴是在棕殿举行的。因此，棕殿应与昔剌斡耳朵是指同一事物。“北极修门不暂开，两行宫柳护苍苔。有时金锁因何掣，圣驾棕毛殿里回。”诗后注云：“棕毛殿在大斡耳朵。”[⑦] 诗作者所说大斡耳朵显然指的是昔剌斡耳朵，棕殿与昔剌斡耳朵的关系从这首诗可以得到证实。袁桷反复以“沈沈”来形容棕殿，说明它的规模是很大的。

在大蒙古国时期，窝阔台汗曾在漠北和林附近山中为自己修建了“一座契丹帐殿”，供避暑之用。“它的墙是用格子木制成，而它的顶篷用的是织金料子，同时它整个复以白毡：这个地方叫作昔剌斡耳朵。”[⑧] 这座大帐“其中可容千人”，“从来也不拆卸收起。它的挂钩是黄金做的，帐内覆有织物”[⑨]。元定宗元年（1246），传教士普兰诺・加宾尼奉教皇之命出使蒙古，正值贵由汗即位之际。据他记载，选汗大会是在称为昔剌斡耳朵的可容两千多人的大帐幕中举行的，帐幕四周围有木栅，蒙古的王公贵族及其随从就在帐幕周围的小山和平地上屯驻，排成一个圆圈。木栅有两个大门，一个门只有大汗才能出入，其余人都从另一门进去。与会者全体每天换一色衣服。[⑩] 从以上所述，可知和林的昔剌斡耳朵在离城不远之处，其形制为帐幕（可能

---

① 柳贯：《柳待制文集》卷五。
② 见迺贤《金台集》卷二。
③ 贡师泰：《玩斋集》卷五，《上京大燕和樊侍中侍御》。
④ 袁桷：《清容居士集》卷一五，《装马曲》。
⑤ 袁桷：《清容居士集》卷一六，《内宴二首》。
⑥ 袁桷：《清容居士集》卷一二，《伯庸开平书事次韵七首》。
⑦ 杨允孚：《滦京杂咏》卷上。
⑧ ［伊朗］志费尼：《世界征服者史》上册，第279页。
⑨ ［波斯］拉施特：《史集》第2卷，第70页。
⑩ 参见［英］道森编《出使蒙古记》，中国社会科学出版社1983年版，第60—61页。

采取了汉族建筑的某些特点，故有人称之为“契丹帐殿”），但是固定的。帐幕上覆以毡子和其他织物。帐幕的规模极大，可容一二千人。蒙古选汗会议（忽里台，即大朝会）就在这座帐幕中进行。

忽必烈显然继承了大蒙古国的传统。他在上都城外也建造了昔剌斡耳朵，亦即棕殿。这座棕殿是“帐殿”[①]，也就是说其形制为帐幕。帐殿上部分或全部覆以棕毛，故以此命名，但同时依据蒙古传统在蒙古语中仍称为昔剌斡耳朵。蒙古的王公贵族在大聚会时都要举行诈马宴，重要政务都要在诈马宴上决定。上述选举贵由汗的大会每天换一色衣，就是诈马宴的一个特征。而上都的诈马宴，正是在棕殿亦即昔剌斡耳朵中举行的。

上都棕殿最早见于记载，似是元成宗大德年间（1297—1307）马臻的诗。[②] 泰定元年（1324）十二月辛未，“新作棕殿成”。泰定二年（1325）闰正月癸酉，“作棕毛殿”[③]。两条记事时间相隔很近，是重复记载还是确曾建造两处，不可考（元代大都亦有棕殿）。但可以确定的是，在此前后确曾对上都棕殿进行重建或改建。据元代官修政书《经世大典》记载，泰定二年（1325）二月十六日，“敕造上都棕毛殿铺设，省下随路民匠为之。九月十三日输之留守司。成造地毯二扇，积二千三百四十三尺”[④]。从地毯的面积不难想见该殿可容千人以上。前面提到柳贯所说在昔剌斡耳朵有可容数千人的“毡殿”，应该就是棕殿。蒙古人的帐房一般称为毡房，毡殿之名应即由此而来。

那么，昔剌斡耳朵与“西内”又是什么关系呢？元顺帝至正十二年（1352），周伯琦扈从上都，他说：“车驾既幸上都，以是年六月十四日大宴宗亲、世臣、环卫官于西内棕殿，凡三日。”[⑤] 三日大宴，就是诈马宴。棕殿在“西内”，可见“西内”就是昔剌斡耳朵的所在地。

从记载来看，“西内”还有其他宫殿。周伯琦有一首诗，题为《五月八日上京慈仁宫进讲纪事》，首四句是：“黼扆临西内，文臣侍大廷。曙光团露瓦，暑气散风棂。”[⑥] 可见慈仁宫在“西内”。周伯琦的其他诗篇多次提到他

① 马臻：《霞外诗集》卷三，《大德辛丑五月十六日滦都棕殿朝见，谨赋绝句三首》。诗中首句云“黄道无尘帐殿深”。

② 同上

③ 《元史》卷二九，《泰定帝纪一》。

④ 《大元毡罽工物记》。

⑤ 周伯琦：《扈从集・后序》。

⑥ 周伯琦：《近光集》卷二。

在慈仁宫“进讲”“谢恩”。据他说，至正二年（1342）七月，佛朗国遣使献马，“上御慈仁殿，临观称叹”①，与周伯琦同时的许有壬的一首诗，题为《宴慈仁殿，周览山川，喜而有作》②，这座殿在山野之中，故在宴集时得以“周览山川”。这首诗可以作为慈仁殿（宫）在“西内”的旁证。此外，龙光宫可能也在西内。周伯琦关于诈马宴的诗中说“天子方御龙光宫”③。元末另一位著名文学家欧阳玄在《天马颂》的序中说：“至正二年壬午七月十八日丁亥，皇帝御慈仁殿，拂朗国进天马。二十一日庚寅，自龙光殿敕周朗貌以为图。”④

从上面所述可以看出，“西内”范围甚大，至少包括棕殿和慈仁殿（宫），可能还包括龙光殿（宫）。其中棕殿规模最大，是“西内”的主要居所，它应是一座帐殿。慈仁殿（宫）和龙光殿（宫）的具体情况不详。昔剌斡耳朵一名，有时用来专指棕殿，有时也用以泛指“西内”。

元顺帝后至元六年（1340），监察御史崔敬上疏“谏天子巡幸上都，宜御内殿。其略曰：‘世祖以上都为清暑之地，车驾行幸，岁以为常，阁有大安，殿有鸿禧、睿思，所以保养圣躬，适起居之宜，存畏敬之心也。今失剌斡耳朵思，乃先皇所以备宴游，非常时临御之所。今……国家多故，天道变更，臣备员风纪，以言为职，愿大驾还大内，居深宫，严宿卫，与宰臣谋治道。万机之暇，则命经筵进讲，究古今盛衰之由，缉熙圣学，乃宗社之福也。’”⑤ 上都本是避暑之地，但元代皇帝并不以此满足，又专门设立了“备宴游”的昔剌斡耳朵。元顺帝经常居住在昔剌斡耳朵，宴游享乐，所以崔敬才会上谏，要他“还大内，居深宫”，也就是回到上都的宫城之中。昔剌斡耳朵亦即“西内”与上都宫城的关系，从这件奏疏中可以看出来。

至元十三年（1276），南宋少帝、太皇太后一行投降后被送到上都。五月初二日，“天晓，尽出南门十余里，宰执同属官亦列铺设金银玉帛一百余桌，在草地上行宫殿下，作初见进贡礼仪。行宫殿宇宏丽，金碧晃耀。诸妃诸王皆升殿卷帘列坐。皇帝、皇后共坐溜中，诸王列坐两

① 周伯琦：《近光集》卷二，《天马行应制作》。按，献马者是教皇特使马黎诺里。

② 见许有壬《至正集》卷一六。

③ 周伯琦：《近光集》卷一，《诈马行》。

④ 欧阳玄：《圭斋文集》卷一。

⑤ 《元史》卷一八四，《崔敬传》。

序。……班退，升殿，再两拜，就留御宴”[1]。金碧辉煌的行宫应该就是昔剌斡耳朵，但其所在地是上都南门外十余里处，与后来的“西内”不是一个方位。这有几种可能：一是先在南门外，后来迁至西方，一是出南门折而向西，当然也有可能是记载的讹误。但从此事可知，早在忽必烈时代，行宫（即昔剌斡耳朵）已是皇帝经常逗留并举行重大活动的场所。大旅行家马可·波罗在他的游记中讲述了上都草原中的行宫，可以随时拆卸，[2]无疑就是指昔剌斡耳朵。

第四节　宫廷生活

元代皇帝在上都期间，宫廷中要举行一系列的活动，主要是宴会、佛事、狩猎、祭祀和其他娱乐活动。

不断的各种名目的大小宴会，是上都宫廷生活的一项重要内容。元代名诗人萨都剌写有《上都杂咏五首》[3]，全都以宫廷宴会为主题，请看：

一派箫韶起半空，水晶行殿玉屏风。
诸王舞蹈千官贺，高捧蒲萄寿两宫。
沙苑棕毛百尺楼，天风摇曳锦绒钩。
内家宴罢无人到，面面珠帘夜不收。
凉殿参差翡翠光，朱衣华帽宴亲王。
红帘高卷香风起，十六天魔舞袖长。
中官作队道宫车，小样红靴踏软沙。
昨日内家清暑宴，御罗凉帽插珠花。
院院翻经有咒僧，垂帘白昼点酥灯。
上京六月凉如水，酒渴天厨更赐冰。

在各种宴会中，规模最大、费用最多的是诈马宴，也叫质孙宴。质孙，一译只孙，蒙古语 jisun 的音译，意为颜色。皇帝举行宴会，出席者要穿皇

① 严光大：《祈请使行程记》。
② 参见《马可波罗游记》，第 185—192 页。
③ 见萨都剌《雁门集》卷六。

帝颁赐的贵重服装，即金织文衣，每次一种颜色，按贵贱亲疏的次序各就其位，故称质孙宴。“衣冠同制，谓之质孙，必上赐而后服焉。”[①] “凡勋戚大臣近侍，赐则服之。下至于乐工卫士，皆有其服。精粗之制，上下之别，虽不同，总谓之质孙云。”[②] 质孙服是衣、帽、腰带配套的，上面装饰珠翠宝石。“伏日翠裘不知重，珠帽齐肩颤金凤。”[③] 诈马是波斯语 jāmah 的音译，意即外衣、衣服。事实上，质孙和诈马指的本是同一件东西，即宴会上穿的一色衣服。[④]

周伯琦对上都诈马宴有过概括的介绍。他说：“国家之制，乘舆北幸上京，岁以六月吉日命宿卫大臣及近侍服所赐济逊珠翠金宝衣冠腰带，盛饰名马，清晨自城外各持彩仗，列队驰入禁中。于是上盛服御殿临观，乃大张宴为乐，唯宗王、戚里、宿卫、大臣前列行酒，余各以所职叙坐合饮，诸坊奏大乐，陈百戏，如是者凡三日而罢。其佩服日一易。大官用羊二千，嗷马三匹，它费称是，名之曰济逊宴。济逊，华言一色衣也。俗呼曰诈马筵。至元六年岁庚辰，忝职翰林，扈从至上京。六月二十一日，与国子助教罗君叔亨得纵观焉。”[⑤] 袁桷、贡师泰、杨允孚、迺贤等人都曾亲身经历，并写下了诗篇。其他记载中也有所提及。

诈马宴参加者主要是“宗王、戚里、宿卫、大臣”，其他官员亦得列序。参加者服质孙衣，一日一换。所骑马匹是“彩丝络头百宝装，猩血入缨火齐光”[⑥]，而且“以雉尾饰马”，“千官万骑到山椒，个个金鞍雉尾高”[⑦]。宴会共举行三天，时间选择在六月的吉日。[⑧] 宴会开始时，“必一二大臣称成吉思汗皇帝礼扨（札撒），于是而后礼有文饮有节矣”[⑨]。“札撒”就是法令，宣布成吉思汗的有关法令，使与会者知所畏惧警惕，然后宴会

① 《国朝文类》卷四一，《经世大典序录・燕飨》。

② 《元史》卷七八，《舆服志一》。

③ 袁桷：《清容居士集》卷一五，《装马曲》。

④ 参见韩儒林《元代诈马宴新探》，《穹庐集》，第 247—254 页。

⑤ 周伯琦：《近光集》卷一，《诈马行》。“济逊”即质孙，清人修《四库》时改译。

⑥ 袁桷：《清容居士集》卷一五，《装马曲》。“装马”疑即“诈马”，jimah 的另一音译。“火齐”，宝石。

⑦ 杨允孚：《滦京杂咏》卷上。“山椒”，山顶。

⑧ 杨允孚说“每年六月三日诈马筵席”，疑误，周伯琦明确记载至元六年（1269）的诈马宴是六月二十一日。王袆记至正九年（1349）的昔剌斡耳朵大宴是六月二十八日。《王忠文公集》卷三，《上京大宴诗序》。

⑨ 杨允孚：《滦京杂咏》卷上。

顺利进行。“须臾玉卮黄帕覆，宝训传宣争頫首。”① “宝训”即成吉思汗的“札撒”。宴会上的饮料和食物非常丰盛，“酮官庭前列千斛，万瓮蒲萄凝紫玉。驼峰熊掌翠釜珍，碧实冰盘行陆续”②。“大宴三日酣群悰，万羊脔炙万瓮酿。”③ 宴会上有教坊女乐和角抵（摔跤）表演助兴。“九州水陆千官供，曼延角抵呈巧雄。紫衣妙舞腰细蜂，钧天合奏春融融。”④ “凤笙屡听伶官奏，马湩频烦太仆添。”⑤ “舞转星河影，歌腾陆海涛。齐声才起和，顿足复分曹。急管催瑶席，繁弦压紫槽。”⑥ 宴会都要到“日暮”“秉烛”时才告结束。⑦

元代有人说：“国朝大事，曰蒐伐，曰搜狩，曰宴飨，三者而已。”⑧ 蒙古统治者重视宴会，其主要目的在于显示自己对属部的恩惠，加强统治集团内部的凝聚力，在一定意义上也是过去存在过的军事民主主义遗留下来的痕迹，但其性质已大不相同。

狩猎也是“国朝大事”。大蒙古国时期，诸汗都很重视“打围”（狩猎），规模很大，每次常出动数千人甚至上万人。这既是继承古代氏族共同狩猎的习惯，用以维系内部的团结；又是锻炼将士作战能力的一种办法。“打围”实际上是一项军事训练活动。元代诸帝继承了这一传统。每年春天，常到大都东南的柳林“纵鹰隼搏击，以为游豫之度，谓之飞放”⑨。到上都避暑，也要举行一系列狩猎活动。狩猎有固定的场所，主要是三不剌（北凉亭）、东凉亭、西凉亭和察罕脑儿（白海）。

三不剌又作散不剌、三卜剌、三部落、甘不剌川。地点在“上都西北七百里外”⑩。元成宗即位于上都后，即“巡狩三不剌之地”，流连忘返，“不

① 袁桷：《清容居士集》卷一五，《装马曲》。

② 同上。

③ 周伯琦：《近光集》卷一，《诈马行》。

④ 同上。

⑤ 迺贤：《金台集》卷二，《失剌斡耳朵观诈马宴奉次贡泰甫授经先生韵》。

⑥ 贡师泰：《玩斋集》卷五，《上京大宴和樊时中侍御》。

⑦ 参见袁桷《清容居士集》卷一五，《装马曲》。迺贤：《金台集》卷二、《失剌斡耳朵观诈马宴奉次贡泰甫授经先生韵》。

⑧ 王恽：《秋涧文集》卷五七，《吕公神道碑》。

⑨ 《元史》卷一〇一，《兵志四・鹰房捕猎》。

⑩ 王恽：《秋涧文集》卷三二，《董承旨从北回，酒间因及今秋大猕书六绝》。按，董承旨即董文用，时为翰林学士承旨。

以时还”①。大概就是这一次“打围”，所获猎物“饶常岁”，“青兕黄羊以万筹”②。元英宗即位后，巡幸上都。据随从者柳贯记：“八月二日，大驾北巡，将校猎于散不剌，诏免汉官扈从。”③ 而在《元史》中提到此事时，一作“帝幸凉亭”④，一作“帝猎北凉亭”⑤，可知三不剌即北凉亭。除了北凉亭之外，又有东、西凉亭。“上京之东五十里有东凉亭，西百五十里有西凉亭。其地皆饶水草，有禽鱼山兽，置离宫。巡守（狩）至此，岁必猎校焉。”⑥

据波斯史家记载，在建造开平城之前，忽必烈“在其东面为自己的一座名为凉亭（Lnktn）的宫殿打下了基础”⑦。但是正式派遣军队修建东、西凉亭，则是平南宋以后的事。⑧ 至元十四年（1277）八月，忽必烈曾“畋于上都之北”⑨，似可认为即在北凉亭“打围”。凉亭实际上是皇帝的御用猎区，而三个凉亭又都于忽必烈时开始经营。由于北凉亭距离较远，元代诸帝去的次数不多，一般均在东、西凉亭“打围”。至元六年（1269）十月，忽必烈下令“禁上都畿内捕猎”⑩，就是为了充分保证皇帝“打围”的需要。

除了三个凉亭之外，在往返两都的途中，元代皇帝也常常举行狩猎活动。如察罕脑儿设有鹰房，豢养猎鹰，每年巡幸队伍经过这里，“必校猎焉”⑪。元英宗“北幸回銮，次止抚州校猎，获禽物盈且多”⑫。元代有不少诗篇描述了皇家在上都的大规模田猎，如：“离宫秋草仗频移，天子长杨羽猎时。”⑬ “凉亭千里内，相望列东西。秋狝声容备，时巡典礼稽。”⑭ “鹰房

---

① 《元史》卷一四八，《董俊传附董文用传》。按，《元史》卷一八《成宗纪》作“三部落”。

② 王恽：《秋涧文集》卷三二，《董承旨从北回，酒间因及今秋大狝书六绝》。按，元成宗即位后去三不剌，董文用从行。可知王恽所记应即此次之事。

③ 柳贯：《柳待制文集》卷五。

④ 《元史》卷二七，《英宗纪一》“延祐七年八月戊午”条。

⑤ 《元史》卷一八〇，《赵世延传》。

⑥ 周伯琦：《近光集》卷一，《立秋日书事五首》。

⑦ ［波斯］拉施特：《史集》第2卷，第325页。

⑧ 参见《常山贞石志》卷二一，虞集《皇公墓志铭》。

⑨ 《元史》卷九，《世祖纪六》。

⑩ 《元史》卷五，《世祖纪二》。

⑪ 周伯琦：《扈从集·前序》。

⑫ 柳贯：《柳待制文集》卷五，诗题。

⑬ 马祖常：《石田文集》卷四，《丁卯上京》。

⑭ 周伯琦：《近光集》卷二，《立秋日书事五首》。

晓奏驾鹅过，清晓鉴舆出禁廷。三百海青千骑马，一时随扈向凉陉。”①

皇帝的巡幸队伍中有不少喇嘛。到达上都后，宫廷中不断举行各种法事。宫城之中，常常出现“西梵祝厘环地坐”② 的局面。

忽必烈即位的第二年（中统二年，1261 年）四月八日，“祀天于旧桓州西北郊，皇族之外，皆不得预礼也”③。后来，在大都城南建立天坛和太庙，举行祭天祭祖仪式，主要行用唐代制度。④ 但在上都则仍然保持了蒙古族传统的祭天祭祖仪式。“每岁，驾幸上都，以六月二十四日祭祀，谓之洒马奶子。用马一，羯羊八，彩段练绢各九匹，以白羊毛缠若穗者九，貂鼠皮三，命蒙古巫觋及蒙古、汉人秀才达官四员领其事，再拜告天。又呼太祖成吉思御名而祝之，曰：‘托天皇帝福荫，年年祭赛者。’礼毕，掌祭官四员，各以祭币表里一与之；余币及祭物，则凡与祭者共分之。”⑤ 祭天之后不久，又要举行祭祖仪式。“岁以七月七日或九日，天子与后素服望祭北方陵园，奠马酒，执事者皆世臣子弟。是日择日南行。”⑥ 祭祖时皇帝、皇后到西内，在西内举行。⑦ 后至元三年（1337）七月“丙午，车驾幸失剌斡耳朵。太白复经天。丁未，车驾幸龙冈，洒马乳以祭”⑧。“丙午”“丁未”是相连的日子。可知元顺帝先到昔剌斡耳朵亦即西内，次日到附近的龙冈祭祖，以马奶酒为祭品。祭天、祭祖是隆重的典礼，祭祖尤为重要。元代名诗人萨都剌写道：“祭天马酒洒平野，沙际风来草亦香。白马如云向西北，紫驼银瓮宴诸王。”⑨“向西北”是指祭祀仪式的地点，但举行宴会应是祭祖以后的事，不应与祭天仪式连在一起。⑩ 也许诗人将两者混为一谈了。

南宋的少帝、太皇太后等被送到上都的第三天，“早出西门五里外……北边设一紫锦罘罳，即家庙也。庙前两拜。太后及内人各胡跪，福王、宰执

① 《水乐大典》卷七七〇二，宋本《上京杂诗》。

② 胡助：《纯白斋类稿》卷一四，《滦阳杂咏十首》。

③ 王恽：《秋涧文集》卷八一，《中堂事记中》。

④ 参见《元史》卷七二，《祭祀志一》。

⑤ 《元史》卷七七，《祭祀志六》。

⑥ 周伯琦：《近光集》卷二，《立秋日书事五首》。

⑦ 参见周伯琦《近光集》卷一，《上幸西内，望北诸陵酹新马酒，彝典也，枢密知院奉旨课驹以数上，因赋七言》。

⑧ 《元史》卷三九，《顺帝纪二》。

⑨ 萨都剌：《雁门集》卷六，《上京即事五首》。

⑩ 杨允孚说：“每年八月开马奶子宴，始奏起程。”（《滦京杂咏》卷下）上引周伯琦说在祭祖之时，“择日南行”。可知祭祖之后，必有马奶子宴。

如南礼。又一人对罘罳前致语，拜两拜而退”①。罘罳就是屏风，有时也用来指宫阙上交疏透孔的窗棂。这里所说的家庙，应指元代皇帝的家庙，所以南宋降人才会以胡跪去拜见。在此以前南宋的使臣曾说蒙古的穹庐有一种样式“用柳木为骨，止如南方罘罳”②，也许所谓“紫锦罘罳”实际上是外蒙紫锦的穹庐。蒙古人在草地上没有家庙之制，这里所说可能是指某一斡耳朵（营帐）。③

有的贵族也在上都举行祭奠先人的仪式。元文宗时，太平王燕铁木儿祭奠其先人石像，“像琢白石，在滦都西北七十里地，曰：旭泥白。负重台架小室贮之，祭以酒湩。注彻，则以肥脔周身涂之。从祖俗也”④。向石像灌酒，用肥肉涂抹石像全身，这是一种颇为奇特的习俗。燕铁木儿是钦察人，钦察（Kipchak）是中亚的突厥游牧部落。这种“祖俗”也许是钦察人的习俗。

元代皇帝在上都期间，还要举行各种娱乐活动，主要有角抵、竞走和歌舞等。

角抵就是摔跤，这是蒙古人喜爱的一项传统体育项目，列朝皇帝都在宫廷中举行，杰出的角抵士会得到优厚的奖赏。诗人记述了上都的角抵比赛。“红云靄靄护棕毛，紫凤翩翩下彩条。武士承宣呈角抵，近臣侍宴赐珠袍。”⑤“黄须年少羽林郎，宫锦缠腰角抵装。得隽每蒙天一笑，归来驺从亦辉光。”⑥

竞走亦是在大都和上都经常举办的活动。“皇朝贵由赤（即急足快行也），每岁试其脚力，名之曰：放走。监临者封记其发，以一绳拦定，俟齐，去绳走之。大都自河西务起至内中，上都自泥河儿起至内中，越三时行一百八十里，直至御前，称万岁礼拜而止。头名者赏银一锭，第二名赏段子四表里，第三名赏二表里，余者各一表里。”⑦ 这种竞赛的方式已和现代差不多。竞走的距离据记载是二百里，时间是从黎明开始。⑧“健步儿郎似籋云，铃衣

① 严光大：《祈请使行程记》。
② 彭大雅、徐霆：《黑鞑事略》。
③ 蒙古制度，诸汗死后，其营帐仍然保存。
④ 许有壬：《至正集》卷一六，《陪右大夫太平王祭先太师石像》。
⑤ 《永乐大典》卷七七〇二，郑彦昭：《上京行幸词》。
⑥ 王沂：《伊滨集》卷一二，《上京诗》。
⑦ 杨瑀：《山居新语》。
⑧ 参见杨允孚《滦京杂咏》卷上。

红帕照青春。一时脚力君休惜，先到金阶定赐银。”①

皇帝巡幸上都时，教坊司所属乐人都要随从。“每宴，教坊美女必花冠锦绣，以备供奉。”② 她们的“供奉”就是表演歌舞。“官妓平明直禁闱，瑶阶上马月明归。”③ 这里所说的“官妓”，亦即教坊女乐，她们天明就要到宫禁之中“供奉”，月明才得离开。“宫中云门教坊奏，歌编竹枝并鹧鸪。”④ 这两句诗写的就是教坊在上都宫廷中表演的情况。宫女中也有出色的表演艺术家，元代中期名诗人王士熙描写一位李宫人的遭遇，她擅长琵琶，曾随来上都。“銮舆五月幸龙冈，宣唤新声促晓妆。拨断冰弦秋满眼，塞无云碧草茫茫。”⑤

① 许有壬：《至正集》卷二七，《竹枝十首和继学韵》。籋云，蹑云，原谓骏马奔驰如蹑浮云，此处用以喻竞走者速度之块。

② 杨允孚：《滦京杂咏》卷上。

③ 杨允孚：《滦京杂咏》卷下。

④ 马祖常：《石田文集》卷五，《和王左司竹枝词十首》。按，这是马祖常次王士熙竹枝词所作，以上都宫廷生活为内容。“云门”，古乐名。

⑤ 《皇元风雅》卷一二，王士熙《李宫人琵琶引》。

第五章　上都的政治生活

上都不仅仅是元朝皇帝与贵族避暑狩猎的场所，而且是与大都并列的政治中心，皇帝每年有近半年时间在这里处理朝政大事，忽里台经常在这里举行。在这里发生的重大政治事件，更为元朝政治史增添了丰富多彩的内容。

第一节　忽里台与朝觐制度

忽里台（又译为“忽邻勒塔”）是蒙古语，意为“聚会”，元朝汉译为“大朝会”。早期蒙古人的忽里台是部落或各部落联盟的议事会，用于推举首领、决定征战等大事。从成吉思汗起，蒙古大汗乃至元朝皇帝继位，都要经过忽里台推举。“国朝凡大朝会，后妃、宗王、亲戚、大臣、将帅、百执事及四方朝附者咸在。朝会之信，执礼之恭，诰教之严，词令之美，车马服用之别，牲齐歌乐之辨，宽而有制，和而有容，贵有所尚，贱无不逮，固已极盛大于当时矣。”① 选举大汗的忽里台，有着一套固定的程序：

公推大汗。大汗的候选人，一般都是早已内定了的，② 只需要参加忽里台的全体贵族履行一下确认的手续。被推选为大汗的人，照例都在会上申诉一些理由，谦让一番，宗王贵族们也照例多次恳请，劝他执掌大位，然后是大汗欣然接受，并要求贵族们宣誓对自己效忠，君臣的名分即由此确定。

举行即位仪式。波斯著名史家奥都剌在《土地之分割与世纪之推移》（《瓦撒夫书》）中记载了元武宗在上都即位的情况：“海山于星者指定之日时，举行即位典礼。宗王七人坐海山于白毡上，二王扶其臂，四王举毡奉之

① 《国朝文类》卷四一，《经世大典序录·朝会》。

② 大汗的候选人，一般都是一个，只在极个别情况下有过两个。

于宝座上，一王献盏，诸珊蛮（巫师）为新帝祝寿，上尊号为曲律汗。”①登基仪式包括诸王扶新君登上宝座、群臣执跪拜礼、珊蛮祈福告天、上尊号等内容。

宣读先朝祖训。“故事，天子即位之日，必大会诸侯王，读太祖宝训。”②“世臣掌金匮之书，必陈祖宗大札撒以为训。”③“大札撒”意为“大法令”，这里是指成吉思汗时依照蒙古族习惯法颁布的法律，后来蒙古人奉为祖宗大法，现已失传，只有一部分内容还散见于中外各种史籍里。在忽里台上宣读大札撒的“世臣”，一般都是新皇帝的亲信，也是借此而立威的。元成宗铁穆耳在上都大安阁即位时，“亲王有违言”，大臣伯颜“按剑陈祖宗宝训，述所以立成宗之意，辞色俱厉，诸王股栗，趋殿下拜”④，就是很典型的一例。

赏赐。新君即位，对先朝斡耳朵、驸马、诸王及蒙古各部领主，都要大行赉赏，所费金银钞币的数量颇为惊人，往往因此而造成国家财政紧张，储不敷赐，这种现象从元成宗朝起一朝比一朝严重。至元三十一年（1294）四月，元成宗在上都即位后，中书省官员提出：“陛下新即大位，诸王、验马赐与，宜依往年大会之例，赐金一者加四为五，银一者加二为三。”这个请求得到批准。六月，“定西平王奥鲁赤、宁远王阔阔出、镇南王脱欢及也先帖木而大会赏赐例，金各五百两、银五千两、钞二千锭、币帛各二百匹；诸王帖木而不花、也只里不花等，金各四百两、银四千两、钞一千六百锭、币帛各一百六十匹”。十一月，中书省官员又提出，“今诸王藩戚费耗繁重，余钞止一百十六万二千余锭”，“而来会诸王尚多，恐无以给”，请准诸王先还各部，待酌情定出赐额后再行发放。元贞二年（1296）二月，中书省官员再次上奏皇帝：“陛下自御极以来，所赐诸王、公主、驸马、勋臣，为数不轻，向之所储，散之殆尽。”当年十二月，确定了诸王朝会赐予数额，“太祖位，金千两、银七万五千两；世祖位，金各五百两、银二万五千两。余各有差”⑤。大德十一年（1307）五月元武宗即位，六月，中书省臣上奏：“前奉

① 参见周良霄《蒙古选汗仪制与元朝皇位继承问题》，《元史论丛》第3辑，中华书局1986年版。

② 黄溍：《金华黄先生文集》卷二四，《中书右丞相（拜住）神道碑》。

③ 柯九思：《草堂雅集》卷一，《宫词》。

④ 《国朝文类》卷二四，元明善《丞相淮安忠武王碑》。

⑤ 《元史》卷一八、一九，《成宗纪》一、二。

旨命臣等议诸王朝会赐与，臣等议：宪宗、世祖登宝位时赏赐有数，成宗即位，承世祖府库充富，比先例，赐金五十两者增至二百五十两，银五十两者增至百五十两。”元武宗下旨遵照元成宗所赐之数颁赏，在和林参加忽里台已蒙赐者再次依数发赉。大朝会赏赐带来的财政亏空，往往数年内都补不起来，国家边防、建筑急需用钱时，不得不动用钞本或从行省东挪西借。元文宗时因为两都帝位争战后经费不足，减少了朝会赐额，“凡金银五铤以上减三之一，五铤以下全畀之，又以七分为率，其二分准时直给钞”①。

宴饮、即位仪式结束之后，举行大宴庆祝，一般要宴饮三天。“国有朝会庆典，宗王大臣来朝，岁时行幸，皆有燕飨之礼。”② 关于在上都举行诈马宴的情况，见前述，这里从略。

除了为新皇帝即位而举行的忽里台外，皇帝每年在上都驻夏时，大多数蒙古宗王贵族都要前来朝觐，当时也称为“朝会”。被朝廷派到各行省的主要官员，要定期面见皇帝，有时也参加上都朝会，讨论军国大事。每年到上都朝见皇帝，已逐渐成为一种制度。延祐元年（1314）六月，中书省就朝觐问题上奏元仁宗：“在先诸王、妃子、公主、驸马、各千户每朝现的，并不拣甚么勾当呵，夏间趁青草时月来上都有来。如今推称着缘故不商量了人大都去的多有。”③ 元仁宗特别下令：“诸王、戚里入觐者，宜趁夏时刍牧至上都，毋辄入京师，有事则遣使奏禀。”④ 平时的朝会，也有宴饮等一套仪式，有时也要颁发赏赐，只是数额和受赐人范围都比即位的忽里台的小而已。

第二节　上都理政

每年跟随皇帝巡幸上都的各中央机构主要长官，在上都继续辅佐皇帝议办朝政。上都专门建有一些重要衙门的分支机构，如中书省上都分省、⑤ 御史台上都分台、⑥ 翰林国史院上都分院⑦等。“天子时巡上京，则宰执大臣下

① 《元史》卷三三，《文宗纪二》。

② 《国朝文类》卷四一，《经世大典序录·燕飨》。

③ 《通制条格》卷八，《仪制·朝现》。

④ 《元史》卷二五，《仁宗纪二》。

⑤ 参见宋褧《燕石集》卷一二，《上都分省左司掾题书记》。《国朝文类》卷七，王士熙：《寄上都分省僚友》。

⑥ 参见许有壬《至正集》卷二六，《上都分台题名记》。

⑦ 参见黄溍《金华黄先生文集》卷八，《上都翰林国史院题名记》。

至百司庶府，各以其职分官扈从"[①]，"或分曹厘务辨位考工，或陪扈出入起居供张设具，或执橐鞭备宿卫，或视符玺金帛尚衣诸御物；惟谨其为，小心寅畏，趋走奉命，罔敢少怠，而必至给沐更上之日，乃得一休也"[②]。只有御史台殿中司的官员，"大驾行幸，则毕从于豹尾之中，而非若它官可以更休"，"臣僚有所敷奏，无不与闻"[③]。

每年皇帝离开大都后，"各行省宣使并差官起解一应钱粮，常典至京又复驰驿上京飞报"[④]。重要的公文奏表和军情报告都通过急递铺转送。元朝规定"十里或十五里、二十五里设一急递铺。十铺设一邮长，铺设卒五人"，"转送朝廷及方面及郡邑文书往来"，"定制一昼夜走四百里，邮长治其稽滞者"[⑤]。忽必烈在开平即位后不久，即派遣宰相祃祃等人自燕京经由望云至开平府验地程远近，起立急递铺，从燕京到赤城共设四十二铺，十里一铺，每铺额定铺兵十六名，设铺地点如下：

燕京城区三铺：花园、总铺、白云楼。

昌平县十一铺：双泉、永泰、唐家岭、榆河、皂角、双塔、辛店、石河、南口、长坡、居庸关。

缙山县二铺：北口、妫川。

怀来县十一铺：棒槌店、榆林、管家庄、怀来、七里岗、狼山、统幕、泉头、长岭、洪赞、石娥儿。

云州十五铺：枪杆岭、梱林、李老峪、何家寨、鲁家堡、向阳水、高家会、刁（雕）窝、井子水、西流水、赵家寨、碾子峪、下松林、上松林、赤城。

上述四十二铺，后来都归大都路管辖。由赤城往北，自沙窝至开平设有四十铺，都归上都路管辖。铺兵服役时口粮由政府发放。开始是上都路所属铺兵每年发六个月口粮，大都路所属铺兵则只发四个月口粮。大德三年（1299）十一月，兵部转呈大都路官员的意见，认为大都铺兵每年"先行走递"，上都铺兵"后走先散"[⑥]，多发口粮殊不合理，元成宗就命令从第二年

① 参见黄溍《金华黄先生文集》卷八，《上都御史台殿中司题名记》。

② 马祖常：《石田文集》卷八，《上部翰林分院记》。

③ 黄溍：《金华黄先生文集》卷八，《上都御史台殿中司题名记》。

④ 《析津志辑佚·岁纪》，第218页。

⑤ 《国朝文类》卷四一，《经世大典序录·急递铺》。

⑥ 《永乐大典》卷一四五七五，《经世大典·急递铺》。

起给大都路所属铺兵也改发六个月的口粮。两都之间八十二个急递铺的建置，有元一代基本没有什么变化。

按照规定，凡是经急递铺传送的文书，都应该是军政大事的奏报转递，但实际上所传送文书的内容越来越滥。至元二十八年（1291）十二月，中书省鉴于“近年衙门众多，文字繁冗，急递之法大不如初”，重申“省部台院急速之事，方置匣子发遣。其匣子入递，随到即行，一昼夜须及四百里”①。大德五年（1301）五月，又规定了中书省、枢密院、御史台、宣政院等七十九种官衙文书可以通过急递铺传送，新旧运粮提举司、怯怜口提举司、各投下总管府等二十种官衙文书不许经由急递铺转送，以减轻急递铺的负担。

皇帝在上都时亦要上朝，四怯薛番直等制度一如在大都时。王士熙的诗《早朝行》就记下了上都早朝的情况：“石城啼鸟翻曙光，千门万户开未央。丞相珂马沙堤长，奏章催唤东曹郎。燕山驲骑朝来到，雨泽十分九州报。辇金驮帛分远行，龙沙士饱无鼓声。阁中龙床琢白玉，瑟瑟围屏海波绿。曲阑五月樱桃红，舜琴日日弹薰风。”②

第三节　发生在上都的重大政治事件

上都，作为元朝政治生活的重要场所，曾经发生过不少重大政治事件。

忽必烈的开平即位，并不是一帆风顺的。在开平召开忽里台之前，阿里不哥已经派遣使者遍告蒙古宗王和贵族，让他们不要听从忽必烈和塔察儿等人的命令。大多数宗王站在了阿里不哥一边，连位居东部诸王之首的塔察儿也“首鼠进退”，举棋不定。这时幸亏有谋臣撒吉思力言忽必烈“宽仁神武，中外属心，宜专意推戴，若犹豫不决，则失机非计也”，塔察儿才率同也先哥、忽剌忽儿、爪都等东道诸王前往开平参加忽里台。他们会同西道诸王合丹、阿只吉及以五投下领主为代表的左、右翼蒙古千户，拥戴忽必烈登上蒙古大汗位，“按照习俗的规定，上述全体宗王和异密（官人）们立下誓书”。在昔木土、失烈延塔兀等几次与阿里不哥军的交锋中，东道诸王和五投下的军队起了很重要的作用。③

① 《元典章》卷三七，《兵部四·递铺》“整治急递铺事”“入递文字”条。

② 《国朝文类》卷四。

③ 参见［波斯］拉施特《史集》第2卷，第292—301页。《元史》卷四《世祖纪一》；卷一二〇，《术赤台传》；卷一二一，《畏答儿传》。欧阳玄：《圭斋文集》卷一一，《高昌偰氏家传》。

阿里不哥势力西徙后，与察合台后王发生冲突，终于搞得势穷力竭，不得不率少数亲信东归，投附忽必烈。至元元年（1264）正月，忽必烈得到了阿里不哥等人东来的消息，立刻命令为他们准备粮饷，并通知蒙古宗王、千户和一些汉军万户于夏天赴上都参加忽里台。七月底，阿里不哥一行抵达上都。在忽里台上，阿里不哥按照蒙古传统仪式向忽必烈请罪。忽必烈派人会审并处死阿里不哥属臣十人后，应全体与会贵族的请求，赦免了阿里不哥，“诏诸王皆太祖之裔，并释不问”。历时五年的帝位之争，以忽必烈的彻底胜利而告结束。①

至元十一年至元十六年（1274—1279），忽必烈发兵灭掉南宋，统一了全国。忽必烈对南宋作战的方略，大部分是在上都议定的。至元十年（1273），由于南宋襄阳守将吕文焕降元，南宋军的江淮防线出现缺口，忽必烈在上都召集群臣讨论对南宋作战事宜，着手进行军事部署。至元十一年（1274），忽必烈接受史天泽的建议，将布置在淮东和长江一线准备渡江的军队全部交给蒙古八邻部人伯颜指挥，并把伯颜带到上都驻夏，面授攻战机宜。六月，忽必烈在上都向全国发出兴师征讨江南的诏书。七月，伯颜南下时，忽必烈引征北宋初曹彬灭南唐时“不杀一人”的事例，晓谕伯颜：“古之善取江南者，唯曹彬一人。汝能不杀，是吾曹彬也。”② 至元十二年（1265）五月至八月，忽必烈又把伯颜从前线召回到上都，就大军渡江后的作战方针进行磋商。至元十三年（1276）五月初，伯颜携南宋帝赵㬎及太皇太后、皇太后、大臣等一行至上都，忽必烈在大安阁接受亡南宋君臣的朝见，大赏有功将士，命伯颜在上都近郊举行仪式，“告天地、宗庙”③。赵㬎被封为瀛国公，原福王赵与芮被封为平原郡公。至元十九年（1282）十二月，中书省官员请求让赵㬎、赵与芮等南宋宗室子孙定居上都，忽必烈以赵与芮已年老，准许留在大都，其他人都在上都安置，只有翰林学士赵与票优免。④ 至元二十五年（1288）十月，“瀛国公赵㬎学佛法于土番”⑤，实际上是将他流放到人烟稀少的西藏去，消除南宋遗民的复国幻想。西藏人称赵㬎

① 参见《元史》卷五，《世祖纪二》。［波斯］拉施特：《史集》第2卷，第306—311页。

② 《元史》卷八，《世祖纪五》。

③ 《元史》卷九，《世祖纪六》；卷一二七，《伯颜传》。

④ 参见《元史》卷一二，《世祖纪九》；卷一六八，《赵与票传》。

⑤ 《元史》卷一五，《世祖纪一二》。

为“蛮子合尊”，到元英宗至治三年（1323）四月，终被下令处死。①

至元十四年（1277），攻南宋战役还未结束，出镇西北的北安王那木罕（忽必烈第四子）、右丞相安童被反叛的昔里吉等劫持，投奔窝阔台后王海都。在应昌的弘吉剌部贵族只儿瓦台起而响应，势逼上都。忽必烈调动扈从至上都的怯薛和侍卫军随诸王彻都出征，很快将只儿瓦台反叛势力剿灭。至元二十四年（1287），以乃颜（塔察儿之孙）为首的东道蒙古宗王起兵反叛，与西边的海都遥相呼应。忽必烈在上都调集军队，于五月至八月亲征乃颜，击溃其主力。而清除乃颜残余势力的战争，则持续了一年多。至元二十六年（1289）七月，忽必烈又由上都亲率大军北上，征伐叛王海都。在忽必烈朝的后十五年里，上都实际上成为朝廷支撑对蒙古叛王作战的大本营，出征军队在这里集结，军需粮饷由此处转运，充分显示出了这座草原都城的重要性。

为解决长年战争造成的财政匮乏，忽必烈先后任用了三位善于“理财”的大臣掌管朝政：“回回”人阿合马、汉人卢世荣、吐蕃噶玛洛人桑哥。这三个人的“敛财之道”颇引起其他朝臣非议，朝内经常爆发政治纷争。至元十九年（1282）三月，汉人王著、高和尚等人利用忽必烈巡幸上都的时机，伪称太子真金返京，将阿合马及其留京党羽杀死。这一事件的发生不是偶然的。早在十年前，许衡随从忽必烈到上都时，就“具奏阿合马专权无上、蠹国害民等事”②，坚决反对阿合马用他的儿子掌管兵权的动议。至元十五年（1278）四月，中书左丞崔斌随忽必烈巡幸至察罕脑儿，“极言阿合马奸蠹”，忽必烈即派遣御史大夫相威、枢密副使孛罗“自开平驰驿大都共鞫之”。阿合马称病躲避按问，相威毫不放松，“令舆疾赴对”③，检核他的不法行为。然而忽必烈很快又改变了主意，下诏释免阿合马，把双方的公开斗争压了下去。但是矛盾并没有解决，终于导出了武力解决的结局。卢世荣于至元二十一年（1284）十一月升为中书右丞，公开要求起用阿合马党人，遭到蒙古大臣安童、玉昔帖木儿等人和汉人儒臣的反对。次年（1285）四月，监察御史陈天祥上疏弹劾卢世荣，忽必烈召集陈天祥与卢世荣同赴上都当面对质。由于随行大臣的一致要求，忽必烈先是将卢世荣论罪关押，十一月，

---

① 参见王尧《南宋少帝赵㬎遗事考辨》，《西藏研究》1981 年创刊号。

② 《国朝名臣事略》卷八，《左丞许文正公》。

③ 《元史》卷一〇，《世祖纪七》；卷一二八，《相威传》；卷一七三，《崔斌传》。

才将他处死。[①] 桑哥从至元二十四年（1287）入中书省，很快升到了右丞相的高位，他的权势远远超出了阿合马和卢世荣。一些蒙古大臣和汉人儒臣与桑哥进行了多次较量。至元二十八年（1291）二月，忽必烈在前往上都的途中听取了怯薛太官要求罢黜桑哥的建议，加上上都留守木八剌沙等人的极力弹劾，桑哥终于被籍没家赀，并于七月被处死。[②] 忽必烈朝内纷乱的政治斗争，到此总算告一段落。

忽必烈于至元三十一年（1294）正月病死于大都，由已故太子真金的长妻阔阔真暂时接管朝政。阔阔真派伯颜等赶往按台山，召回出镇的第三子铁穆耳。四月初，铁穆耳率众返抵上都，阔阔真与南必皇后（忽必烈正妻察必死后，其妹南必被立为皇后）、卜鲁罕（铁穆耳妻）等已先行到达。他们很快就在上都举行了忽里台，忽必烈家系的蒙古宗王大多出席，忽必烈朝的大臣也云集上都。在忽里台上，出现了真金长子甘麻剌和三子铁穆耳两个帝位候选人的争执局面。甘麻剌多年在和林附近屯镇，受封晋王，“统领太祖四大斡耳朵及军马、达达国土”。铁穆耳则于前一年（1293）六月正式接受了皇太子印信，理应成为帝位继承人。阔阔真和朝内大臣都有意以铁穆耳为帝，藩服宗王则多属意于甘麻剌。阔阔真巧妙地利用甘麻剌口吃的缺点，建议按照忽必烈“让精通成吉思汗圣训的人继承大位”的遗言，通过口诵圣训的比赛来决定继承人。铁穆耳的口才自然胜过了甘麻剌，加上先朝大臣伯颜、月赤察儿、玉昔帖木儿等人的劝说，甘麻剌终于服输，声称“昔皇祖命我镇抚北方，以卫社稷，久历边事，愿服厥职。母弟铁木耳仁孝，宜嗣大统”，并以“宗盟之长”的身份扶持铁穆耳登上宝座。[③] 御史中丞崔彧曾从木华黎后人硕德处得到一枚刻有“受命于天，既寿永昌”的玉玺，献给了阔阔真，在即位仪式上由阔阔真亲手授给了铁穆耳。[④] 整个仪式是在上都大安阁进行的，时间为四月十四日（1294 年 5 月 10 日）。铁穆耳的庙号为成宗，蒙古人称之为完泽笃皇帝。

元成宗即位之后，实行“守成”政治，继续与西北叛王作战，上都仍然

① 参见《元史》卷一三，《世祖纪一〇》；卷一六八，《陈天祥传》。

② 参见《元史》卷一六，《世祖纪一三》。达仓宗巴·班觉桑布：《汉藏史集》第 21 章，《桑哥传》，西藏人民出版社 1986 年版。[波斯] 拉施特：《史集》第 2 卷，第 341—350 页。

③ 参见《元史》卷一八，《成宗纪一》；卷一一五，《显宗传》；卷一一九，《博尔术传》。[波斯] 拉施特：《史集》第 2 卷，第 375、376 页。

④ 参见《元史》卷一七三，《崔彧传》；卷一一六，《后妃传二》。

起着大本营的作用。大德五年（1301），海都在与元军作战中受伤而死，长子察八儿继统窝阔台汗国。七年七月，察八儿与掌管察合台汗国的笃哇共同派出请求停战的使者来到上都，西北战事逐渐趋向缓和。①

大德十一年（1307）正月，元成宗铁穆耳在大都病死，因为他的儿子德寿早已夭亡，帝位继承再次引起争执。中书左丞相阿忽台和非真金家系的安西王阿难答密谋以元成宗皇后卜鲁罕临朝称制，扶持阿难答继承皇位，受到中书右丞相哈剌哈孙等人的抵制。这时，元成宗的哥哥答剌麻八剌的儿子海山出镇西北，掌握着驻在按台山附近的边防大军，是南下争夺帝位的强大对手。海山的弟弟爱育黎拔力八达和母亲答己则由原驻地怀州抢先赶到大都。哈剌哈孙等人很快与爱育黎拔力八达接上了关系，他们于三月间突然发难，逮捕阿难答，处死了阿忽台等人。在京城的蒙古宗王阔阔出、牙忽都和其他一些大臣请求爱育黎拔力八达继承帝位。作为海山和爱育黎拔力八达母亲的答己，也希望次子爱育黎拔力八达继承帝位。她知道这样做定将遭到海山的反对。为此，答己玩弄骗局，她派遣近臣朵耳去欺骗海山，说是根据阴阳家的推算，如果他即位将短命夭折，并宣称："汝兄弟二人，皆我所出，岂有亲疏。阴阳家所言，运祚修短，不容不思也。"海山不相信他母亲的谎言，不愿意放弃帝位，听说爱育黎拔力八达已在大都主持朝政，则更加不满。他立即派康里人脱脱返回大都，向答己表示："我捍御边陲，勤劳十年，又次序居长，神器所归，灼然何疑。今太后以星命休咎为言，天道茫昧，谁能豫知？设使我即位之后，所设施者上合天心，下副民望，则虽一日之短，亦足垂名万年，何可以阴阳之言而乖祖宗之托哉！此盖近日任事之臣，擅权专杀，恐我他日或治其罪，故为是奸谋动摇大本耳。"同时，海山亲率精兵三万，分三路直趋上都。答己和爱育黎拔力八达闻讯后，自量无力同海山争夺，立刻改变主意，率众北上，与海山在上都相会，举行忽里台，处死安西王阿难答，废黜卜鲁罕皇后，并于五月二十一日（1307年6月21日）在大安阁举行仪式，立海山为帝，是为元武宗，蒙古语称曲律皇帝。六月初一日，元武宗正式立爱育黎拔力八达为皇太子，确定他为自己的帝位继承人，一场复杂的帝位争夺，没有发展成为残酷的武力争战，最终在上都和平地解决了。②

① 参见《元史》卷二一，《成宗纪四》；卷一一九，《博尔忽传》。

② 参见《元史》卷二二、二三，《武宗纪一、二》。

元武宗即位后，平息了西北战火。至大三年（1310）夏季他在上都举行忽里台，察八儿等西北诸王来朝，“诏特设宴于大庭”[①]，海都位下所积二十余年的五户丝岁赐，一次颁给。多年未解决的西北问题至此算是基本解决了。

元武宗之后的元仁宗和元英宗，都是在大都即位的，忽里台在大都举行，即位后皇帝率随从到上都驻夏。元英宗即位之后，在木华黎后人拜住的赞助下，实行了一些改革措施，触犯了一部分蒙古、色目贵族的利益。以御史大夫铁失为首的一群贵族官僚暗中策划反对拜住和元英宗的行动，并和出镇漠北的甘麻剌子晋王也孙铁木儿取得了联系。铁失本人还任职忠翊卫都指挥使，兼领左、右阿速卫军。至治三年八月四日（1323 年 9 月 4 日），他们乘元英宗由上都南返在南坡捺钵过夜时，以阿速卫军为外应，在行帐中刺杀了拜住和元英宗。臣下刺杀皇帝，在元朝历史上这还是第一次，这就是所谓的“南坡之变”[②]。

南坡之变后一个月，也孙铁木儿在漠北龙居河举行忽里台，登上帝位，是为元泰定帝，随即南下，在上都和大都分别处决了参与谋杀元英宗的人。致和元年（1328），元泰定帝带病赴上都驻夏，七月十日死于上都。扈从元泰定帝至上都的中书左丞相倒剌沙、梁王王禅、辽王脱脱等人筹划召开忽里台，推戴泰定帝子阿剌吉八继承帝位。留在大都的佥枢密院事燕铁木儿（钦察人）则与西安王阿剌忒纳失里等人密谋，在大都举事，捕拿中书平章政事乌伯都剌等一批留守大臣，遣使往江陵迎接元武宗次子图帖睦尔。燕铁木儿弟撒敦、子唐其势得到消息后，都从上都遁回，助燕铁木儿调发留在京城的侍卫亲军，在两都之间的交通要道设防。八月二十二日，梁王王禅等率扈从元泰定帝捺钵的侍卫亲军由上都南下，分道进攻大都，辽王脱脱、左丞相倒剌沙等人率少数军队留守上都。二十七日，图帖睦尔赶到大都，九月一十三日即帝位，改元为天历，是为元文宗。同月，倒剌沙等在上都立阿剌吉八为帝，改元天顺。九月初至十月上旬，上都军队频频发起攻击，居庸关、古北口、紫荆关等重要关口都曾被攻破，燕铁木儿亲自率军东征西战，分头击败来敌，保证了大都的安全。十月十三日，齐王月鲁帖木儿会同燕铁木儿的族人、东路蒙古军元帅不花帖木儿，率军由辽东突然出兵，包围上都，倒剌沙

① 《元史》卷一三八，《康里脱脱传》。

② 参见《元史》卷二八，《英宗纪二》；卷二〇七，《铁失传》。

等人奉皇帝玉玺出降，被送到大都处死，站在上都一边的军队，很快土崩瓦解，两都之间的混战停了下来。[①] 这场战争给大都和上都带来了很大的损失，两都间的站赤、桥梁、关口都遭受了不同程度的破坏。

元文宗的哥哥和世㻋，当时正坐镇漠北。两都兵戈相见时，和世㻋按兵不动，静观事态发展。大局已定后，元文宗恐再引起帝位争端，主动遣使者北来，请和世㻋南下即帝位。和世㻋便于次年（1329）正月在和林召开忽里台，即皇帝位，是为元明宗，图帖睦尔则在大都宣布退位，并遣沙剌班等人辇送金银币帛至和林，供忽里台赏赐使用。和世㻋三月初从和林向上都进发，派人先往上都筹划物资，准备举行包括察合台后王参加的忽里台。就在他踌躇满志、慢慢南行的时候，一个新的阴谋已孕育成熟。图帖睦尔不愿放弃帝位，燕铁木儿也恐怕失去权势，两人合谋寻找有利的时机将和世㻋害死，夺回帝位。为此，燕铁木儿于三月奉皇帝玉玺出京，北迎和世㻋，制造一切顺利的假象。五月中，图帖睦尔也由大都前往上都，迎接和世㻋。毫无警惕的和世㻋于八月初一日抵旺兀察都。次日，图帖睦尔来会，在行宫举行大宴会；六日，和世㻋“暴卒”，图、燕两人的计划顺利实现了。[②] “当年铁马游沙漠，万里归来会两龙。周氏君臣空守信，汉家兄弟不相容。只知奉玺传三让，岂料游魂隔九重。天上武皇亦洒泪，世间骨肉可相逢。”[③] 为了争夺皇位，兄弟之间演出了骨肉相残的悲剧。

元明宗死后，图帖睦尔在燕铁木儿的严密保护下，于两日内驰至上都。天历二年八月十五日（1329 年 9 月 8 日），图帖睦尔在大安阁举行了复位仪式，燕铁木儿及其家族得到了最高的奖赏。元文宗一朝，燕铁木儿始终担任要职。至顺三年（1332）八月，元文宗病死于上都，临终前留下遗言：“昔者晃忽叉（即旺兀察都）之事，为朕平生大错。朕尝中夜思之，悔之无及。燕帖古思虽为朕子，朕固爱之；然今日大位，乃明宗之大位也。汝辈如爱朕，愿召明宗子妥懽帖木儿来，使登大位。如是，朕虽见明宗于地下，可以有所措词而塞责耳。”燕铁木儿并未按元文宗遗愿办事，“自念晃忽叉之事，已实造谋，恐妥懽帖木儿至而治其罪，姑秘文宗遗诏，屏而不发”[④]，于十月

---

① 参见《元史》卷三二，《文宗纪一》；卷一三八，《燕铁木儿传》。

② 参见《元史》卷三一，《明宗纪》。

③ 萨都剌：《雁门集》卷二，《记事》。第一句指和世㻋长期在漠北及兄弟两人相逢事，后面几句即隐喻元文宗害和世㻋事。“武皇”指元武宗。

④ 权衡：《庚申外史》。

立年仅七岁的元明宗次子懿璘质班为帝，自己仍然把持朝政。懿璘质班在位仅月余即死去，燕铁木儿虽将妥懽帖睦尔接到大都，仍具猜疑之心，不立新君，自己独掌大权，至顺四年（1333）春，燕铁木儿病死。六月八日，妥懽帖睦尔在上都即位，是为元顺帝，这是元朝的最后一位皇帝。[①]

① 参见《元史》卷三八，《顺帝纪一》。

第六章　上都的经济生活

上都是陪都，又是根据政治需要在草原上建立起来的城市。与农业区的密切联系，是这座城市得以存在的基础。而固定的两都巡幸制度又使它的经济生活具有鲜明的季节性。城市周围发达的畜牧业，也给城市生活以深刻的影响。

第一节　粮食来源和农业

上都所在地区“水草饶刍牧”①，是很好的牧场。但是气候寒冷，对农业生产不利。元代的记载说：“上都地寒，不敏于树艺，无土著之民。”② 元代政府常以上都和甘肃、和林等处并列，视为“非产米地”③，在推行某些措施时给予特殊待遇。

但是，上都城建立后，有相当数量固定的居民，还有大批季节性增加的人口，包括扈从皇帝前来的王公贵族、官僚、僧道、士兵、仆从等，以及前来聚会的蒙古王公贵族及其随行人员，其数量大大超过了上都的常住户口。常住人口加上为数更多的临时人口，需要大量的粮食。据至元七至八年(1270—1271）间的估计，“上都每年合用米粮不下五十万石”④。这些粮食主要依靠外地运来。

从产粮地运粮到上都，主要通过两种方式。

一种是由国家组织漕运。“大都、上都支转粮斛浩大”，元代政府为此先

---

① 周伯琦：《近光集》卷一，《上京杂诗十首》。

② 虞集：《道园学古录》卷一八，《贺丞相塞》。

③ 《元史》卷二一，《成宗纪四》。

④ 魏初：《青崖集》卷四，《奏议》。

后设立了两个运粮提举司。一个叫旧运粮提举司（后改名大都陆运提举司），另一个叫新运粮提举司（后改为京畿运粮提举司）。所谓“旧”“新”，主要是就成立时间先后而言。两个提举司管辖站户近两万户，主要交通工具是牛车[①]。这些从事漕运的站户都是在民间强制签发的。除了运粮提举司负责运输之外，元代政府还在民间和雇车牛，运输官粮。和雇表面上是两相情愿，实际上则是强制性的封建义务。和雇之例如，元世祖中统四年（1263）五月，“诏北京运米五千石赴开平，其车牛之费并从官给”[②]。至元二十八年（1291），“上都民仰食于官者众，诏佣民运米十万石致上都，官价石四十两，命留守木八剌沙总其事”[③]。陆道运输粮食，长途跋涉，中间经过漫长的草原和山岭，劳民伤财，所费甚大。因此，就在至元二十八年，有人提出“滦河自永平挽舟逾岭而上，可至上都”。建议疏濬滦河，漕运上都。忽必烈接受了这一建议，派人考察，以船试行。考察者“至中道自知不可行而罢”[④]。这一计划未能实现，漕运仍旧由陆道进行。除了大都到上都的交通线之外，东北辽阳行省与上都之间也有驿道可通，有时粮食也从这条路线运来。

皇帝巡幸期间宫廷所需粮食等物，数量很大，也采取和雇车辆的办法，进行运输。下面所引用的便是当时的一份有关文件：

> 大德七年三月，中书省宣徽院呈：起运上都米面等事，送户部与礼部一同议得：凡雇车运物，不分粗细，例验斤重里路，官给脚价。以此参详，今后起运上都米面等物，合从宣徽院选委有职役廉干人员长押。先将合起物色，一一亲临秤盘装发，打角完备，如法封记。斟酌合用车辆，令大都路巡院正官召募有抵业信实车户，明立脚契，编立牌甲，递相保管，然后许令揽运。各于契上开写所载箱包布袋，各各斤重，眼同交盘，责付车户收管，及令重护封头，长押官通行管押。如运至上都交收，办得封记打角俱无损坏，布袋箱包亦不松慢，秤盘斤重又与元揽相同，中间却有短少不堪，盖为押运人员装发之际失于照略，着落追陪相应。若苫盖不如法，装卸不用心，致有损失，虽封记俱全，比元封打角

① 参见《永乐大典》卷一九四二三，《经世大典·站赤》。

② 《元史》卷五，《世祖纪二》。

③ 《元史》卷一六，《世祖纪一三》。

④ 《国朝文类》卷五〇，齐履谦：《知太史院事郭公行状》。《元史》卷六四，《河渠志一·滦河》。按，元代永平路辖卢龙、迁安、抚宁、昌黎四县和滦州，滦河自这一地区入海。

> 松慢，或去封头、箱包布袋破漏，交出短少不堪者，即是车户不为照略，或因而侵盗，就将行车人监勒，追征不敷之物。照依脚契，先验元雇车户均征，更有追补不足者，着落当该雇车官司补纳，仍以物多寡量情断罪。押运人员回还，须要纳获无欠朱钞销照。及经过村坊店户之家，排门粉壁，无得寄顿粜买官物。都省准呈。[①]

这是一份很有价值的材料，它详细说明了由大都向上都搬运皇家所需“米面等物”的办法。这一搬运是由“掌供玉食”[②]的宣徽院负责组织的，有一系列严密的制度。可以想见，支持上都城市生活所需的大宗粮食，如果是采用和雇之法的话，一定也和这份材料中所述制度相似。

除了国家组织漕运之外，还实行和籴的办法。和籴也叫和中或市籴，由来已久，元代在不同时期不同地点都实行过。上都和籴的具体办法是，政府根据需要发布在上都收购粮食的命令，商人们自己设法组织运输，将粮食运到上都指定粮仓交纳，政府以现钞或盐引支付。粮食收购价一般较市场价优厚，元代盐利优厚，盐引（取盐凭证）更是难得之物，所以对商人很有吸引力。尽管路途艰难，还是有许多人响应。中统二年（1261）正月，“命户部发钞或盐引，命有司增其直，市于上都、北京、西京等处，募客旅和籴粮，以供军需，以待歉年，岁以为常”[③]。同年九月，“置和籴所于开平，以户部郎中宋绍祖为提举和籴官”[④]。元代制度，各地一般不专门设置和籴官，“专委本路正官一员，不妨本职，提调勾当”[⑤]。而上都不仅设官，且有专门的机构，可见和籴对于上都的粮食供应具有特殊重要的作用。据《元史》和《经世大典》记载，至元十九年（1282），降钞两万锭于上都市籴。二十年，上都市籴粮先后发钞六万锭。二十一年九月，“发盐引七万道，钞三万锭，和籴上都粮”。但这次和籴“未曾成就”[⑥]。到至元二十二年，元代政府又以钞五万锭和籴于上都。四年之间，年年和籴，显然已成为惯例。至元二十三

---

① 《通制条格》卷一八，《关市·和雇和买》。

② 《元史》卷八七，《百官志三》。

③ 《永乐大典》卷一一五九八，《经世大典·市籴粮草》。《元史》卷九六，《食货志四·和籴》。

④ 《元史》卷四，《世祖纪一》。

⑤ 《永乐大典》卷一一五九八，《经世大典·市籴粮草》。《元史》卷九六，《食货志四·和籴》。

⑥ 同上。

年以后，上都和籴不见于记载，恐怕是史籍的遗漏，而不是制度上的改变。

天历二年（1329）秋，“时天子（元明宗和世㻋）自北方还，上都供亿视常岁为多，有司请预大储蓄。宰相使刑部（刑部员外井渊）为之。出令使民得入粟受厚直，于是任者、辇者、负者、戴者毕至，则平斗斛受之。民以次得直去，府史阍徼无奸留，不日而粟盈巨万。四方闻之，商农日集都市，粟价顿平，民益悦”①。从这条材料可以看出，和籴的办法，对于上都粮食的储备，起了积极的作用。一般说来，和籴的效果要比漕运好得多。和籴更多依靠经济的力量进行调节，而漕运则是国家用政治的力量强制组织的。应该指出的是，天历二年的上都和籴，在《元史》中是没有提到的，同样的遗漏肯定还不少。

为了收贮漕运与和籴所得的粮食，元代政府早在13世纪60年代便于上都城外东西两边修建了两座规模宏大的粮仓，名为万盈仓和广积仓。② 这两座粮仓都由正廒和东、南、西廒组成，形制完全相同。③ 它们“北连沙漠，地接禾（和）林，仍边远酷寒之地。周岁出纳，少者不下三四十万余石”④。其收贮的粮食量，在全国粮仓中名列前茅。见于记载的还有永丰仓等，但具体情况不详。⑤ 至元二十五年（1288）五月，丞相桑哥等奏：“上都仓俱在城外，不便，今议拟于城内建仓一二所。”⑥ 这一建议得到忽必烈的同意。永丰也许就是城内的仓名。此外还有太仓，专“掌内府支持米豆，及酒材米曲药物”⑦。也就是收贮宫廷所需粮食，与前面数仓的性质有别。万盈、广积二仓隶属于上都留守司，太仓则隶属于专门负责宫廷饮食的宣徽院。永丰仓的隶属不清楚。

上都贮备的大量粮食，不仅满足了上都居民和扈从巡幸人员的需要，而且常常用来调拨支援北边和林等地。或者说，元代政府之所以通过漕运与和籴在上都收贮大量粮食，其中一个重要原因，便是为了及时支援北边。例

---

① 《口北三厅志》卷一三，虞集：《威宁井氏墓志铭》。

② 广积仓，一作广济仓。《永乐大典》卷七五一一、一七五一七，《经世大典·工部·仓廪》与《经世大典·官制·仓库官》中两名互见。《元史》卷九〇《百官志六》和《元典章》卷七《官制一·职品》均作广积仓。应以广积为是。建于世祖中统初，原名永盈仓，元成宗大德时改今名。

③ 参见《永乐大典》卷七五一一，《经世大典·工部·仓廪》。

④ 《永乐大典》卷五五一七，《经世大典·官制·仓库官》。

⑤ 永丰仓见《经世大典·工部·仓廪》。《元典章》卷七，《官制一·资品》。

⑥ 《经世大典·工部·仓廪》。

⑦ 《元史》卷八七，《百官志三》。

如，至元二十五年（1288），“命上都募人运米万石赴和林”[①]；大德元年（1297），“输上都、隆兴粮各万五千石于北地”[②]。

上都粮食储备充足，但是粮价却很昂贵。据记载，至元二十九年（1292）上都每石米的价钱是钞五十五两，[③] 而时间稍后（元成宗元贞元年，1295 年）的大都米价，每石最高不过十五两，[④] 相差将近四倍。元代政府不时在上都减价粜粮，如大德六年（1302）四月，“上都大水民饥，减价粜粮万石赈之”[⑤]。元武宗至大三年（1310）九月，“上都民饥，敕遣刑部尚书撒都丁发粟万石，下其价赈粜之”[⑥]。元仁宗皇庆二年（1313）六月，“上都民饥，出米五千石减价赈粜”[⑦]。显然，这是仿效大都赈粜之制。但大都赈粜是经常性的，而上都赈粜则是临时性的措施。

上都城周围是放牧牲畜的草原，但是也有人经营农业。城内居民种麦、菜，已见前述。在城外，“卧龙冈外有人家，不识江南早稻花。种出碛中新粟卖，晨炊顿顿饭连沙”[⑧]。但这种种植业规模肯定是不大的。离上都稍远的地方，也有一些地方出现了农业。如察罕脑儿，“此地苦寒，入夏始种粟黍”[⑨]。鸳鸯泺，“俗亦饲牛力穑，粟、麦不外求而力赡”。诗人描写这里的风光是：“原隰多种艺，农奚犬牙错。涤场盈粟麦，力穑喜秋获”[⑩]。这些地区的农业生产也都是很有限的，寒冷的气候和稀少的居民决定了它的规模，因而对上都城的粮食供应起不了多大作用。诗人吟诵上都风光时有“荞麦花深野韭肥”[⑪]“荞麦花开草木枯”[⑫] 之句，可知所种之麦应是荞麦。

元代政府在上都地区推行军屯，其经过已见前述，上都地区“凡立三十四屯，于上都置司，为军三千人，佃户七十九，为田四千二百二顷七十九

① 《元史》卷一五，《世祖纪》一、二。
② 《元史》卷一九，《成宗纪二》。
③ 参见《经世大典・市籴粮草》。
④ 参见《元史》卷九六，《食货志四・赈恤》。
⑤ 《元史》卷二〇，《成宗纪三》。
⑥ 《元史》卷二三，《武宗纪二》。
⑦ 《元史》卷二四，《仁宗纪一》。
⑧ 《永乐大典》卷七七〇二，宋本《上京杂诗》。
⑨ 《元史》卷一三六，《拜住传》。
⑩ 周伯琦：《扈从集》。
⑪ 贡师泰：《玩斋集》卷五，《和胡士恭滦阳纳钵即事韵》。
⑫ 胡助：《纯白斋类稿》卷一四，《宿牛群头》。

亩”[①]。但是军屯所入一般只供军队消费，而且军屯制度的废弛也是元代的一大弊病，所以它对于上都的粮食贮备作用甚微。

除了粮食种植之外，上都周围也有人栽培蔬菜，当然为数也是很有限的。元人许有壬曾数次到上都，他的诗篇《上京十咏》中提到了“芦服”，说它“性质宜沙地，栽培属夏畦。熟登甘似芋，生荐脆似梨。”[②] 还提到了白菜。野生的蘑菇和韭花，也常被采摘作食用。副食中蔬菜不多，一般以肉食为主。道士马臻随从正一道张天师来到上都，对于饮食深感不适应。他写道，“土风不解重鱼凫，东邻西舍惟烹羊，山人（马臻自喻）肺腑蔬笋气，对此颇觉神不畅。”[③]

上都的燃料也是应该提及的。从一些片段的记载来看，城市居民主要以松柴为燃料。诗人宋本有“柴车击毂断东街”和“御华园路接柴场”[④] 之句。袁桷有诗题为《卖薪行》，描述“老兵缚薪穿市卖”[⑤]。上都北边有松林，“阴阴松林八百里”[⑥]，松柴主要便出于此。但是，“太平生齿日丰隆，赭尽朝河百里松”[⑦]，森林受到了很大的破坏。

第二节　商业和手工业

建立在草原上的上都城，“自谷粟布帛以至纤靡奇异之物，皆自远至。宫府需用万端，而吏得以取具无阙者，则商贾之资也”[⑧]。商人的活动，对于上都城市生活的正常运行，具有极其重要的意义。

忽必烈充分认识到商业活动对于上都的重要性。至元二年（1265）二月，他下令免征上都商税。至元七年，尚书省臣言：“上都地里遥远，商旅往来不易，特免收税以优之，惟市易庄宅、奴婢、孳畜，例收契本工墨之费。”[⑨] 忽必烈表示赞同。这是重申过去的规定。到了二十年，“敕上都六十

① 《元史》卷一〇〇，《兵志三·屯田》。
② 许有壬：《至正集》卷一三。
③ 马臻：《霞外诗集》卷三，《开平寓舍》。
④ 《永乐大典》卷七七〇二，《上京杂诗》。
⑤ 袁桷：《清容居士集》卷一六。
⑥ 袁桷：《清容居士集》卷一五，《松林行》。
⑦ 《永乐大典》卷七七〇二，宋本《上京杂诗》。
⑧ 虞集：《道园学古录》卷一八，《贺丞相墓志铭》。
⑨ 《元史》卷六、七，《世祖纪三、四》；卷九四，《食货志二·商税》。

分取一"。元代制度，商税三十分取一。即使到这时，上都商业活动仍是受到特殊优待的。二十二年三月，"诏依旧制……商上都者，六十而税一"；同年五月，又"减上都商税"[①]。具体办法是"一百两之中取七钱半"[②]，比起六十取一来降低一半还多。可以说，终忽必烈之世，对于上都的商业活动一贯采取免税和轻税的政策。

元成宗元贞元年，"用平章剌真言，又增上都之税"[③]。但所增是征课的比例还是总额，已无记载可考。大德元年（1297），"减上都商税岁额为三千锭"[④]。但这个数额很快便突破了。元代中期的一个统计数字表明，上都的商税收入为一万二千余锭，约为大都的十分之一。[⑤] 如果考虑到大都的特殊地位以及上都与大都之间在商税税率方面可能存在的差异，那么，这个草原城市商税收入能达到这样的数额，无疑是相当可观的。

管理商税的机构，最初是上都宣课提领，至元十九年（1282）改为上都宣课提举司。[⑥] 元成宗元贞元年（1295）又改为上都税课提举司，正五品。[⑦]

元代中期，著名学者袁桷曾数次扈从上都，他在描述当地风光的诗篇中写道："白篆时逢贾，朱衣定指僧。"[⑧] 贾人在街上时时可逢，足见其为数之多。在另一首诗中，他描述了上都商业区的情况："煌煌千贾区，奇货耀出日。方言互欺诋，粉泽变初质。开张通茗酪，谈笑合胶漆。"[⑨] 由此诗可知，上都有集中的规模颇大（"千舍"）的商业区，充斥着形形色色的"奇货"。商人们来自天南海北，说着各种"方言"。有的记载说上都的"大西关"外有"马市"[⑩]，大西关应即上都外城西门外的关厢区，很可能那里便是商业区的所在，而且按行业分为各种市。但是，这些商人有许多并非长年在此经

---

① 《元史》卷一二、一三，《世祖纪》九、十；卷九四，《食货志二·商税》。

② 《元史》卷九四，《食货志二·商税》。

③ 同上。

④ 《元史》卷一九，《成宗纪二》。

⑤ 参见《元史》卷九四，《食货志二·商税》。

⑥ 参见《元史》卷一二，《世祖纪九》。

⑦ 参见《元史》卷九〇，《百官志六》。大都税课提举司（后改宣课提举司）职责是"掌诸色课程，并领京城各市"。上都税课司应与之相同（《元史》卷八五，《百官志一》）。奇怪的是，大都这一机构秩从五品，还不如上都高。其中也许有误。

⑧ 袁桷：《清容居士集》卷九，《扈跸开平次鲁子翚御史韵》。

⑨ 袁桷：《清容居士集》卷一六，《开平十诗》。

⑩ 《元史》卷六四，《河渠志一·滦河》。

营。“官曹多合署，贾肆不常居”①。每当扈从巡幸的队伍来到时，上都的商品需求量大大提高，商人们都纷纷前来，设肆营业。而当扈从巡幸的队伍离去之后，商品需求量立即下降，许多商人也就相继离去了。

元代实行和买之法。凡官府所需之物，出钱购买，称为和买。表面上，和买是两厢情愿的公平交易，实际上官吏利用这一机会，对商人进行敲诈勒索，钱经常少给甚至不给。上一节所说的和籴就是和买的一个重要方面。商人们运粮到上都后，往往要受到官吏们的多方刁难。他们“见百姓搬运米粮数多，推称元籴粮数已足，不肯收受。百姓在客日久，牛只损死，盘费俱尽，将所载米粮不得已折本贱粜。本都官豪富要之家，厘勒减价收籴，却赴仓中纳。仓官通同看循，便行收受”②。和籴粮食如此，其他和买当然也不例外。元代中期，“上都官买商旅之货，其直不即酬给，以故商旅不得归，至有饥寒死者”。后来上都留守为之向皇帝请求，“有旨，出钞四百万贯偿之”③。这样的事情要闹到皇帝面前才能解决，可见问题之严重。这种状况必然对上都正常的商业活动带来很大的损害。而从上面两条记载可以看出，商旅中许多人都来自外地，并非本地居民。

上都的权豪和寺观经营商业相当普遍。他们依恃政治上的特权，操纵行市，不纳课税。上面所说减价收粮从中倒卖便是一个例子。元代政府曾于延祐五年（1318）二月“敕上都诸寺、权豪商贩货物，并输税课”④。寺观、权豪经营商业而不纳税，严重影响商税的收入，政府才会出面干预。寺观、权豪插手商业活动，对于民间商人来说，是很不利的。

上都是贵族、官僚、商人集中之地，酒馆便成为不可缺少之物。元代中期名诗人马祖常写过一篇《车簇簇行》：“李陵台西车簇簇，行人夜向滦河宿。滦河美酒斗十千，下马饮者不计钱。青旗遥遥出华表，满堂醉客俱年少。侑杯小女歌竹枝，衣上翠金光陆离。细肋沙羊成体荐，共讶高门食三县。白发从官珥笔行，毳袍冲雨桓州城。”⑤ 诗中描写的似是离上都不远桓州城边酒馆的情况，有美酒，有歌女，有整只“细肋沙羊”供食用。上都城内外的酒馆，当然更加繁华，数量也相当可观。请看诗人的描写：“卖酒人家

① 周伯琦：《近光集》卷一，《上京杂诗十首》。

② 魏初：《青崖集》卷四，《奏议》。

③ 《元史》卷一四二，《彻里帖木儿传》。

④ 《元史》卷二六，《仁宗纪三》。

⑤ 《石田文集》卷五。

隔巷深，红桥正在绿杨阴。佳人停绣凭栏立，公子簪花倚马吟。”① “玉貌当炉坐酒坊，黄金饮器索人尝。胡奴叠骑唱歌去，不管柳花飞过墙。”② 而“滦水桥边御道西，酒旗闲挂暮檐低”③ 之句，更指明了上都南门外滦水桥边就有酒馆存在。元成宗元贞元年（1295）元代政府闰四月的圣旨中规定，将原来拨赐给上都乾元寺以及其他地区寺观的酒店、湖泊交归有司经办，“寺家合得钱物，官为支付”④。可知上都有过寺观管理的酒店和政府经办的酒店。有的诗篇中所说“太平楼上客纷纷”⑤，可能就是描写某一座酒楼的盛况。

元代政府在上都设置了很多手工业管理和生产部门，分属于各个不同系统。大体上可以分为三类。一类是国家机构，主要有将作院所属的上都金银器盒局，武备寺所属上都甲匠提举司等。一类是宫廷机构，主要有中政院（管理中宫事务）所属的管领上都等处诸色人匠提举司，储政院（管理东宫事务）所属的管领上都怯怜口诸色人匠提举司和上都诸色民匠提举司等。还有一类是地方机构，即上都留守司兼总管府所属的修内司、祗应司、器物局等。以上三类所属的手工业生产单位，统称为官手工业。

据至元三十年（1293）的统计，“上都工匠二千九百九十九户，岁縻官粮万五千二百余石”。中书省建议：“宜择其不切于用者，俾就食大都。”⑥ 这个意见得到忽必烈批准。这些可以由政府调迁的工匠当然是官手工业所属的匠人。但从后来的记载来看，上都工匠并未减少。元代中期的资料表明，仅中政院系统的管领上都等处诸色人匠提举司所属，即有民匠 2500 余户。⑦ 其他系统的工匠也不在少数。有些官手工业机构是在至元三十年以后设立的。总之，工匠在上都人口中占有相当的比例。

从行业来看，上都官手工业中门类颇多，主要有制甲业、制鞍业、铁器冶造业、金银器制造业、制毡业、皮革制造业、营建业等。上都官手工业有两个特点：一是生产主要满足皇室和官府的需要；一是利用草原出产的原料，发展有关的行业，如制鞍、制甲、制毡等。官手工业的产品一般是不进

① 杨允孚：《滦京杂咏》卷下。
② 张昱：《张光弼诗集》卷三，《塞上谣》。
③ 《皇元风雅》卷一四，曹元用：《上都次马伯庸尚书韵二首》。
④ 《元典章》卷二四，《户部十 · 僧道税》。
⑤ 《永乐大典》卷七七〇二，宋本《上京杂诗》。
⑥ 《元史》卷一七，《世祖纪一四》。
⑦ 参见《元史》卷八八，《百官志四》。

入商品流通过程的。上都官手工业生产所需的原料，采取“有司估体价钱，责付各局，自行收买”[①] 的办法。但有时也由政府从外地调进。如至元十三年（1276）四月，“以水达达分地岁输皮革，自今并入上都”[②]。这些皮革显然就成了上都软皮局等部门[③]的原料。

第三节　畜牧业和牧民的游牧生涯

上都城外有广阔的草原，自古以来便以水草丰美著称，很多民族在这里放牧过牲畜。金代在桓、抚两州设有牧场。

元代“以弓马之利取天下”，对畜牧业特别重视。在中央建立了专门管理国有马匹和其他牲畜的机构，称为太仆寺。下辖牧地 14 处，上都即其中之一。牧场上的牧人称为哈赤、哈剌赤，设有千户、百户进行管理，“父子相承任事”。“自夏及冬，随地之宜，行逐水草，十月各至本地”。元代政府每年九、十月间派太仆寺官前去检查登记，造册备案。皇帝巡幸两都时需要大批马匹，皇室和诸王、百官需要大量的马奶作为饮料和制作奶食品，都由太仆寺管辖下的牧场负责供给。蒙元统治者对于马奶特别重视，自天子以及诸王百官，都建立专门的毡帐作为取乳室。取奶供皇帝之用的牝马，要由“哈赤、哈剌赤之在朝为卿大夫者，亲秣饲之”[④]。皇帝用的马奶，“色清而味美，号黑马乳”[⑤]。哈剌赤一名即由此而来。“挏官马湩盛浑脱，骑士封题抱送来。传与内厨供上用，有时直到御前开”[⑥]。每年八月，元代皇帝要在上都开马奶子宴，有关官员“始奏起程”。“内宴重开马湩浇，严程有旨出丹霄。羽林卫士桓桓集，太仆龙车款款调。”[⑦] 太仆即太仆寺，龙车应指“承乳车”[⑧]（蒙古语酝都）而言。在巡幸途中，马奶子仍是不可缺少的。马

---

① 《元典章》卷五八，《工部一·杂造·杂造物料各局自行收买》。

② 《元史》卷九，《世祖纪六》。

③ 上都软皮局建立于至元十三年，可见定与水达达分地皮革调入有关（《元史》卷八九，《百官志五》）。

④ 《元史》卷一〇〇，《兵志三·马政》。

⑤ 《元史》卷一二八，《土土哈传》。按，蒙古语称黑色为哈剌。

⑥ 张昱：《张光弼诗集》卷三，《辇下曲》。

⑦ 杨允孚：《滦京杂咏》卷下。

⑧ 《元史》卷一〇〇，《兵志三·马政》。

可·波罗在他的游记中，特别讲到了上都大汗的马群，专供大汗饮马奶之用。[①]

每年皇帝巡幸时，前朝斡耳朵，草原上的诸王、贵族都要前来朝见，参与宴会。他们带来了庞大的随从队伍，同时也有大量的牲畜。“先帝妃嫔火失房，前期承旨达滦阳。车如流水毛牛捷，鞍缕黄金白马良。”[②] “翼翼行都岁幸临，名王诸部集如林。”[③] 每年夏天，上都周围草原上，“毡车如雪”[④]，“白马如云”，“牛羊散漫落日下，野草生香乳酪甜”[⑤]。但是，每当秋天皇帝与扈从队伍转回大都之后，斡耳朵和诸王、贵族中的大多数也就陆续离开，回到他们各自的牧地过冬去了。“穹庐画毡绕周遭，五月燕语天窗高。草尽泉枯营帐去，来年何处定新巢。”[⑥]

泰定三年（1326）七月，右丞相等奏：“斡耳朵思住冬营盘，为滦河走凌河水冲坏”[⑦]，要求发军筑护水堤。从这段记载看来，“住冬营盘”似是比较固定的建筑，可能是土房一类。又，元文宗至顺元年（1330）十一月“赈上都滦河驻冬各宫分怯怜口万五千七百户粮二万石”[⑧]。“各宫分”即各斡耳朵，这些斡耳朵过着游牧生活，冬天来到滦河边定居过冬。“怯怜口”就是这些斡耳朵的私属人口，不归国家管辖。从至顺元年赈济之事可以看出，每年在滦河边冬季营盘中过冬的牧民，为数是相当可观的。

草原牧场是畜牧业生产的基本生产资料。元代政府将一部分草原分给王公、贵族，作为他们的牧地；另一部分则作为国家牧场放牧之用。上都周围，除国家的牧场之外，是否还存在王公贵族的牧地，是不清楚的。但游牧民的四季牧场，通常相去不远。有的斡耳朵既在滦河边驻冬，他们的夏季牧场，很可能就在上都路范围之内。至于上都城郊，年年作为王公贵族驻夏的场所，无疑应是国家直接管辖的地面。

“不须白粲备晨炊，乳酪羊酥塞北奇”；“毡房纳石茶添火，有女褰裳拾

---

① 参见《马可波罗游记》，第185—192页。

② 杨允孚：《滦京杂咏》卷上。此诗后原注：“毛牛其毛垂地，火失毡房乃累朝后妃之宫车也。”

③ 吴师道：《吴礼部集》卷八，《次韵张仲举助教上京即事》。

④ 吴师道：《吴礼部集》卷四，《闻危太朴王叔善除宣文阁检讨》。

⑤ 萨都剌：《雁门集》卷六，《上京即事五首》。

⑥ 《永乐大典》卷七七〇二，宋本《上京杂诗》。

⑦ 《元史》卷六四，《河渠志一·滦河》。

⑧ 《元史》卷三四，《文宗纪三》。

粪归"[①]；"貂裘荆筐拾马矢，野帐炊烟煮羊肉"[②]。这些诗句描绘了牧民的日常生活，他们的饮食主要是羊肉、茶、奶和奶制品，而他们用的燃料，则是从野外拾来的马粪。当然，和城内的居民一样，同时也应使用松柴。"旋卷木皮斟醴酪，半笼羔帽敌风沙。丈夫射猎妇当御，水草肥甘行处家。"[③] 逐水草而居，男的射猎，女的驾车，穿戴的是牲畜的毛皮，使用树皮制成的容器。上都草原游牧民的生活是艰苦的，与城内的皇帝、贵族、官僚是截然不同的。

① 杨允孚：《滦京杂咏》卷下。

② 张昱：《张光弼诗集》卷三，《塞上谣》。

③ 柳贯：《柳待制文集》卷六，《后滦水秋风辞》。

第七章　上都的宗教

忽必烈和以前几代蒙古大汗一样，对各种宗教原则上都采取保护的态度，他很注意笼络各种宗教的上层人物，为自己服务。但对各种宗教和宗教中的派系，又有厚薄之分。最受重视的，是佛教，特别是藏传佛教；其次才是道教、伊斯兰教和基督教。忽必烈的继承者大体上继续奉行上述政策。自忽必烈起，元代诸帝巡幸上都时，都有宗教人士跟随；而上都城内外，也建有各种宗教的寺宇，经常开展各种宗教活动。①

第一节　发生在开平的佛道辩论

13 世纪初成吉思汗兴起于漠北草原，建立大蒙古国。当时蒙古人主要信奉萨满教，也有少数部落信奉景教（基督教的一支）。蒙古贵族进入中原以后，开始接触佛教和道教。西征中亚，又和伊斯兰教发生关系。成吉思汗对各种宗教都采取支持、保护的方针。在大蒙古国历代大汗的宫廷里，既有萨满教的神巫，也有佛教、基督教、伊斯兰教、道教的神职人员。这种对各种宗教兼容并包的政策，为的是适应对信仰各种宗教的广大居民进行统治的需要。

各种宗教团体及其领袖人物都用各种手段邀取统治者的恩宠，同时想方设法扩大自己的影响。在“汉地”，佛教和道教之间就发生了激烈的冲突。金元之际，道教中的全真道盛极一时。全真道领袖丘处机曾应成吉思汗之召，远赴中亚觐见讲道，备受恩宠。全真道的许多道观得到了统治者的护持

① 关于元代上都的宗教，日本石田干之助、野上俊静和中国叶新民等均有所论述，本章写作时参考了他们的意见，并作了若干修正和补充，论述的方面也有所不同。

诏书。全真道领袖“居京师，住持皇家香火焚修，宫观徒众千百，崇墉华栋，连亘街衢。……通显士大夫洎豪家富室，庆吊问遗，往来之礼，水流而不尽。而又天下州郡黄冠羽士之流，岁时参请堂下者，踵相接而未尝绝也”①。当时有人说过：“贞祐（金宣宗年号）丧乱之后，荡然无纪纲文章，蚩蚩之民靡所趋向，为之教者，独是家而已。”② 佛教的上层人物也得到了成吉思汗及其继承人的“护持”，但总的来说佛教的声势和影响比起全真道来大有逊色。全真道利用这种有利的形势，抢占了许多佛寺的房舍和土地，将寺院改为道观；毁坏释迦牟尼和观音的塑像，改塑道教始祖老君的像，或将释迦牟尼的像塑在老君像下面坐着；大量刊印贬低、攻击佛教的图书如《老子化胡经》《八十一化图》等，遍散朝廷上下，以抬高道教在统治者心目中的地位。佛道两家的矛盾越来越尖锐了。

蒙哥汗即位时（1251），“以僧海云掌释教事，以道士李真常掌道教事”③，再一次确认了对两教的“护持”。海云是佛教临济宗的长老，燕京大庆寿寺的住持，与蒙古历代统治者有密切的关系。李真常即全真道领袖李志常，号真常，他是丘处机的弟子。到了蒙哥汗五年（1255），河南嵩山少林寺长老福裕（他属于禅宗中的曹洞宗，但与海云有密切关系）向藩王阿里不哥告发全真道“谤讪佛门”。阿里不哥是蒙哥汗的幼弟，他便将此事转奏大汗。这年八月，蒙哥汗在和林大内万安阁下召集佛道两家对证。佛教的代表是福裕，道教的代表是李志常。福裕指责“道士欺谩朝廷辽远，倚着钱财壮盛，广买臣下，取媚人情，恃方凶愎，占夺佛寺，损毁佛像，打碎石塔。……大略言之，知其名者可有五百余处”。蒙哥汗判定“道士理短”④，下令退还占据的佛寺，修复佛像，焚毁伪经。从这次对证情况来看，蒙哥汗和阿里不哥大王显然都偏袒佛教，全真道开始在政治上失势了。

但是，全真道的首领们并不甘心认输，他们迟迟不肯退还寺产，却积极展开活动，企图使大汗回心转意，取消原来的决定，但未成功。蒙哥汗六年（1256），一批佛教的上层人物云集和林，要和道士们辩论。道士有意推迟行程，使辩论未能进行。这一年冬天，李志常病死。第二年夏，海云去世。同年八月，少林长老再上和林告状，阿里不哥传达蒙哥汗的旨意，委付忽必烈

① 《甘水仙源录》卷九，王磐：《创修真常观记》。
② 元好问：《遗山先生文集》卷三五，《紫微观记》。
③ 《元史》卷三，《宪宗纪》。
④ 释祥迈：《至元辨伪录》卷三。

处理此事。这时新建的上都城已粗具规模，忽必烈就在这里“大集九流名士，再加考论，俾僧道两路，邪正分明”①。

蒙哥汗八年（1258）夏，一场规模很大的佛道两家辩论在“上都宫中大阁之下”进行。到会僧人有三百余人，道士二百余人，儒士、官员二百余人。僧人中有来自吐蕃的藏传佛教萨斯迦派领袖八思巴，来自迦叶弥儿（今克什米尔）的那摩国师，河西、大理的僧人，以及“汉地”的许多知名长老，道教以全真道新任掌教张志敬为首。辩论的中心是《老子化胡经》的真伪。辩论中僧人主动进攻，道士完全处于被动地位。忽必烈的态度明显倾向于佛教，特别是最后他要道士公开显示入火不烧、白日上升等本领，更是有意要道士出丑。辩论结束时，已是夕阳西下时分，阁中昏暗。忽必烈宣布道士失败，并按事先的协议，将参与抗论的十七名道士送到刚建成的大龙光华严寺“脱袍去冠”，削发为僧。所占寺宇山水四百余处，并令交还释家。《老子化胡经》《八十一化图》等道经和印版，都要搜集烧毁。“及依着这说谎文书转刻到碑幢并塑画壁上有底，省会诸处先生（指道士），就便磨坏了者，刮刷了者，先生不得隐藏者。”②

这次辩论是元代宗教史上具有重要意义的事件，全真道从此一蹶不振，再没有原来那样的声势了。释道并立的局面转变为释在道前，佛教的地位显著提高，在所有各种宗教中占据首要地位。特别值得注意的是，喇嘛八思巴在这次辩论中起了重要的作用，他用“西天”（印度）史记来论证佛至高无上，老君化胡成佛是虚诌之说。在他发言之后，儒士姚枢和忽必烈便相继讲话，断定释胜道败。这预示着藏传佛教将在元代各种宗教中占有特殊的地位。

中统元年（1260）六月，以少林长老福裕“为头儿和尚每”向刚即汗位不久的忽必烈奏告：“教回与来的寺院内一半不曾回与了的，却再争有。又说谎做来的《化胡经》等文字印板一半不曾烧了有。三教也不依着已前体例里做有。”忽必烈为此下诏：“已前断了的言语别了呵，寺院的田地不可与呵，争底人有呵，断按打奚罪过（死罪）者。”③ 这件诏书也是在开平府颁发的。其实，忽必烈在其他方面对于道教仍是加以保护、支持的。全真道领

① 释祥迈：《至元辨伪录》卷三。

② 释祥迈：《至元辨伪录》卷二。

③ 同上。

袖张志敬是开平辩论的道教一方组织者，他在中统三年（1262）得到“光先体道诚明真人”的封号，制书中还表彰他“志行修洁，问学淹该”，“增光前辈，垂法后人”，并要他“尚服新恩，益坚志守”[①]。而全真道最重要的宫观长春宫仍不时接受皇帝的敕令，开设金箓周天大醮。[②] 只是在释道两家关系上，忽必烈坚持释在道上，对道教加以压制。

但是释道之争并未结束。至元十七年（1280）二月，忽必烈又重申原来的诏旨，要全真道继续“焚毁道藏伪妄经文及板”[③]。同年四月发生了大都僧道双方聚众斗殴事件，正在上都的忽必烈下令杀了两个为首的道士，还有十名道士有的被割了耳鼻，有的被流放到远方。[④] 至元十八年（1281）十月，忽必烈命一批官员、僧人与道教各派的领袖一起“分拣”道书，结论是只有《道德经》“是老子真实经旨，其余皆后人造作演说”。于是忽必烈下令将“其余文字及板本、《化图》一切焚毁”[⑤]。至此，释道之争告一段落，道教再无力与佛教抗衡了。

忽必烈压制道教，主要出于政治上的考虑。道教（主要是全真道）在金元之际的北方势力太盛，不能不引起统治者的猜忌。于是便采取抬高佛教的办法，以求调整各种宗教之间的关系，使之成为自己手中的驯服工具。前面所引在和林辩论时福裕攻击道士的一番话中，实际上已透露出当时道教遭受统治者猜忌的原因所在。释道之争从明朗化到结束，持续了近三十年之久。其中最关键的一次辩论，是由忽必烈主持在开平进行的。这也是开平城在建立以后发生的第一件具有全国意义的大事，对此后元代的宗教史和政治史都有深远的影响。

第二节　随从巡幸的宗教人士

前面已经说过，元代诸帝每年巡幸上都，都伴随有庞大的扈从队伍，其中包括宗教人士。经常扈从巡幸的宗教人士，主要是藏传佛教僧人，其次是

① 《陕西金石志》卷二五，王磐：《玄门嗣法掌教宗师诚明真人道行碑铭》。

② 如中统三年（1262）十一月、至元元年（1264）三月均曾举行（《元史》卷五，《世祖纪二》）。

③ 《元史》卷一一，《世祖纪八》。《一二八〇年虚仙飞泉观碑》，蔡美彪编：《元代白话碑集录》，科学出版社 1955 年版。

④ 参见释祥迈《至元辨伪录》卷五。《通制条格》卷二九，《僧道》。

⑤ 释祥迈：《至元辨伪录》卷五。释祥迈：《历代佛祖通载》卷三二、三三。

道教中玄教的道士。

藏传佛教是佛教的一个派系，创建于吐蕃。藏传佛教萨斯迦（地名，今西藏萨加）派很早便与大蒙古国发生联系。蒙哥汗三年（1253），萨斯迦派领袖八思巴在六盘山谒见出征云南归来的忽必烈，备受崇敬。八思巴追随忽必烈东还。蒙哥汗八年（1258），他在开平举行的释道辩论中起了重要作用，已见前述。中统元年（1260），忽必烈即帝位，封八思巴为国师。至元六年（1269），升号帝师、大宝法王。自此，帝师成为元代特设的一种最高神职，由萨斯迦派僧侣世代相袭，享有极高的地位。"百年之间，朝廷所以敬礼而尊信之者，无所不用其极。虽帝后妃主，皆因受戒而为之膜拜。正衙朝会，百官班列，而帝师亦或专席于坐隅。且每帝即位之始，降诏褒护，必敕章佩监络珠为字以赐，盖其重之如此。……其弟子之号司空、司徒、国公，佩金玉印章者，前后相望。"①

忽必烈是在上都举行忽里台登上帝位的。"龙飞之初"，便命八思巴起寺于"大内之西南"②，可见八思巴是伴随他一起到上都的。元成宗铁穆耳即位后，于上都大安阁举行佛事，帝师在座。③ 上都每年六月举行游皇城仪式，常由帝师主其事。④ 由此可知，帝师是常在扈从之列的。不少藏传佛教的上层人物受到元代历代皇帝的宠信，在巡幸时指名扈从。其中最著名的是国师胆巴（1230—1303）。胆巴是西番突甘斯旦麻（即朵甘思，今青海西部）人，幼习梵秘。经帝师八思巴推荐，得到忽必烈的优遇。后因遭人中伤被贬逐，元成宗即位后，遣使召回，"大驾北巡，命师象舆行驾前"⑤。前面已说过，象舆在当时是皇帝专用的交通工具，胆巴扈从时得到这样的待遇，可见受宠信之深。此外，许多扈从的诸王、贵族也都有藏传佛教僧人随从，如达益巴（1246—1318），西域人，"少为苾刍，凡事帝师十有三年"，后"事二圣（元武宗、元仁宗）于潜"，"往返二都，虽雨夕风朝，恒在宫壶"⑥。因此，在每次巡幸的扈从队伍中，藏传佛教僧人的数量是相当可观的。

除了直接扈从的藏传佛教僧人之外，还有不少藏传佛教僧人假借各种

---

① 《元史》卷二〇二，《释老传》。

② 《陇右金石录》卷五，《宝庆寺碑记》。

③ 参见释祥迈《历代佛祖通载》卷三五。

④ 参见杨允孚《滦京杂咏》卷下。

⑤ 释祥迈：《历代佛祖通载》卷三五。

⑥ 释祥迈：《历代佛祖通载》卷三七。按，"事二圣于潜"，指达益巴在元武宗、元仁宗未为帝以前已跟随他们。

名义，追随巡幸的队伍，前往上都。元武宗至大四年（1311）二月，皇太子爱育黎拔力八达颁发令旨："站赤好生受有。西番八哈失每无勾当的，休交上都去者，好生分拣者。"[①]"八哈失"是蒙古语师傅的音译，"西番八哈失"即指藏传佛教僧人。他们纷纷前往上都，为数甚多，使站赤难以负担，而官府又不敢阻止，只能由皇太子出面干预了。正式扈从的和自行设法前往的藏传佛教僧人，为数越来越多，对有关部门来说是很大的压力。元仁宗延祐五年（1318）六月，中节省上奏："秋间起程时，僧人每一时去呵，车辆铺马不敷有。今后交宣政院、功德司官提调者，好生分拣，休交泛滥。必合随驾的僧人合骑铺马呵，交节续起呵，怎生?""奉圣旨：那般者，钦此。"[②]可见列入扈从队伍的，除了"必合随驾的僧人"之外，还有很多是通过各种关系滥竽充数的。而中书省郑重其事上奏"分拣"，正说明随驾僧人之多。

元代道教主要有四派。北方是全真道、太一道和真大道，以全真道为最盛，南方是正一道。经过释道之争，全真道的势力受到很大打击。太一道和真大道，本来就没有太大的影响。正一道的首领是江西龙虎山张天师，世代相传。占领杭州后，忽必烈立即诏谕正一道三十六代天师张宗演："毋以易主，遂生疑贰……宜趋命驾，毋多辞让。"[③]张宗演来朝，受到优礼，"命主领江南道教"[④]。次年（1277），张宗演南还，以其弟子张留孙留京师，侍奉宫廷。张留孙才能出众，很快便博得忽必烈和太子真金的欢心，"赐廪给裘服，俾岁从北巡"[⑤]。至元十八年（1281）焚毁道经一事发生后，他通过真金向忽必烈进言："黄老之言，治国家有不可废者。"忽必烈"集儒臣论所当传者，俾天下复崇其教"。自此以后，他实际上成了道教在宫廷中的主要代表。忽必烈死，元成宗铁穆耳即帝位于上都，张留孙率门人吴全节等北迎。"行至，公下马立道左，上令就骑，且语之曰：'卿家老君犹尔睡耶!'意谓焚经后道教中衰也。公对曰：'老君今当觉矣。'上悦。"[⑥]元成宗即位后改善了道教的地位，张留孙对此起了很大作用。他先后经历元世祖、成

① 《永乐大典》一九四二五，《成宪纲要·驿站》。

② 同上。

③ 《汉天师世家》。

④ 《元史》卷二百二，《释老传》。

⑤ 袁桷：《清容居士集》卷三四，《玄教大宗师张公家传》。

⑥ 赵孟頫：《玄教大宗师张公碑铭》（拓本）。

宗、武宗、仁宗、英宗五朝，备受宠遇，元代统治者允许他自立门户，称为玄教，并授予他以玄教大宗师的称号，以及特进、上卿、开府仪同三司等荣誉头衔。

元成宗即位时张留孙北迎，其弟子吴全节为元成宗所赏识，“特敕公（吴全节）每岁侍从行幸，所司给庐帐、车马、衣服、廪饩，著为令”[①]。元英宗至治元年（1321），张留孙死，吴全节嗣为玄教大宗师。张留孙的另一弟子夏文泳在元武宗至大四年（1311）博得皇太子爱育黎拔力八达的青睐，“命独任本宫承应法师，有司岁给车马，扈从往来两京，出入禁卫无间”[②]。元武宗死，爱育黎拔力八达嗣位，是为元仁宗。夏文泳继续受到优遇。元顺帝至正六年（1346），吴全节死，夏文泳就成了第三代玄教大宗师。如上所述可知，玄教的首领和上层人物，都是经常在扈从之列的。[③]

能够经常参与扈从之列，说明元朝历代统治者对藏传佛教和玄教的特殊重视。藏传佛教于元初由吐蕃传入蒙古和“汉地”，元朝统治者抬高它的地位，既是出于控制吐蕃地区的需要，也是为了抑制“汉地”原有的佛教各宗派。张留孙原是正一道门下，元代统治者对他加意扶植，让他自成一派，显然也是为了压制原有的道教宗派，便于控制。应该指出的是，除了政治上的考虑之外，元代统治者之所以要两者的首领和上层人物扈从，还因为他们都宣称擅长招神驱鬼、呼风唤雨的法术，能为皇帝驱除巡幸中的不祥，保证平安。以藏传佛教来说，皇帝巡幸动身以前，“命西僧作佛事于乘舆次舍之所”[④]，旨在祛除不祥。国师胆巴便充当过这样的角色。胆巴善持秘法，据说能作佛事退敌军，又能祷疾致愈。有一次北巡时“过云州龙门，师谓徒众曰：‘此地龙物所都，或兴风雨，或惊乘舆。汝等密持神咒以待之。’至暮，雷电果作，四野震怖，独行殿一境无虞。至上都，近臣咸谢曰：‘龙门之恐，赖师以安。”[⑤] 以玄教宗师张留孙来说，“上与昭睿顺圣皇后驻日月山，后疾甚，命愈其疾。若有神人献梦于后，遂愈。上大喜，命

① 虞集：《道园学古录》卷二五，《河图仙坛之碑》。

② 黄溍：《金华黄先生文集》卷二七，《夏公神道碑》。

③ 偶尔也有例外，如元英宗至治二年（1322）“有旨道士免扈从”（袁桷：《清容居士集》卷一六，《开平第四集叙》）。

④ 《元史》卷三五，《文宗纪四》。

⑤ 释祥迈：《历代佛祖通载》卷三五。

为上卿”[①]。神道设教，本不足凭，但对迷信神鬼的元代统治者来说，则无疑从中既可以得到心灵上的安慰，又可以为自己的统治增加一层神秘的色彩。这就使得藏传佛教和玄教的神职人员成为扈从队伍中不可缺少的组成部分了。

除了藏传佛教僧人和玄教道士之外，扈从队伍中有时也有其他教派的神职人员，但都是临时性的。例如，元顺帝至正元年（1341），全真道掌教苗道一的门人“井公制授诸路道教都提点、洞阳显道忠贞真人，转教于大长春宫，有司给驼马，扈从车马，巡幸上京”[②]。全真道道士得以参与扈从之列，是很罕见的。

这些宗教神职人员扈从皇帝到达上都以后，分别住在本教派的寺观之中。在此期间，要举行许多宗教活动，其中主要是藏传佛教的各种“佛事”。如：

皇帝、皇后和皇族成员受佛戒的仪式。元代诸帝“于即位之初，故事须受佛戒九次，方登大宝”。事实上在“登大宝”以后，还继续受戒。受戒有戒坛，上供马哈剌佛。[③] 受戒仪式要由帝师或其他高级藏传佛教僧人主持其事。如“武宗皇帝、皇伯晋王（甘麻剌）及今皇帝（元仁宗）、皇太后皆从（胆巴）受戒法”[④]。帝、后及皇族受戒，或在大都，或在上都。泰定元年（1324）六月，元泰定帝在上都“受佛戒于帝师”。泰定二年（1325）十月，皇后亦怜真八剌在大都“受佛戒于帝师”。十二月，“帝复受佛戒于帝师”，这也是在大都。而到了泰定三年（1326）七月，“皇后受牙蛮答哥戒于水晶殿”[⑤]。这又是在上都。上有所好，贵族官僚也纷纷以受戒为荣，成为一时风尚。“似将慧日破黄昏，白日如常下钓轩。男女倾城求受戒，法中秘密不能言。”[⑥]“安息薰坛建众魔，听传秘密许宫娥。自从受得毗卢咒，日日持珠念那摩。”[⑦]

游皇城。至元七年（1270），忽必烈“以帝师八思巴之言，于大明殿御

---

① 袁桷：《清容居士集》卷三四，《玄教大宗师张公家传》。

② 《陕西金石志》补遗下，高巘：《御香记》。按，这位“井公”应即井德用，曾为陕西耀州静明宫住持（《陕西金石志》补遗下，《至大三年加真人号碑》）。

③ 参见杨瑀《山居新语》。

④ 赵孟頫：《龙兴寺无上帝师之碑》（拓本）。

⑤ 《元史》卷二九、三〇，《泰定帝纪一、二》。

⑥ 张昱：《张光弼诗集》卷三，《辇下曲》。

⑦ 朱有燉：《元宫词》。

座上置白伞盖一，顶用素段，泥金书梵字于其上，谓镇伏邪魔护安国刹”。自此每年二月十五日做佛事，“恭请伞盖于御座，奉置宝舆”[①]，迎引出宫，护送的仪仗队首尾排列长三十余里，游历皇城，皇帝后妃在宫中搭彩楼观览。游行完毕，将伞盖送还，复置于御座上。这是大都每年最盛大的一项宗教活动。后来在上都也照样举行。“每年六月望日，帝师以百戏入内，从西华（门）入，然后登城设宴，谓之游皇城是也。”当时诗人为之咏道：“百戏游城又及时，西方佛子阅宏规。彩云隐隐旌旗过，翠阁深深玉笛吹。”[②] 另一位诗人也为此写下了长篇，其中道：“岁时相仍作游事，皇城集队喧憧憧。吹螺击鼓杂部伎，千优百戏群追从，宝车瑰奇耀晴日，舞马装辔摇玲珑。红衣飘裾火山耸，白伞撑空云叶丛。王官跪酒头叩地，朱轮独坐颜酡烘。蚩氓聚观汗挥雨，士女簇坐唇摇风。”[③] “红衣飘裾”指藏传佛教僧人。“白伞撑空”指皇座的白伞盖，上都与大都游皇城均以藏传佛教的圣物为中心。“朱轮独坐”者应是帝师。从这些诗篇中，多少可以想见当时上都游皇城的盛况。

其他佛事。游皇城是规模最大的佛事，受戒也是佛事，此外还有多种佛事，也在上都举行。元文宗至顺元年（1330）闰七月，“中书省臣言：‘内外佛寺三百六十七所，用金、银、钞、币不赀，今国用不充，宜从裁省。’命省人及宣政院臣裁减。上都岁作佛事百六十五所，定为百四所，令有司永为岁例”[④]。“内外佛寺”之“寺”，从下文来看，应系“事”之讹。上都岁作佛事一百六十五，几占全部佛事二分之一。皇帝在上都时间大体为半年左右，也就是说几乎天天都有佛事，佛事的地点，或在宫内，如大安阁；[⑤] 或在寺院中，也有在特定地点，如铁幡竿。[⑥] “院院翻经有咒僧，垂帘白昼点酥灯”[⑦]，正是当时佛事盛况的写照。

此外，每遇大宴会时，藏传佛教僧人都“设止雨坛于殿隅”，以法力止雨保证宴会的顺利进行，这已成为惯例。诗人为此写道：“雍容环佩肃千官，

---

① 《元史》卷七七，《祭祀志六》。佛教密宗崇拜的神佛中有大白伞盖佛母，大白伞盖即光明广覆之义。参见洪惠镇《杭州飞来峰“梵式”造像初探》，《文物》1986 年第 1 期。

② 杨允孚：《滦京杂咏》卷下。

③ 袁桷：《清容居士集》卷一六，《皇城曲》。按，这是作者“开平第四集”中的一首。

④ 《元史》卷三四，《文宗纪三》。

⑤ 参见《元史》卷二七，《英宗纪一》。

⑥ 参见《元史》卷三六，《文宗纪五》。

⑦ 萨都剌：《雁门集》卷六，《上京杂咏五首》。

空设番僧止雨坛。自是半晴天气好，螺声吹起宿去寒。”[①] “宝马珠衣乐事深，只宜晴景不宜阴。西僧解禁连朝雨，清晓传呼趣赐金。”[②]

佛教的各种活动是主要的。道教也要举行一些宗教仪式。如至元十八年（1281）、至元三十一年（1294）都曾在寿宁宫设醮（见本章第三节）。但从现有记载来看，道教的活动是很有限的，远远不能同佛教相比。

元代皇帝在上都还经常召见各种宗教的代表人物。如大德五年（1301），元成宗召见正一道三十八代天师张与材“于上都幄殿”[③]。元英宗即位时，诏三十九代天师张嗣成入觐，见于上都。[④] 有些宗教人士为了某种目的，也纷纷来到上都活动。当时佛教内部有教禅之争，[⑤] 天台国清寺是浙东名刹，天台宗的祖庭，元初“或据而有之，且易教为禅”。僧人湛堂澄在元贞元年（1295）“入觐于上京，赐食禁中。复以国清为言。宣政院为奏请降玺书加护，命公主之”[⑥]。

由此可见，每年皇帝巡幸期间，上都都要增加许多来自四面八方的各种宗教神职人员。其中扈从皇帝来的占主要部分。而宗教活动，特别是形形色色的佛事，在巡幸期间正是上都城市生活的一项重要内容。

第三节　上都的寺院道观

上都城建成后，各种宗教的寺院道观陆续兴建起来。其中数量最多的是佛教寺院，其次是道观，最后是伊斯兰教的寺院。下面分别加以叙述。

佛教寺院

上都建成后，“乾、艮二隅立二佛寺，曰乾元，曰龙光华严”[⑦]。乾元寺和龙光华严寺（见图7—1），是上都最重要的两所佛寺。乾为西北，艮为东北，这两所佛寺分别位于上都皇城的西北角与东北角，遥遥相对。

---

① 杨允孚：《滦京杂咏》卷下。

② 宋褧：《燕石集》卷九，《诈马宴》。

③ 《元史》卷二〇二，《释老传》。

④ 参见《汉天师世家》。

⑤ 参见《元代佛教与元代社会》，《中国古代史论丛》1981年第1辑，福建人民出版社1981年版。

⑥ 黄溍：《金华黄先生文集》卷四一，《上天竺湛堂法师塔铭》。

⑦ 袁桷：《清容居士集》卷二五，《华严寺碑》。

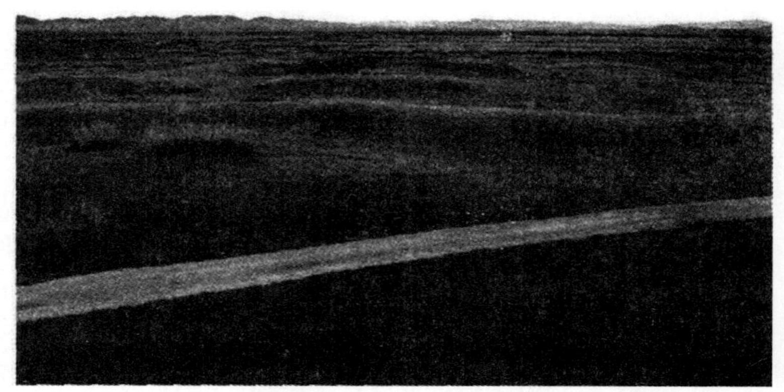

图 7—1 龙光华严寺遗址

两寺之中，龙光华严寺创建时间较早。“丙辰之岁，始城上都。又三年戊午之岁，作大龙光华严寺。寺于城东北隅，温公主之。”“戊午之岁”是蒙哥汗八年（1258）。温公是僧至温，曾为禅宗曹洞宗领袖万松的侍者。他与刘秉忠“少时相好”，刘秉忠出家为僧，便是他劝说的结果。刘秉忠入忽必烈幕府后，“荐师可大用”，得到召见，“留王庭多有赞益”。居三岁遣还。“时宪宗命海云主释教，诏天下作佛戒会，师持旨宣布中外而辅成之”。忽必烈征云南还，“刘公请承制锡号曰佛国普安大禅师，总摄关西五路、河南、南京等路、太原府路、邢洺磁怀孟等州僧尼之事，刻印以赐”。从他的经历可以看出，至温与忽必烈之间有着非同一般的关系。所以龙光华严寺建成以后，他首任主持，绝非偶然。至温“锐意卫教，凡僧之田庐见侵于豪富及他教者，皆力归之”[①]。在释道之争中，他是起了重要作用的一个人物。开平释道辩论中，失败了的参与辩论的道士十七人即被送到他主持的这所新建寺院中落发，已见前述。

至温在中统元年（1260）“纳印辞职”，至元四年（1267）五月病死于桓州天宫寺。继任主持的是福裕（1203—1275），他也是万松的弟子，曾受贵由汗之命，居漠北和林兴国寺。蒙哥汗时，又被召至“北庭行在”。后出任嵩山少林寺住持，“万松、海云实为之主”[②]。正是福裕首先通过阿里不哥

① 虞集：《道园学古录》卷四八，《佛国普安大禅师塔铭》。

② 程钜夫：《雪楼集》卷八，《嵩山少林寺裕和尚碑》。

大王向蒙哥汗告状，挑起了释道之间长达三十年的论争。至温和福裕在“汉地”佛教中的地位仅次于海云和万松，他们两人都与蒙古宫廷有着特殊的关系。忽必烈以至温、福裕两人相继住持龙光华严寺，说明了他对这所佛寺的特殊重视。至温和福裕均出自万松门下，万松属禅宗中的曹洞宗。因此，龙光华严寺是一座禅宗寺院，“以传菩提达摩之学者居之”。到元顺帝至正七年（1347），福裕之后，龙光华严寺主持名字可考者尚有七代，从至温算起共九代。其中第六代住持维寿较有名，他“以道行文学受知英宗，制授大司徒”①。维寿的墓碑碑额近代尚存。

龙光华严寺在建成后曾两度扩建。一次是元仁宗爱育黎拔力八达发起的，由元英宗硕德八剌完成。元武宗在位时（1308—1311）爱育黎拔力八达为皇太子，“躬戾其宇下，左右顾瞻，惧弗称世祖致崇极于觉皇之意，俾有司斥而大之”②。元仁宗在位期间（1312—1320）继续进行。元英宗嗣位，“北巡狩，回上都，首幸华严”，在完成原有工程的同时，又建新殿。“又别赐吴田（浙西田土）百顷，安食其众。”③ 元英宗至治元年（1321）二月“调军三千五百人修上都华严寺”④。至治三年（1323）二月，“作上都华严寺、八思巴帝师寺及拜住第，役军六千二百人”⑤。全部扩建工程长达十余年之久，最后在这一年六月前完成。另一次在元顺帝时。至正七年（1347），元顺帝巡幸上京，以龙光华严寺“犹有未备”，赐钞十万贯，“给其营缮之费”。主持惟足负责修建，到第二年完工，“在其教所宜有者，纤悉完具”⑥。

元代平定江南后，忽必烈曾将明州（今浙江宁波）阿育王山广利禅寺收藏的佛教圣物舍利宝塔迎往北方诸大寺及宫中轮流供奉，其中便有上都龙光华严寺。⑦ 由此更可看出这座寺院在当时的特殊地位。舍利宝塔后送回明州，至今犹存。

乾元寺建于至元十一年（1274 年），“制与仁王寺等”。“仁王寺”即大都的大护国仁王寺。“帝（忽必烈）尝问帝师云：‘修寺建塔，有何功德？’

① 黄溍：《金华黄先生文集》卷八，《上都大龙光华严寺碑》。

② 同上。

③ 袁桷：《清容居士集》卷二五，《华严寺碑》。

④ 《元史》卷二七，《英宗纪一》。

⑤ 《元史》卷二八，《英宗纪二》。

⑥ 黄溍：《金华黄先生文集》卷八，《上都大龙光华严寺碑》。

⑦ 参见黄溍《金华黄先生文集》卷八，《阿育王山广利禅寺承恩阁碑》。

帝师云：‘福荫大千。’由是建仁王护国寺以镇国焉。”[①] 此寺建成后，“诏请胆巴金刚上师住持仁王寺，普度僧员”[②]。帝师的启迪，胆巴的住持，说明大护国仁王寺无疑是藏传佛教寺院。寺中所供奉的“梵天佛像”，“多秘不可观”[③]，显然是藏传佛教的马合剌佛一类。乾元寺之制既与大护国仁王寺等，亦应属于藏传佛教。这所寺院的建造，是由元代工艺名家尼波罗人阿尼哥主持的。至元十三年（1276），阿尼哥又“建寺涿州（今河北涿州），如乾元制”[④]。涿州寺也应是为胆巴建造的。[⑤] 大护国仁王寺、乾元寺和涿州寺，其制相同，都应是藏传佛教寺院。

乾元寺在上都寺院中的地位是很突出的。大德五年（1301），元成宗赐上都乾元寺地 90 顷，钞 15000 锭。[⑥] 延祐六年（1319）六月，“赐大乾元寺钞万锭，俾营子钱，供缮修之费”[⑦]。泰定二年（1325），“修大乾元寺”。泰定三年（1326），元泰定帝“幸大乾元寺，敕铸五方佛铜像”[⑧]。后至元三年（1337）七月，元顺帝“幸乾元寺”。至正七年（1347）三月，“遣使修上都大乾元寺”[⑨]。这是见于《元史》“本纪”中的元代诸帝临幸和修缮乾元寺的记载，肯定还有不少脱漏，但从中也可看出元代诸帝对乾元寺的重视了。

元代历代皇帝皇后建佛寺为自己祈福，已成惯例。死后，其遗像（织锦为之）即供奉于所造寺院中，所在殿堂称为神御殿或影堂。[⑩] 元代朝廷中设太禧宗禋院（从一品），掌神御殿祭享诸事。凡设神御殿的寺院都归其管辖。这些寺院设有规运提点所（正四或正五品）、规运总管府（正三品），负责该寺院的日常经费收支和营缮诸事。[⑪] 上都乾元寺也设有提点所，延祐六年（1319）一度升为总管府，“给银印，秩正三品”[⑫]。但不久即撤销。设置提

---

① 释祥迈：《历代佛祖通载》卷三五。

② 释祥迈：《历代佛祖通载》卷三二。

③ 虞集：《道园学古录》卷七，《刘正奉塑记》。

④ 程钜夫：《雪楼集》卷七，《凉国敏慧公神道碑》。

⑤ “西域大弟子胆巴亦以其法（事摩诃葛剌神，即马合剌）来国中，为上祈祠，因请立庙于都城之南涿州。”（柳贯：《柳待制文集》卷九，《护国寺碑》）

⑥ 参见《元史》卷二〇，《成宗纪三》。

⑦ 《元史》卷二六，《仁宗纪三》。

⑧ 《元史》卷二九、三〇，《泰定帝纪》一、二。

⑨ 《元史》卷三九、四〇，《顺帝纪》二、四。

⑩ 参见《元史》卷七五，《祭祀志四》。

⑪ 参见《元史》卷八七，《百官志三》。

⑫ 《元史》卷二六，《仁宗纪三》。

点所和总管府，说明乾元寺应属于太禧宗禋院管理系统，与一般寺院有别。很可能乾元寺内亦有神御殿。

元贞元年（1295），元成宗就各种宗教寺观的赋税问题颁布条例，内容共四条。前三条就各种寺观的地税商税豁免和交纳做出一般的规定，第四条则是专门针对三个佛教寺院而发的："上都、大都、扬州在先钦奉圣旨拨赐予大乾元寺、大兴教寺、大护国仁王寺酒店、湖泊，出办钱物，令有司通行管办，赴官送纳。寺家合得钱物，官为支付，无得似前另设人员，侵损官课。"[①] 大护国仁王寺已见前述，大兴教寺也是大都的一所著名寺院，建有帝师殿和太祖神御殿。[②] 乾元寺与两寺并列，都拨赐有酒店、湖泊，更可见其地位之特殊。

除了龙光华严寺和乾元寺之外，上都还有不少佛教寺院，如：

开元寺。延祐三年（1316）正月，元仁宗"赐上都开元寺江浙田二百顷"[③]，同时赐龙光华严寺百顷。从赐田数及其与龙光华严寺赐田的比例，可以想见这座寺院一定有相当规模。在此以前，元武宗至大元年（1308），"上都开元寺西僧强市民薪，民诉诸留守李璧。璧方询问其由，僧已率其党持白梃突入公府，隔案引璧发，捽诸地，捶扑交下，拽之以归，闭诸空室，久乃得脱，奔诉于朝，遇赦以免"[④]。"西僧"即吐蕃藏传佛教僧人。由此可知开元寺也是一所藏传佛教寺院。元代藏传佛教僧人倚仗统治者的庇护，到处横行霸道。上都留守居然受辱被囚，一般平民更可想而知。

弥陀院和庆安寺。大德七年（1306），胆巴死在"上都弥陀院"[⑤]，"就上都庆安寺结塔荼毗"[⑥]。弥陀院也许就是庆安寺的一个组成部分。

弘正寺。元英宗在大都西郊寿安山建大昭孝寺（即今卧佛寺），以僧法洪主之，"大都弘正、栖禅，上都弘正等寺皆隶焉"[⑦]。

黄梅寺。至元二十二年（1285），忽必烈"念藏典流传之久，蕃汉传译之殊，特降纶言，溥令对辩"，即以西天语（印度梵文）、西番语（藏文）、畏兀儿语与汉文佛教经典互相对勘校正。这一工作进行了三年。参与其事的

① 《元典章》卷二四，《户部十·租税·僧道税》。

② 参见《元史》卷二六，《仁宗纪三》；卷三八，《英宗纪一》。

③ 《元史》卷二五，《仁宗纪二》。

④ 《元史》卷二〇二，《释老传》。

⑤ 赵孟頫：《龙兴寺无上帝师之碑》（拓本）。

⑥ 释祥迈：《历代佛祖通载》卷三五。

⑦ 许有壬：《至正集》卷四七，《释源宗主洪公碑铭》。

有“上都黄梅寺住持通慧大师讲经沙门释温吉祥”。[①]

帝师寺。元英宗至治元年（1321）五月，“毁上都回回寺，以其地营帝师殿”。至治三年（1323）二月，在修龙光华严寺的同时，修建八思巴帝师寺。[②]

以上是见于记载名称可考的一些佛寺，估计应不止此数。还有记载说，“皇帝……龙飞之初，诏槊思吉亦里拣卜八黑思八大师起寺上都大内之西南，车驾时往幸焉，俾东宫皇太子以次诸王皆师事之”[③]。这所由“八黑思八大师’（即八思巴）建造的寺院从位置和时间来说，都不可能是乾元寺或龙光华严寺，也许是开元寺或上述其他寺院，当然也可能是迄今不知名的一所佛寺。此外，至治元年（1321），元英宗下令“作金浮屠于上都，藏佛舍利”[④]。浮屠即佛塔。这座专门收藏佛舍利（佛骨）的金塔，所在地点目前尚难考定。

道观

据元人袁桷记载，忽必烈在上都东北、西北立两佛寺，“复立老子宫于东、西”[⑤]。文献可考的上都道观有崇真宫、长春宫、寿宁宫、太一宫等。袁桷所说东、西“老子宫”指的是哪两座宫观，现在已难以确定了。

上都道观中地位最重要的是崇真宫，这是一座玄教道观。至元十三年（1276），张留孙从正一道教主张与棣来觐。次年（1277），张与棣南还，张留孙侍奉禁廷，“建崇真宫于两京，俾留孙居之，专掌祠事”[⑥]。大都的崇真宫建成于至元十四年（1277）十月[⑦]，上都的崇真宫落成时间应与之相近。玄教的道士们扈从来到上都，就住在崇真宫中。

上都崇真宫有长年常住的道士，玄教宗师吴全节的门人薛玄曦便曾“提点上都万寿宫”[⑧]。但是常住的人数是不多的。元英宗至治二年（1322），

① 参见《至元法宝勘同总录》卷首、一。

② 参见《元史》卷二七、二八，《英宗纪》一、二。

③ 《陇右金石录》卷五，《宝庆寺碑记》。

④ 《元史》卷二七，《英宗纪一》。

⑤ 袁桷：《清容居士集》卷二五，《华严寺碑》。

⑥ 《元史》卷二〇二，《释老传》。

⑦ 参见《元史》卷一〇，《世祖纪七》。

⑧ 黄溍：《金华黄先生文集》卷二九，《弘文裕德崇仁真人薛公碑》。

"有旨道士免扈从"，崇真宫中竟然"阒无人声"①。玄教的宗师和上层人物如张留孙、吴全节、薛玄曦等都喜欢与当时的文人学士交游，所以来到上都的文人常把崇真宫作为住宿或游赏聚会之地，写下了不少诗篇。"琳宫多良彦，休驾得栖泊。清尊置美酒，展席共欢酌。弹琴发幽怀，击筑咏新作。"②崇真宫简直成了上都的一处文化中心。

上都有长春宫。中统二年（1261）四月，忽必烈下诏"就上都长春宫作清醮三昼夜，为民祈福"③。大都长春宫，是全真道的掌教所在地。上都长春宫也应是一所全真道的观宇。但由于全真道接连受到打击，地位不及玄教，所以关于上都长春宫的记载也很少。

寿宁宫。至元十八年（1281）八月，忽必烈"设醮于上都寿宁宫"④。至元三十一年（1294）四月，元成宗即帝位于上都。五月，"始开醮祠于寿宁宫"⑤。设醮凡五昼夜，"公专主章奏"⑥。所谓"始开醮祠"，是因为忽必烈下令焚经后，还禁止道士为醮祠。元成宗即位，道教势力有所上升，取消了禁令，允许道士"依着在先体例里做醮好事者"⑦。皇帝设醮都在寿宁宫，可见其地位之重要。但它属于道教的哪一个教派，尚不清楚。

太一宫。上都的建造者刘秉忠在城南南屏山建有南庵，设坛祠太一六丁之神。刘秉忠死于至元十一年（1274）。同年，"建太一宫于两京，命（太一道掌教李）居寿居之，领祠事，且禋祀六丁，以继太保刘秉忠之术"⑧。两京的太一宫全名称为太一广福万寿宫。⑨ 上都太一宫就在南屏山原刘秉忠设坛处。⑩ 太一道原来与刘秉忠没有关系，但它传太一三元法箓之术，与刘秉忠所祠神名称相同，忽必烈就指定由太一道掌教来继承刘秉忠之术。

除了佛道寺观之外，上都还曾建有"回回"寺，至治元年（1321）被拆毁改建帝师寺，已见前述。"回回"寺就是伊斯兰教寺院。泰定元年

---

① 袁桷：《清容居士集》卷一六，《"开平第四集"序》。

② 迺贤：《金台集》卷下，《次上都崇真宫呈同游诸君子》。

③ 王恽：《秋涧文集》卷八〇，《中堂事记上》。

④ 《元史》卷一一，《世祖纪八》。

⑤ 《元史》卷一八，《成宗纪一》。

⑥ 虞集：《道园学古录》卷二五，《河图仙坛之碑》。

⑦ 《元典章》卷三三，《礼部六·道教》。

⑧ 《元史》卷二〇二，《释老传》。

⑨ 参见《元史》卷八，《世祖纪五》。王恽：《秋涧文集》卷四七，《太一五祖演化复常真人行状》。

⑩ 参见《析津志辑佚·寺观》。

(1324）六月，“作礼拜寺于上都及大同路，给钞四万锭”①。这里所说的礼拜寺应该也是伊斯兰教寺院。很可能因不久前拆毁清真寺引起不满，又行重建的。

上都佛道寺观的许多塑像，都出自当时名家之手。元代工艺大师阿尼哥主持修建乾元寺，已见前述。上都和大都“寺观之像，多出其手”。刘元是阿尼哥的弟子，一代名家，有“绝艺”之誉，“凡两都名刹，有塑土范金抟换为佛者，一出正奉（刘元官品正奉大夫）之手”②。在叙述上都寺观时，是不能忘记他们两人在工艺上所做的贡献的。

① 《元史》卷二九，《泰定帝纪一》。

② 虞集：《道园学古录》卷七，《刘正奉塑记》。

第八章　上都的没落

上都是一座草原城市，它的建立和繁荣主要出于元朝统治者的政治需要，并没有牢固的经济基础。而对于一座城市的长期存在来说，经济条件较之政治条件是更为重要的。正因为这样，一旦元朝崩溃，作为夏都的上都城也就无法维持下去了。

元朝最后一位皇帝——元顺帝妥懽帖睦尔，是在1333年登上帝位的。这时曾经辉煌显赫的大元皇朝，已经处处呈现出分崩离析的迹象。贫者愈贫，富者愈富，社会矛盾日趋尖锐，民变不时发生。统治机构腐朽，官吏贪污成风，统治集团内部为争权夺利而不断发生流血事件。

元顺帝即位以后，连年天灾，南北百姓流离失所。至正六年（1346）黄河决口，中下游数省遭灾，影响更烈。草原上也接连发生灾荒。民不聊生，只好铤而走险，小规模的民变逐渐发展成为规模较大的起义，几乎年年有之。

与此同时，在统治集团内部，为了争权夺利，仍然不时爆发残酷的斗争。元顺帝初即位时，燕铁木儿家族的势力还很大。其女为皇后，其子唐其势嗣为太平王，先后任御史大夫、中书左丞相。元顺帝重用另一权臣伯颜，用以抑制燕铁木儿家族的势力。唐其势为此愤愤不平，他说："天下本我家天下也，伯颜何人而位居吾上。"于是图谋废元顺帝。后至元元年（1335）五月，元顺帝巡幸上都。六月三十日，唐其势"伏兵东郊，身率勇士突入宫阙"，伯颜早有准备，很快便将唐其势击败。唐其势及其弟被杀。伯颜将皇后迁出宫城，幽禁在民舍，接着将她毒死。有的蒙古宗王起兵响应唐其势，也被击败。延续了半个世纪之久的燕铁木儿家族的势力自此被彻底铲除。①

---

① 参见《元史》卷一三八，《燕铁木儿传》。权衡：《庚申外史》卷上。

燕铁木儿家族势力被铲除后，伯颜的势力越来越大。“势焰薰灼，天下之人惟知有伯颜而已”①。元顺帝又提拔伯颜的侄子脱脱，倚为心腹。后至元六年（1340）二月，乘伯颜外出打猎的机会，宣布伯颜的罪状，将他放逐到边远地区。这样，大权开始掌握在元顺帝自己手里。同年五月，元顺帝巡幸上都。六月，下诏指责元文宗“稔恶不悛”，“谋为不轨”，自己与之“不共戴天”②。并从宗庙中将元文宗神主撤去，将元文宗后不答失里放逐到东安州，元文宗子燕帖古思放逐高丽。不答失里与燕帖古思很快便相继死去。从14世纪初开始的皇位之争，经历了三十余年，至此才告一段落。

接连不断的宫廷斗争，严重影响政权的稳定。社会矛盾因为天灾人祸日趋尖锐，而国家机器的力量却不断削弱，无法照旧统治下去。于是，在至正十一年（1351）五月，爆发了全国规模的农民战争。

活跃于长江以北的农民起义军，由韩林儿、刘福通领导。几经曲折之后，于至正十五年（1355）建立政权，国号宋，年号龙凤，韩林儿号小明王。宋政权建立后，分三个方向对元朝发起进攻。东路由淮东进入山东，挺进大都。西路攻入关中，转战甘肃。中路由关先生、破头潘、沙刘二等率领，攻入山西，“烽火数千里”③。元朝从其他地区调兵来援，起义军受阻，转攻保定（今河北保定），不克，便攻取完州（今河北顺平县，保定西），“掠大同、兴和（路治今河北张北）塞外诸郡”。这是至正十八年（1358）九月间的事。十二月，关先生、破头潘、沙刘二等由大同直趋上都，“焚宫阙，留七日，转略往辽阳，遂至高丽”④。积百年之力陆续建成的上都宫殿，便在农民战争的烈火中化为灰烬了。

元末农民战争爆发后，元顺帝仍然年年巡幸上都，避暑作乐，没有丝毫改变。待到农民军攻陷上都以后，“因上都宫阙尽废，大驾不复时巡”⑤。这次打击对元朝统治者来说是十分沉重的。上都是忽必烈建立的，正是从这里开始了他统一全国的基业。上都又是元朝统治者与漠北诸部联系的枢纽。上都的陷落和宫阙的残废，实际上宣告了元朝的没落。

至正二十年（1360）三月，元朝政府命孛罗帖木儿“讨上都程思忠，兵

① 《元史》卷一三八，《伯颜传》。
② 《元史》卷四〇，《顺帝纪三》。权衡：《庚申外史》卷上。
③ 《元史》卷一四一，《察罕帖木儿传》。
④ 《元史》卷四五，《顺帝纪八》。权衡：《庚申外史》卷下。
⑤ 《元史》卷四五，《顺帝纪八》。

次兴和，思忠奔溃”①。程思忠是当时活跃于辽东的起义军领袖之一，② 由这条记载可知在此以前他曾活动于上都一带。这一年九月，“贼复犯上都，右丞忙哥帖木儿引兵击之”③。起义军在上都地区的活动，直到至正二十三年（1363）春天关先生余部自高丽败退回来投降元军之后，才逐渐平息了下来。

激烈的阶级斗争也正在使统治集团内部矛盾尖锐化。至正二十年（1360），元宗室阳翟王阿鲁辉帖木儿起兵争夺皇位，“骚动北边，势逼上都”④，但很快便被击溃。元军将领孛罗帖木儿拥兵自重，专横跋扈，在京师掌握大权。至正二十四年（1364），他派军队到上都，“以守御为名”⑤，实欲霸占，后被当地镇守官员赶走。至正二十五年（1365），孛罗帖木儿又派军队前来，要用武力强行夺取。双方在上都发生激烈的战斗。这一年七月，孛罗帖木儿在大都被杀，上都的战斗才停息了下来。

尽管战争连年不断，元顺帝仍想修复上都宫阙。参议中书省事陈祖仁上疏反对。他指出：“今四海未靖，疮痍未瘳，仓库告虚，财用将竭，乃欲驱疲民以供大役，废其耕耨，而荒其田亩，何异扼其吭而夺之食，以速其毙乎！”⑥ 事实上，在不断发生战争的情况下，修复宫阙是完全不可能的，但从此事也可看出元顺帝如何不顾人民死活了。

至正二十八年（1368）闰七月二十八日，明朝军队逼近大都，元顺帝仓皇北逃，八月十五日到达上都。“上都经红贼（指农民起义军）焚掠，公私扫地，宫殿官署皆焚毁，民居间有存者。”⑦ 元顺帝在上都居住的是“行殿”，显然是营帐。元朝军队不时入塞，进攻通州等地，企图夺回大都。第二年四月，明军在常遇春、李文忠等指挥下，大败元军，直指开平。六月十七日，开平下，元顺帝逃往应昌，⑧ 从此，上都结束了作为元朝都城的历史。

传说元顺帝北逃后，曾经作歌，怀念失去的两都（大都和上都），歌词中说：

---

① 《元史》卷二〇七，《逆臣传》。

② 参见《元史》卷一四二，《也速传》。

③ 《元史》卷四五，《顺帝纪八》。

④ 《元史》卷一四〇，《太平传》。

⑤ 《元史》卷一四五，《达礼麻识理传》。

⑥ 《元史》卷一八六，《陈祖仁传》。按，传中将上疏系于至正二十年（1360）五月。《元史》卷四六《顺帝纪九》则系于至正二十二年（1362）五月。

⑦ 刘佶：《北巡私记》。

⑧ 参见《明太祖实录》卷四三，《北巡私记》。

以诸色珍宝建造的纯朴优美的大都，
先可汗们夏营之所我的上都沙拉塔拉[①]，
凉爽宜人的开平上都，
温暖美丽的我的大都，
……
夏季避暑我的开平上都，
我的美丽的沙拉塔拉，
未纳拉哈、伊巴呼二人之言，乃我应受的报应。
把神明所建的行宫，
把忽必烈薛禅可汗避暑的开平上都，
统通失陷于汉家之众；
……
把巧营妙建的宝玉大都，
把巡幸过夏的开平上都，
贻误而失陷于汉家之众；
流亡之恶名，加诸于乌哈噶图可汗了。[②]

这首诗也许不一定是元顺帝本人所作，但它比较确切地表现了元朝统治者失去上都以后的悲哀。而它的长期流传，又使得上都开平长期存在于蒙古人的记忆里。

明军攻克开平后，并未置军防守。洪武三年（1370）二月，李文忠率领明军取兴和，进兵察罕脑儿。五月，“进次开平，元平章上都罕等降”[③]，然后师趋应昌。可知上一年攻占开平的明军撤走后，北元（元顺帝北走后仍以元为国号，史称北元）军队又曾进占开平。在此后一段时间内，这一带是明军与北元军角逐之地。到洪武二十九年（1396），明朝正式在开平立开平卫指挥使司，下立五千户所，屯田驻防。洪武三十年（1397）正月，“城开平

① 黄色的平野，即金莲川。

② 《汉译蒙古黄金史纲》，朱风、贾敬颜译本，第43、44页。按，这首歌词亦见《蒙古源流》。乌哈噶图可汗即元顺帝。

③ 《明太祖实录》卷五二。

卫”[①]。在战乱中遭到破坏的开平城垣，这时得到重新修建。但是，重建的开平城，性质已发生了根本的改变，它是一个单纯的军事据点，不再有昔日的繁荣了。

明朝把开平看作“极边”之地，也就是与蒙古相邻的最前线，除卫所驻军之外，还常在这里派驻大批军队。朱元璋第四子燕王朱棣巡边时曾屯驻开平。[②] 他登上帝位后，多次指挥大军出塞，与蒙古军作战，常到开平屯驻。永乐八年（1410），金幼孜随明成祖朱棣到开平，据他记载：“（七月）初二日，晚次开平。营于斡耳朵，华言所谓宫殿也，盖元时宫殿。故址犹存，荒台断础，零落于荒烟野草之间，可为一慨。”[③] 显然，明朝在重修城垣时，对已经荒废的宫殿并未加以整修。金幼孜还随军到过西凉亭，发现“四面石墙未废，殿基树木已成抱，殿前柏两行仍在，俱萧条寂寞，不能无感也”。

明成祖死于 1424 年。在他死后，蒙古势力逐渐强大，明朝逐渐由主动进攻改为被动防守。开平“孤城荒远，薪刍并难，猝遇寇至，别无应援”，于是，便将开平卫移到相隔二百里的独石，选取精壮官军分作二班，每班一千人，“更代于开平旧城哨备”[④]。每年为供应开平旧城哨备官军所需的粮食总数为四万石[⑤]，大致需花费二石七斗粮食才能运去一石。[⑥] 明英宗正统十四年（1449），发生“土木堡之变”，明军大败，蒙古瓦剌部直逼北京。自此之后，明朝在对待蒙古的方针上完全采取守势，而开平一带也就成为蒙古族游牧的场所了。

清代，开平一带是蒙古察哈尔部正蓝旗游牧的地方。清高宗乾隆五年（1740），直隶总督孙嘉淦到这一带视察。他说：“（开平）城广十六里有奇，龙冈秀发，滦水回环，实属形胜之区。……开平城外，陇亩犹存，碾碓尚在。若非种植，何以有此。”他建议设置军屯，“开平城可驻满兵二千”[⑦]，这一带可开垦土地数万顷。但是，随后皇帝派去勘查的官员回报说“其地苦寒难居”，这一计划就此作罢。上都城的遗址，除牧民驱赶牲畜往来其中外，几乎被人们忘却了。

---

① 《明太祖实录》卷二四九。

② 参见《明太祖实录》卷二五七。

③ 金幼孜：《北征录》。

④ 《明宣宗实录》卷二八。

⑤ 参见《明宣宗实录》卷六五。

⑥ 参见《明宣宗实录》卷一〇八。

⑦ 《孙文定公奏疏》卷四，《口外驻兵疏》。

到了近代，不少外国的探险家和考古学家重新对它产生了兴趣。其中著名的如俄国的阿·马·波兹德涅耶夫，他在1893年曾在我国内蒙古地区旅行考察。他的名著《蒙古及蒙古人》第2卷中，详细记述了他的考察收获，其中包括对上都遗址的调查。20世纪30年代，日本东亚考古学会组成元上都遗址探险队，对上都作了比较细致的考察，出版了正式报告《上都》。但是对上都遗址的全面保护和研究，只有在社会主义的今天，才能真正实现。

附录一　元代皇帝世系表

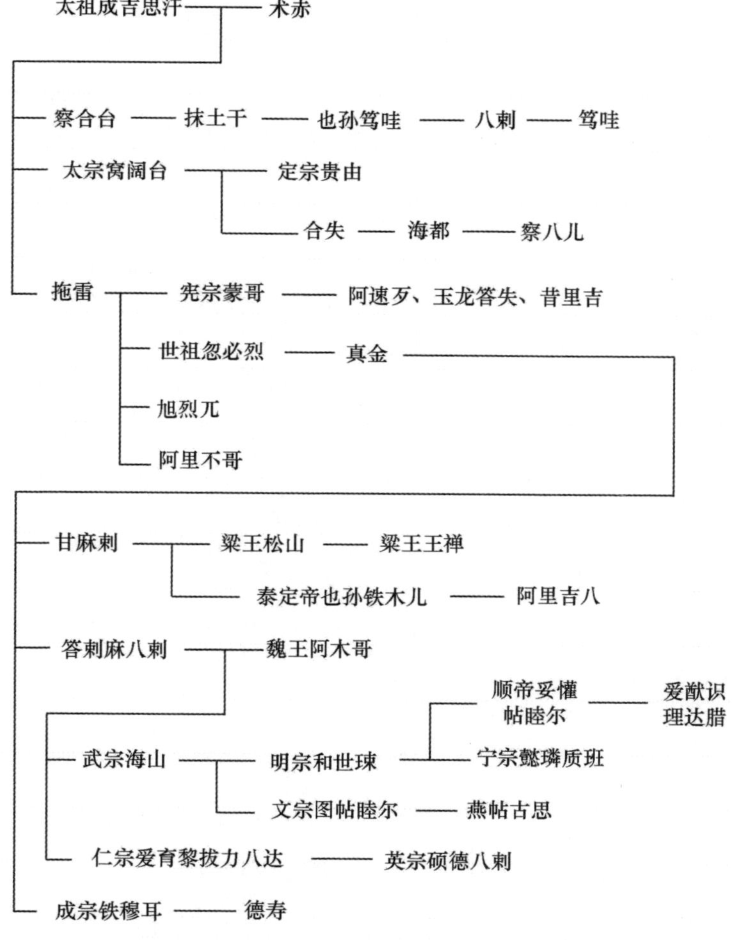

太祖成吉思汗
术赤
察合台
抹土干
也孙笃哇
八剌
笃哇
太宗窝阔台
定宗贵由
合失
海都
察八儿
拖雷
宪宗蒙哥
阿速歹、玉龙答失、昔里吉
世祖忽必烈
真金
旭烈兀
阿里不哥
甘麻剌
梁王松山
梁王王禅
泰定帝也孙铁木儿
阿里吉八
答剌麻八剌
魏王阿木哥
顺帝妥懽帖睦尔
爱猷识理达腊
武宗海山
明宗和世㻋
宁宗懿璘质班
文宗图帖睦尔
燕帖古思
仁宗爱育黎拔力八达
英宗硕德八剌
成宗铁穆耳
德寿

附录二　元上都大事件表

年代	皇帝捺钵	大事记
宪宗元年（1251）		忽必烈在金莲川建立幕府。
六年（1256）		三月，始建开平城。
八年（1258）		开平城基本建成。在城东北隅建龙光华严寺。 夏，忽必烈于城内主持佛道大辩论。 十一月戊申（三日），忽必烈受命指挥攻南宋东路军，在城东北祃牙后起行。
中统元年（1260）		三月戊辰（一日），忽必烈返抵开平。 合丹、塔察儿等东、西道蒙古宗王率众来会，举行忽里台，推举忽必烈为大汗。甲申（十七日），忽必烈即位（元世祖）。 七月，忽必烈率大军北上攻取和林。
二年（1261）		二月丙午（十四日），忽必烈由燕京赴开平，召燕京行省官至开平理事。 八月丁酉（七日），命开平守臣祭奠孔子于宣圣庙。 十月，忽必烈率大军北征阿里不哥。 十一月，大军回师，忽必烈率汉军诸万户和武卫军返驻潮河川。
三年（1262）		二月，将兴州、松山县、望云县划归开平府。 八月，燕京行省官南返。
四年（1263）	二月甲子（十三日）至八月壬申（二十五日）	五月戊子（九日），升开平府为上都。 六月，立上都惠民药局。
至元元年（1264）	二月癸酉（二十八日）至九月辛巳（十日）	二月，诏史权等汉军万户赴上都参加大朝会（忽里台）。 七月，阿里不哥率众来降，忽必烈主持召开忽里台，处置阿里不哥及其乱党。 十月，下诏禁止上都畿内捕猎。

续表

年代	皇帝捺钵	大事记
至元二年（1265）	二月丁巳（十七日）至八又月戊子（二十三日）	
三年（1266）	二月癸未（十九日）至九月戊午（二十九日）	七月，诏上都路总管府，遇皇帝巡幸，行留守司事；皇帝还大都，仍掌总管府事。十二月，始建大安阁。
四年（1267）	二月丁亥（二十九日）至九月癸丑（二十九日）	五月，命上都重建孔子庙。
五年（1268）	？至九月乙丑（十七日）	正月，建城隍庙。
六年（1269）	？至九月辛未（二十八日）	六月，高丽国王王禃遣子王愖至上都朝见忽必烈。
七年（1270）	三月甲寅（十五日）至十月己丑（二十二日）	五月，以上都地理遥远，商旅往来不易，命令免除课税。
八年（1271）	三月甲申（二十一日）至八月壬子（二十一日）	十一月，大安阁建成。
九年（1272）	二月戊申（十九日）至八月乙巳（二十一日）	
十年（1273）	三月癸酉（二十日）至九月丙午（二十七日）	四月，南宋襄阳守将吕文焕降元，到上都朝觐忽必烈。 忽必烈召大臣部署攻南宋方略。
十一年（1274）	二月壬申（二十五日）至九月癸巳（二十日）	五月，以皇女忽都鲁揭里迷失出嫁王愖。 七月，王禃死，命同知上都留守司事张焕册封王愖为高丽国王。 建乾元寺、太一宫。 七月，受命统率攻南宋军队的将领伯颜等人辞行南下。
十二年（1275）	二月庚午（二十九日）至八月辛酉（二十三日）	夏，忽必烈将伯颜召回上都，调整攻南宋部署。 八月，伯颜离上都南下。
十三年（1276）	二月辛酉（二十五日）至八月庚辰（十八日）	三月，命上都和雇、和买按照大都常例实行。 四月，令水达达分地岁输皮革在上都交纳。 五月乙未（初一），伯颜携南宋帝赵㬎至上都，忽必烈封赵㬎为瀛国公。以平南宋遣官祭告天地、祖宗于上都近郊。

续表

年代	皇帝捺钵	大事记
至元十四年（1277）	二月甲戌（十五日）至？	正月，括上都猎户为兵。 八月，忽必烈畋（狩猎）于上都北郊。 建崇真宫于上都，以居玄教道士。
十五年（1278）	？至十月庚申（十日）	七月，上都守城军两千人免为民。龙冈失火，有人建议迁都，遭廉希宪等反对而止。
十六年（1279）	二月甲辰（二十七日）至八月丁丑（二日）	二月，立仪象圭表于上都。 三月，郭守敬由上都历大都、河南至南海，测验晷景。 四月，诏以上都军四千为虎贲军，守上都城，其他地方来的镇戍士兵都遣还原籍。 五月，忽必烈命张留孙在行宫作醮事（设坛祭祀），历时五昼夜。
十七年（1280）	三月甲辰（三日）至九月壬子（十三日）	五月，在察罕脑儿建立行宫。 六月，罢上都奥鲁官，以留守司兼管奥鲁事。
十八年（1281）	三月丙午（十一日）至闰八月丙午（十四日）	二月，立上都留守司。 八月，龙虎山天师张宗演等人在寿宁宫作醮事，历时五昼夜。 九月，给钞赈上都饥民。
十九年（1282）	二月甲寅（二十四日）至八月甲寅（二十八日）	十一月，在上都建利用库。 十二月，以南宋亡君赵㬎及其宗室赵与罴等人定居上都。
二十年（1283）	三月丙寅（十二日）至十月壬辰（十二日）	正月，发钞三千锭籴粮于察罕脑儿，供给军匠。罢上都回易库。 六月，差遣五卫军人修筑行殿外墙。 七月，命上都商税六十分取一。 十二月，给钞四万锭和籴于上都。
二十一年（1284）	三月丙寅（十七日）至八月庚午（二十五日）	四月，高丽国王王赌携公主与儿子到上都朝见忽必烈。
二十二年（1285）	二月戊辰（二十五日）至八月丙辰（十六日）	正月，设立上都路群牧都转运使司。 三月，立上都规措所回易库。 五月，减上都商税。
二十三（1286）	三月丙子（十日）至十月己亥（六日）	十月，减汰上都留守司官员冗员。
二十四年（1287）	闰二月庚寅（二十九日）至？	五月壬寅（十二日），因为东道蒙古宗王乃颜反叛，忽必烈率大军自上都出发征讨。 八月乙丑（七日），忽必烈返回上都。

续表

年代	皇帝捺钵	大事记
至元二十五年（1288）	三月庚寅（六日）至九月壬辰（十日）	五月，营建上都城内仓库。 十二月，命上都募人运米万石至和林。
二十六年（1289）	二月丁卯（十七日）至闰十月戊寅（二日）	七月戊寅（一日），忽必烈率军队北上征讨西北叛王海都。
二十七年（1290）	四月癸酉（一日）至?	二月，发虎贲更休士两千人赴上都修城。 十月，增上都留守司副留守、判官各一员。 十一月，禁上都酿酒。
二十八年（1291）	二月癸未（十五日）至?	正月，雇民运米十万石至上都，由官府定价出售。 二月，以上都虎贲士两千人屯田。
二十九年（1292）	三月庚戌（十八日）至八月甲辰（十六日）	闰六月，升上都兵马司为正四品。 十月，解除上都酒禁。 十一月，增调侍卫军一千人赴上都屯田。
三十年（1293）	二月丁未（二十日）至九月癸丑（一日）	
三十一年（1294）	十月戊寅（二日），元成宗至大都	正月癸酉（二十二日），忽必烈病死于大都。四月壬午（二日），铁穆耳（忽必烈孙）由漠北率军抵上都。甲午（十四日），铁穆耳即帝位（元成宗），受文武百官朝贺于大安阁，派遣安童子兀都带等请谥于上都南郊。五月，始开醮祠于寿宁宫。
元贞元年（1295）	二月丁酉（二十三日）至九月甲戌（三日）	
二年（1296）	三月丙子（八日）至十月壬子（十七日）	
大德元年（1297）	三月丙子（十四日）至九月壬午（二十二日）	六月，令各部宿卫士运输上都粮食一万五千石于漠北。 七月，以八儿思秃仓库粮食隶于上都留守司。免上都酒课三年。 十月，减上都商税岁额为三千锭。 设立虎贲卫亲军都指挥使司。
二年（1298）	二月乙酉（二十八日）至九月丙申（十二日）	五月，给上都八剌合赤钞三千锭。 召郭守敬至上都主持开凿铁幡竿渠。

续表

年代	皇帝捺钵	大事记
大德三年（1299）	二月庚辰（二十八日）至九月己亥（二十一日）	夏，大雨山洪暴发，铁幡竿渠不足疏导，漂没人畜庐帐，行殿受到水灾威胁。
四年（1300）	二月乙亥（二十九日）至闰八月庚子（二十八日）	
五年（1301）	二月丁酉（二十七日）十月壬午（十七日）	二月，赐上都乾元寺地九十顷，钞一万五千锭。 七月，赐上都工匠钞币二十一万七千四百锭。 召见正一道三十八代师张与材于上都幄殿。
六年（1302）	四月庚辰（十六日）至十月丙子（十六日）	四月，上都发生大水灾，居民饥馑，减价粜粮万石进行赈济。
七年（1303）	三月甲寅（二十六日）至九月戊午（四日）	五月，开上都酒禁，所隶州县曾告饥者仍实行酒禁。 疏通上都滦河。 闰五月，诏上都路和内地郡县一样实行酒禁。 七月，西北叛王派遣使者到上都，请求停战议和。
八年（1304）	二月丙午（二十四日）至九月癸丑（四日）	四月，命令国子监分教国子生于上都。
九年（1305）	三月丁未（一日）至九月庚申（十七日）	
十年（1306）	二月戊辰（二十八日）至十一月己巳（二日）	
十一年（1307）	九月甲子（三日）元武宗至大都	正月癸酉（八日），元成宗病死于大都。 五月甲子（一日），海山（元成宗弟答剌麻八剌之子）率漠北镇军至上都。次日，海山母答己与弟爱育黎拔力八达自大都来会。举行忽里台，处死谋推元成宗后卜鲁罕称制的安西王阿难答等人。甲申（二十一日），海山即帝位（元武宗），受百官朝贺于大安阁。 六月癸巳（一日），诏立爱育黎拔力八达为皇太子。甲午（二日），建行宫于旺兀察都，立宫阙为中都。枢密院发军两千五百人修理上都鹰坊与官廨。 七月，命铁古迭而等大臣以即位告祭于上都南郊、太庙。
至大元年（1308）	三月戊寅（十九日）至九月乙亥（二十日）	二月，调上都卫军三千人赴旺兀察都行宫工役。五月，下令禁止蒙古宗王和西番僧扈从上都途中扰民。 七月，旺兀察都行宫建成，立中都留守司。解除上都酒禁。

续表

年代	皇帝捺钵	大事记
至大二年（1309）	三月庚寅（七日）至九月丙戌（七日）	
三年（1310）	三月壬辰（十四日）至九月丙戌（十二日）	二月，发钞百万锭至上都，备夏季朝会使用。 六月，减上都留守司官七员。立上都银冶提举司。 大朝会，海都子察八儿等来朝，赐给海都位下所积二十余年五户丝币帛，其他宗王、后妃依照至大元年大朝会颁赐数额颁赏。 九月，上都民饥，遣刑部尚书撒都丁发粟万石，降价出售，进行赈济。
四年（1311）	闰七月元仁宗自上都起程返大都	正月庚辰（八日），元武宗病死于大都。壬辰（二十日），爱育黎拔力八达宣布停止修建中都。 三月庚寅（十八日），爱育黎拔力八达在大都即位（元仁宗）。 六月，省定上都兵马指挥为五员。 七月，裁减虎贲司官员。赐上都贫乏宿卫士钞十三万九千锭。 闰七月，在上都设立通政院，管理蒙古驿站，秩正二品。
皇庆元年（1312）	四月癸酉（八日）至八月庚辰（十七日）	五月，缙山县行宫建凉殿。
二年（1313）	四月乙亥（十六日）至八月丁卯（十日）	六月，上都民饥，出米五千石减价出售，进行赈济。
延祐元年（1314）	三月戊申（二十四日）至八月戊子（七日）	闰三月，遣人巡视大都至上都皇帝驻跸地点，侵占民田的按价给钱。 六月，命令蒙古宗王、贵族来朝见的人，夏季时刍牧至上都，不许随意到大都去。
二年（1315）	四月乙巳（二十八日）至八月己丑（十三日）	
三年（1316）	三月癸亥（二十一日）至八月己卯（九日）	正月，赐上都开元寺江浙田地二百顷，龙光华严寺一百顷。 九月，将上都宣德府奉圣州怀来、缙山两县划归大都路。
四年（1317）	三月辛卯（二十五日）至八月丙申（三日）	五月，授上都留守阔阔出开府仪同三司、大司徒。
五年（1318）	四月戊午（二十八日）至七月戊子（三十日）	二月，命令上都各寺观和权豪商贩的货物交纳税课。 七月，设立饩廪司，秩正八品，隶上都留守司。

续表

年代	皇帝捺钵	大事记
延祐六年（1319）	四月庚子（十六日）至八月庚子（十九日）	四月，命令京师诸司官吏向上都运送粮食，赈济蒙古饥民。 六月，赐乾元寺钞万锭，供缮修费用。 七月，增置上都警巡院和开平县官员各两员。 十月，上都民饥，发官粟万石减价出售，进行赈济。
七年（1320）	四月戊辰（十九日）至十月戊午（十三日）	正月辛丑（二十一日），元仁宗病死于大都。 二月，皇太子硕德八剌命储粮于宣德、开平、和林诸仓库，以备赈贷供亿。罢上都乾元寺规运总管府。 三月庚寅（十一日），硕德八剌在大都即位（元英宗）。裁减上都留守司留守五员。 五月，上都留守贺伯颜被处死。 赈济上都城门卫士和驻冬卫士。 七月，命玄教宗师张留孙修醮事于崇真宫。元英宗率众北巡漠北。 八月，赐上都驻冬卫士钞四百万贯。元英宗从漠北返回上都。 召见正一道三十九代天师张嗣成于上都。 十月，在上都为皇后作鹿顶殿。
至治元年（1321）	三月辛巳（八日）至九月丁酉（二十七日）	正月，召高丽王王璋赴上都。 二月，调军三千五百人修龙光华严寺。 五月，毁上都“回回”寺，以其地造帝师殿。修佛事于大安阁。建行殿于缙山流杯池。 六月，作金浮屠于上都，藏佛舍利。龙虎山张嗣成到上都朝见元英宗，授太玄辅化体仁应道大真人。 七月，修上都城。 八月，鹿顶殿建成。
二年（1322）	四月戊戌（一日）至八月	二月，停建上都歇山殿和帝师寺。 五月，元英宗由上都前往五台山
三年（1323）	三月壬辰（一日）至八月癸亥（四日） 十一月辛丑（十三日）元泰定帝至大都	正月，增设上都留守司判官两员，以汉人充任，专掌刑名。 二月，调发军士六千二百人修建龙光华严寺、帝师寺和中书右丞相拜住住宅。 五月，上都利用监库失火。 八月癸亥，元英宗南还大都，至南坡过夜，被铁失等谋杀。 九月癸巳（四日），也孙铁木儿（元成宗兄甘麻剌之子）即皇帝位于龙居河（元泰定帝）。 十一月己丑（一日），元泰定帝至中都，修佛事于昆刚殿。

续表

年代	皇帝捺钵	大事记
泰定元年（1324）	四月甲子（八日）至八月丁丑（二十四日）	五月，赦上都囚犯笞罪以下者。 六月，作礼拜寺于上都与大同路，给钞四万锭。大幄殿成，作镇雷坐静佛。修黑牙蛮答哥佛事于水晶殿。元泰定帝受佛戒于帝师旺出儿监藏。 七月，祟星于上都司天监。 九月，将宣德府仍划归上都留守司管辖。 十一月，作歇山鹿顶楼于上都。
二年（1325）	三月乙丑（十五日）至九月癸丑（六日）	闰正月，修野狐、色泽、桑乾三岭山路。 七月，修乾元寺。 八月，修上都香殿。 十一月，以岁饥罢皇后上都营缮。
三年（1326）	二月甲辰（二十九日）至九月庚申（十九日）	五月，修上都复仁门。 七月，皇后受牙蛮答哥戒于水晶殿。 元泰定帝至乾元寺，敕铸五方佛铜像。 发兵修野狐、色泽、桑乾三岭道路。 八月，元泰定帝狩猎于旺兀察都。 九月，增设上都留守判官两员，兼推官。解除上都酒禁。 十一月，迁上都清宁殿于伯亦儿行宫。
四年（1327）	三月壬戌（二十三日）至闰九月己巳（四日）	二月，以尚供总管府和云需总管府隶上都留守司管辖。 六月，罢两都营缮工役。 九月，阿察赤的斤献木绵大行帐。
天历元年（1328）	三月戊子（二十五日）	七月庚午（十日），元泰定帝病死于上都。 八月，留守大都的燕铁木儿发兵入宫，谋迎立元武宗二子为帝。壬子（二十一日），倒剌沙等人在上都拥立元泰定帝子阿剌吉八为帝。次日，分兵南下进攻大都。 九月壬申（十三日），元武宗次子图帖睦尔在大都即位（元文宗）。两方军队在大都附近混战。 十月辛丑（十三日），齐王月鲁帖木儿、东路蒙古军元帅不花帖木儿等率军突袭上都，倒剌沙等人奉皇帝玉玺出降。月鲁帖木儿等人收缴上都诸王符印，核查上都仓库钱谷。戊午，元文宗下诏："上都官吏，自八月二十一日以后擢用者，并追收其制。"

续表

年代	皇帝捺钵	大事记
天历二年（1329）	九月丁卯（十三日）元文宗至大都	正月，元文宗下诏，上都官吏除初入仕和骤升者罢免外，其他人仍复旧职。丙戌（二十八日），元武宗长子和世㻋在和林即位（元明宗），率众南下。 二月，元文宗退位。上都云需两府告饥。 三月，燕铁木儿奉皇帝玉玺北迎元明宗。元明宗命令在上都准备大朝会所需钱物。 四月，元明宗立图帖睦尔为皇太子。 五月丁丑（二十日），图帖睦尔由大都北上迎接元明宗。上都迭只诸位宿卫士及开平县民受兵乱影响者，发放粮食赈济。 六月庚戌（二十四日），图帖睦尔至六十里店。 七月丁巳（二日），图帖睦尔至南坡。丙子（二十一日），图帖睦尔接受皇太子宝印。 八月乙酉（一日），元明宗至旺兀察都。丙戌（二日），图帖睦尔入见。庚寅（六日），燕铁木儿毒死元明宗。图帖睦尔东还上都。癸巳（九日），至上都。己亥（十五日），图帖睦尔再次即帝位于大安阁，遣毛颖达祭遁甲神于上都南屏山。己酉（二十五日），元文宗由上都出发南还大都。 十二月，赈济上都留守司八剌哈赤两千二百户、烛剌赤八百户粮、钞。改上都馒头山为天历山。
至顺元年（1330）	五月戊辰（十八日）至八月己未（十一日）	七月，蒙古百姓以饥乏至上都者，阅口数给以行粮，俾各还所部。 处死上都留守马儿等。 闰七月，命卫士上都驻冬者所给粮以三分为率，二分给钞。上都每年作佛事一百六十五所，减定为一百零四所，定为制度。 十一月，赈济在上都滦河驻冬各宫分怯怜口一万五千七百户粮两万石。
二年（1331）	五月丙申（二十二日）至九月庚寅（十八日）	二月，修理上都洪禧、崇寿等殿。 四月，命令上都建屋居鹰鹘。 八月，赐上都孔子庙碑。 十一月，命令上都留守司赈济钦察卫饥户。
三年（1332）	五月庚寅（十二日）	正月，诏上都留守司为燕铁木儿建住宅。 八月，赐护守上都宫殿卫卒两千二百二十九人每人钞二十五锭。己酉（十二日），元文宗病死于上都。遗诏立元明宗之子为帝。 十月庚子（四日），明宗次子懿璘质班在大都即位（元宁宗）。 十一月壬辰（二十六日），懿璘质班病死。
元统元年（1333）		六月己巳（八日），元明宗长子妥懽帖睦尔在上都即帝位（元顺帝）。

续表

年代	皇帝捺钵	大事记
元统二年（1334）	四月至九月辛卯（六日）	二月，东凉亭受雹灾，民饥，诏上都留守司发仓库粮进行赈济。
后至元元年（1335）	五月戊子（七日）至九月丙戌（七日）	六月，上都兵变，伯颜捕杀燕铁木儿子唐其势及其党羽。 七月，伯颜杀皇后答纳失里（燕铁木儿女）于开平民舍。
二年（1336）	四月戊戌（二十二日）至九月戊辰（二十六日）	三月，将燕铁木儿弟撒敦在上都的住宅赐给太保定住。 七月，敕赐上都孔子庙碑，刊载累朝皇帝尊崇之意。
三年（1337）	四月己卯（九日）至八月	五月，以松州民饥，禁上都造酒。 七月，元顺帝巡幸乾元寺。
四年（1338）	四月己卯（十四日）至八月	
五年（1339）	四月至八月丁亥（一日）	正月，桓州、云需府、开平县饥，赈济钞、米。 三月，滦河驻冬怯怜口民饥，每户赈济粮一石、钞二十两。 七月，开上都酒禁。
六年（1340）	五月丙子（二十四日）至八月	
至正元年（1341）	四月至八月	
二年（1342）	四月至九月辛未（三日）	七月，立司狱司于上都，和大都兵马司同级。 八月，罢上都事产提举司。
三年（1343）	四月至八月	
四年（1344）	四月至八月	
五年（1345）	四月至八月	
六年（1346）	四月丁卯（十九日）至八月	
七年（1347）	四月至九月戊申（九日）	三月，修上都乾元寺与龙光华严寺。
八年（1348）	四月至八月	六月，立司天台于上都。
九年（1349）	四月至八月	

续表

年代	皇帝捺钵	大事记
至正十年（1350）	四月至八月壬寅（二十日）	
十一年（1351）	四月至八月	
十二年（1352）	四月至八月	正月，拘刷上都汉人马匹，以备讨伐红巾军使用。 三月，选派官员到上都、察罕脑儿等处给出征河南的蒙古军发放口粮。
十三年（1353）	四月至八月	六月，立皇子爱猷识理达腊为皇太子。
十四年（1354）	四月至八月	五月，诏修砌北巡所经色泽岭、黑石头河西沿山道路，创建龙门等处石桥。
十五年（1355）	四月至八月	闰正月，上都路民饥，下诏严格酒禁。
十六年（1356）	四月至八月	
十七年（1357）	四月至八月	
十八年（1358）	四月至八月	十二月癸酉（九日），红巾军关先生、破头潘部由大同直趋上都，攻陷都城，焚烧宫阙，驻师七日后东攻辽阳、高丽。
十九年（1359）	因为上都宫阙被烧毁而不再巡幸上都	
二十年（1360）		二月，中书左丞相太平罢为太保，守上都。 十月，红巾军再次进攻上都，元军出战失利。 阳翟王阿鲁辉帖木儿拥兵数十万逼近上都，欲夺帝位。知枢密院事秃坚帖木儿出战失利，逃回上都。
二十一年（1361）		阿鲁辉帖木儿被擒送大都，九月处死。
二十二年（1362）		五月，元顺帝拟大兴工役，修复上都宫殿，中书参知政事陈祖仁上奏章劝止。
二十三年（1363）		春季，关先生余部自高丽远袭上都，被孛罗帖木儿击降。
二十四年（1364）		
二十五年（1365）		
二十六年（1366）		
二十七年（1367）		

续表

年代	皇帝捺钵	大事记
至正二十八年（1368）		闰七月丙寅（二十八日）夜，元顺帝携太子、后妃出大都建德门北逃。八月癸未（十五日）至上都。 壬辰（二十四日），以上都焚毁，置行枢密院于察罕脑儿。 九月，诏高丽王发兵至上都，听候调遣。 十一月，以皇太子出屯红罗山。
二十九年（1369）		二月，丞相也速率兵四万攻扰大都。 三月，元顺帝狩猎于上都近郊。太子请率军攻大都，未得允许。以王信为上都留守。 四月，明将常遇春率军北上，也速军迎战失利。 六月乙亥（十三日），元顺帝率众北走应昌府，留河南王普化、中书平章政事鼎住守上都。己卯（十七日），明军攻占上都。

附录三　元中都简述*

地理位置处于大都和上都之间的元中都，存在时间虽然较短，但在元朝都城制度中应占有一定的地位。

第一节　中都的兴废

元中都建在元朝的隆兴路内。隆兴路原为金朝时的抚州（州治在今河北张北县），辖柔远、集宁、丰利、威宁四县，一万一千三百八十户。① 元世祖中统三年（1262）十一月，“升抚州为隆兴府，以昔剌斡脱为总管，割宣德之怀安、天成及威宁、高原隶焉”。昌州亦同时划入隆兴府。当年十二月在此建立了行宫。② 至元四年（1267）正月，“析上都隆兴府自为一路，行总管府事”③，辖昌州和高原、怀安、天成、威宁四县。

大德十一年六月二日（1307 年 7 月 1 日），元武宗海山在隆兴路的旺兀察都建立行宫，“立宫阙为中都”。次年七月六日（1308 年 7 月 23 日），“旺兀察都行宫成。立中都留守司兼开宁路都总管府”④，元朝的都城由此变成了三个。

海山在位期间，为建设中都耗费了大量的人力和物力。至大四年（1311）正月，海山病死，其弟爱育黎拔力八达秉政，很快下令停止建造中

---

* 本文据《元代都城制度与中都的历史地位》（《文物春秋》1998 年第 3 期）和《元上都、中都的考古新发现与研究》（《蒙元的历史与文化——蒙元史学术研讨会论文集》，学生书局 2001 年版）改写。

① 参见《金史》卷二四，《地理志上》。

② 参见《元史》卷五八，《地理志一》；卷五，《世祖纪二》。

③ 《元史》卷六，《世祖纪三》。

④ 《元史》卷二二，《武宗纪一》。

都。三月，爱育黎拔力八达即位（元仁宗）。四月二十二日（1311 年 5 月 10 日），“罢中都留守司，复置隆兴路总管府，凡创置司存悉罢之”①。中都的建制，实际上只存在了两年零十个月。

元仁宗皇庆元年（1312）十月，将隆兴路改名为兴和路，仍辖一州四县（昌州后改名为宝昌州）。按照元后期的统计，兴和路辖有八千九百七十三户（比金朝时减少两千余户），三万九千四百九十五人。②

元武宗海山选择在游牧与农耕地区分界线上设立中都，似乎是要用中都取代上都。但是从元武宗长期在草原生活的背景和与其弟爱育黎拔力八达的微妙关系来看（详见本书下篇第五章），元武宗更讨厌的应是大都宫廷生活及其人际关系。中都的设计思路也是首都的布局，所以元武宗的真实用意可能是以新建立的中都来取代设立在农耕地区的大都，所以元武宗刚去世，爱育黎拔力八达就废掉了中都的建制。

第二节　元中都的布局和建筑特征

元中都遗址位于今河北省张北县城北十五公里处，俗称白城子，在《口北三厅志》中被误认为北羊城遗址。20 世纪 90 年代初，张北县文物、史志工作者对白城子遗址进行实地调查，综合该遗址出土的元代文物，确认此地为旺兀察都行宫即元中都遗址。③ 1998 年 8 月至 10 月，河北省文物研究所在中都遗址内进行了一次小型试发掘，出土了少量建筑材料。调查和考古发掘为认识中都的本来面貌提供了重要资料。

（1）宫城。中都宫城坐落在全城中央，城垣长六百一十米，宽五百五十五米，平面呈长方形。城墙基宽十二米。宫城城墙用夯土筑成，四角有外包砖角楼。宫城四面各开一门，城门宽约八米至十米，无瓮城。

中都宫城城垣正中现有一长一百一十六米、宽四十八米、高三点一米的大台基，上有柱础遗迹，并出土过汉白玉螭首、琉璃瓦等建筑材料，显然是

---

① 《元史》卷二四，《仁宗纪一》。

② 参见《元史》卷五八，《地理志一》。

③ 参见贺勇、李惠生、马逵《元中都遗址认定及其历史考古价值》，《文物春秋》1998 年第 3 期。

中都的主体建筑。从柱础的位置看，应为正面呈“工”字形的宫殿建筑。[①]

（2）皇城与外城。中都皇城东、西、北城墙距宫城城墙一百米，南城墙距宫城城墙二百米。皇城城垣长九百一十米，宽七百五十五米，平面亦呈长方形。

中都外城城墙距宫城城墙八百五十米。外城东、西城墙各长两千三百一十米，南、北城墙各长两千五百五十五米。

中都皇城与外城内，发现不少建筑遗迹。在外城北城墙内，有一个二百米见方的台基，显然是大型建筑的遗迹。

（3）建筑材料。元中都遗址及其附近村庄中，发现最多的是石柱础，大致分为两种样式。一种是长方形底座青灰石柱础，底座长一百厘米，宽八十厘米，高五十厘米；另一种是方形底座汉白玉石柱础，底座边长四十五厘米，高二十七厘米。

中都遗址出土汉白玉螭首四件，形制、尺寸与上都出土的汉白玉螭首相同。

中都出土的建筑材料，还有角石、盘龙纹方砖、盘龙纹瓦当、盘龙纹滴水、黄绿釉龙纹瓦当、黄绿釉龙纹滴水等。

（4）器物。中都遗址及其附近地区出土的元朝器物，既有瓷器，也有铜器和铁器。瓷器中，有磁窑产品白釉赭彩花卉罐，龙泉窑产品青瓷碗和钧窑碗等。铜器中，有八思巴文兴和路广储仓印、至大四年铜权、莲花灯、双鱼纹铜镜、摩羯纹长柄镜等。铁器则有大铁锅，与上都遗址出土的铁锅形制相同。[②]

由于资料和考古发现的限制，只能将中都的布局和建筑风格与大都、上都作初步比较。

以外城城墙计算，元朝的三个都城，大都占地面积最大（大都城东墙长七千五百九十米，西墙长七千六百米，南墙长六千六百八十米，北墙长六千七百三十米），约五十平方公里；其次是中都，占地面积约五点九平方公里；再次是上都，占地面积约四点九四平方公里。

大都、上都和中都三个都城都有皇城。皇城的位置，大都在城市南部居

---

① 参见董向英《元中都概述》，陈应祺《略谈元中都皇城建筑遗址平面布局》，郑绍宗《考古学上所见之元中都——旺兀察都行宫》，均载《文物春秋》1998年第3期。

② 参见李惠生、赵桂香《元中都遗址及其周围村庄出土的元代文物》，《文物春秋》1998年第3期。

中处，上都在城市东南部，中都的皇城则坐落在全城的中央。宫城的位置也有所不同，只有中都的宫城建在皇城的中央部位。

宫廷主体建筑采用“工”字形布局，是元朝宫廷建筑的特点。元中都宫廷主体建筑，采用的就是“工”字形布局，与大都万安宫、上都大安阁的平面布局一样，可见其是一脉相承的。

将城外的河水引进都城，甚至人工开渠，解决都城内的用水问题，是元朝都城设计的一大特色。大都城的引水进京已有学者研究。上都城旁的铁幡竿渠虽然绕城而过，但城内也有河渠遗迹。尤其应注意中都的引水工程。中都遗址南现存一条从忽察都淖引水为护城河的水渠遗迹，现宽 10 米，深 1 米。中都宫城东、西、南墙下各有一水道，直通皇城外。宫城下水道口用石条、青砖、白灰勾缝砌成，高约两米，外栅铁栏杆。[①]

尽管现在已不见元朝的宫廷建筑，只能以文献为据推论其原有规模，但研究者往往忽视了元朝都城建筑材料遗存，很少从建筑学角度对当时的建筑材料应用进行探讨。在元朝三个都城的出土文物中，中都出土的建筑材料最多。就已发现的建筑材料而言，大都、上都、中都的宫廷建筑材料无论是用材还是材料的纹饰基本相同。我们不仅应该注意柱础、条石、地面砖、方砖、瓦当、滴水等建筑材料的形制和质地，还应认真考虑这些材料的来源。尤其是草原都市，其建筑材料主要是就地取材还是大量从中原运来，依然是一个未完全解决的问题。

第三节　抚州—隆兴路—中都—兴和路在元朝交通中的重要地位

自成吉思汗南下攻金、金朝皇帝迁都于汴梁之后，抚州道就成为从中原前往草原的重要交通路线。元太祖十五年（1220），全真道领袖丘处机奉旨前去西域觐见成吉思汗，走的就是抚州道。李志常在《长春真人西游记》中记下了经过抚州前后的情况：“十日宿翠屏口。明日，北度野狐岭。登高南望，俯视太行诸山，晴岚可爱，北顾但寒烟衰草，中原之风，自此隔绝矣。”野狐岭下，蒙古军曾大败四十万金军，丘处机等人亦在此凭吊战场。此后，“北过抚州，十五日，东北过盖里泊，尽邱垤碱卤地，始见人烟二十余家，

① 参见董向英《元中都概述》，《文物春秋》1998 年第 3 期。

南有盐池，池迤逦东北去。自此无河，多凿沙井以汲。南北数千里，亦无大山。”

此后，抚州道成为通往漠北的驿路正道。从燕京北上，驿路要经宣德、宣平，出野狐岭，过抚州，转向东北，行至滦河上游，然后继续北上。元定宗二年（1247），张德辉前往漠北去见忽必烈，走的就是这条驿道，并留下了更明确的记载：“至宣德州，复西北行，过沙岭子口及宣平县驿，出得胜口，抵扼胡岭（即野狐岭）下，有驿曰孛落。自是以北诸驿，皆蒙古部族所分主也，每驿各以主者之名名之。由岭而上则东北行，始见毡幕毡车，逐水草畜牧而已，非复中原之风土也。寻过抚州，惟荒城在焉。北入昌州，居民仅百家。中有廨舍，乃国王（木华黎）所建也；亦有仓廪，隶州之盐司。州之东有盐池，周广可百里，土人谓之狗泊，以其形似故也。州之北行百余里，有故垒隐然连亘山谷，垒南有小废城，问之居者，云此前朝所筑堡障也，城有戍者之所居。自堡障行四驿，始入沙陀。”①

李志常和张德辉的记载说明了三个重要问题。一是野狐岭是农耕社会与游牧社会的分界点。二是野狐岭是“汉地”驿站与蒙古驿站的分界点，而这条驿道，就称为“孛老（孛落）站道”。三是抚州及其邻近地区，经过战争之后，人烟稀少，抚州城已经荒废。

忽必烈即位之前，往来于这条驿道的人很多，不少人留下了诗作。忽必烈的重要谋臣僧子聪（刘秉忠）著有《过也乎岭（野狐岭）》和《桓抚道中》两诗：

一夜阴云风鼓开，岭头凝望动吟怀。烟分雪阜相高下，日出毡车竞往来。天定更无人可胜，智衰还有力能排。中原保障长安道，西北天高控九垓。

老烟苍色北风寒，驿马驱程不敢闲。一寸丹心尘土里，两年尘迹抚桓间。晓看太白配残月，暮送孤云还故山。要趁新春贺正去，朋头年不愧朝班。②

---

① 参见王恽《秋涧文集》卷一〇〇，张德辉《纪行》。

② 刘秉忠：《藏春诗集》卷二。

忽必烈幕府的另一个重要谋士郝经，在《北岭行》中，有“中原南北限二岭，野狐高出大庾顶”的诗句，并著有长诗《沙陀行》，不仅描述了沙陀的自然景象，还铺陈了草原地区的生活和蒙古君王的卓著武功。[①]

两都制度确立之后，从大都前往上都，开辟了以下四条道路：

（1）驿路。驿路改为在怀来北上，不再经过隆兴路。驿路全长八百余里，设有十一处驿站。

（2）黑谷东路，俗称“辇路”，是皇帝往来于两都之间的专道。该路出居庸关后继续北上，经过今延庆县，翻山越岭，进入草原，全长七百五十余里，设有十八处捺钵。

（3）东道。经古北口赴上都的东道，全长八百七十余里，也是一条“禁路”，专供监察御史和军队使用。

（4）西道。西道就是原来的“孛老站道”，依然通过隆兴路辖境。在驿路改线之后，这条道路变成了“专一搬运段匹、杂造、皮货等物”[②] 的运输道路。

尽管一般人员前往上都不再经过隆兴路，但是这一地区在元朝交通中的地位仍然非常重要，因为皇帝每年“东出西还”，也就是从大都出发后经辇路到上都，但是从上都南返时则要走西道。为此，在西道上共设置了二十四处捺钵。从进入隆兴路境到沙岭，设有盖里泊、遮里哈剌、苦水河儿、“回回”柴、忽察秃、隆兴路、野狐岭、得胜口、沙岭九处捺钵，其中野狐岭的捺钵，建在山岭上。[③]

隆兴路改为兴和路后，野狐岭（隘狐岭）、石垛岭、危台岭和萱草岭，仍是该路下的四个重要山岭。[④]

正是由于这条道路重要，元朝政府特别注意维护道路的畅通。泰定二年和三年（1325—1326），特别调军修野狐岭、色泽岭、桑乾岭三岭道，[⑤] 就是一个极好的例证。

既然皇帝每年都要经过这一地区，就必须建立专门的供应机构。元顺帝朝跟随皇帝往来上都的周伯琦所记兴和路的情况是：“故置有司为供亿之所，

---

① 参见郝经《郝文忠公陵川文集》卷一〇。

② 《永乐大典》卷一九四一六，《经世大典·站赤》。

③ 详见本书下篇第二章的考释。

④ 参见《元一统志》卷一。

⑤ 参见《元史》卷二九，《泰定帝纪一》。

城郭周完，从多，可三千家。"[①] 这里距太原一千余里，太原人迁来定居的甚多。

第四节 抚州—隆兴路—中都—兴和路在元朝军事中的地位

抚州在成吉思汗时期曾是大蒙古国与金朝反复争夺的地区，在野狐岭下，进行过决战，所以这一地区具有极重要的战略意义。

如前所述，抚州乃至后来的隆兴路，正处在农业地区和游牧地区的交界线上，又是皇帝南来的交通要道，即便在全国统一、战争结束之后，依然不能忽视这一地区的军事价值。

为保证两都的安全，忽必烈建立了侍卫亲军组织，分设二十余卫，分屯于大都、上都及"腹里"地区。编入侍卫亲军的士兵，大多是来自其他军队的精锐之士。[②]

元成宗元贞元年（1295）六月，设立西域卫亲军都指挥使司。[③] 西域卫主要由阿儿浑人和"回回"人匠组成，所以又称为"阿儿浑卫"[④]，驻地就在兴和路下的荨麻林（今称洗马林）。荨麻林在得胜口旁，在这里还建有御花园，"杂植诸果，中置行宫"，有几种水果是从西域传进的，所以称为"回回果"[⑤]，这显然与驻扎此地的西域卫有直接的关系。

西域卫屯驻在这里，除了保护西道的安全，还有一个重要的作用就是大量制造兵器。马可·波罗指出，在荨麻林居住着大批阿儿浑人和"回回"人，附近就是一个制造武器和军需的城镇兴和。[⑥] 这一说法可以得到汉文史料的印证，隆兴路确实有隶属于武备寺的军器人匠局，建于至元三十年（1293）。[⑦]

此外，为保证西侧的安全，至元二十九年（1292）十一月，"命各万户

---

① 周伯琦:《扈从集·后序》。

② 参见史卫民《元代侍卫亲军组织的职能》,《中国史研究》1987年第3期;《元代侍卫亲军建置沿革考述》,《元史论丛》第4辑，中华书局1992年版。

③ 参见《元史》卷一八,《成宗纪一》; 卷九九,《兵志二·宿卫》。

④ 《元史》卷一二二,《哈散纳传》; 卷一三三,《脱力世官传》。参见史卫民《元代侍卫亲军建置沿革考述》,《元史论丛》第4辑。

⑤ 周伯琦:《扈从集·后序》。

⑥ 参见《马可波罗游记》, 第187—185页。

⑦ 参见《元史》卷九〇,《百官志六》。

府，择大同、隆兴、太原、平阳等处军人四千名，于燕只哥赤斤地面及红城周回，置立屯田，开耕荒田二千顷，仍命西京宣慰司领其事”[①]。燕只哥赤斤和红城都在大同路治下，后来专门设立了大同等处屯储万户府管领屯田军。至大元年（1308）五月，改万户府为大同侍卫亲军都指挥使司。[②] 此时，大同路已划归中都辖区之内，所以在中都范围内，有西域卫和大同侍卫两支卫军。元武宗死后，皇太后答己将大同侍卫移属徽政院充役，建造五台山寺庙（至大四年四月）。[③] 延祐元年（1314）十一月，改大同侍卫为中都威卫，此卫正式划入后宫系统。[④] 因为后宫系统当时已有左都威卫和右都威卫的建置，所以将此卫命名为中都威卫。此时，中都早已撤销，中都威卫的得名，与中都并没有直接的关系。

抚州—隆兴路—中都—隆兴路—兴和路所辖地区，不仅在交通上具有特殊地位，并且因地形险要，地处农耕地区与游牧地区的分界线上，具有不可忽视的军事地位，所以在这里发生一些重大的历史事件，乃是顺理成章的事情。元武宗海山之所以把这里选为新建都城的城址，显然是考虑了这些因素的。

---

① 《元史》卷一〇〇，《兵志三・屯田》。

② 参见《元史》卷二二，《武宗纪一》。《元史》卷八六《百官志二》、卷九九《兵志二・宿卫》、卷一〇〇《兵志三・屯田》均将改府为卫的时间系于大德十一年（1307）。

③ 参见《元史》卷九九，《兵志二・宿卫》。

④ 参见《元史》卷二五，《仁宗纪二》。

征引文献

司马迁撰：《史记》，中华书局1959年版。
班固撰：《汉书》，中华书局1962年版。
陈寿撰：《三国志》，中华书局1959年版。
脱脱等撰：《宋史》，中华书局1977年版。
脱脱等撰：《辽史》，中华书局1974年版。
宋濂等撰：《元史》，中华书局1976年版。
姚广孝等撰：《洪武实录》，台北史语所影印本。
叶隆礼撰：《契丹国志》，贾敬颜、林荣贵点校，上海古籍出版社1985年版。
宇文懋昭撰：《大金国志》，崔文印校证，中华书局1986年版。
徐梦莘撰：《三朝北盟会编》，上海古籍出版社1987年版。
李心传撰：《建炎以来系年要录》，上海古籍出版社1992年版。
《圣武亲征录》，王国维《蒙古史料四种》本。
《元典章》，台北“故宫”博物院影元刊本。
方龄贵校注：《通制条格校注》，中华书局2001年版。
孛兰肹等撰：《元一统志》，赵万里辑，中华书局1966年版。
苏天爵辑撰：《国朝名臣事略》，姚景安点校，中华书局1996年版。
苏天爵撰：《国朝文类》，“四部丛刊”本。
高荣盛点校：《秘书监志》，浙江古籍出版社1992年版。
《大元官制杂记》，“广仓学窘丛书”本。
《大元马政记》，“广仓学窘丛书”本。
《大元仓库记》，“广仓学窘丛书”本。
许亢宗撰：《乙巳奉使行程录》，贾敬颜疏证。见：五代宋金元人边疆行记十三种疏证稿，中华书局2004年版。

路振撰：《乘轺录》，贾敬颜疏证，见《五代宋金元人边疆行记十三种疏证稿》。
王曾撰：《上契丹事》，贾敬颜疏证，见《五代宋金元人边疆行记十三种疏证稿》。
范成大撰：《揽辔录》，《知不足斋丛书》本。
赵珙撰：《蒙鞑备录》，王国维《蒙古史料四种》本。
彭大雅、徐霆撰：《黑鞑事略》，王国维《蒙古史料四种》本。
李志常撰：《长春真人西游记》，王国维《蒙古史料四种》本。
郑思肖撰：《心史》，《北图古籍珍本丛刊》本。
达仓宗巴·班觉桑布撰：《汉藏史集》，陈庆英译，西藏人民出版社1986年版。
权衡撰：《庚申外史》，《宝颜堂秘笈》本。
刘佶撰：《北巡私记》，《云窗丛刻》本。
王士点撰：《禁扁》，《四库全书》本。
赡思撰：《河防通议》，《守山阁丛书》本。
萧洵撰：《故宫遗录》，《知不足斋丛书》本。
金幼孜撰：《北征录》，《纪录汇编》本。
《海道经》，《金声玉振集》本。
《至元法宝勘同总录》，《碛砂藏》本。
释念常撰：《佛祖历代通载》，《大正大藏经》本。
释祥迈撰：《至元辨伪录》，《北图古籍珍本丛刊》本。
李道谦辑：《甘水仙源录》，《（正统）道藏》本。
晁补之撰：《鸡肋集》，《四部丛刊》本。
赵秉文撰：《滏水集》，《四部丛刊》本。
耶律楚材撰：《湛然居士文集》，谢方点校，中华书局1986年版。
元好问撰：《遗山先生文集》，《四部丛刊》本。
魏初撰：《青崖集》，《四库全书》本。
许衡撰：《鲁斋文集》，《北图古籍珍本丛刊》本。
刘秉忠撰：《藏春集》，《北图古籍珍本丛刊》本。
王恽撰：《秋涧文集》，《四部丛刊》本。
汪元量撰：《增订湖山类稿》，孔凡礼辑校，中华书局1984年版。
阎复撰：《静轩集》，《藕香零拾》本。

姚燧撰：《牧庵集》，《四部丛刊》本。
刘敏中撰：《中庵集》，《北图古籍珍本丛刊》本。
程钜夫撰：《雪楼集》，陶氏涉园影元刊本。
胡祗遹撰：《紫山大全集》，《三怡堂丛书》本。
赵孟頫撰：《松雪斋文集》，《四部丛刊》本。
杨弘道撰：《小亨集》，《四库全书》本。
马祖常撰：《石田文集》，《元四大家集》本。
马臻撰：《霞外诗集》，《元人集十种》本。
邓文原撰：《巴西文集》，《北图古籍珍本丛刊》本。
虞集撰：《道园学古录》，《四部备要》本。
宋褧撰：《燕石集》，《北图古籍珍本丛刊》本。
张养浩撰：《归田类稿》，清乾隆周氏刊本。
王沂撰：《伊滨集》，《四库全书》本。
周权撰：《此山先生文集》，《元四大家集》本。
陈旅撰：《安雅堂集》，《四库全书》本。
陆文圭撰：《墙东类稿》，《常州先哲遗书》本。
袁桷撰：《清容居士集》，《四部丛刊》本。
柳贯撰：《柳待制文集》，《四部丛刊》本。
［高丽］李齐贤撰：《益斋集》，《粤雅堂丛书》本。
吴师道撰：《吴礼部集》，《续金华丛书》本。
黄溍撰：《金华黄先生文集》，《四部丛刊》本。
范椁撰：《范德机诗集》，《四部丛刊》本。
胡助撰：《纯白斋类稿》，《金华丛书》本。
杨允孚撰：《滦京杂咏》，《知不足斋丛书》本。
苏天爵撰：《滋溪文稿》，陈高华、孟繁清点校，中华书局 1997 年版。
危素撰：《危太朴文集续集》，《嘉业堂丛书》本。
许有壬撰：《至正集》，《北图古籍珍本丛刊》本。
欧阳玄撰：《圭斋文集》，《四部丛刊》本。
朱德润撰：《存复斋文集》，《四部丛刊续编》本。
贡师泰撰：《玩斋集》，清乾隆南湖书塾刊本。
丁复撰：《桧亭集》，《四库全书》本。
张翥撰：《蜕庵诗集》，《四部丛刊续编》本。

周伯琦撰:《近光集》,《四库全书》本。
周伯琦撰:《扈从集》,《四库全书》本。
迺贤撰:《金台集》,《诵芬室丛书》本。
王冕撰:《竹斋诗集》,《武林往哲遗著》本。
张昱撰:《张光弼诗集》,《四部丛刊续编》本。
尹廷高撰:《玉井樵唱》,《四库全书》本。
李士瞻撰:《经济文集》,《湖北先正遗书》本。
李继本撰:《一山文集》,《湖北先正遗书》本。
张宪撰:《玉笥集》,《知不足斋丛书》本。
童冀撰:《尚䌹斋集》,《四库全书》本。
宋讷撰:《西隐集》,《四库全书》本。
吴宽撰:《匏翁家藏集》,《四部丛刊》本。
张居正撰:《张太岳文集》,明万历唐氏刊本。
钱大昕撰:《潜研堂文集》,《四部丛刊》本。
蒋易辑:《皇元风雅》,《宛委别藏》本。
周南瑞辑:《天下同文》,《雪堂丛刻》本。
顾瑛辑:《草堂雅集》,陶氏涉园影元刊本。
朱有燉撰:《元宫词》,《借月山房桑钞》本。
隋树森编:《元曲选外编》,中华书局1959年版。
沈括撰:《梦溪笔谈校证》,胡道静校证,上海古籍出版社1987年版。
周密撰:《癸辛杂识》,吴企明点校,中华书局1988年版。
杨瑀撰:《山居新语》,《知不足斋丛书》本。
陶宗仪撰:《辍耕录》,中华书局1959年版。
叶子奇撰:《草木子》,中华书局1959年版。
夏庭芝撰:《青楼集》,《中国古典戏曲论著集成》本。
钟嗣成撰:《录鬼簿》,《中国古典戏曲论著集成》本。
沈德符撰:《万历野获编》,中华书局1959年版。
高士奇撰:《金鳌退食笔记》,北京古籍出版社1963年版。
乐史撰:《太平寰宇记》,《四库全书》本。
刘应李编,郭声波整理:《圣朝混一方舆胜览》,四川大学出版社2003年版。
熊梦祥撰:《析津志辑佚》,北图善本组辑,北京古籍出版社1983年版。
于敏中等编纂:《日下旧闻考》,北京古籍出版社1981年版。

缪荃孙等编纂:《（光绪）顺天府志》，北京古籍出版社 1987 年版。
李正儒纂修:《（嘉靖）藁城县志》,《藁城县志四种》本。
黄可润纂修:《口北三厅志》，清乾隆二十三年刻本。
沈涛辑:《常山金石志》，清道光二十二年刊本。
武树善辑:《陕西金石志》，清光绪五年刊本。
张维辑:《陇右金石录》，民国三十二年甘肃文献征集委员会校印本。
刘喜海辑:《海东金石苑》，希古楼刻本。
[伊朗] 志费尼:《世界征服者史》，何高济译，内蒙古人民出版社 1991 年版。
[波斯] 拉施特:《史集》第 2 卷，余大钧、周建奇译，商务印书馆 1985 年版。
[英] 道森编:《出使蒙古记》，吕浦译，中国社会科学出版社 1983 年版。
冯承钧译:《马可波罗行纪》，上海书店出版社 2001 年版。
《朴通事谚解》,《奎章阁丛书》本。
《老乞大谚解》,《奎章阁丛书》本。

后　记

陈高华著《元大都》1982 年由北京出版社出版，1984 年东京中央公论社出版了佐竹靖彦教授翻译的日文本，1985 年北京民族出版社出版了仁庆翻译的蒙古文本。2015 年，丝路出版社出版了英文译本：*The Capital of the Yuan Dynasty*。陈高华、史卫民合著《元上都》1988 年由吉林教育出版社出版。此书第一、二、三、五章及附录《元上都大事年表》由史卫民执笔，第四、六、七、八章由陈高华执笔。

《元大都》《元上都》两书写作、出版于20 世纪80 年代，今天来看，明显带有时代的烙印，有不少缺点。但作为我国学术领域中较早出现的论述元代两都制度的作品，两书在资料和论述方面似不无可取之处，问世以来不时有学界友人及读者提及。例如台北清华大学萧启庆教授说："元代都会史的研究，以陈高华的成就为最大。他著有《元大都》一书，又与史卫民合著《元上都》。元行两都制，元帝每年巡行大都与上都。这两部专著对两都的肇建、布局及政治、经济、文化生活等都有详尽的考述。"（《近四十年来大陆元史研究的回顾》，见《蒙元史新研》，台北，允晨文化实业公司，1994）美国华盛顿大学陈学霖教授致力于北京建城传说的研究，著有《刘伯温与哪吒城》（台北，东大图书公司，1996）。他在该书自序中说，1983 年读到《元大都》一书，其中收有两则关于刘秉忠设计哪吒城的史料，"提供我多年冀望不得的答案，正好填补了拼图缺失的片块，使我恍然大悟，原来刘伯温制造哪吒城的故事滥觞于元代营建大都城！"近年不断有同行和读者认为两书仍有一定参考价值，建议重印。感谢中国人民大学出版社的好意，使两书有重新问世的机会。

此次重印，我们将《元大都》与《元上都》合在一起，分为上、下篇。这样便于读者了解元朝两都制度的全貌。我们核对了两书征引的史料，并对若干文字错讹作了改正。两书提到“喇嘛教”的地方，均改为“藏传佛教”。其他内容则保持原状，未作改动。上、下篇附录所收两篇论文，陈高华所撰论述元代大都的饮食生活，可补《元大都》之不足。史卫民所撰讨论元中都设置的有关问题。元中都是元朝中期建造的另一座都城，位于大都、上都之间，虽然中途而废，但在研究元代都城制度时仍是不应忽视的。

塔拉同志提供了元上都遗址的图片。《元大都平面图》和《双凤麒麟石刻》《琉璃滴水》引自《华夏之路》第4册（朝华出版社1997年版）。《元上都平面图》采自贾洲杰《元上都调查报告》（《文物》1977年第5期），并由朱力雅同志重新绘制。《元代两都交通示意图》是朱力雅根据作者提供的草图绘制的。此次修订，还得到郭旃、陈煜两位同志的帮助。谨向他们表示谢意。

衷心欢迎批评和指正。

陈高华　史卫民